国家治理与地方社会研究丛书

丛书主编　张剑光

※　※　※　※　※

出土文献与数字史学

秦中亮　◎　主编

上海古籍出版社

图书在版编目(CIP)数据

出土文献与数字史学 / 秦中亮主编. -- 上海：上海古籍出版社, 2024.7. --（国家治理与地方社会研究丛书）. -- ISBN 978-7-5732-1251-1

Ⅰ. K877.04; K092

中国国家版本馆 CIP 数据核字第 2024TW5222 号

国家治理与地方社会研究丛书

出土文献与数字史学

秦中亮　主编

上海古籍出版社出版发行

（上海市闵行区号景路 159 弄 1-5 号 A 座 5F　邮政编码 201101）

　　（1）网址：www.guji.com.cn
　　（2）E-mail：guji1@guji.com.cn
　　（3）易文网网址：www.ewen.co

启东市人民印刷有限公司印刷

开本 890×1240　1/32　印张 16.5　插页 3　字数 385,000
2024 年 7 月第 1 版　2024 年 7 月第 1 次印刷
ISBN 978-7-5732-1251-1
K·3653　定价：98.00 元
如有质量问题，请与承印公司联系

国家社会科学基金一般项目
"砖刻文献与中古地方社会研究"
(22BZS020)的阶段性成果

国家治理与地方社会研究丛书编委会

主编：张剑光

编委：秦中亮　杨永生　许超雄　张春江
　　　李忠民　张艺凡　张慧洁　张行洋
　　　孙　洁　王　雨　张润秋　朱慧宇

本册执行编辑：杨永生　张行洋

序

新世纪以来,社会变化加快,需要学术研究适应社会发展,在理论上有所创新。历史学虽然是门古老的学科,但随着学者知识结构创新和视野的开阔,研究的兴趣也在发生变化。是坐在密封的书斋里坚守原有的论题不放,还是适应时代的变化站在一些新问题的前沿参加讨论,这当然是见仁见智,各人有各人的兴趣。但我更主张历史学者要回应新问题、拓展新课题、创建新理论,只有这样,历史学科才会有生命力,能不断为社会提供知识和智慧,才能促进历史学科的持续繁荣。

近年来,国家治理成为现实社会生活中的一个热点议题,如何推进国家治理体系和治理能力,构建社会的和谐状态,促进社会的可持续发展,是学术界亟需思考和回答的。回归到历史学科,学者们也同步开始思考中国古代国家治理和地方社会变化上的理论问题,使得古代国家治理研究成为新兴的热门课题。

虽然"国家治理"是一个现代政治词汇,但并不表示古代中国没有国家治理。实际上,至迟到秦汉时期,"治理"词汇与含义上的整合就已完成。"治理"一词分开来表述,"治"即主要指管理行为,

"理"谓治政的道理、方法;合而言之,指管理和建设国家而要达成的理想目标。

在传统中国政治思想中,"国家治理"实际指统治者遵循政事的规律和制度,并且作一些灵活的变通。我们通常指称的治国理政,就是想实现一个理想的政治目标,从而建立理想中的社会模式。因此,不能将"国家治理"简单理解为国家对一切事务的统治管理,只有顺应时代需要,使国家井然有序的政治才是国家治理。世界四大文明,大都经历了数千年的政权兴亡流转,文明中断式微,只有中华文明始终屹立不倒。中华文明先后走过了多种形式的社会模式,在治国理政方面积累了丰富的经验。这些治理经验,不但对各个王朝政治有直接的意义,而且在今天对现实国家治理仍具有直接启发和一定的借鉴意义。

2021年10月至今,上海师范大学人文学院的中国史学科,先后分别以国家治理与地方社会、藩镇时代的政治与社会、中国古代权力与秩序、出土文献与数字史学、中国古代北方的区域治理与社会文化、中国古代南方的区域治理与社会文化为主题,举办了六场学术工作坊,围绕"国家治理与地方社会"这一核心议题,来自各高校及科研机构的一百五十余位专家学者共同进行讨论,探讨古代国家治理的经验和对策。工作坊期间,共收到学术论文46篇。学者们从宏观的国家管理到地方基层治理再到微观的家庭生活、从央地关系到民族融合,将出土文献与传世文献结合,聚焦政治制度、社会秩序、历史书写、交通经济等诸多领域,进行了广泛深入的探讨。在一定程度上说,这些论文反映了当前历史学科研究的热点与趋势,对国家治理这一议题的各个侧面作了积极而有成效的研讨。

工作坊上大家比较认可的一点是,中国古代国家治理体现在思想理念和行为实践两方面,涵盖中央与地方、组织与个人、政治与文化等领域,因而这是一个范围相当广泛的课题,要有一定的具体案例和理论知识的结合。大家认为,古代中国治国理政的主体在于官员,其人事安排、组织结构和整体素养影响着国家治理的整体能力,关系王朝治乱兴衰。换一句话说,国家治理的关键在官员怎样去治理,需要官员具有较高的政治素养和道德情怀。因此,以政治史为基石,着眼经济史、人口史、民族史、区域文化史、家庭史、妇女史、医疗史、宗教史、城市史、思想史等领域的结合和抽象,对古代国家治理的思想理念和实践经验进行考察,将国家治理研究推向深入,为完善国家治理体系、提高国家治理能力提供历史价值和现代启示。我们的工作坊是十分有意义的学术活动。

　　工作坊为对古代国家治理有兴趣深入探讨的年轻学者搭建了学术平台,可以助力年轻学者在共同的话题上广泛交流,同时也推动了相关学术研究的开展与进步,为当下国家治理体系与治理能力现代化提供有益借鉴。几期工作坊后,我们感到将这些优秀的研究成果刊布成册,应该更能推进学术的进步。取名为"国家治理与地方社会研究丛书",就是希望这些年轻学者在探索中国古代国家治理经验的学术之路上留下印迹。

　　工作坊和丛书的出版,得到上海师范大学人文学院高水平学科建设经费的大力支持。上海师范大学是一所以文科见长并具教师教育特色的文、理、工、艺等学科协调发展的综合性大学,创建于1954年的历史学科是上海师范大学历史最悠久、基础最雄厚的传统优势学科之一,由程应镠、魏建猷、张家驹等学术名家奠定基础。1985年,古籍整理研究成为上海首批教委重点学科。2000年,建立第一个二级学科博士点——中国近现代史;2003年,建立历史学博士后流动站;2006年,获得历史学一级学科博士点授予权。2015年,中国史学科成为上海市高原学科。发展至今,上海师范大学人文学院中国史学科已成为国内史学研究的重要力量。在学术研究上，中国史学科在历史文献、中国近现代史、中国古代史、历史地理等学科上非常有特色，在国内学界奠定了较高的学术地位。近年来，中国史学科在坚持唐宋文献整理、敦煌学、江南文化、红色文化、海派文化、历史地理等传统特色研究的同时，顺应学科发展潮流，积极拓展新的研究领域。"国家治理与地方社会"系列工作坊正是在这一环境下围绕中国史学科研究的热点与趋势而召开的，在国内学术界产生了一定的影响，《中国史研究动态》等学术刊物曾有专门的介绍。

人文学院中国史学科的秦中亮、许超雄、杨雄生、董大学、李殷、陈思言、郑宁等青年教师在会议筹办、论文收集整理方面付出了辛勤劳动，参与系列工作坊的校内外评议专家花费大量心血，为论文提出了中肯意见。在此，对他们表示最诚恳的谢意。

相信随着"国家治理与地方社会研究丛书"的出版，必将推动我校年青学人的研究，在国内学术界创出一番天地。

张剑光

2024 年 3 月 28 日于上海师范大学文苑楼 908 室

目 录

序/张剑光 1

出土文献

礼器系统与中国早期国家疆域之判定：以二里头国家为例
　／王坤鹏 3
西周时期的阶层外婚与阶层流动／王进锋 23
从引簋看周代的命卿制度／杨永生 47
新出文献与重耳出亡系年再考：兼论古史史料使用中的
　"屈旧就新"与"绌新从旧"问题／王少林 72
安大简《仲尼曰》文本、主题与性质研究／代　生 105
也说汉代"訾算"——兼论吴简中的"訾"／齐继伟 121
明清官修史书对"正统北狩"的历史书写／郑　宁 142
清宫散佚铜器日本流转相关问题考述／杨博　崔学森 160
延续与转型：近代景德镇制瓷业与市镇状况再考察
　／胡　宸 179

董作宾与历史语言研究所殷墟发掘(1928—1937)/苏晓涵 203
《精忠录》初刻本的发现及其编纂与流传/张延和 222
古书成书类型学：中国早期文献形成与流传模式略论
  /赵 争 257

数字史学

环境与社会的互动：从新出简牍看东汉基层社会聚落
  /符 奎 279
吴简中的数值计算与汉、吴社会的数学教育/苏俊林 320
均田制下唐代住宅用地的分配——以敦煌吐鲁番文书为
  中心/孙 宁 354
唐前期的差科簿与差科流程：以阿斯塔那61号墓所出役制
  文书为中心/王 晶 381
卫匡国《中国新图志》滇桂边界误解成因考释/林 宏 403
从QQ到微信：个人视角下的中古史网络研学(2005—2020)
  /胡耀飞 439
中国传统文化典籍数字化整理队伍建设思考/秦 琼 458
中国古代砖刻资料数字化探究——以数据库建设为中心
  /李忠民 张剑光 471
论画像砖的数字化研究与数据库建设/朱慧宇 秦中亮 487
砖刻文献及其数字人文研究/张行洋 501

出土文獻

礼器系统与中国早期国家疆域之判定：
以二里头国家为例[*]

王坤鹏

摘　要：三代时期，礼在制度层面的属性发展得比较充分，上层政治与社会运转主要靠各种礼俗来维系，贵族阶层依循礼仪进行各项活动，留下了大量的礼器。故礼器系统可作为反映政治隶属关系的重要标识物。礼器出土地点及背景，可作为判断早期国家统治范围的依据。以二里头政权为例，作为中心的二里头遗址出土了青铜器、陶器、玉器等相配合的礼器系统，其核心是爵、盉、斝等酒器。据礼器系统在各地的出土情况，二里头国家在西方及北方的疆域达至关中东部、晋南及豫北地区，在南方及东南方的疆域一度达鄂北、豫南及安徽江淮间地区。上述地区都出土了成系统的二里头文化礼器，显示这些地区存在着隶属于二里头政权的区域性中心，二里头政权对这些地区已施行某种统治。

---

[*]　本文为吉林省教育厅科学研究项目"先秦出土资料所见北方边域的社会与文化"（JJKH20231118SK）的中期成果之一。

关键词：礼制　礼器　早期国家　疆域

有关早期中国国家的疆域范围及其判定标准，当然缺乏像今天这样明确的界划以及法理上的详细说明，不过大体来讲，在古代一国能够疆理土地、设置政长并征收赋税的地区就应该属于其疆域。故探讨如何判定夏至西周即所谓三代王国的疆域范围，似可主要关注两方面：其一是农耕区，其二是王廷对该区域内进行有效的治理或设置政长。农耕区的范围受制于自然条件以及其时的耕作技术，固然可以根据早期农业耕作区域作大致推定，不过从事农业生产者基本上是底层民众，能保留下来的证据并不多，在考古上也难以被系统发掘。后者则除依靠文字记载（包括传世文献、刻辞及铭文等）外，还可依靠各地田野考古中所发现的礼器系统作为证据。

在文明的早期阶段，虽已产生国家，但尚未建立完善的官僚制度，其时的政治统治很大程度上依赖于多种自上古流传下来的传统礼俗，统治者将之改造为礼。随着礼成为协调政治运作的一项重要原则，其在制度层面的属性得到了充分发展。礼制成为早期国家政治统治建立的一个重要标志。在夏商周三代王国时期，礼制在空间上的展开与中心大邦向四外的疆域开拓是对应的。三代的贵族阶层依循礼进行各项社会与政治活动，在诸多环节留下了大量的礼器，形成礼器系统。这些礼器系统某种程度上指示着三代王国政治统治的范围，故其与三代王国疆域的判定存在着密切联系。根据相关礼器的考古发现，可以对早期国家的疆域进行初步推定。本文拟就此主题并以二里头国家为例作专题研究，祈请学界指正。

一、礼的多层次性及其在
制度层面的属性

礼起源于祭祀,《说文·示部》云:"礼,履也,所以事神致福也。"①所谓"事神致福",用今天的概念可统称之为祭祀。《礼记·祭统》说道:"凡治人之道,莫急于礼。礼有五经,莫重于祭。夫祭者,非物自外至者也,自中出,生于心也,心怵而奉之以礼。"②这段内容为战国学者对上古三代礼制的总结。其认为治理民众的方法,最重要的莫过于礼,同时又指出礼的核心层面就是祭礼。虽然上古三代的礼制在战国时期已基本遭到破坏,且当时学者明显更侧重于礼在"治人"方面的功用,但上引文献内容仍反映了战国时期礼学家仍然知晓祭祀在礼制中占据着首要地位。唐代孔颖达疏曰:"凡祭为礼之本,礼为人之本,将明礼本,故先说治人,言治人之道于礼最急。"③所谓"祭为礼之本",亦可见古代的礼学家仍基本认同祭祀乃礼之起源或根源的观点。

广义的礼由祭祀而生,大概自氏族社会时期业已发生。④ 近年来,学者据田野考古发现提出在新石器时代早期人群中已大致形成了两种类型的礼仪行为:一种以分布于今内蒙古及辽西地区的兴隆洼文化为代表,此类文化中家庭是礼仪活动的中心,表现为居室葬和在室内安放人形雕像;另一种礼仪行为的中心是丧葬活动,以河

---

① 许慎:《说文解字》,北京:中华书局,1963年,第7页。
② 《礼记正义》卷49《祭统》,阮元校刻:《十三经注疏》,北京:中华书局,2009年,第3478页。
③ 《礼记正义》卷49《祭统》,阮元校刻:《十三经注疏》,第3478页。
④ 学者或论称:"自从地球上有了人类社会,礼就跟着产生了。"参见陈戍国:《先秦礼制研究》,长沙:湖南教育出版社,1991年,第6页。

南舞阳贾湖遗址为代表,社群中小部分人比其他成员享有更精美的随葬品。① 还有学者据广泛发现于中国各地区、时属新石器时代而又具有特殊用途的器物,提出在夏、商、周三代以前曾经存在着一个"古礼"的阶段。② 这些说法是有道理的。

礼虽然起于事神致福,但并不止于彼,其后则发展出颇多层次的内涵。即使同为祭祀,其目的亦可以有很大差异,既可以是一宗族内族人单纯地祭祀祖先以求取福佑,又可以是族群之间的盟会以求取神灵的见证,还可以是君主于宗庙中册命下级官员以形成上下级政治从属关系。关于礼的内涵及范畴,战国学者荀子在《礼论》中曾总结为"礼有三本":

> 礼有三本:天地者,生之本也;先祖者,类之本也;君师者,治之本也。无天地,恶生?无君师,恶治?三者偏亡焉,无安人。故礼上事天,下事地,尊先祖而隆君师。是礼之三本也。③

有的注释将"礼有三本"之"本"直接解释为本源,似乎并不特别恰当。这里的"本"用的是该字的本义,侧重指事物的本干,类似于今天习语所说的"支柱"。荀子这里并不是在讨论礼的本源问题,而是从逻辑上概括礼的主要范畴。从范畴上讲,人们所礼敬的对象不外乎三类:天地、先祖与君师。所谓"礼有三本",是说组成礼的三根支柱分别是对天地、先祖与君师的礼敬。荀子所总结的礼的范畴,一为"生"(指人的产生)、二为"类"(指人的族类)、三为

---

① 刘莉、陈星灿:《中国考古学:旧石器时代晚期到早期青铜时代》,北京:生活·读书·新知三联书店,2017年,第177页。
② 卜工:《文明起源的中国模式》,北京:科学出版社,2007年,第3页。
③ 王先谦:《荀子集解》卷13《礼论》,北京:中华书局,1988年,第349页。

"治"(指对民众的管理),实际从逻辑上包括了人类社会繁衍、生息与发展的基本内容,这三方面内容都须受到礼的规范。人的出生在某种意义上讲即是天地之间多种物质组合的结果,因此人要有敬事天地的礼节。人为父母所生,无不出生、成长于特定的族群之中,与相关人群构成族类,因此人要有敬事祖先的礼节。人出生后即生活于某些特定的社会与政治组织中,无不要接受教育、接受管理,因此人要有敬事君长、老师的礼节。前两者即以礼事天地、以礼事祖先,从今天的门类看,均当属于宗教范畴。末者即以礼事君师则属于政治管理的范畴。

荀子所处的战国末年已是上古礼制发展的末端,这一时期随着官僚制的全面建立,法的重要性越来越强,礼在治理层面的功能及重要性已大为减弱,故荀子对礼的强调实际上是昧于历史潮流的。若从历史主义的角度来看,礼作为治理手段,其最为辉煌、最为重要的时段当是早期文明社会的前中段。其时文明与国家刚刚产生,由于官僚制发展滞后,部分上古礼俗或仪式很自然地被改造并利用为社会与政治治理的重要手段。《礼记·礼运》中记载了春秋末年孔子的一段很有名的言论,所讲的就是这一时期的情况:

> 今大道既隐,天下为家,各亲其亲,各子其子,货力为己,大人世及以为礼,城郭沟池以为固。礼义以为纪,以正君臣,以笃父子,以睦兄弟,以和夫妇,以设制度,以立田里,以贤勇知,以功为己,故谋用是作,而兵由此起。禹、汤、文、武、成王、周公,由此其选也。①

所谓"天下为家""大人世及"与"以为礼"是相配套、相耦合的。

---

① 《礼记正义》卷 21《礼运》,阮元校刻:《十三经注疏》,第 3062—3063 页。

用今天比较通俗的话来解释，也就是说，伴随着阶级分化在早期社会中产生了统治阶级与被统治阶级，两个阶级内部又各自可划分出不同的若干层级，此即先秦文献中所讲的"天有十日，人有十等"（《左传》昭公七年）。据孔子的言说，狭义的礼作为治理手段，就是统治阶级制定出来的，所以禹、汤、文、武、周公、周成王这些统治者就是制礼、行礼的佼佼者。与建设"城郭沟池"以守卫政权的目的是一致的，制定礼的目的也是出于更好地治理国家与民众。因此从狭义的角度来理解，学者所提出的，"礼是一定社会由统治阶级制定而为全体人民共同遵守的一种行为规则或规范"，①是有道理的。

从以上所述及的礼书记载来看，上古时期的礼的内涵包括比较丰富的层次，不仅涉及宗教神灵、族群血缘，亦涉及社会与政治治理，最终更成为一种与社会、政治治理密切相关的理念或意识形态。当代史家何炳棣于此论称："虽然最原始的礼的重心是祭祀的仪节和内中包含的伦理道德成分，但礼是多维度、多层面的，自始即无可避免地多少具有维系稳定政治及社会秩序的功能。随着宗教、部落、部落联盟、'多方'邦国、夏商周三代王国的演进，这些由小而大的政治单位不得不愈来愈缜密地发展政治组织、社会阶级等分、物质分配制度、习惯法、行为规范、雏形成文法，以及早期零散、后期逐渐系统美化的礼论，以为意识形态体系的重心。"②何先生指出礼具有多层面的成分，其在政治管理方面的功能很早就已存在，而且随着早期国家政治与社会组织的发展而越来越重要，在此过程中有关礼的论述也逐渐得以系统化与意识形态化。何先生有关礼之性质及功能的概括虽简略却颇为深刻。

---

① 金景芳：《谈"礼"》，《历史研究》1996年第6期。
② 何炳棣：《原礼》，《何炳棣思想制度史论》，台北：联经出版事业股份有限公司，2013年，第159页。

当然,在进入阶级社会之后,为了更好地实现治理的目的,统治者往往对礼加以改造或再创造,这大概就是先秦文献中常常说到的"先王制礼"。《荀子·礼论》云:

> 礼起于何也? 曰:人生而有欲,欲而不得,则不能无求;求而无度量分界,则不能不争;争则乱,乱则穷。先王恶其乱也,故制礼义以分之,以养人之欲,给人之求,使欲必不穷乎物,物必不屈于欲,两者相持而长,是礼之所起也。①

文献所说的"先王制礼"实质就是制定社会与政治运作的规则。在荀子来看,制礼的首要目的就是控制人的欲求,使得欲求与物资相匹配。荀子对礼之起源的分析虽只是一种逻辑化的推导,实际情况当然不会如此之简单,不过其说法却不失为对"先王制礼"说的一种有效解释。"先王制礼"就是为了治理社会上的争与乱。

所谓"制礼义"并非全属创造,大多应只是对上古礼俗的整齐与改造而已。据今天学者的考证,施行于三代时期的不少礼仪大都是由氏族社会流传下来并经过统治阶级改造而形成的,例如三代时期的"籍礼"作为监督劳动的仪式和制度,就是贵族将原始公社制时期鼓励耕作的仪式加以改造而形成的;"大蒐礼"是从军事民主制时期的武装"人民大会"变化而来的;"飨礼"行于天子、诸侯、卿大夫之间,具有会谈国事的性质,其起源于氏族聚落会食的礼仪;"贽见礼"作为巩固贵族组织、维护贵族统治的礼仪,起源于氏族社会末期的交际礼节等。②

礼虽有多层属性,但从功用的角度来说,其在制度层面的属性发展得最为充分,也最为后人所重视。在夏、商、周三代时期,实行

---

① 王先谦:《荀子集解》卷13《礼论》,第346页。
② 参见杨宽:《古史新探》,上海:上海人民出版社,2016年,第231、272、295、356页。

的是贵族政治,贵族之间的等级靠礼制来维系,诸如王、诸侯、邦伯等不同类别政治组织之间的关系亦须礼制来进行协调。上引《祭统》及孔颖达的疏解均已侧重礼在"治人"方面的功用,当代的学者亦曾论称礼之为用,主要是对人的而不是对神的。① 礼之所以能够用作早期国家治理的工具,与当时的国家结构密切相关。夏、商、周王国的政权均是以氏族为核心而建立起来的,氏族是其时社会的基本组织形式。学者认为:"直到春秋中期以前,社会还很少能够找到流离于氏族之外的人,甚至可以说几乎所有的社会成员——从各级贵族到普通劳动者——都生活在氏族之中。人在社会上的活动和影响通常是以氏族的面貌出现于社会历史舞台之上的。"②在族之上,是由不同氏族组成的邦,而三代王国就是由中心大邦与次级的众邦以礼的相关原则相结合而构成的邦的联合体。以西周王国为例,周人由氏族发展壮大,在殷商时期即以王族为核心建立起周邦。在克殷之后,周王分封王家子弟或亲戚为诸侯,同时对异族之邦加以附属与管控,周邦与这些次级的附属邦共同组成了周王国。③ 既然作为社会基础组织的氏族没有发生大的变化,从原理上讲,行之于族内与族际的礼,自可扩而大之被用来维系更复杂的政治及社会结构。

随着阶级社会的发展,有关礼的表述越来越侧重于其在制度层面的内涵,即礼在维系社会与政治等级结构中所起的作用。在《左传》等记载春秋时期历史的文献中,有关表述已比较多地关注礼的

---

① 金景芳:《谈"礼"》,《历史研究》1996年第6期。
② 晁福林:《论中国古史的氏族时代——应用长时段理论的一个考察》,《历史研究》2001年第1期。
③ 参见王坤鹏:《王家、周邦与王国:理解西周文明形成的一个线索》,《史学集刊》2021年第3期。

政治功能。例如《左传》隐公十一年云："礼,经国家,定社稷,序民人,利后嗣者也。"①用来治理国家、安定社稷、使民众有秩序的"礼"实质上就是当时维系政治运作的基本原则。《左传》桓公二年记载师服之言："夫名以制义,义以出礼,礼以体政,政以正民,是以政成而民听,易则生乱。"②所谓"礼以体政",意思是礼是政治的主体,即将礼视作政治管理的主体原则。早期国家在政治治理方面尚未完全实行官僚制,并不存在像后世那样比较系统且明确的诸种规章制度,对很多事项的管理或处理更多地依赖长期形成的禁忌或传统,即礼俗。马克斯·韦伯曾提出属于前官僚制支配类型的家长制或家产制支配的管理模式,在这种管理模式下,相关规范来自传统,相信自古就已存在的传统具有神圣不可侵犯性。③ 夏、商、周三代时期,政治统治与社会运转所依据的"礼",实质就是经过规范或改造的传统习俗,诸如与政治有关的分封、册命、朝觐、军事征伐等活动都有复杂的礼仪环节须要遵循。

二、礼器系统与政治隶属关系之判定

夏、商、周三代王国晚期,礼制成为政治运作的一项基本原则。当时的各级统治者在活着时依循礼仪进行各项政治与社会活动,死亡后通常也要依特定的礼仪而下葬,故其墓葬及居址等遗存中一般

---

① 《春秋左传正义》卷4隐公十一年,阮元校刻:《十三经注疏》,第3770页。
② 《春秋左传正义》卷5桓公二年,阮元校刻:《十三经注疏》,第3785页。
③ 马克斯·韦伯:《经济与社会(第二卷)》,阎克文译,上海:上海人民出版社,2010年,第1145页。

存在着数量不等的礼器。这些礼器如果能够成系统地被发掘并整理,自可作为显示政治隶属关系的核心标志物。

三代礼器有着十分久远的历史渊源。自新石器时代中期开始,随着社会分工的持续发展,文明因素出现,当时的考古遗存中就已出现一些并非日常生活所用而具有特殊意义的器物,已具有礼器的内涵与功能。例如见于庙底沟文化的双唇小口尖底瓶,学者认为其并不是一般的生活用具,而具有礼器的性质。殷商甲骨文中的"酉"字所象形的容器就是由尖底瓶形象演变而来,而在"酉"字之下加一横,就是"奠"字,表示的是一种祭奠仪式。[①] 另外例如最早出现于山东、苏北地区大汶口—龙山文化系统中的陶鬹,[②]在其后千余年间不断向外传播,成为龙山期诸考古学文化共同的文化因素。由鬹派生而来的盉,成为后来商周礼器中的重要品类。[③]《礼记·明堂位》记载:"灌尊:夏后氏以鸡夷,殷以斝,周以黄目。"[④]"鸡夷"即"鸡彝"。邹衡先生曾考证此类陶鬹、二里头文化中的封口陶盉以及商代文化中的类似青铜盉等均应是礼书文献中的"鸡彝",其器一般与觚或觚、爵配套共同出于墓葬,应是上古文明时期的一种重要的礼器,用于灌祭。[⑤]

迤至龙山时代,中原各地已普遍存在由玉器、彩绘漆木器、彩绘陶器或蛋壳陶器、象牙器等构成的象征贵族身份和等级特权的礼

[①] 苏秉琦:《中国文明起源新探》,北京:生活·读书·新知三联书店,2019年,第108、110—111页。
[②] "鬹"为考古学家依据《说文》对该类器物的命名。也有学者将其中顶部封闭、顶盖上前部有管状流、后部有口的一类命名为封顶盉。参见杜金鹏:《封顶盉研究》,《考古学报》1992年第1期。
[③] 参见高广仁、邵望平:《史前陶鬹初论》,《考古学报》1981年第4期。
[④]《礼记正义》卷31《明堂位》,阮元校刻:《十三经注疏》,第3229页。
[⑤] 邹衡:《试论夏文化》,《夏商周考古学论文集》(第2版),北京:科学出版社,2001年,第137—145页。

器,考古学专家或称之为"前铜礼器"。① 例如在陶寺遗址中已存在成系统的礼器。在陶寺文化早期的大型墓葬中,随葬品种类繁多,由玉石器、彩绘陶器、彩绘漆木器构成的礼器群中,家具类有棺前用以置器设奠的木案;炊事器具有陶灶、陶斝、木俎及与之配套使用的石厨刀;食器有陶大口罐、盆、盘、豆及彩绘木豆、大型木盆、木斗,还有亦属食器的彩绘木胎仓形器,其上置有骨匕;酒器有小口罐、高领陶壶、陶尊、陶斝、木觚;乐器有鼍鼓、特磬、陶异形器(土鼓);仪仗或兵器有玉石钺、殳、镞等。② 各类器具常成组出现,在墓中的存放亦有大致固定的位置,例如案、俎、盘、豆等彩绘木器及成套的彩绘陶器。另外,涉及礼仪的器物使用已有相当严格的限制,例如蟠龙纹陶盘只见于大型墓,朱绘大口罐在大型墓中用4件,在甲种中型墓中只用2件等。③

礼书中所艳称的三代礼制,实际上与龙山时代的若干区域文化有着比较明显的继承关系。许宏先生认为大汶口—海岱龙山文化以及中原系统龙山文化与后来的二里头文化、二里岗—殷墟文化以及宗周及各封国的礼乐文明一脉相承,并称之为"礼乐系统文化",而与中原周边的非礼乐系统文化形成分野。其相关礼制遗存主要表现为:存在作为宫殿宗庙的大型夯筑基址、以礼乐器随葬的棺椁大墓等;以酒器、食器等容器构成礼器群主体(漆木、陶、铜礼器);有磬、鼓、钟等乐器群;玉质礼器逐渐饰品化;少见或罕见具象造型,图

---

① 参见《中国文明起源研讨会纪要》(《考古》1992年第6期)中高炜先生的发言。
② 参见中国社会科学院考古研究所、山西省临汾市文物局:《襄汾陶寺:1978~1985年考古发掘报告》,北京:文物出版社,2015年,第441页。
③ 参见高炜:《中原龙山文化葬制研究》,中国社会科学院考古研究所:《中国考古学论丛——中国社会科学院考古研究所建所40年纪念》,北京:科学出版社,1993年,第100页。

案抽象化。许先生并指出,随着史前至三代社会与政治秩序发生重大变化,礼乐系统文化勃兴,与三代国家的发展是一致的,同时非礼乐系统文化走向衰微,至二里头时代以后,非礼乐系统文化仅见于更远的周边地区,后世的萨满文化与其或属一系。①

三代时期完善的、典型的礼器系统是与早期广域国家的形成及治理相耦合的,这相对龙山时代而言是一项重大的发展。龙山时期虽然存在着一些前铜礼器,一者尚未形成明显的差序性,二者这些礼器大多局限于一区一地,尚未占据跨不同区域的广大范围。学者认为礼器系统只有在同一地区或文化类型中出现明显的差序格局才适合说成为制度,而今日所知的龙山文化,"不论陶寺的龙盘鼓磬,山东的蛋壳黑陶,或良渚的玉琮,似乎还没发现这种差别次序。其次,龙山时代这些象征政治权力的礼器,地域分歧性还很强,各擅胜场,不相为用,与商周青铜礼器比较,尚不够普遍化",而三代的青铜礼器,"不但贯通三代,遍及四方,而且有一定的差序"。②

夏、商、周三代时期,陶质及青铜材质的礼器系统愈益发展,其时的贵族墓葬或居址中普遍存在着多种类的陶质与青铜质地的礼器。同一的礼器系统所代表的礼制是相同的,而在同一礼制范围内,其政治统治很大程度上应存在着隶属关系。正是因此,贵族群体行礼时所使用的礼器系统就可以作为一种核心的指标,来反映礼器使用者之间的政治隶属关系。除了代表王权的超大型中心遗址外,在外围地区考古遗存中所发现的、与中心遗址所见相一致的礼

---

① 参见许宏:《礼制遗存与礼乐文化的起源》,北京大学中国考古学研究中心等:《古代文明》(第3卷),北京:文物出版社,2004年,第98—99页。
② 杜正胜:《从三代墓葬看中原礼制的传承与创新——兼论与周边地区的关系》,中国社会科学院考古研究所:《中国商文化国际学术讨论会论文集》,北京:中国大百科全书出版社,1998年,第220页。

器系统可以作为证据,用来反映中心对外围地区存在着某种程度的政治控制与管理,进而可作为王国疆域之范围的指示。需要说明的是,上古时期的"礼"一般包括一系列的仪节规定,其施行时也需要用到成套的礼器,这一点在后世的礼书中有着明确的记载。故礼器只有成系统、以器物组合的形式出现才能指示政治统治,不成系统的礼器或者单独一两件器物是无法作为判断的证据的。

三、二里头国家的案例

在以礼器系统为标准判定国家疆域方面,二里头国家可作为最早的案例。二里头文化遗存自20世纪50年代发现以来,已经历60余年的科学发掘与研究。关于二里头文化与夏王国的关系这一问题,过去学术界在不同时期根据当时的考古发现曾提出了多种说法。总的来看,虽然在夏文化始末断限上尚存在一些分歧,但多数学者认为二里头文化的主体当属夏文化范畴。[1]

(一)二里头遗址的礼器系统

二里头遗址早期阶段墓葬随葬品中已经存在着陶礼器与铜礼器及玉器相配合使用的现象。在二里头文化第二期时,二里头遗址已形成铜铃与陶酒器以及玉器等相配合使用的情况。例如属二里头文化第二期的2002ⅤM3墓葬,为考古报告所划分的1级墓,墓主可能是中小贵族。墓中随葬的礼器组合包括:铜器(铜铃1件)、陶

---

[1] 相关研究史及评述参见刘绪:《夏与夏文化探讨》,《夏商周考古》,太原:山西人民出版社,2021年,第2—30页;井中伟、王立新:《夏商周考古学》(第2版),北京:科学出版社,2020年,第60—66页。

器(斗笠状白陶器、爵、盉等)、玉器(鸟形饰等)、绿松石器(镶嵌绿松石龙形器等)、漆器(觚等)。① 长期从事二里头遗址考古与研究的专家总结认为,在目前已发掘的二里头文化二期墓葬中,青铜器以单个铜铃或铜铃和牌饰为基本组合,陶爵、陶盉以及漆器中的觚形器构成了完整的酒器组合,同时有的墓葬中有柄形器或钺等玉礼器伴出。②

到二里头文化第三期时,青铜爵已成为礼器组合的核心。例如墓葬1980YLⅢM2,随葬有青铜爵2件、青铜刀2件、陶盉1件、陶爵1件、陶盆1件、圆陶片4件、玉圭1件、玉钺1件,另有漆器盒、豆、筒形器(即觚)等。③ 二里头文化墓葬中所出的圆陶片,有的垫于觚的底部,学者推测其原本可能就是漆器诸如漆觚的组成部分。④ 由上述考古发现可以看出青铜爵、陶盉、漆觚以及部分玉器等在这一时期已经构成为贵族阶级所使用的主要的礼器系统。

二里头文化四期的青铜礼器有铃、爵、斝、盉、觚、鼎等,或与陶盉、陶爵、漆觚、玉柄形器等器物相配合。例如墓葬1984YLⅥM9,随葬有铜爵1件、铜斝1件、陶盉2件、陶簋1件、大口尊2件、圆腹罐1件、漆觚1件、玉柄形器1件等。⑤ 又例如1987年春偃师当地的工人

---

① 中国社会科学院考古研究所:《二里头(1999~2006)》,北京:文物出版社,2014年,第48—49页。
② 李志鹏:《二里头文化墓葬研究》,中国社会科学院考古研究所:《中国早期青铜文化——二里头文化专题研究》,北京:科学出版社,2008年,第58页。
③ 中国社会科学院考古研究所二里头工作队:《河南偃师市二里头遗址中心区的考古新发现》,《考古》2005年第7期。
④ 陈芳妹:《二里头M3——社会艺术史研究的新线索》,杜金鹏,许宏:《二里头遗址与二里头文化研究:中国·二里头遗址与二里头文化国际学术研讨会论文集》,北京:科学出版社,2006年,第242页。
⑤ 中国社会科学院考古研究所二里头工作队:《1984年秋河南偃师二里头遗址发现的几座墓葬》,《考古》1986年第4期。

挖掘了一座墓葬(1987YLⅤM1),墓中发现了三件铜器(陶器皆被遗弃),后经追回青铜鼎、斝各一件,另一件未追回的可能是青铜觚。①另外,在这一时期旧有的玉钺也出现了青铜制品。2000年偃师圪垱村村民发现了一件青铜钺(2000YLⅢC:1),其形制与二里头文化第四期墓葬ⅦKM7所出玉钺(ⅦKM7:2)颇为相近,所饰带状网格纹也见于第四期器物,这件铜钺的年代当属二里头文化晚期。②

与周边文化群体相比较,以礼施治是二里头国家的一个重要特征。二里头的宫殿建筑群、青铜器(兼有陶器、漆器、玉器)礼器系统在当时的东亚大陆上都是独一无二的。而与之大致同时的三星堆文化、夏家店下层文化、岳石文化等群体仍显露出相对比较浓厚的巫术或原始宗教的色彩。二里头文化所形成的以青铜爵、觚等礼器为核心成分的礼器系统亦为其后的商、周王国所遵循。故学者据此认为,"二里头文化与后来的商周文明一道,构成华夏文明形成与发展的主流,确立了以礼乐文化为根本的华夏文明的基本特质"。③

(二) 二里头国家之疆域

从目前的考古发现来看,二里头文化的铜礼器应是在二里头这一中心都邑的铸铜作坊中进行生产的,并由高级统治者所独占或主导分配。二里头遗址以外所出的礼器基本上属于陶器,其作为礼器的功能与铜器是相似的,故其在特定条件下亦能起到标识二里头国

---

① 中国社会科学院考古研究所二里头工作队:《河南偃师二里头遗址发现新的铜器》,《考古》1991年第12期。
② 中国社会科学院考古研究所二里头工作队:《河南偃师市二里头遗址发现一件青铜钺》,《考古》2002年第11期。
③ 许宏:《略论二里头时代》,中国社会科学院考古研究所夏商周考古研究室:《三代考古》(一),北京:科学出版社,2004年,第62页。

家政治统治范围的作用。日本学者西江清高等曾据二里头文化所出的礼器推断二里头国家实施政治统治的范围。其推论程序大致如下：其一，二里头的青铜礼器集中于二里头王都，是王及其周围人群所独占的宝器，是权力和地位的象征物；其二，在二里头文化期以赐予的形式扩散到各地的器物主要是陶礼器，其种类包括爵、觚、盉、鬹等，亦是具有社会或政治象征性的器物；其三，在二里头遗址以外的各聚落遗址是否出土陶礼器，与聚落的阶层地位有密切的关联，通过确认出土陶礼器的分布范围，证明当时在该范围内已形成一个以政治秩序统一起来的共同体，形成了一个领域；其四，出土陶礼器的遗址已发现20多处，几乎遍及整个二里头文化分布圈，且一般是地方上的中心聚落；其五，据陶礼器出土情况推断的中原王朝的政治领域可再分为畿内地域和次级地域，均为纳入了王朝秩序的政治领域。① 这一推断的逻辑及方法大体可从。

据各地礼器系统的发现情况，可推测二里头国家在西方及北方的疆域已达至关中东部、晋南及豫北。关中东部在夏代早期主要存在着东龙山文化。该考古学文化虽含有部分二里头文化因素，但却具有浓厚的齐家文化风格，学者或推测这是一支从甘青地区迁徙过来的人群，对中亚冶金术的东传做出了一定的贡献。② 夏代后期，二里头文化大规模扩张，很快就占领了渭河下游地区，同时在华山南麓南洛河上游的洛南县龙头梁、丹江上游的东龙山等遗址发现了比较典型的二里头三、四期的文化遗存。③ 商洛东龙山遗址还出土了

---

① 参见西江清高、久慈大介：《从地域间关系看二里头文化期中原王朝的空间结构》，杜金鹏、许宏：《二里头遗址与二里头文化研究：中国·二里头遗址与二里头文化国际学术研讨会论文集》，北京：科学出版社，2006年，第444—454页。
② 胡平平：《试论陕东南地区东龙山文化》，《江汉考古》2018年第6期。
③ 张天恩：《试论关中东部夏代文化遗存》，《文博》2000年第3期。

铜牌、铜片及铜渣若干，①说明当地可能存在着一定水平的青铜冶铸业。晋南地区的东下冯文化第三期墓葬中出土了陶爵、陶盉等酒器。其中的陶盉，"器壁薄而均匀，器表打磨光滑，陶质细腻，火候亦高，堪称本期佳品"。② 第三期遗存中还出现了石范，第四期遗物中又出现了似为铜爵残片的铜器，另有铜炼渣，反映了当地已在铸造青铜容器。③ 故有学者认为从各方面迹象来看，"势力强盛的夏人很可能一直在政治、军事上对东下冯文化进行着控制"。④ 主要分布在豫北冀南的下七垣文化辉卫型中亦含有不少二里头文化因素，鹤壁刘庄遗址中发现的大口尊、刻槽盆、深腹罐、花边罐、平口瓮、盉等都是二里头文化风格的器物，其中 M262 随葬的陶鬶、陶爵均是酒器，另有少数墓葬随葬有石钺、绿松石串饰等。⑤ 目前学界专家多认为下七垣文化属于先商文化，其族群可能是以属邦的身份受到夏王国的政治控制。

　　二里头国家在南方及东南方向的疆域一度到达湖北北部、河南南部及安徽江淮间地区。在以下三处位于南方的地区性中心聚落遗址中，均发现有属于二里头国家的礼器系统。其一，河南方城八里桥遗址作为一处地区中心，其遗物中包括了白陶爵、石钺、绿松石珠、陶字符、骨刻字符、铸造用的石范以及可能是用于祭祀的黄牛角

---

① 陕西省考古研究院、商洛市博物馆：《商洛东龙山》，北京：科学出版社，2011 年，第 185—186 页。
② 中国社会科学院考古研究所：《夏县东下冯》，北京：文物出版社，1988 年，第 82 页。
③ 中国社会科学院考古研究所：《夏县东下冯》，第 147 页。
④ 蒋刚：《夏商西周文化对其西方和北方地区文化渗透的方向性与层级性》，《考古》2008 年第 12 期。
⑤ 河南省文物考古研究所：《河南鹤壁市刘庄遗址下七垣文化墓地发掘简报》，《华夏考古》2007 年第 3 期。

等,显示了该地是二里头文化在南阳盆地的一处地区性中心。① 其二,河南省驻马店杨庄遗址是二里头文化的另一处地区性中心。杨庄遗址第三期遗存属二里头文化第二、三期,主要文化遗迹有壕沟、祭址、灰坑等,遗址中发现了若干似为高岭土制作的白陶和质地与其相同的淡黄褐陶,皆为爵、鬹,质地坚硬,制作精致,还发现有陶觚、陶盉、陶铃、木胎觚类漆器等,还存在一些可能是特殊建筑的饰件,以及兵器石矛和大量的石镞。学者指出,除偃师二里头之外,这些因素在其他二里头文化遗址中是比较罕见的,并推测本期聚落及其遗存或与夏王国对南方地区的经略有关。② 其三,二里头文化及其人群越过淮水进一步向东南方向进发,曾到达安徽江淮间地区,该地区亦有多处遗址出土了二里头文化的礼器。安徽肥西大墩子遗址出土有青铜器铃、斝、戈,还出土了带有"戈""甲"等文字的陶片。③ 大墩子的青铜铃、斝等与二里头遗址所出的相似。另外,考古工作者2018年在肥西三官庙遗址亦发现了二里头文化铜器,包括钺、铃、戚、戈、角形器等。④ 学者认为这里是当时的一个地区中心性遗址,从二里头文化因素较大比重地存在于江淮之间这一现象,可

---

① 遗物及相关论述参见北京大学考古学系等:《河南方城县八里桥遗址1994年春发掘简报》,《考古》1999年第12期;李维明:《方城八里桥遗址在二里头文化中的地位》,《黄河·黄土·黄种人》2016年第16期;庞小霞、高江涛:《试论二里头文化时期洛阳盆地和江汉平原的交流通道》,《南方文物》2020年第2期。

② 北京大学考古学系等:《驻马店杨庄——中全新世淮河上游的文化遗存与环境信息》,北京:科学出版社,1998年,第207页。

③ 安徽省博物馆:《遵循毛主席的指示,做好文物博物馆工作》,《考古》1978年第8期。青铜铃与斝的清晰图片见陆勤毅、宫希成主编:《安徽江淮地区商周青铜器》,北京:文物出版社,2014年,第12—13页。

④ 参见秦让平:《安徽肥西三官庙遗址发现二里头时期遗存》,《中国文物报》2019年8月23日,第008版;方林:《肥西三官庙遗址出土青铜兵器的年代及相关问题》,《文物鉴定与鉴赏》2020年第20期。

以推知这一时期中原地区政治势力对于淮北与江淮地区可能已经有了较明确的经略意识。①

综括以上所论,夏、商、周三代国家的形成,实质上是以王所在的中心邦为核心对众多次级族邦进行服属与整合的结果,这种整合过程在整个三代时期持续进行,其间并多有反复,故其疆域形态存在着多层次性的特点。判定早期国家的疆域,可从礼器系统着手。礼虽有多种属性,但其在制度层面的属性随着早期文明与国家的建立与发展而体现得越来越充分。夏、商、周三代王国时期实行的是贵族政治,不同等级的贵族均依循礼来行事,其政治与社会的诸多层面都需要依赖礼制来加以维系。在当时,诸如与政治有关的分封、册命、朝觐、军事征伐等活动都有着复杂的礼仪环节须要遵循。各级贵族在活着时循礼进行各项政治活动,在死亡后通常也要依礼而葬,因此当时所留下的贵族墓葬及居址遗存中大多存在着数量不等的礼器。因此,礼器系统自可作为显示政治隶属关系的重要标识物。据陶礼器及青铜礼器系统的出土地点及其背景,大致可以判断早期国家实施政治统治的范围。

以二里头政权为例,作为中心的二里头遗址出土了青铜器、陶器及玉器等相配合的礼器系统,其核心是爵、盉、觚等酒器。据礼器系统在各地的出土情况来判断,二里头国家在西方及北方的疆域达至关中东部、山西南部及河南北部。这些区域除了存在二里头文化居民日常生活所使用的陶器之外,还存在着成系统的陶礼器,并且有的地方还发现了青铜冶炼的遗迹,其地与中心都邑间应当存在着某种程度的政治隶属关系。由考古发现的礼器系统来推测,二里头

---

① 徐峰:《过渡带:两淮地区早期社会进程》,上海:上海古籍出版社,2020年,第154—157页。

国家在南方及东南方向的疆域一度到达湖北北部、河南南部及安徽江淮间地区。河南方城八里桥遗址、驻马店杨庄遗址以及安徽肥西大墩子遗址、肥西三官庙遗址等都出土了成系统的二里头文化礼器,显示这些区域存在着隶属于二里头政权的区域性中心,反映了二里头政权对这些地区已进行一定程度的统治。

作者单位：吉林大学历史系

西周时期的阶层外婚与阶层流动

王进锋

摘　要：阶层外婚即指来自不同阶层的男女之间的婚姻。西周时期的绝大多数婚姻是阶层内婚，但是也有少量阶层外婚的存在。后者既包括丈夫地位高于妻子的，又包括妻子地位高于丈夫的。在这些阶层外婚中，夫妻双方精诚合作、共同拼搏是实现进一步向上流动的主要方式。除此之外，地位高的一方会有意无意、偶然必然地提带另一方，使后者地位获得提升。当时有些女子因为婚姻使得自身的社会地位获得了提高。尤其值得注意的是，当时还有一些男子通过婚姻使自己获得了较高的社会地位。

关键词：西周时期　阶层外婚　阶层流动　阶层内婚　社会学

一、引　言

阶层内婚指同一个阶层男女之间的婚姻。[①] 与之相对，阶层外

---

① 瞿同祖在《中国法律与中国社会》(北京：中华书局，1981年，第166页) (转下页)

婚指来自不同阶层的男女之间的婚姻。① 具体来说,阶层外婚包括丈夫的社会阶层比妻子高,和妻子社会阶层比丈夫高两种情况。西周时期的绝大多数婚姻属于阶层内婚,②同时也有少量阶层外婚的存在。在阶层外婚中,夫高妇低的婚姻又占多数。③ 从引致阶层流

(接上页)一书中称来自同一个阶级的男女之间的婚姻为"阶级内婚"。我们在此不再使用"阶级"的概念,而用"阶层"代替之,但是二者的内涵有很多相通的地方。同时,笔者也模仿瞿先生,称同一个阶层男女之间的婚姻为"阶层内婚"。

① 社会学里有"同质婚""异质婚""内婚""外婚"的概念。社会学学者认为婚姻匹配模式"大致有两种:同类婚(同质婚)/异质婚、内婚/外婚。前者指的是男女双方依据个人特征(如年龄、收入、教育水平等)进行匹配,如果个人特征相同或相当,则称为同类婚或同质婚,否则就是异质婚;后者则指双方根据所属社会群体的特征来择偶(如民族、种族、宗族、血缘、社会阶层等),边界以内的叫内婚,以外的叫外婚。一般来讲,上述两类概念是可以通用的,不少社会学家和人口学家都把同质婚和内婚视为同一现象"(马磊:《同类婚还是异质婚?——当前中国婚姻匹配模式的研究》,《人口与发展》2015年第3期)。笔者在本文中界定的"阶层内婚""阶层外婚"概念与社会学里的这些概念接近。

② 大量社会科学研究表明,"无论是采用种族、宗教、社会阶层、职业声望、教育程度还是其他指标来测度,绝大多数社会中婚配对象之间具有很强的相似性"(齐亚强、牛建林:《新中国成立以来我国婚姻匹配模式的变迁》,《社会学研究》2012年第1期)。西周社会当然也属于这种情况,当时的阶层内婚占了所有婚姻中的绝大多数。从实例来看,《诗经·召南·鹊巢》记载:"维鹊有巢,维鸠居之。之子于归,百两御之。维鹊有巢,维鸠方之。之子于归,百两将之。维鹊有巢,维鸠盈之。之子于归,百两成之。"朱熹谓:"鸠性拙不能为巢,或有居鹊之成巢者。……诸侯之子嫁于诸侯,送御皆百两也。"([宋]朱熹:《诗集传》,北京:中华书局,2011年,第10页)可见这首诗描述的是诸侯之女嫁于诸侯的事。《诗经·大雅·大明》:"缵女维莘,长子维行。"说的是周人王季之妻大任,将女儿嫁给莘国国君,而莘国国君又将自己的长女嫁给大任之子文王。那么,这些婚姻都是阶层内婚。有学者还从制度层面指出了当时阶层内婚盛行的原因,"为了保证统治阶级的血亲后代永为统治阶级,也为了保证统治阶级的血统中不渗入被统治阶级的血缘成分,统治者在选择子女配偶及个人婚姻时,也就不得不十分慎重"(郑慧生:《上古华夏妇女与婚姻》,郑州:河南人民出版社,1988年,第160页),因而往往选择阶层内婚。

③ 社会学学者将"夫高妇低"的婚姻称为"梯度婚姻"。马磊通过研究发现女性向上攀附的"梯度婚姻"普遍存在(马磊:《同类婚还是异质婚?——当前中国婚姻匹配模式的研究》,《人口与发展》2015年第3期)。西周时期当然也是这种状况。

动的效果来看,阶层外婚的作用更明显。

婚姻是西周社会生活中的重要内容,所以很多学者都对之进行了研究。他们的研究视角各不相同,有学者从政治作用的角度考察了西周时期的婚姻,[①]有学者从媵婚的角度进行了考察,[②]有学者从女性地位的角度进行了研究,[③]有学者从婚制、婚俗角度进行了考察,[④]有学者考察了婚俗形成的背后原因。[⑤] 然而,几乎没有学者注意到当时的婚姻与阶层流动之间的关系。[⑥]

前贤对中国古代其他历史时期婚姻和阶层流动关系的探讨,对考察西周时期的相关状况有启迪作用。伊沛霞在研究宋代妇女婚姻的时候,注意到有些女子的能力"使她可以保持家庭的繁荣昌盛";[⑦]薛

[①] 如朱柳郁:《从媵妾烝报制度看周代政治婚姻》,《天津师大学报》2000 年第 4 期;崔明德:《先秦政治婚姻史》,济南:山东大学出版社,2004 年;高兵:《周代婚姻形态研究》,成都:巴蜀书社,2007 年;耿超:《性别视角下的商周婚姻、家族与政治》,北京:人民出版社,2017 年;刘丽:《两周时期诸侯国婚姻关系研究》,上海:上海古籍出版社,2019 年;林晓雁:《西周春秋时期的女性、联姻与政治格局演进研究》,北京:中国社会科学出版社,2021 年,等等。

[②] 如陈昭容:《两周婚姻关系中的"媵"与"媵器"》,《"中研院"历史语言研究所集刊》第 77 本第 2 分;曹兆兰:《从金文看两周婚姻关系》,《武汉大学学报》2004 年第 1 期;曹兆兰:《从金文看周代媵妾婚制》,《深圳大学学报》2001 年第 6 期,等等。

[③] 如郑慧生:《上古华夏妇女与婚姻》,郑州:河南人民出版社,1988 年,等等。

[④] 如吴玲玲:《从〈诗经·国风〉看周代妇女的婚姻生活状况》,《西南民族学院学报》2002 年第 4 期;蔡锋:《西周春秋的婚制与婚俗》,《青海师范大学学报》1990 年第 4 期;张彦修:《西周春秋一夫一妻制婚姻的时代特征》,《河南师范大学学报》1990 年第 2 期;张彦修:《论西周春秋贵族的一夫多妻婚姻》,《殷都学刊》1998 年第 2 期;孙平:《西周婚姻法制探考》,《河北大学学报》1999 年第 4 期,等等。

[⑤] 如林素娟:《神圣的教化——先秦两汉婚姻礼俗中的宇宙观、伦理观与政教论述》,台北:台湾学生书局有限公司,2011 年,等等。

[⑥] 瞿同祖对中国古代的"阶级内婚"(即同一个阶层的婚姻)进行了专门的探讨。虽然他也注意到中国古代"容许上下相差一级间的通婚"的现象,但是他并没有展开讨论。见瞿同祖:《中国法律与中国社会》,北京:中华书局,1981 年,第 166—174 页。

[⑦] [美]伊沛霞:《内闱:宋代妇女的婚姻与生活》,南京:江苏人民出版社,2010 年,第 102 页。

志清在研究秦汉社会流动的过程中,认为婚姻是"由民到官的辅助途径"。① 这些研究都涉及了婚姻与阶层流动的关系问题,对我们考察西周时期的同类状况有借鉴作用。此外,何炳棣②、许倬云③、赵轶峰④、张邦炜⑤、贾灿灿⑥等对中国古代不同历史时期的社会流动也进行了研究,但是他们都没有讨论婚姻在其中的作用问题。总体来说,学者们对中国古代其他历史时期婚姻和社会流动的关系关注得也不多。

与其形成鲜明对比的是,婚姻与阶层流动的关系却是社会学领域一个热门话题,有很多研究成果。⑦ 虽然这些研究关注的都是当

---

① 薛志清:《秦汉社会流动研究——以官员为中心》,北京:中国社会科学出版社,2016年;薛志清:《汉代男性社会流动论析——以婚姻为途径》,《廊坊师范学院学报》2014年第1期;薛志清、陈新亮:《汉代女性社会流动论析——以婚姻为途径》,《河北北方学院学报》2013年第5期。
② 何炳棣:《明清社会史论》,北京:中华书局,2019年。
③ 许倬云:《中国古代社会史论——春秋战国时期的社会流动》,桂林:广西师范大学出版社,2001年。
④ 赵轶峰:《身份与权利:明代社会层级性结构探析》,《求是学刊》2014年第5期。
⑤ 张邦炜:《两宋时期的社会流动》,《四川师范大学学报》1980年第2期。
⑥ 贾灿灿:《社会流动视角下宋代"贫富无定势"现象解析——基于洪迈〈夷坚志〉的探讨》,《郑州大学学报》2019年第2期。
⑦ 在婚姻匹配方面,马磊发现"同类婚"和"梯度婚姻"是主流(马磊:《同类婚还是异质婚?——当前中国婚姻匹配模式的研究》,《人口与发展》2015年第3期);石磊提出个体获得较高地位的配偶越来越依赖于自致阶层地位,家庭背景的影响逐渐减弱,然而家庭阶层地位会显著影响自致阶层地位较低者的婚姻匹配,存在"补偿效应"(石磊:《社会阶层、代际流动与婚姻匹配》,《中央民族大学学报》2020年第6期);齐亚强、牛建林认为自致性特征在婚姻匹配中的重要性不断上升,而先赋性因素的重要性则经历了一个先降后升的过程(齐亚强、牛建林:《新中国成立以来我国婚姻匹配模式的变迁》,《社会学研究》2012年第1期)。在婚姻的社会流动功用方面,赵喜顺认为婚姻是"一种最重要的社会流动方式"(赵喜顺:《论婚姻的社会流动》,《西南民族学院学报》1991年第6期);秦海霞发现"依赖婚配途径实现阶层之间的向上流动(在上海人中)还不是很流行"(秦海霞:《婚姻与纵向社会流动——上海市民的婚姻观念》,《社会》2003年第10期);韦艳、蔡文祯认为农村女性的向上社会流动渠道依然狭窄,婚姻在向上的社会流动中仅发挥有限功能(韦艳、蔡文祯:《农村女性的社会流动:基于婚姻匹配的认识》,《人口研究》2014年第4期);等等。

代社会,但是它们的角度和思路对考察西周社会的同类状况有参考价值。

正是在这样的学术史背景下,在下文中,笔者将带着从学者们探讨其他历史时期同类问题中得到的启迪,并借用社会学的一些角度和方法,来重点考察西周时期的婚姻和阶层流动的关系,具体的视角正是考察当时的阶层外婚及其引致的阶层流动等问题。不妥之处,恳请方家指正!

二、西周时期特定的婚制与婚俗

西周时期的婚姻中存在着许多不同的婚制与婚俗,如同姓不婚、媵妾制、"烝""报""因"婚俗、交换婚、掠夺婚、贡献婚、赠婚,等等。① 其中有些特定的婚制与婚俗,不可避免地会造成阶层外婚的出现,它们是:

(一) 自由恋爱

虽然当时人选择婚配对象要听从"父母之命,媒妁之言",②但同时也存在不少自由恋爱的情况。请看《诗经·召南·野有死麕》③的记载:

---

① 郑慧生:《上古华夏妇女与婚姻》,郑州:河南人民出版社,1988年;蔡锋:《西周春秋的婚制与婚俗》,《青海师范大学学报》1990年第4期;陈绍棣:《中国风俗通史·两周卷》,上海:上海文艺出版社,2003年。
② 见于《孟子·滕文公》。《诗经·豳风·伐柯》"娶妻如何?匪媒不得",《诗经·齐风·南山》"娶妻如之何?必告父母"等,也是这种情况的反映。
③ 《诗序》认为《野有死麕》反映的是"被文王之化"的情形,则该诗记述的是西周初年的历史场景。

> 野有死麕,白茅包之。有女怀春,吉士诱之。
> 林有朴樕,野有死鹿,白茅纯束。有女如玉。
> 舒而脱脱兮,无感我帨兮,无使尨也吠。

过去的注疏家对于该诗的解释,绝大多数部分都是可信的,如毛传:"郊外曰野。包,裹也。……朴樕,小木也。纯束,犹包之也。舒,徐也。脱脱,舒迟也。感,动也。帨,佩巾也。尨,狗也。"朱熹:"麕,獐,鹿属,无角。"①

然而,仍然有一些地方存在着争论,需要辨析。"怀春",毛传:"怀,思也。春,不暇待秋也。"朱熹:"当春而有怀也。"②王先谦:"当春兴怀,以婚姻不及时也。"③程俊英、蒋见元:"怀,思。春,春情,指男女的情欲。"④由此看来,"怀春"大意为:在春日里,女子情欲荡漾,并进而思得佳偶。由此可以看出,这位女子本身早已有婚配的意愿。

"诱",毛传:"道也。"郑玄进而笺注为:"吉士使媒人道成之。"按:郑玄在解释该诗的诗旨的时候,认为该诗里的男女婚姻"不由媒妁",而这里又将"诱"解释为"使媒人道成之",显然前后矛盾。所以这种看法并不靠谱。朱熹:"言美士以白茅包死麕,而诱怀春之女。"高亨:"指吉士以死麕赠予女子来引诱她。"⑤按:朱、高二人的看法是正确的。

"如玉",毛传:"德如玉也。"朱熹:"美其色也。"按:毛非朱是,因为在短短的时间里,是看不出一个人的"德"的,但是容貌姿色却

---

① (宋)朱熹:《诗集传》,北京:中华书局,2011年,第16页。
② (宋)朱熹:《诗集传》,第16页。
③ (清)王先谦:《诗三家义集疏》,北京:中华书局,1987年,第112页。
④ 程俊英、蒋见元:《诗经注析》,北京:中华书局,1991年,第54页。
⑤ 高亨:《诗经今注》,上海:上海古籍出版社,1980年,第31页。

能被很快地看出。

麕和鹿虽然属于同一种类,但是毕竟还有差别。从既有"死麕"又有"死鹿"来看,这些物品并非偶尔拾得,而是专门打猎获得。"林有朴樕"(林中有小木),是猎人深入树林打猎看到的情景,这也进一步证明该诗的男主人翁是一位猎人,而且深入林中去打猎。如此看来,该诗中"白茅包之""白茅纯束"的施行者正是这位猎人。这位猎人和诗中引诱女子的"吉士"是同一人。这位男子将打猎获得的麕和鹿用白茅包裹献给这位女子,虽然在数额上不足,但是他还是想仿照正式的婚仪,向这位女子求婚。

关于该诗的诗旨,《诗序》谓:"《野有死麕》,恶无礼也。天下大乱,强暴相陵,遂成淫风。被文王之化,虽当乱世,犹恶无礼也。"郑笺谓:"无礼者,为不由媒妁,雁币不至,劫胁以成昏,谓纣之时。"朱熹谓:"南国被文王之化,女子有贞洁自守,不为强暴所污者。故诗人因所见以兴其事而美之。"①吴闿生谓:"乱世无礼,习以为常矣。"②

按:他们所说的大部分观点都是不对的,因为若果真是"无礼""强暴""淫""乱世",诗中为何又用"吉士""有女如玉"的说法?如果女子果然是"贞洁自守",诗中又何必用"有女怀春"的说法?然而,郑玄所说的"不由媒妁,雁币不至"是正确的,因为这位男子和女子的婚恋并没有经过媒妁之言,而男子也只是用白茅包裹着麕、鹿来求婚,并没有准备正常的、足额的礼物。

姚际恒谓该诗的诗旨是:"山野之民相与及时为昏姻之诗。昏礼,贽用雁,不用死;皮、帛必以制。皮、帛,俪皮、束帛也。今死麕、

---

① (宋)朱熹:《诗集传》,第16页。
② 吴闿生:《诗义会通》,北京:中华书局,1959年,第16页。

死鹿乃其山中射猎所有,故曰'野有',以当俪皮;'白茅',洁白之物,以当束帛。所谓'吉士'者,其'赳赳武夫'者流耶?'林有朴樕',亦'中林'景象也。总而论之,女怀、士诱,言及时也;吉士、玉女,言相当也。定情之夕,女属其舒徐而无使帨感、犬吠,亦情欲之感所不讳也与?"①按:姚际恒谓诗中之人是"山野之民",证据不足。这位男子在郊外、林中打猎,但不见得他一定是山野之民;诗中没有这位女子居处的任何信息,更不能说她是山野之民。所以,这对男女可能来自当时的任一阶层。除此之外,笔者以为姚际恒的解释接近该诗的真相。

这位男子在郊外打猎,身形矫健,动作敏捷。他打猎的场景正被一位貌美"如玉"的女子看到,她将其视为"吉士"。这位女子正处于"怀春"之时,这位猎人也有所觉察,他用"白茅"包裹着自己打猎得到的"死麕""死鹿"上前"诱之"。二人一拍即合,女子并不介意男子没有用正常婚姻时的礼物雁、币来求婚,随即答应了男子的追求。两情相欢之时,女子甚至主动提醒过来欢爱的这位男子:轻轻慢慢别着忙,别动围裙别鲁莽,别惹狗儿叫汪汪("舒而脱脱兮,无感我帨兮,无使尨也吠")。②

这首诗所描述的这对西周男女明显是自由恋爱。除此之外,我们还可以看出其他一些信息:其一,在两情相悦之时,这对男女双方并没有考虑对方的阶层出身;其二,男子甚至没有准备通常的、足额的求婚礼物,现场匆忙求婚,女子竟然也答应了他的追求;其三,他们的婚姻完全没有经过父母之命和媒妁之言;其四,这对男女最终应当结为了婚姻。

---

① (清)姚际恒:《诗经通论》,北京:中华书局,1958年,第45页。
② 程俊英:《诗经译注》,上海:上海古籍出版社,1985年,第37页。

从上面的论述可以看出,男女自由恋爱往往出于两情相悦,在热恋中的男女不会有太多计较,也不会太在意对方的出身和阶层。① 概括而言,自由恋爱婚俗有利于促使阶层外婚的出现。

(二) 奔者不禁

西周时期仲春之时"奔者不禁"的习俗,是促成阶层外婚的又一因素。《周礼·地官·媒氏》记载"媒氏"职官掌管"万民之判"(即男女婚配之事②)。他的重要职责之一是:

> 仲春之月,令会男女,于是时也,奔者不禁。若无故而不用令者,罚之。司男女之无夫家者而会之。

郑玄注:"重天时,权许之也。无故,谓无丧祸之变也。有丧祸者娶,得用非中春之月。"孔颖达疏:"次月既是娶女之月,若有父母不娶不嫁之者,自相奔就,亦不禁之。……男女有丧祸之乱,得不用中春令。无故不用令,则罪罚之也。"可见当时在每年的三月,国家鼓励男女私下婚姻;如果有人不服从命令或横加阻拦,还会受到惩罚。当时许多诸侯国还有专门供男女相会的场所,"燕将驰祖。燕之有祖,当齐之[有]社稷,宋之有桑林,楚之有云梦也,此男女之所属而观也"。③

在每年"奔者不禁"的特殊时节里,男女在爱情和情欲的驱动下,不会对另一方的出身和地位有太多的计较。④ 在欲望驱使的冲

---

① 正如论者指出的,"人是感情的动物,两性的感情往往以年轻貌美而不是以政治地位为转移"(郑慧生:《上古华夏妇女与婚姻》,第 167 页)。
② 郑玄注:"判,半也。得耦为合,主合其半,成夫妇也。"
③ 《墨子·明鬼》。
④ 郑慧生也指出周代男女在"奔者不禁"的时候,"不大考虑出身、地位的差别";他还举了晋献公之俳优通骊姬、圉人牵戏鲁庄公女公子、卫国孔氏之竖浑良夫通太子蒯聩子姊、宣太后爱魏丑夫作为例证(郑慧生:《上古华夏妇女与婚姻》,第 202 页)。西周时期的情形与这些时期是一致的。

动情形下,非常容易促成性爱甚至怀孕之实,并进而促使其中的少部分人最终结为正式婚姻。这种情况下的婚姻,阶层外婚的数量一定不在少数。

密康公和"三女"的婚姻正是这种习俗促成的阶层外婚的典型案例。请看《国语·周语上》的记载:

> (周)恭王游于泾上,密康公从。有三女奔之。其母曰:"必致之王。夫兽三为群,人三为众,女三为粲。王田不取群,公行不下众,王御不参一族。夫粲,美之物也。众以美物归汝,而何德以堪之?王犹不堪,况尔小丑乎!小丑备物,终必亡。"康公不献。

韦昭注:"康公,密国之君,姬姓也。……奔,不由媒氏也。三女同姓也。"徐元诰:"汪远孙曰:'姓之言生也,同姓犹言同产矣。'元诰按:《曲礼》曰:'奔则为妾。'"①密康公陪同周恭王在泾水边游玩,这时有姐妹三人私奔向密康公,周恭王和身边的人员也没有阻止。由此看来,她们应当就是当时"不禁"的"奔者"。这三名女子能私奔,并私定终身,出身似乎并不高。从上下文语境和前人的注疏来看,密康公并没有听从其母将三女献给周恭王的建议,而是收娶了她们。这三位女子和密康公之间的婚姻显然是阶层外婚。

(三)一夫多妻

西周时期的贵族阶层中盛行"一夫多妻",如《诗经·大雅·思齐》:"大姒嗣徽音,则百斯男。"毛传:"大姒,文王之妃也。大姒十

---

① 徐元诰:《国语集解》,北京:中华书局,2002年,第10页。

子,众妾则宜百子也。"可见周文王的婚媾对象除了大姒,还有众妾。另外,韩侯在成亲的时候,不仅娶了"韩姞",而且还娶了她的"诸娣"。① 又,《礼记·昏义》记载:"古者天子后立六宫、三夫人、九嫔、二十七世妇、八十一御妻。"则古天子也有众多的夫人。周文王、韩侯、古天子的婚姻都是典型的一夫多妻婚姻。在多妻情况下,一定有部分妻妾的阶层出身比丈夫低。西周贵族强伯和其妻妾的地位状况正是这样的情形。

20世纪70年代,考古工作者在陕西省宝鸡市茹家庄发掘了几座大型西周墓葬,其中M1和M2是两座夫妻异穴合葬墓,M1是夫强伯墓,M2是妻井姬墓。M1内部又分成甲乙两室,墓主居东部乙室,殉葬妾——是一位"儿"姓女子——居西部甲室。M1内的墓主是仰身直肢葬,乙室内随葬车马器105件、组;青铜器、原始瓷器等70件;1件铜旄、青铜礼器;青铜兵器10件;青铜工具、用具12件;原始瓷罐1件、原始瓷豆2件;玉鸟等19件;大宗玉、石、料器饰物101件、组;青铜短剑2柄;有8个殉人。M1的殉妾是仰身直肢葬,甲室内随葬有5鼎4簋,2件漆豆;兽面铜镇1件;玉兔、柄形饰等15件;玉虎、玉鱼等217件、组。M2墓主井姬也是仰身直肢葬,随葬陶罐8件,4件铜泡、3件骨马镳;1件石戈、1件柄形饰;青铜礼器22件;青铜人1件;玉璜、玉璧等39件、组;还有鹿角、牙器等;有2个殉人。② 从墓葬规格和随葬品来看,妻井姬的身份与强伯相当,但是"儿"姓妾的身份就要比强伯、井姬地位低。

总之,西周时期一些特定的婚姻制度和礼俗,如自由婚姻、奔者不禁、一夫多妻,容易促使阶层外婚的出现。

---

① 《诗经·大雅·韩奕》。
② 卢连成、胡智生:《宝鸡强国墓地》,北京:文物出版社,1988年,第271—386页。

三、西周时期阶层外婚确实存在

西周时期确实存在阶层外婚。① 我们可以分夫高妇低和妇高夫低两种情况来考察。

当时有不少夫高妇低的阶层外婚。西周末年的褒姒本是周厉王时期"后宫之童妾"的女儿。被生母遗弃后,她被一对买卖"檿弧箕服"②的商贩夫妇收养,并抚育长大。可以看出她的地位并不高。然而,她后来却先后成为了周幽王的嫔妃和王后。③ 他们的婚姻就属于夫高妇低的阶层外婚。此外,上文提及的密康公和"三女"之间的婚姻也属于这样的情形。还有,豳公之子与采桑女之间的婚姻是又一例证,请看《诗经·豳风·七月》的记载:

> 七月流火,九月授衣。春日载阳,有鸣仓庚。女执懿筐,遵彼微行,爱求柔桑。春日迟迟,采蘩祁祁。女心伤悲,殆及公子同归。

毛传:"仓庚,离黄也。懿筐,深筐也。微行,墙下径也。……迟迟,舒缓也。蘩,白蒿也,所以生蚕。祁祁,众多也。伤悲,感事苦也。春女悲,秋士悲,感其物化也。殆,始。及,与也。豳公子躬率其民,同时出,同时归也。"郑玄笺:"春女感阳气而思男,秋士感阴气而思

---

① 西周时期的周天子娶妻和嫁女,必然要从比自己阶层低的人群中寻找对象,如《诗经·召南·何彼秾矣》描述的"平王之孙"(即文王之孙女)下嫁"齐侯之子";《史记·周本纪》记载的周幽王娶申侯之女;陈侯簋"陈侯作王妫媵簋"(《集成》3815,西周后期),表明周王娶陈侯的女儿"王妫"为妻;鄂侯簋"鄂侯作王姞媵簋"(《集成》3929,西周后期),表明周王娶鄂侯的女儿"王姞"为妻。这些婚姻实质上都属于本文所界定的阶层外婚。除了这些无可奈何的状况之外,从下文可知当时还有很多可以选择状况下的阶层外婚。
② 《史记集解》:"韦昭曰:山桑曰檿。弧,弓也。箕,木也。服,矢房也。"
③ 《史记·周本纪》。

女,是其物化,所以悲也。悲则始有与公子同归之志,欲嫁焉。女感事苦而生此志。"孔颖达疏:"女子之心感蚕事之劳苦,又感时物之变化,皆伤悲思男,有欲嫁之志。时豳公之子,躬率其民,共适田野,此女人等,始与此公子同时而来归于家。"诗句中女子要背着深筐去从事劳苦的采桑事务,出身应当不高。但是她最终却与豳公之子"同时而来归于家"——应该嫁给了豳公之子。他们之间的婚姻显然也是阶层外婚。

当时还有很多能成为这一类型婚姻的潜在男女关系。《诗经·秦风·车邻》记载:

> 有车邻邻,有马白颠。未见君子,寺人之令。
>
> 阪有漆,隰有栗。既见君子,并坐鼓瑟。"今者不乐,逝者其耋!"①
>
> 阪有桑,隰有杨。既见君子,并坐鼓簧。"今者不乐,逝者其亡!"

这首诗描述的是西周时期秦国国君秦仲和宫中婢妾相爱之事。一开始的时候,他们因为宫内小臣没有传达命令而没有见到。见到之后,他们在一起击瑟、鼓簧,并调情说到离老不远,及时行乐("今者不乐,逝者其耋!");来日无多,及时行乐("今者不乐,逝者其亡!")。② 这位宫女后来有可能成为了秦君的嫔妃,如果果然是这样,那么这也是阶层外婚。《诗经·王风·大车》③记载:

---

① "耋"在安大简《诗经》中作"䎦"。整理者隶定为"實",读为"實",并提出"實"与"耋"音近可通[安徽大学汉字发展与应用研究中心编,黄德宽、徐在国主编:《安徽大学藏战国竹简》(一),上海:中西书局,2019年,第29、100页]。
② 程俊英、蒋见元:《诗经注析》,第334—336页。
③ 《诗序》谓:"《大车》,刺周大夫也。礼义陵迟,男女淫奔。"可见这也是一首反映西周历史的诗篇。

> 大车槛槛,毳衣如菼。岂不尔思？畏子不敢。
> 大车啍啍,毳衣如璊,岂不尔思？畏子不奔。
> 谷则异室,死则同穴。谓予不信,有如皦日。

这是一首"女子热恋情人的诗。她很想和情人同居,但不知道对方的心里究竟如何想,所以还有些畏惧而不敢找他私奔"。[①] 毛传："大车,大夫之车"；"子"是坐大车的大夫,也是女子热恋的对象。这位女子愿意私奔,可能地位并不高；而且二者不能通过正常途径婚媾,而要私奔,可能是因为地位相差悬殊。可以想象当时这样的男女关系情况应当不少,其中应当有一小部分男女结为了婚姻。那么,这些婚姻无疑都是阶层外婚。

西周时期也有妇高夫低的阶层外婚。

《诗经·邶风·简兮》是一位贵族女子所作的诗歌。她在观看"万舞"的时候,对"硕人俣俣,公庭万舞。有力如虎,执辔如组。左手执籥,右手秉翟。赫如渥赭,公言锡爵"的男性舞师[②]产生了爱慕之情,甚至有了"云谁之思？西方美人。彼美人兮,西方之人兮"的思念情感。从这则故事推想开来,当时贵族女子爱慕威武俊美低阶层男子的事例应当更多。在这么多男女关系中,不排除有小部分男女结为了夫妇。那么,这些婚姻应当都是妇高夫低的阶层外婚。《诗经·鄘风·柏舟》记载了另一则饶有兴味的爱情故事：

> 泛彼柏舟,在彼中河。髧彼两髦,实维我仪。之死矢靡它。
> 母也天只！不谅人只！
> 泛彼柏舟,在彼河侧。髧彼两髦,实维我特。之死矢靡慝。
> 母也天只！不谅人只！

---

① 程俊英、蒋见元：《诗经注析》,第213页。
② 这位男士,要作舞师,地位应当不高。

这首诗的作者是一位女性。她对额前垂发("髧彼两髦")的男子心仪不已,认为是自己的理想佳偶——他是我追求好对象("实维我仪")、他才能和我配得上("实维我特")。并且,这位女子对他还不会变心——誓死不会变心肠("之死矢靡它")、誓死不会变主张("之死矢靡慝")。但是她的母亲却竭力反对他们在一起——叫声天呀叫声娘,为何对我不体谅("母也天只!不谅人只!")。① 这位母亲之所以反对这对年轻人在一起,可能还是因为男子的地位要比女子低。我们可以想象,当时这样的男女爱情还很多,其中有些在父母的反对下没有结为婚姻,但是一定有小部分男女冲破各种阻力成为了夫妇。类似的情况,还见于《诗经·鄘风·桑中》的记述:

爰采唐矣?沬之乡矣。云谁之思?美孟姜矣。期我乎桑中,要我乎上宫,送我乎淇之上矣。

爰采麦矣?沬之北矣。云谁之思?美孟弋矣。期我乎桑中,要我乎上宫,送我乎淇之上矣。

爰采葑矣?沬之东矣。云谁之思?美孟庸矣。期我乎桑中,要我乎上宫,送我乎淇之上矣。

唐,蒙菜;麦,谷名;葑,蔓菁。孟姜、孟弋、孟庸都是贵族女子。桑中、上宫、淇上都是小地名。② 该诗所描述的男士们,需要自己采种唐、麦、葑,从事农活,地位似乎不高。但是他们却和孟姜、孟弋、孟庸这样的贵族女子在桑中、上宫里偷情。随着有了性爱之实,甚至可能的意外怀孕,其中应当有小部分男女结成了正式的婚姻。《诗经·郑风·狡童》记载:

彼狡童兮,不与我言兮。维子之故,使我不能餐兮。

---

① 均见于程俊英:《诗经译注》,第79页。
②(宋)朱熹:《诗集传》,第39—40页。

>彼狡童兮,不与我食兮。维子之故,使我不能息兮。

关于这首诗的诗旨,诸家争论不已。① 高亨谓这首诗描述的"是一对恋人偶尔产生矛盾,女方为之寝食不安",② 大体接近真相,但是高先生说他们是恋人则不妥。从诗中可以看出这对男女平时已经聊在一起、吃在一起,那么他们可能已经不再是恋人,而是夫妇了。这位女子因为夫君不和自己说话、吃饭,自己就吃不下("不能餐")、睡不着("不能息"),可见她很爱自己的夫君。她称自己的夫君为"狡童",可能是因为这位男子年岁比她小,而且当初地位也不如她。那么他们之间的婚姻是妇高夫低的阶层外婚。《诗经·召南·摽③有梅》是一位女子所作,她说:

>摽有梅,其实七兮。求我庶士,迨其吉兮。
>摽有梅,其实三兮。求我庶士,迨其今兮。
>摽有梅,顷筐墍之。求我庶士,迨其谓之。

这位女子希望能够早日成家,因而鼓励男子来追求自己。可以想象当时诸如这样的适龄贵族女子渴望爱情的事例一定不少。在急切希望爱情的心态下,一定有一些地位较高的女子自愿或迁就地嫁与出身低微的男士。

考古资料也证明当时妇高夫低阶层外婚的存在。

在山西绛县横水西周墓中,M2 为倗伯墓,M1 为倗伯夫人毕姬墓。

---

① 关于诸家的争论,请参看陈子展:《诗三百解题》,上海:复旦大学出版社,2001 年,第 315—319 页。
② 高亨:《诗经今注》,上海:上海古籍出版社,1980 年,第 119 页。
③ "摽"在安大简《诗经》中作"𣂪"[安徽大学汉字发展与应用研究中心编,黄德宽、徐在国主编:《安徽大学藏战国竹简》(一),第 21 页]。徐在国将其隶定为"芅",并认为是"囿"的异体;"囿有梅"意为果园中有梅(徐在国:《安大简〈诗经·召南·摽有梅〉之篇名试解》,《北方论丛》2019 年第 6 期)。

它们的时代都是西周穆王时期或略晚。从墓葬形制和规模来看,两座墓都是单墓道,但是 M1 比 M2 的墓道长,墓圹大而深。在葬具方面,M2 用材较差,M1 用材考究,椁内布置华丽,出土了檣柳和荒帷。在葬式方面,M1 为仰身直肢葬,M2 为俯身直肢葬。在随葬品方面,M1 丰厚而且等级高,而 M2 的随葬品比较单薄。① 类似的,在河南三门峡上村岭虢国墓地中,M2001 为虢季墓,离它较近的 M2012 是虢季夫人墓。② 它们的时代是西周晚期的宣、幽时期。M2012 的面积略大于 M2001。在随葬青铜礼器方面,M2012 的数量多于 M2001。M2012 的附葬车马坑里随葬的车子,比 M2001 多 3 辆。在这一处夫妇墓葬中,妻比夫的墓葬规格都要高。有考古学者指出"这些不同于一般规律的情况表明,有些西周贵族妇女可能具有比丈夫更高或与丈夫相当的社会地位"。③ 那么,他们之间当初的婚姻应当也属于阶层外婚。

总之,西周时期确实存在一些阶层外婚的现象。在这类婚姻中,夫高妇低和妇高夫低的婚姻都存在。

四、西周阶层外婚引致的阶层流动

关于婚姻对于阶层流动的作用,之前的历史学者和社会学者有不同认识。有些学者认为作用是巨大的,如赵喜顺认为婚姻是"最

---

① 山西省考古研究所、运城市文物工作站、绛县文化局:《山西绛县横水西周墓发掘简报》,《文物》2006 年第 8 期。山西省考古研究所、绛县文化局:《山西绛县横水西周墓》,《考古》2006 年第 7 期。
② 河南省文物考古研究所、三门峡市文物工作队:《三门峡虢国墓》,北京:文物出版社,1999 年。
③ 张礼艳:《西周贵族墓葬所见性别差异——兼论西周贵族妇女的社会地位》,《江汉考古》2016 年第 4 期。

重要的社会流动方式";①薛志清、陈新亮认为婚姻是汉代女性阶层流动的主要方式。② 有些学者则认为作用并不是很明显,如韦艳、蔡文祯认为婚姻在女性的向上流动中仅发挥有限作用;③秦海霞提出依赖婚姻实现阶层流动的观念在上海人中还不是很流行。④ 有人关注到婚姻之后夫妇双方的努力对阶层流动的作用,如伊沛霞注意到有些女子"有管理方面的能力及文学天才和人际关系中的高超技巧,使她可以保持家庭的繁荣昌盛",⑤也就是说女性在婚后发挥积极作用,可以保持家庭的阶层地位。

但无论如何,诚如论者指出的"由婚姻导致的社会流动,在不同时代其情形是不完全一样的"。⑥ 西周时期的情形必然与以上学者关注的时期有差异。那么,西周时期的状况究竟如何?我们试析如下:

在阶层外婚中,夫妻双方依靠智慧和才智,通过精诚合作和努力拼搏,当然能够提高整个家庭的地位,实现夫妻双方的共同向上流动。《诗经·小雅·谷风》所描述的一对夫妇通过共同努力,使得家庭生活从"将恐将惧"中走出来,进入了"将安将乐"的状态,实现了家庭地位的改善。《诗经·邶风·谷风》所描述的夫妇过去生活状况十分困穷("何有何亡""昔育恐育鞫"),但是他们通过长时间的坚持和努力,终于"既生既育",生活状况有了较大改善。在西周时期的阶层外婚中,通过这种方式实现的阶层流动才是正道,同时

---

① 赵喜顺:《论婚姻的社会流动》,《西南民族学院学报》1991 年第 6 期。
② 薛志清、陈新亮:《汉代女性社会流动论析——以婚姻为途径》,《河北北方学院学报》2013 年第 5 期。
③ 韦艳、蔡文祯:《农村女性的社会流动:基于婚姻匹配的认识》,《人口研究》2014 年第 4 期。
④ 秦海霞:《婚姻与纵向社会流动——上海市民的婚姻观念》,《社会》2003 年第 10 期。
⑤ [美]伊沛霞:《内闱:宋代妇女的婚姻与生活》,第 102 页。
⑥ 赵喜顺:《论婚姻的社会流动》,《西南民族学院学报》1991 年第 6 期。

也是主流。

除此之外,阶层低的一方会依赖另一方来实现阶层流动。①

有些女子因为婚姻,地位获得了提升。上文提到的褒姒和奔向密康公的"三女",都通过婚姻使得自身的阶层获得了提升。

有人会说"一夫多妻"情况下,正妻之外的女子都是妾,而妾的地位往往不高,②所以阶层外婚并不利于这些女子地位的提高。按:这种看法不正确。因为这些嫁于贵族的、正妻之外的女子,与过去相比,地位毕竟有所提高。如《诗经·豳风·七月》中嫁于豳公之子的女子、嫁于周幽王的褒姒、嫁于密康公的三女,她们的地位与过去相比一定有了较大改观。除此之外,有些妾还可以升为正妻,如褒姒从嫔妃升为王后(《史记·周本纪》)。又如姬寏母温鼎中的"姬寏母"本是"公"的媵妾,正妻是她的"姊"(《铭图续》153,西周早期),但是后来她的"姊"先去世了,姬寏母就成为了正妻。③这些例证都说明阶层外婚有利于女子地位的提高。

除了女子,当时也有男子通过婚姻使得地位获得了提升。农卣中的农、裘卫家族的第六代家主此和《诗经·郑风·狡童》中的"子",都是这样的男士。

现藏于大英博物馆的农卣有如下的铭文:

> 唯正月甲午,王在䣄庒。王窺令伯炶曰:"毋俾农特。"使厥友妻农,迺禀厥奴、厥小子、小大吏毋有田。农三拜稽首,敢对扬王休从。作宝彝。(《集成》5424,西周中期)

---

① 王进锋:《西周时期女子的社会流动》,《历史教学问题》2015 年第 6 期。
② 郑慧生:《上古华夏妇女与婚姻》,郑州:河南人民出版社,1988 年,第 177—183 页。
③ 黄国辉:《略论"姬寏母温鼎"中的人物关系及婚姻制度》,《中国史研究》2010 年第 1 期。

铭文大意为：在正月甲午日，王在隰应。王进一步命令伯炱，说道："不要使农孤单。"伯炱指使亲族把女儿嫁给农，还赏赐谷物给家族内部的奴、没有土地的小子和没有土地的小大吏。农三拜稽首，感谢王的美意，做了这件器物。① 在农卣中，农是伯炱的家臣，之前他需要由伯炱赐谷，经济状况显然不好；他的婚姻状况是"特"，即娶不到妻子，②社会地位也不理想。然而到了后来，农既娶了伯炱亲族的女儿，又能够铸造非常精美的青铜器农卣，反映出他的社会地位和经济地位都得到了较大的提高。这种转变直接的原因当然是伯炱对他的赈济，更重要的原因可能是与伯炱家族的通婚。所以，从某种意义上讲，阶层外婚使得农的地位获得了提升。

1975 年，考古人员在陕西省岐山县董家村发现了一座青铜器窖穴。考古人员随即进行了清理，出土青铜器 37 件，其中多件器物上面有铭文。③ 根据后来的研究，知道这批铜器是一个贵族家族（裘卫家族）的铜器。

这个家族的第一代家主是裘卫，第二代是偽，第三代是仲南父，第四代是公臣，第五代是癸父（又称"詩"），第六代是此（又称"伯辛父""旅伯"④），第七代是荣有司禹、浸赢。⑤ 这个家族前几代人担任

---

① 农卣的今译，笔者是参照董珊的考释作出的。见董珊：《农卣新释》，《青铜器与金文》（第二辑），上海：上海古籍出版社，2018 年，第 244—247 页。
② 从农卣的上下文语境来看，农不是年岁不到或者刻意为之而造成的单身，而是生活状况较差导致的单身，所以周王才会命令贵族家主伯炱从赈济的角度来解决这个问题。
③ 岐山县文化馆、陕西省文管会：《陕西省岐山县董家村西周铜器窖穴发掘简报》，《文物》1976 年第 5 期。
④ 周瑗（李学勤）：《矩伯、裘卫两家族的消长与周礼的崩坏——试论董家青铜器群》，《文物》1976 年第 6 期。
⑤ 关于董家村铜器的内容、这个家族各代的人物关系、发展历程，请参看王进锋：《西周小贵族家族的崛起——以董家村铜器所见裘卫家族为中心》，《历史教学问题》2018 年第 6 期。

的职务有：周王朝的"裘"官、周王朝"牧"官的上司、虢仲家族的家臣"百工"官。这些官职皆不是很高，只能属于"士"阶层的范畴。

裘卫家族发展到第六代家主此的时候逐渐有了变化。此铸造了多件有铭青铜器，请看其中的如下几篇铭文：

> 唯十又七年十又二月既生霸乙卯，王在周康宫夷宫，旦，王格大室，即位。司土毛叔佑此入门，立中廷。王呼内史䜌册命此曰："旅邑人膳夫，赐汝玄衣、黹纯、赤市、朱衡、銮旂。"此敢对扬天子丕显休令，用作朕皇考癸公尊鼎，用享孝于文神，用匄眉寿。此其万年无疆，畯臣天子灵终。子子孙孙永宝用。（此鼎，《集成》2821，西周晚期）

> 膳夫旅伯作毛仲姬尊鼎，其万年子子孙孙永宝用享。（旅伯鼎，《集成》2619，西周晚期）

此在一开始的时候延续了祖、父们的职位，只属于"士"阶层。在以上第一篇铭文中，此在佑者"毛叔"的引导下，被周王任命担任"膳夫"职务。"膳夫"是一个比较重要的职位，与这个家族之前的职位"裘""百工"等相比，显赫很多。在第二篇铭文中，旅伯就是此，铭文是旅伯为妻子"毛仲姬"作器。这个毛仲姬可能是第一篇铭文中"毛叔"的女儿。毛叔担任周王朝的"司土"职官，属于"卿大夫"阶层，地位较高。所以，此与毛仲姬的婚姻应当属于妇高夫低的阶层外婚。此的婚姻应该发生较早，可能在第一篇铭文此被任命为膳夫之前。如果确是如此，那么此的被任命与毛叔之间有着必然的联系。而他之所以被毛叔看上并被推荐给周王，被任命为"膳夫"，正是因为二者是翁婿关系。

随着此被任命为膳夫，其地位逐渐有了较大的提升，重要表现是他开始称"旅伯""伯辛父"。此还铸造了多件青铜器，是整个裘卫家族中作器最多的人。此地位的升高，与他和毛仲姬的阶层外婚是分不开的。

另外,在上文提及的《诗经·郑风·狡童》中,男子的地位可能本来比较低,但是随着与女子的婚姻,地位获得了较大的提高,因而被称为"子"。这位男子地位的提高应当与婚姻有关。

历史发展的完整过程使我们注意到,在由婚姻引致的阶层流动中,被提升的一方需要不断提高自己的能力才能保持地位的稳固。裘卫家族的第六代家主此,能够保持自身的地位,与其卓越的个人能力是分不开的。相反,如果过分依赖婚姻而放弃个人能力的提升,其获得的地位就如过眼云烟,来得快去得也快。随着密国的被灭和密康公的被杀,①那"三女"的地位也一落千丈;西周末年,随着周幽王被犬戎所杀,褒姒也被掳走,②过去的地位也不复存在。这两例都是明显的证据。

总之,在阶层外婚中,地位高的一方会带着另一方提高社会阶层。当时有些女子通过婚姻使得自身的地位获得了提高,如褒姒、奔向密康公的"三女"。尤其值得注意的是,当时也有一些男子因为婚姻使得自己的社会阶层获得了提高,如农卣中的农、裘卫家族的第六代家主此和《诗经·郑风·狡童》中的"子"。

结　　语

本文利用从前贤探讨中国古代其他历史时期同类问题得到的启迪,并借用社会学的角度和方法,对西周时期婚姻与阶层流动的

---

① 《国语·周语上》记载,密康公在拒绝其母亲的建议之后,"一年,(周恭)王灭密"。密国被灭时,密康公随之被杀。
② 《史记·周本纪》记载:申侯、缯、西夷犬戎"杀幽王骊山下,虏褒姒"。《列女传·孽嬖传》也谓申侯、缯、西夷犬戎"杀幽王于骊山之下,虏褒姒"。

关系问题进行了研究,具体的视角就是考察当时的阶层外婚及由其引致的阶层流动。

西周时期的婚姻分为阶层内婚和阶层外婚两种,阶层内婚占据绝大多数,但是当时也有阶层外婚的存在。所谓阶层外婚,即指来自不同阶层的男女结为婚姻,它包括夫高妇低和妇高夫低两种类型。

西周时期的一些特定的婚制与婚俗,如自由恋爱、奔者不禁、一夫多妻,比较容易造成阶层外婚的出现。当时有很多阶层外婚的实例——既有夫高妇低的婚姻,又有妇高夫低的婚姻——说明当时的阶层外婚是确实存在的。应该说那些能与高阶层人士结为婚姻的男女,本身也拥有特定的素质,[①]这是他们实现阶层流动的深层内因。除此之外,在阶层外婚中,地位高的一方会有意无意、偶然必然地通过外因的方式提高另一方的地位。当时有些女子,如褒姒、奔向密康公的"三女"等,因为婚姻使得自身的地位获得了提高。尤其值得注意的是,当时也有一些男子,如农卣中的农、裘卫家族的此和《诗经·郑风·狡童》中的"子"等,通过婚姻使得自己的地位获得了提高。

在由婚姻引致的阶层流动中,被提升的一方需要不断提高自己

---

① 社会学学者在讨论婚姻与阶层流动关系过程中,特别界定了"先赋因素"和"后致因素"两个概念。"先赋因素"指那些可以自动获得、不受个人意志支配而改变的因素,如本人民族成分等;"后致因素"即那些非先天决定、有望通过个人努力而改变的因素,如教育程度等。在婚姻匹配中,除了"先赋因素"发挥作用,"后致因素"同样也起作用。而且,有时"后致因素"的影响力比"先赋因素"还要大(韦艳、蔡文祯:《农村女性的社会流动:基于婚姻匹配的认识》,《人口研究》2014年第4期)。西周社会也是这种状况。西周时期能实现阶层外婚的相对较低(即"先赋因素"差)的一方,有些人却有着较好的"后致因素"。如奔向密康公的"三女"的勇敢;褒姒的魅力;《诗经·邶风·简兮》中舞师的威武;裘卫家族后人此的优秀。

的能力，才能保持地位的稳固。相反，如果过分依赖婚姻而放弃个人能力的提升，其获得的地位就如过眼云烟，来得快去得也快。

由以上的探讨可以看出，西周时期的婚姻对某些人的社会流动能起到一定的促进作用，而且这种作用对男性和女性都适用。

作者单位：华东师范大学历史学系

（原刊于《北京师范大学学报（社会科学版）》2023年第1期）

从引簋看周代的命卿制度*

杨永生

摘　要：山东高青陈庄出土的引簋，其器主引是周王所任命的齐国命卿。引获赐的彤弓、矢代表单次军事指挥权，也同重命制度有关，并不能说明引的身份是齐侯。周代设立命卿制度，是一种在国家范围内控制"武力的合法使用权"的重要举措。一方面辅助诸侯、增强方伯实力以便更好地藩屏周室；另一方面，命卿也是周王对诸侯进行监督、引导的重要手段；命卿制度的根本目的在于维系周的一统局面。从西周中期开始，王官开始出现"私臣化"趋势，在春秋之时，命卿逐步"本地化"。命卿制度的这一变化，虽然同王权的衰落有关，但其主要原因是制度本身存在的缺陷。

关键词：引　命卿　本地化

作为周人管理"天下"的重要手段，封建制一直是古今学者的关注点之一。但年代久远，故事渺茫，这一制度的详尽面貌仍难以确

---

* 本文为国家社科基金项目《商周等级臣僚体制研究》(12CZS011)阶段成果。

知。地不爱宝,新近发掘的山东高青陈庄西周遗址,为研究这一问题提供了新的线索。

M35 号墓出土的引簋,时贤多有讨论,①陈青荣、魏成敏、张学海、方辉、李学勤、吕茂东、李零、王恩田、郑同修、刘海宇、武建、孙敬明、王少林等先生更撰文详细论述,②所论不乏真知灼见,亦多可相互补充。本文拟在吸收各位专家学者的研究成果的基础之上,分析引簋所涉及的相关史实,并对命卿制度提出一些浅见,以求教于诸位专家。

先将李学勤所释铭文录之于下:

> 惟正月壬申,王格于共大室,王若曰:"引,余既命汝更乃祖䵼司齐师,余唯申命汝,赐汝彤弓一、彤矢百、马四匹,敬乃御,毋败绩。"引拜稽手,对扬王休,同隩追,俘兵用作幽公宝簋,子子孙孙宝用。

铭文大意为:

正月壬申日,周王到周共王大室。周王如是说:"引,过去我已任命你继承你先祖的官职,管理齐国的军队。现在我再次任命你,

---

① 李学勤等:《山东高青县陈庄西周遗址笔谈》,《考古》2011 年第 2 期。
② 陈青荣:《从传世山东藏家的藏品看高青出土的青铜器》,《管子学刊》2010 年第 2 期。魏成敏:《陈庄西周城与齐国早期都城》,《管子学刊》2010 年第 3 期。张学海:《陈庄西周城蠡测》,《管子学刊》2010 年第 4 期。方辉:《高青陈庄铜器铭文与城址性质考》,《管子学刊》2010 年第 3 期。李学勤:《高青陈庄引簋及其历史背景》,《文史哲》2011 年第 3 期。吕茂东:《解读高青县陈庄西周遗址》,《管子学刊》2011 年第 4 期。李零:《读陈庄遗址出土的青铜器铭文》;王恩田:《高青陈庄西周遗址与齐都营丘》《申簋考释——兼说高青陈庄齐国公室墓地的年代与墓主》;郑同修:《高青陈庄遗址发掘的主要收获及相关问题》;刘海宇、武健:《"引簋"释文及相关问题初探》,山东省文物考古研究所编:《海岱考古》(第 4 辑),北京:科学出版社,2011 年。孙敬明:《陈庄遗存——齐地、齐弻》,《管子学刊》2012 年第 2 期。王少林:《高青陈庄𦈢簋铭文考释及相关问题研究》,《洛阳师范学院学报》2013 年第 7 期。

赐你彤弓一件,彤矢百枚,马四匹,望你恪尽职守,不要打败仗。"引叩谢王恩,显扬王的美命,用他在隒地聚集兵力追击敌军缴获的兵器,铸造了这件宝簋,希冀子子孙孙永宝用之。

一

经过诸多学者的努力,我们对引簋的年代及其所涉及的基本史实已经有了比较清楚的认识。铭文中出现"共大室",可知此簋年代在共王之后。簋盖饰直纹,加窃曲纹,方座饰对称的大鸟纹。大鸟纹具有早期特点,窃曲纹具有晚期特点,是西周中期向晚期过渡的风格。① 引簋当是西周中期偏晚器。其所记史实同周烹齐哀公而立其弟胡公之事相关,引可能参与此事。② 但对于引的身份则有不同的看法。多数学者认为引为命卿,但也有部分学者认为引是齐侯,可见此问题仍须进一步分析。此外,陈青荣指出吴式芬所藏传世青铜器中亦有名引者所作之引尊,并认为引为商齐裔胄。③ 这里存在两器为同一人所作的可能性,但依高青出土的卜骨来看,引的家族属于周人系统;④ 而且金文中异人同名之事甚多,⑤ 故谨慎起见,本文

---

① 李零:《读陈庄遗址出土的青铜器铭文》,山东省文物考古研究所编:《海岱考古》(第4辑),北京:科学出版社,2011年,第371页。
② 李学勤:《高青陈庄引簋及其历史背景》,《文史哲》2011年第3期。王少林:《高青陈庄引簋铭文考释及相关问题研究》,《洛阳师范学院学报》2013年第7期。
③ 陈青荣:《从传世山东藏家的藏品看高青出土的青铜器》,《管子学刊》2010年第2期。
④ 孙敬明、赵克增:《陈庄筮甲》,《中原文物》2014年第3期。
⑤ 李学勤:《西周中期青铜器的重要标尺——周原庄白、强家两处青铜器窖藏的综合研究》,《新出青铜器研究》,北京:文物出版社,1990年,第83—91页。韩巍:《西周金文中"异人同名"现象及其对断代研究的影响》,《东南文化》2009年第6期。

暂不将此引尊纳入讨论范围。

从铭文来看,引在齐国居高位,执掌军队,必为高级贵族;他由周王任命,当为齐之命卿。《周礼·春官·大宗伯》"三命受位",郑玄言:"此列国之卿,始有位列于王,为王之臣也。"①郑玄此注当本于《礼记·王制》:"大国三卿,皆命于天子。"②清人黄以周云:"《王制》所言命于天子,皆为受位于王国。"③所谓"受位"即可位为王臣。鲁成公二年,《左传》记晋巩朔"未有职司于王室",注家认为巩朔非命卿,故没有职司于王室。④可见,诸侯之命卿是必须经周王册命的王臣。

引受王赐彤弓、彤矢,无疑说明了他地位之高,但如果单依此点认为引是某代齐侯,则可能有些冒险。《礼记·王制》:"诸侯赐弓矢,然后征;赐斧钺,然后杀。"⑤但这只是后代礼书中所记,是否符合周代的情况仍需要作进一步的考察。

文献中所见弓矢之赐,主要有如下几例:

《尚书·文侯之命》:"王曰:父义和,其归视尔师,宁尔邦。用赉尔秬鬯一卣,彤弓一,彤矢百,卢弓一,卢矢百,马四匹。"⑥

《诗经·小雅·彤弓》序:"天子锡有功诸侯也。"毛传:"彤

---

① (汉)郑玄注,(唐)贾公彦疏:《周礼注疏》,(清)阮元校刻,中华书局影印《十三经注疏》本,1980年,第761页。
② (汉)郑玄注,(唐)孔颖达疏:《礼记正义》,(清)阮元校刻:《十三经注疏》,第1325页。
③ (清)孙诒让撰,王文锦、陈玉霞点校:《周礼正义》大宗伯疏引,北京:中华书局,1987年,第1371页。
④ 杨伯峻:《春秋左传注(修订本)》,北京:中华书局,2009年,第810页。
⑤ (汉)郑玄注,(唐)孔颖达疏:《礼记正义》,(清)阮元校刻:《十三经注疏》,第1332页。
⑥ (汉)孔安国传,(唐)孔颖达疏:《尚书正义》,(清)阮元校刻,《十三经注疏》,第254页。

弓,朱弓也,以讲德习射。"郑笺:"诸侯敌王所忾,而献其功,王飨礼之。于是赐彤弓一,彤矢百,玈弓矢千。凡诸侯赐弓矢,然后专征伐。"①

《左传》僖公二十八年:"王命尹氏及王子虎、内史叔兴父策命晋侯为侯伯,赐之大辂之服、戎辂之服、彤弓一、彤矢百、玈弓矢千、秬鬯一卣、虎贲三百人。"②孔颖达疏:"此赐弓矢则礼乐之事。"③

《左传》文公四年:"诸侯敌王所忾而献其功,王于是乎赐之彤弓一,彤矢百,旅弓矢千,以觉报宴。"④

《左传》定公四年:"分鲁公以大路、大旂,夏后氏之璜,封父之繁弱。"杜预注:"繁弱,大弓名。"⑤

《春秋经》定公九年:"得宝玉大弓。"杜预注:"弓,王国之分器也。"⑥

《礼记·王制》:"诸侯赐弓矢,然后征;赐斧钺,然后杀;赐圭瓒,然后为鬯。"孔颖达疏:"赐弓矢,谓八命作牧者。赐鈇钺、赐圭瓒,皆谓九命上公者。"⑦

金文中所见周王赐予弓矢,可列表如下:

---

① (汉) 毛亨传,(汉) 郑玄笺,(唐) 孔颖达疏:《毛诗正义》,(清) 阮元校刻,《十三经注疏》,第421页。
② 言晋文公受彤矢之赐,亦见于《左传》襄公八年、昭公十五年,《史记·晋世家》。
③ (晋) 杜预注,(唐) 孔颖达正义:《春秋左传正义》,(清) 阮元校刻:《十三经注疏》,第1825—1826页。
④ (晋) 杜预注,(唐) 孔颖达正义:《春秋左传正义》,(清) 阮元校刻:《十三经注疏》,第1841页。
⑤ (晋) 杜预注,(唐) 孔颖达正义:《春秋左传正义》,(清) 阮元校刻:《十三经注疏》,第2134页。
⑥ (晋) 杜预注,(唐) 孔颖达正义:《春秋左传正义》,(清) 阮元校刻:《十三经注疏》,第2143页。
⑦ (汉) 郑玄注,(唐) 孔颖达疏:《礼记正义》,(清) 阮元校刻:《十三经注疏》,第1332页。

金文所见周王赐予弓矢一览表①

序号	器 名	赏赐原因	赐 物	著 录
1	应侯见工钟	应侯见工遗王于周。辛甲,王格于康宫,荣伯入右应侯见工	彤弓一、彤矢百、马四匹	《殷周金文集成》107
2	师汤父鼎	王在周新宫,在射庐	盛弓,象弭、矢臸、彤	《殷周金文集成》2780
3	十五年趞曹鼎	王射于射庐	弓矢、虎庐、九、胄、干、殳	《殷周金文集成》2784
4	鄂侯驭方鼎	鄂侯驭方纳壶于王、乃祼之。驭方侑王,王休偃乃射,驭方休阑,王宴	矢五□	《殷周金文集成》2810
5	伯晨鼎	王命琱侯伯晨曰:嗣乃祖考侯于韲	彤弓、彤矢、旅弓、旅矢、䇓、戈、皋胄	《殷周金文集成》2816
6	小盂鼎	盂以多旗佩,鬼方子□□人三门,告曰:王命盂以□□伐鬼方,□□馘□,执酋三人,获馘四千八百又二馘,俘人万三千八十一人,俘马□□匹,俘车三十辆,俘牛三百五十五牛,羊三十八羊,孟又告曰:□□□□,乎蔑我征,执酋一人,获馘二百三十七馘,俘人□□人,俘马百四匹,俘车百□辆	弓一、矢百、画皋一、贝胄一、金干一、馘戈二、矢臸八	《殷周金文集成》2839

---

① 本表所收录铜器铭文的范围包括指中国社会科学院考古研究所编:《殷周金文集成(修订增补本)》,北京:中华书局,2007年;刘雨、卢岩编著:《近出殷周金文集录》,北京:中华书局,2002年;刘雨、严志斌编著:《近出殷周金文集录二编》,北京:中华书局,2010年;及《考古》《文物》《考古与文物》等期刊截至2014年1月所载之青铜器。虽竭力搜寻,但必有疏漏、错误,望方家指正。异器同铭者,仅列一器。多处著录者,仅列其中一处。

续 表

序号	器 名	赏赐原因	赐 物	著 录
7	宜侯夨簋	王命虞侯夨曰:鄋侯于宜	彤弓一、彤矢百,旅弓一,旅矢千	《殷周金文集成》4320
8	静卣	获赐原因不明,但从静簋和小臣静卣来看,似同静掌射事有关	弓	《殷周金文集成》5408
9	虢季子白盘	桓桓子白,献馘于王,王孔嘉子白义	王赐乘马,是用左王,赐用弓,彤矢其央,赐用钺,用征蛮方	《殷周金文集成》10173
10	应侯见工簋	应侯视工侑	玉五瑴、马四匹、矢三千	《文物》2002年第7期
11	晋侯苏钟	王亲令晋侯苏:帅乃师左洀和北洀□,伐宿夷。晋侯苏折首百又廿,执讯廿又三夫……王降自车,位南向,亲令晋侯苏:自西北隅敦伐郓城……折百首,执讯十又一夫……王令晋侯苏率大室小臣、车仆从,遂逐之。晋侯折首百又一十,执讯廿夫	驹四匹、秬鬯一卣、弓矢百、马四匹	《上海博物馆馆刊》1996年第7期,第11页

分析所见材料,我们可以发现,彤弓、矢的赐予多以彤弓一、彤矢百的固定比赐予,彤弓、矢也是最高等级;① 获赐弓矢者之身份多

---

① 宜侯夨簋所记以彤弓、矢在前;《荀子·大略》:"天子雕弓,诸侯彤弓,大夫黑弓,礼也。"《公羊传》定公四年:"挟弓而去楚。"何休注:"礼:天子雕弓,诸侯彤弓,大夫婴弓,士卢弓。"两者所记虽略有不同,但彤弓、矢皆为可赐予的最高等级。周人尚赤,颜色在赐予物品中有特殊含义,参见汪涛:《颜色与社会关系——西周金文中之证据与阐释》,李宗焜主编:《古文字与古代史》(第二辑),台北:"中研院"历史语言研究所,2009年,第221—241页。

样：小司马(盂①)、小臣(静②)、史官(趞曹)、师(师汤父)、诸侯(应侯见工、晋侯苏、伯晨、宜侯夨、鄂侯、虢季子白、晋文侯、晋文公)。依据弓矢获赐意义不同,我们可以分成两种情况：

1. 一般赏赐意义。弓矢作为一般赏赐物,并不具有象征意义。这种情况有：

(1) 习射礼获赐：师汤父鼎、十五年趞曹鼎、鄂侯驭方鼎。

(2) 侑王获赐：鄂侯驭方鼎、应侯见工簋。③

(3) 军功获赐：小盂鼎、晋侯苏钟、应侯见工钟。对于应侯见工钟中的"遗",学者多认为其为馈赠物品,但何物不详。我们认为可能是献俘。《左传》庄公三十一年："凡诸侯有四夷之功,则献于王,王以警四夷,中国则否,诸侯不相遗俘。"④遗俘即献俘。从应侯见工鼎⑤来看,应侯见工曾奉王命征伐；他获赐在宗庙之中,同小盂鼎所记献俘礼地点相类。因此应侯获赐,也可能因军功。⑥

2. 合法军事权力象征的弓矢赐予。可以分成三种情况分析：

(1) 封国获赐重器。伯禽之封、伯晨之嗣封、宜侯夨之徙封所获弓矢皆为此类。赐予弓矢可能也代表了一定合法军事权力的赐予,

---

① 李学勤：《大盂鼎新论》,《郑州大学学报》1985 年第 3 期；《小盂鼎与西周制度》,《历史研究》1987 年第 5 期。

② 静亦见于静簋和小臣静卣。静簋称王令静督课学宫射事,《仪礼·大射》有"射人",郑玄注"掌以射法治射仪。"《周礼》夏官司马所属有射人,设下大夫二人,上士四人,下士八人,府二人,史四人,胥二人,徒二十人。静或为下大夫。

③ 裘锡圭：《应侯视工簋补释》,《文物》2002 年第 7 期。

④ (晋)杜预注,(唐)孔颖达正义：《春秋左传正义》,(清)阮元校刻：《十三经注疏》,第 1825—1826 页。

⑤ 陈佩芬：《夏商周青铜器研究》,上海：上海古籍出版社,2005 年,第 413 页。

⑥ 文献相关记载又见上引《左传》文公四年："诸侯敌王所忾而献其功,王于是乎赐之彤弓一,彤矢百,旅弓矢千,以觉报宴。"对于献俘礼的讨论,参见李学勤：《小盂鼎与西周制度》,《历史研究》1987 年第 5 期。张怀通：《小盂鼎与〈世俘〉新证》,《中国史研究》2008 年第 1 期。

以便诸侯"藩屏周"。

（2）赐命侯伯。平王赐晋文侯"秬一卣，彤弓一，彤矢百，旅弓一，旅矢百，马四匹"，并命言："柔远能迩。"周襄王册命晋文公时"用平礼"，杜预注："以周平王享晋文侯之礼享晋侯。"①清华简《系年》："三年，乃东徙，止于成周，晋人焉始启于京师，郑武公亦政东方之诸侯。"整理者认为"'政'与'正'通，训为'长'，此云郑武公为东方诸侯之长。"②与其相对，晋文侯当为西方诸侯之长。虢季子即文献中所见之虢公翰，③其人拥立王子余臣，地位与晋文侯、郑武公相当，应也属侯伯一类。晋文公受赐，是周襄王"策命晋侯为侯伯"。虢季子白"用征蛮方"；晋侯之四处征伐，同其受赐彤弓、矢，受命为侯伯，不无关系。

（3）单次军事行动指挥权。引簋所记同以上两种有所不同。依铭文所记，周王策命引，同时也下达了一次军事指令，赐彤弓、矢代表的是单次军权的授予。这种单次军权的授予，并不能说明引为齐侯。周代有军事指挥权的职官颇多，师官、史官、司马等皆可掌军。

单纯从引受赐彤弓彤矢便认定引为齐侯，未免有些冒险，有孤证之嫌。学者还通过对比陈庄西周城址和董家林燕都城址，指出陈庄遗址的规模有限："在西周早期，二者不可能属于同一层次或级别的城，也就是说，陈庄城址不可能是齐国都城之所在。"④陈庄遗址非齐国之都，引自然也应非齐侯。

---

① （晋）杜预注，（唐）孔颖达正义：《春秋左传正义》，（清）阮元校刻：《十三经注疏》，第1825页。
② 李学勤主编，《清华大学藏战国竹简（贰）》，上海：中西书局，2011年，第138—140页。
③ 陈梦家：《虢国考》，王斌主编：《虢国墓地的发现与研究》，北京：社会科学文献出版社，2000年，第45页。
④ 方辉：《高青陈庄铜器铭文与城址性质考》，《管子学刊》2010年第3期。

引获赐彤弓、彤矢,也同重命制度有关。

重命制度,为黄盛璋首倡。黄氏认为:

> 西周铜器册命中有一种制度为过去所不知或不注意,即以前已经册命过,后来又重申前命再次加以册命,我们姑称前一次册命为前命,后一次重申前所命的册命为重命。……(一)重命与官职:册命主要为授职,故重命首先当从官职考察……情形有五类:(1)是承袭旧职……(2)升职……(3)加职……(4)改职……(5)官职未改,而责任增加……(二)重命与赏赐:册命必有赏赐……亦有官职不变,王为表示恩命,锡以较高一级之服饰以宠异之。①

李学勤亦有类似的看法:

> 读《典命》等文献可知,周代之命有若干等级,自一命至于九命,由之揣想"申就乃命"是不改变命的等级,只在所任职官有所擢升,或在于所赐舆服有所增改。②

两位先生所言颇有道理。需要补充的一点是,重命中赏赐并不限于服饰。大克鼎(《殷周金文集成》2836)记克受周王的册命:

> 王若曰:"克,昔余既令汝出纳朕令,今余唯申就乃令,赐女叔市参绢中悤。赐汝田于埜。赐汝田于渒。赐汝井家𠭯田于㪣,以氒臣妾。赐汝田于康。赐汝田于匽。赐汝田于陴原。赐汝田于寒山。赐汝史小臣、霝、钥、鼓钟。赐汝井、遬、𠭯人、𢐗。

---

① 黄盛璋:《西周铜器中册命制度及其关键问题新考》,石兴邦主编:《考古学研究——纪念陕西省考古研究所成立三十周年》,西安:三秦出版社,1993年,第407—409页。

② 李学勤:《师兑簋与初吉》,吉林大学古文字研究室编:《中国古文字研究》第一辑,长春:吉林大学出版社,1999年,第47页。

赐汝井人奔于量。"

周王的这次册命，显然是对克的重命。赐物不仅有服饰，还有土地、人口和乐器。这说明重命中的赏赐并不限于舆服。

引簋所记的这次册命当为重命，属于黄先生所列之第五种情况：官职未改，而责任增加；引所获赐的彤弓、彤矢同其军事职责有关，是重命中周王授予引新职责——指挥齐军一次作战而赐予的器物。引不是齐侯。

综上所论，引受周王册命，是齐国的命卿。周王重命引，授予引新任务而特别赐予彤弓、彤矢，引当为齐国之命卿。

二

卿出现得很早。相传伊尹曾为汤之卿士，卿、卿事（史、士）在商末卜辞金文中已经出现，[①]《尚书·微子》《尚书·洪范》也指出商末即有卿士。《尚书·牧誓》《逸周书·祭公》《诗·十月之交》等都指明周也存在卿。但是，我们所能看到周代命卿的例子则较少。

《尚书·立政》言周初官员设置，提到"司徒、司马、司空"，顾颉刚先生认为："'司徒''司马''司空'在这里别于任人、准夫、牧而言，恐是指诸侯的三卿。"[②]诸侯的三有司，皆受王命所设，可能都属于命卿。

成王时器沫司徒疑簋（《殷周金文集成》4059），记载了沫受王命

---

① 王贵民：《商朝官制及其历史特点》，《历史研究》1986 年第 4 期。李学勤：《论卿事寮、太史寮》，《松辽学刊》1989 年第 3 期。
② 顾颉刚、刘起釪：《尚书校释译论》，北京：中华书局，2005 年，第 1678 页。

"眔鄙",即参与重新划定卫之疆界一事。① 从铭文所记来看,他为沬地司徒之官,直接接受王命;之后可能留于卫,任职于卫。② 这位沬司徒可能是卫之命卿。周夷王时期③的豆闭簋(《殷周金文集成》4276),记载了夷王册命豆闭"司夋俞邦君司马弓矢",闭为都司马,④是夋俞之卿,主掌邦国军事。⑤ 周王还册命邦君的"大正"。梁其钟(《殷周金文集成》187—192):"天子肩事梁其,身邦君大正。""大正"即主管刑法之官。⑥ 周王册命诸侯司马,亦见于趩簋(《殷周金文集成》4266):"王若曰:'趩,命汝作豳师冢司马,适官仆、射、土,讯小大右、邻。'"荣有司再裛及鼎(《殷周金文集成》679、2470)中还出现了荣的有司。周王还在被征服的蛮夷之国设立命卿,《诗·大雅·常武》:"王谓尹氏:命程伯休父左右陈行,戒我师旅,率彼淮浦,省此徐土。不留不处,三事就绪。"⑦所谓"三事就绪"是为之立三卿,即"司徒、司马、司空,或农父、圻父、宏父"。⑧

除了诸侯之三有司,诸侯的史官也可能是命卿。《左传》桓公十七年"天子有日官,诸侯有日御,日官居卿以底日礼也"。⑨ 史官有天

---

① 李学勤:《由清华简〈系年〉重释沬司徒疑簋》,《中国高校社会科学》2013年第3期。
② 路懿菡:《从清华简〈系年〉看康叔的始封》,《西北大学学报(哲学社会科学版)》,2013年7月,第43卷第4期。
③ 彭裕商:《西周青铜器年代综合研究》,成都:巴蜀书社,2003年,第388页。
④ 郭沫若:《两周金文辞大系图录考释(二)》,《郭沫若全集·考古编》第八卷,北京:科学出版社,2002年,第173页。
⑤ 杨宽:《西周史》,上海:上海人民出版社,1999年,第394页。
⑥ 杨宽:《西周史》,第394页。
⑦ (汉)毛亨传,(汉)郑玄笺,(唐)孔颖达疏:《毛诗正义》,(清)阮元校刻,《十三经注疏》,第576页。
⑧ 郭沫若:《中国古代社会研究》,《郭沫若全集·历史卷》第一卷,北京:科学出版社,2002年,第183页。
⑨ (晋)杜预注,(唐)孔颖达正义:《春秋左传正义》,(清)阮元校刻,《十三经注疏》,第1759页。

官的职能,①日官定历,其职当为史官之一种,是卿级官吏。② 各国史官可能皆由周室派出,陈梦家认为:"余疑西周时各国史官,遣自周室,故文字同一。《史记·六国年表》谓各国史纪多存周室,则其所用文字必以宗周为准则矣。"③《左传》定公四年,记鲁之初封,成王赐予祝、宗、卜、史,是鲁有史官命卿。④ 井侯方彝(《殷周金文集成》9893)中,麦被称为"正吏",所谓"正吏"也就是正卿;⑤麦所作之器还有作册麦尊,可见其为史官,是邢国之命卿。新近出土于洛阳的齐史疑觯,其铭为:"齐史疑作其祖辛宝彝。"是齐国史官疑为其祖日名为辛者所作之器。其器形侈口,宽颈,腹下垂较深,圈足,器外装饰有两个羊首,主要流行在昭穆时期,为西周早期偏晚器。⑥ 疑可能是齐国的任史官之职的命卿。

春秋时人对命卿制度还是比较清楚的。

《左传》僖公十二年:"王以上卿之礼飨管仲,管仲辞曰:'臣,贱有司也,有天子之二守国、高在。'"杜预注:"国子、高子,天子所命为齐守臣,皆上卿也。"⑦

《左传》僖公二十四年:"卫人将伐邢,礼至曰:'不得其守,

---

① 许兆昌:《周代史官文化——前轴心期核心文化形态研究》,长春:吉林大学出版社,2001年,第34页。
② 杨善群:《西周公卿职位考》,《中华文史论丛》1989年第2期。
③ 陈梦家:《中国铜器概述》,《海外中国铜器图录》,台北:台联国风出版社,1964年,第54页。
④ (晋)杜预注,(唐)孔颖达正义:《春秋左传正义》,(清)阮元校刻:《十三经注疏》,第2134页。
⑤ 唐兰:《论周昭王时代的青铜铭刻》,《古文字研究》1981年第2辑。
⑥ 张懋镕:《新见西周金文丛考》,《古文字与青铜器论集》(第3辑),北京:科学出版社,2010年,第37页。
⑦ (晋)杜预注,(唐)孔颖达正义:《春秋左传正义》,(清)阮元校刻:《十三经注疏》,第1802页。

国不可得也。'"杜预注:"守谓卫正卿国子。"①

《左传》宣公十六年:"晋侯请于王。戊申,以黻冕命士会将中军,且为大傅。"②

《左传》成公二年:"晋侯使巩朔献齐捷于周,王弗见,使单襄公辞焉,曰:'……今叔父克遂,有功于齐,而不使命卿镇抚王室,所使来抚余一人,而巩伯实来,未有职司于王室……'"③

《左传》哀公四年:"使谓阴地之命大夫士蔑曰……"④

《国语·晋语一》:"武公谓栾共子:'吾以子见天子,令子为上卿,制晋国之政。'"⑤

从上引《左传》《国语》的几个例子来看,命卿制度在春秋之时仍然存在。

命卿的执掌多同军事职责有关。司徒可带兵出征;⑥梁其主管刑法,但古时兵、刑不分,他也应该有一定的军事职责;史官亦可统军作战。⑦《周礼·夏官》"王六军,大国三军,次国二军,小国一军,军将皆命卿。"⑧西周时有师而无军,《周礼》所言"军"制应为后人所

---

① (晋)杜预注,(唐)孔颖达正义:《春秋左传正义》,(清)阮元校刻:《十三经注疏》,第1818页。
② (晋)杜预注,(唐)孔颖达正义:《春秋左传正义》,(清)阮元校刻:《十三经注疏》,第1888页。
③ (晋)杜预注,(唐)孔颖达正义:《春秋左传正义》,(清)阮元校刻:《十三经注疏》,第1898页。
④ (晋)杜预注,(唐)孔颖达正义:《春秋左传正义》,(清)阮元校刻:《十三经注疏》,第2158页。
⑤ 徐元诰撰,王树民、沈长云点校:《国语集解(修订本)》,北京:中华书局,2002年,第248页。
⑥ 张亚初、刘雨:《西周金文官制研究》,北京:中华书局,2006年,第9页。
⑦ 许兆昌:《周代史官文化——前轴心期核心文化形态研究》,长春:吉林大学出版社,2001年,第79页。
⑧ (汉)郑玄注,(唐)贾公彦疏:《周礼注疏》,(清)阮元校刻,《十三经注疏》,第830页。

托,但从上引西周及春秋的几条例证来看,其所言不为无据。

设有命卿的诸侯大约可以分为三类。传世文献中多将诸侯国分为大、次、小三等,古代学者多从爵命角度进行分析,但从现有材料来看,西周是否实施过五等爵制度,尚存在争议。① 虽然如此,诸侯之间应当存在着大小实力地位的不同。从我们所举的几则材料来看,可以将设有命卿的诸侯分为三类。

1. 邦君。"邦君"为王畿内小国国君。② 其力量较弱,可能因为它们靠近王都,所以周王才在其邦内设命卿。

2. 被征服的蛮夷。《常武》记宣王伐徐,徐被称为"徐戎"、③"东国痟戎",④是蛮夷之国。被征服蛮夷中亦设命卿,无疑说明了这种制度实施的广泛性。

3. 重要的诸侯国。趞所在的幽师,有十分重要的地位。幽亦见于善鼎(《殷周金文集成》2820)、静簋(《殷周金文集成》4273),其中静簋:"越八月初吉庚寅,王以吴奉、吕刚佮幽荎师、邦君射于大池。"唐兰认为幽地在今陕西省旬邑县一带,荎地在今陕西省澄城县西南,此两地东西遥遥相对,宗周之与幽、荎地二师,与汉代京兆尹之与左冯翊右扶风相类。此二师可能是西六师之二。⑤

---

① 对于五等爵制度,当代学者研究颇多,举其要者,大致存在支持周代存在五等爵制和反对周代存在五等爵制两种观点。新近刘源对这一问题进行了新的研究,他认为殷周时期并未真正实行过五等爵制。但此问题似仍没有得到根本解决,还需要进一步的研究和探索。参见刘源:《"五等爵"制与殷周贵族政治体系》,《历史研究》2014 年第 1 期。
② 唐兰:《西周青铜器铭文分代史征》,北京:中华书局,1986 年,第 463 页。杨宽:《西周中央政权机构剖析》,《历史研究》1984 年第 1 期。
③ (汉)孔安国传,(唐)孔颖达疏:《尚书正义》,(清)阮元校刻:《十三经注疏》,第 255 页。
④ 唐兰:《西周铜器断代中的"康宫"问题》,《考古学报》1962 年第 1 期。
⑤ 唐兰:《西周青铜器铭文分代史征》,北京:中华书局,1986 年,第 360 页。

在这类诸侯之中,地位最为重要,也最为特殊的是方伯之国,我们所见到的设有命卿的诸侯也以方伯为多,我们下面对命卿制度作用的讨论也以此为主。方伯为一方诸侯之长,齐国可征伐"五侯九伯"之地;卫为"孟侯",是"诸侯之长";①晋祖唐公"燮百蛮,广治四方,至于大廷,莫不事王";依臣谏簋铭文所载,戎人入侵軝,邢侯派谏搏戎并进驻軝国,軝成为邢之附庸;②他们都是方伯。③

命卿制度是周王控制"天下"的重要手段。

一方面来说,君行师从,卿行旅从,命卿是周室对方伯的军事力量援助。方伯作为周分封的重要诸侯,是地方上的诸侯之长;加强方伯的力量,必然会加强周王对于地方的控制。这种军事援助,主要体现在以下几个方面:

首先,诸侯设立之初,周王赐予必要的职官,为诸侯立国提供必要的扶助。方伯多设立在周王朝控制范围的边缘,为周室充任屏障,其设立之初,力量薄弱,需要周王的扶助。《周礼·天官·大宰》:"乃施典于邦国,而建其牧,立其监,设其参,傅其伍,陈其殷,置其辅。"依郑玄之注,"设其参"即设命卿三人。④ 可见诸侯立国之初,周王为其提供一定的职官支持。

《左传》定公四年,记鲁之初封,成王赐予祝、宗、卜、史和殷民六族;晋国则有"怀姓九宗"和"职官五正"。⑤ 齐国也可能受到周王相

---

① 《尚书·康诰》:"王若曰:'孟侯,朕其弟,小子封。'"《汉书·地理志》:"周公封弟康叔,号曰孟侯,以夹辅周室。"颜师古注:"孟,长也。言为诸侯之长。"
② 李学勤、唐文明:《元氏铜器与西周的邢国》,《考古》1979年第1期。
③ 参见陈恩林:《鲁、齐、燕的始封及燕与邶的关系》,《历史研究》1990年第4期;王健:《西周政治地理结构研究》,郑州:中州古籍出版社,2004年;邵蓓:《西周伯制考索》,《中国史研究》2008年第2期。
④ (汉)郑玄注,(唐)贾公彦疏:《周礼注疏》,(清)阮元校刻,《十三经注疏》,第649页。
⑤ (晋)杜预注,(唐)孔颖达正义:《春秋左传正义》,(清)阮元校刻,《十三经注疏》,第2134—2135页。

应的职官扶助。《史记·齐太公世家》记莱人同太公争营丘之事,①此事虽可能为战国故事,②但至少可以说明齐立国之初相当艰难。《尚书·费誓》记鲁立国之初,徐人来伐,齐鲁地相近,其立国情势或有类似之处。在这种情况下,周王设立命卿,提供"纪纲之仆",③亦在情理之中。从铭文来看,引的祖父受命管理齐师,为齐之命卿。引簋是西周中期偏晚之器,引的祖父大概可以算到西周初期或中期偏早之时。齐国被封于成王之世。④ 引的祖父受封为齐国命卿,家族迁到齐国,可能不会离齐国初封之时太远。

其次,命卿家族成为诸侯军事力量的重要组成部分。族军在西周军事活动中占有重要地位。⑤ 明公簋(《殷周金文集成》4029)、班簋(《殷周金文集成》4341)、史密簋(《近出金文集录》489)、禹鼎等铭文中都记载了族军参与军事活动的事迹。到了西周晚期,族军的战斗力已经超过了周王朝的正规军,成为周室主要的军事支柱。徐中舒根据禹鼎的记载,指出在伐鄂的战役中,武公的亲兵"起到了督导和率先冲锋陷阵的作用的"。⑥ 引为齐国之命卿,他死于齐,葬于齐,高青陈庄遗址中还存在族墓,说明引的家族也在齐,其族军应是齐国军事力量的重要组成部分。西周中期器史密簋中记载随齐师东征的有"族徒",可能同引的家族有关。

最后,命卿的设立还为方伯军事技术的发展提供了支持,加强

---

① (汉)司马迁撰:《史记》,北京:中华书局,2010年,第1480页。
② (清)崔述著,顾颉刚编订:《崔东壁遗书》,上海:上海古籍出版社,1983年,第341页。
③ (晋)杜预注,(唐)孔颖达正义:《春秋左传正义》,(清)阮元校刻:《十三经注疏》,第1816页。
④ 陈恩林:《鲁、齐、燕的始封及燕与邶的关系》,《历史研究》1990年第4期。
⑤ 商艳涛:《西周金文中的族军》,《考古与文物》2009年第3期。
⑥ 徐中舒:《禹鼎的年代及其相关问题》,《考古学报》1959年第3期。

了周王和方伯的联系。周王设立命卿统领诸侯军队,在四夷入侵时更专派王官统合、指挥诸侯军队。史密簋:"惟十又一月,王令师俗、史密曰:'东征……'齐师、族徒、遂人乃执鄙宽亚。"师袁簋(《殷周金文集成》4313):"王若曰:师袁……今余肇令汝,率齐师、纪、厘、莱、僰,殿左右虎臣,征淮夷。"这两篇铭文表明在淮夷入侵之时,周王多派遣将领率齐师等诸侯军队进行抵御,这说明齐师在组织编制上同周王室军队有一致性;因战争的原因,齐国也会吸取周王室军队先进的战争经验和管理方式,王朝将领和齐国命卿起到了媒介作用。①

另一方面,周王设立命卿,不仅是对方伯的扶助,更是对方伯的监督和引导,进而达到以点控面,通过方伯来调整规范诸侯的行为的目的。

首先,命卿通过进谏的方式引导诸侯的决策。《国语·周语上》记邵公之言:"故天子听政,使公卿至于列士献诗,瞽献曲,史献书,师箴,瞍赋,矇诵,百工谏,庶人传语,近臣尽规,亲戚补察,瞽、史教诲,耆、艾修之,而后王斟酌焉,是以事行而不悖。"②是周代诸官皆有进谏之责。依《王制》所言,公卿献诗多在王巡守之时,其目的在于"以观民之所好恶,志淫好辟"。③ 王者还要对典礼、制度、衣服、时令等各方面进行考察,作为君之副贰,命卿亦是在这些方面对诸侯的行为进行规范、监督,其核心目的在于使诸侯"无从非彝,无即慆淫,各守尔典,以承天休"。④

---

① 张懋镕:《史密簋与西周乡遂制度——附论"周礼在齐"》,《文物》1991年第1期。
② 徐元诰撰,王树民、沈长云点校:《国语集解(修订本)》,第11—12页。
③ (汉)郑玄注,(唐)孔颖达疏:《礼记正义》,(清)阮元校刻:《十三经注疏》,第1328页。
④ 徐元诰撰,王树民、沈长云点校:《国语集解(修订本)》,第68页。

其次,命卿还参与诸侯国官员,甚至国君的任免。《礼记·王制》言:"爵人于朝,与士共之。"①命卿既居卿位,又为周王之代表,其意见在诸侯任命臣僚过程中占重要地位。命卿甚至还可以参与诸侯国君的废立。引簋同周烹齐哀公而立其弟胡公之事相关。引统领齐师,控制齐国的军事力量,成为周王意志的代表,参与了齐君的废立。

最后,命卿是对方伯军事力量控制的重要手段。"国之大事,在祀与戎。"命卿多设立于方伯之国,方伯一般具有较大的军事力量,若不加以控制,必会造成尾大不掉之势。禹鼎中所见鄂侯驭方的反叛便是一例。

周王册命命卿,并通过命卿来控制方伯的军事力量。《国语·鲁语下》记叔孙穆子之言:"天子作师,公帅之,以征不德。元侯作师,卿帅之,以承天子。诸侯有卿无军,帅教卫以赞元侯。自伯、子、男有大夫无卿,帅赋以从诸侯。"②此处之卿,韦昭认为即是命卿。春秋之时,鲁人以守周礼著称,其言当有所本。史密簋:"惟十又一月,王令师俗、史密曰:'东征……'齐师、族徒、遂人乃执鄙宽亚。"师袁簋:"王若曰:师袁……今余肇令汝,率齐师、纪、厘、莱、棘,殿左右虎臣,征淮夷。"亦是只有齐国军队称师。柞伯鼎记载了西周晚期虢仲命蔡伯进行的一次南征,其铭文言:"惟四月既死霸,虢仲令柞伯曰:'……今汝其率蔡侯左至于昏邑。'既围城,令蔡侯告征虢仲,遣氏曰:'既围昏。'虢仲至……"柞伯被虢仲命令"率蔡侯",而后在围昏邑之后,又能够"令蔡侯告征",可以遣侯氏(蔡侯)去向虢仲汇报战情。这固然有王命所赋予的权力,但也应有方伯(柞伯)与其下诸侯

---

① (汉)郑玄注,(唐)孔颖达疏:《礼记正义》,(清)阮元校刻:《十三经注疏》,第1327页。
② 徐元诰撰,王树民、沈长云点校:《国语集解(修订本)》,第181—182页。

的等级关系。① 这说明,叔孙穆子所言的军事指挥制度,在西周时确实实行过,命卿是周王对方伯军事力量直接掌控的重要手段。

周王设命卿,不仅是对方伯军事力量的直接掌控,更规定了方伯的军事行动方略。

《左传》成公二年,晋伐齐胜,令巩朔献捷于王,单襄公对此有相当篇幅的议论:

> 晋侯使巩朔献齐捷于周,王弗见,使单襄公辞焉,曰:"蛮夷戎狄,不式王命,淫湎毁常,王命伐之,则有献捷,王亲受而劳之,所以惩不敬,劝有功也。兄弟甥舅,侵败王略,王命伐之,告事而已,不献其功,所以敬亲昵,禁淫慝也。今叔父克遂,有功于齐,而不使命卿镇抚王室,所使来抚余一人,而巩伯实来,未有职司于王室,又奸先王之礼,余虽欲于巩伯,其敢废旧典以忝叔父? 夫齐,甥舅之国也,而大师之后也,宁不亦淫从其欲以怒叔父,抑岂不可谏诲?"士庄伯不能对。②

单襄公的这一段话中,处处强调王命,指明周王规定了方伯的军事战略方针。具体而论则有两方面,一方面要求大国对内维持天子—诸侯之间的统治秩序,镇压不服王命者;另一方面又鼓励大国征伐四夷,扩大疆域,进而扩大周天子的声威。但只有征伐四夷获胜后,方可献俘于王,伐有罪诸侯胜利也不献功。与此相类似之语又见于《左传》庄公三十一年:"凡诸侯有四夷之功,则献于王,王以警四夷,中国则否,诸侯不相遗俘。"③献俘礼要燎祭、告成、饮至、

---

① 朱凤瀚:《柞伯鼎与周公南征》,《文物》2006 年第 5 期。
② (晋)杜预注,(唐)孔颖达正义:《春秋左传正义》,(清)阮元校刻:《十三经注疏》,第 1898 页。
③ (晋)杜预注,(唐)孔颖达正义:《春秋左传正义》,(清)阮元校刻:《十三经注疏》,第 1783 页。

禘祖、赏赐，①对诸侯来说，这不仅有周王的大量赏赐，更是一件极为荣耀之事。通过对是否献俘的控制，周王在诸侯中贯彻了"亲亲"原则，团结了同姓和异姓姻亲，更以武力镇服了四夷。而大国在征伐取胜之后，须"使命卿镇抚王室"，即令命卿献捷或告事于王。这表明，周王在给予方伯较大的军事实力和军事权力的同时，还通过命卿来监视方伯的军事行动，规划大国的军事方略，进而达到多方面、多层次控制诸侯军事力量的目的。

学者新近的研究指出，"武力的合法使用权"的掌控情况或程度是衡量国家发展的不同阶段的重要标尺。② 周王在诸侯国内任命命卿，无疑是一种在国家范围之内控制"武力的合法使用权"的重要措施。它一方面增强了方伯、诸侯的军事力量，加强了周王室和诸侯的联系，使作为一方诸侯之长的方伯可以更加顺利地履行"藩屏周"的职责；另一方面又通过命卿，影响、控制方伯的行动，规划大国的军事政策，达到控制广土众民的目的；命卿制度巩固了周王朝的一统局面。

三

从西周中期开始，出现了王官的"私臣化"趋势。日本学者伊藤道治指出，从西周中晚期开始，由周王任命的各级王朝官员之间发生了较为明显的君臣关系，伊藤氏称之为"私臣化"。③ 黄爱梅对这

---

① 刘雨：《西周金文中的军事》，张永山主编：《胡厚宣先生纪念文集》，北京：科学出版社，1998年，第238页。
② 易建平：《关于国家定义的重新认识》，《历史研究》2014年第2期。
③ 伊藤道治著，江蓝生译：《中国古代王朝的形成——以出土资料为主的殷周史研究》，北京：中华书局，2002年，第109—134页。

种现象作了更加深入的研究,指出王臣"私臣化"的倾向在西周中期就已渐露端倪。① 由于材料所限,目前尚无法明确命卿系统中是否出现这种趋势。但值得注意的一点是,齐国的命卿国、高二氏皆为姜姓,②高氏出自齐文公,③国氏不知何出,两氏的出现大概不会早到西周中期。④ 而引的家族可能并不出于齐国王室,⑤命卿的族属的变化是否同王官系统的"私臣化"趋势有关,是一个值得思考的问题。

这种"私臣化"趋势虽然对西周王权有所损害,但西周之时王权强大,贵族尚无法挑战周王的权威。⑥ 春秋时期,王官之"私臣化"趋势愈演愈烈,威胁到了王权。

平王东迁,王室实力和威望日趋衰微,对于命卿和诸侯的掌控力度大不如前,命卿日趋"本土化",成为诸侯之臣。齐国的国、高二氏或已开此端倪。从上引《左传》《国语》中的几个例子来看,诸侯的意愿在命卿的任命上占有日益重要的地位。栾共子和士会都是由晋侯推荐而受王命成为命卿,周王只是依从而行,成为一种纯礼节性的点缀。⑦

命卿还随诸侯国内情势沉浮,失去了超然的地位。命卿为王臣,在诸侯国内情势变化时拥有超然的地位。引在齐君更替,齐国国内局势动荡之时,依然执掌齐师,即为此例。但到了春秋这种情

---

① 黄爱梅:《西周中晚期君臣体系的变化及其对王权的影响》,《华东师范大学学报》(哲学社会科学版)2001年第3期。
② 《广雅》二十五《德》"国"字注云:"太公之后。"转引自段志洪:《周代卿大夫研究》,台北文津出版社,1994年,第136页。
③ 《新唐书·宰相世系表》:"齐文公子高,高孙傒为齐正卿,谥曰敬仲,食采于卢。"转引自段志洪:《周代卿大夫研究》,台北:文津出版社,1994年,第135页。
④ 李学勤:《高青陈庄引簋及其历史背景》,《文史哲》2011年第3期。
⑤ 方辉:《高青陈庄铜器铭文与城址性质考》,《管子学刊》2010年第3期。
⑥ 朱凤瀚:《商周家族形态研究(增订版)》,天津:天津古籍出版社,2004年,第407页。
⑦ 成公二年,单襄公之言虽正大,但仍掩饰不了王室的衰微。之后周王私与巩朔宴,并有私赂,更言:"非礼也,勿籍。"周室之窘迫,可见一斑。

况发生了改变。春秋中期以后,高氏屡遭杀、逐。成公十七年,齐灵公逐高无咎,①其子高弱以高氏邑叛,后降。襄公十九年因立君之争,执政崔杼杀高厚②而并其室,之后可能退还,故襄公二十九年公族二惠放高止③于北燕,其子高竖以庐叛,齐立高氏后,高竖致邑出奔。哀公六年,陈、鲍等大夫攻国、高二氏,高张④奔鲁。哀公十五年,高张之子高无㔻⑤出奔北燕,高氏从齐消失。国氏之人的活动首见于《左传》僖公二十八年,是年,国归父率齐国军队参加城濮之战。成公十八年,齐灵公杀国佐和国胜,立国胜之弟国弱。定公七年,国夏帅师伐鲁。哀公十一年国书伐鲁。哀公十七年国观与陈瓘救卫。终春秋之世,国氏虽仍为卿,但其地位远不如崔、庆、陈等族。国、高二氏虽为齐国之命卿,但在春秋时,其命运随齐国的政治形势而沉浮,已同齐国之一般卿族无别。齐桓公尊王,亦是多出自管仲之谋,国、高二氏亦未赞一言。⑥ 国、高二氏已为齐侯之臣,而非天子之臣。可见春秋之时,随着王权的衰落,作为维系周一统局面的命卿制度,已经名存实亡。

从另一方面来看,命卿制度的衰微也极大地削弱了王权,使周王丧失了对诸侯军力的掌控,成为"礼乐征伐自诸侯出"重要原因之一,进一步加速了王权的衰落。春秋时王权衰落,此为学者所熟知,无需赘言。春秋初年,周郑交恶,周桓王所帅之师除了周师,只有同郑交恶之陈、蔡、卫三国军队,不见齐、晋、鲁等大国支持,郑更是直

---

① 高无咎为高固之子,而据《左传》襄公二十九年孔疏,高固为高傒之曾孙。
② 高无咎出奔后,高厚继高氏大宗之位,襄公六年杜预注谓高厚为高固之子,则高厚应为高固之庶子,高无咎之弟。
③ 襄公二十九年有子容,杜预认为子容即高止,为高厚之子。
④ 昭公二十六年有高偃,杜预认为其为高傒之元孙,高张为高偃之子。
⑤ 程公说《春秋分纪·世谱二》,转引自段志洪:《周代卿大夫研究》,台北:文津出版社,1994年,第136页。
⑥ 《国语·晋语四》记齐姜之言:"……此大夫管仲之所以纪纲齐国,裨辅先君,而成霸者也。"

接同周王交战。这说明周王已经失去了对诸侯军力的控制能力,这同上述命卿之"本地化"是分不开的。

从根本上说,命卿的"本地化"是由于命卿制度本身存在着缺陷,其制度并不成熟,王权的衰落只是扩大了这一缺陷。

一方面,周王主要通过册命仪式同命卿建立君臣关系,周王在新君嗣立或者选立新臣时通过册命仪式重新建立君臣关系。通过册命,周王将重要臣属的任命权掌握在手中,并依赖受册命的王臣来管理广土众民。但这种册命仪式,只是一种个体对个体的线性对应关系,有很大的不稳定性。西周中期开始,册命铭文格式逐渐固定化,这一方面说明册命仪式的成熟,另一方面也说明了册命仪式也逐渐礼仪化,春秋时所出现的"礼""仪"之辨,可以说是对礼仪化畸形发展的一种反思。上引伊藤道治和黄爱梅两位先生的看法,无疑也说明了通过册命仪式来建立君臣关系本身所带有的不稳定因素。周王对命卿的控制,本身就带有不稳定性。

另一方面,命卿本身就同诸侯有千丝万缕的联系,制度本身就存在离心倾向。西周军事指挥系统中往往出现世官,如虢季家族器、师西—师旬簋、师虎簋、师克盨、师奎父鼎等都反映了这种情况。引的家族也属此类,其祖、本人都任职于齐并葬于齐,高青还有引家族的族墓。长期在诸侯国生活,命卿必然同诸侯国发生政治、经济、军事等各层面的联系,进而产生对该诸侯国的认同感直至同化。从军事层面讲,这也是一种必然的无奈之举。鲁僖公十五年,晋国庆郑曾对军马有过一番论述,他说:"古者大事,必乘其产,生其水土而知其人心,安其教训而服习其道,唯所纳之,无不如志。"[1]他所论虽

---

[1] (晋)杜预注,(唐)孔颖达正义:《春秋左传正义》,(清)阮元校刻:《十三经注疏》,第1806页。

为马,但用人同理。军事将领只有长期同军队接触,才能保证在战争时指挥通达,如臂使指。同时,周王对于四夷和不服王命之诸侯的控制手段,也侧重于武力征伐,这为周人树立了对立面,长期用兵,必然会加强诸侯和掌军之命卿的联系。可以说,命卿本身的"本地化"是其制度发展的必然结果。

周代设立命卿制度,无疑是周王对广土众民的一种管理措施,是在国家范围内对"武力的合法使用权"的一种控制。作为维系一统局面的措施之一,命卿制度在一定程度上达到了对全"天下"范围内的武力控制;其制度虽并不成熟,但无疑是周人建立一统国家的重要举措。

作者单位:上海师范大学人文学院
(原刊于《史学集刊》2015 年第 5 期)

新出文献与重耳出亡系年再考:兼论古史史料使用中的"屈旧就新"与"绌新从旧"问题[*]

王少林

摘　要:新出文献清华简《子犯子余》引起学界关于重耳出亡系年问题的讨论,其焦点在于《子犯子余》关于重耳在秦时间为三年的新资料。这一新资料直接导致学界提出关于重耳出亡系年构拟的新方案。但新方案建立在《子犯子余》重耳在秦三年为历史实际的假设前提上,为此新方案提出者不惜否定《左传》《国语》《史记》关于重耳出亡的相关史料。重耳出亡系年新方案论证过程所反映的古史史料使用中的"屈旧就新"问题不得不引起关注,王国维、顾史考关于古史史料使用中存在的"屈旧就新"与"绌新从旧"问题的讨论当引起当代学人的重视。在具体运用中,王国维提出的"以事实决事实"的研究方法是走出古史史料新旧纠葛的关键,不应该以史料的新旧为标准,

---

[*] 本文为2022年度安徽省哲学社会科学规划青年项目"新出材料与安徽古史研究"(编号:AHSKQ2022D201)阶段性成果。

来判定史料可信度的高低。新旧史料同属历史认识论的范畴,反映历史事实的程度当以"事实"为据。在通过史料来追求历史事实的过程中,历史情境分析在古史研究中是比较恰当的方法。

关键词: 出土文献　古史史料　清华简　《子犯子余》　晋文公

近代以来,系统研究晋文公重耳出亡系年问题的学者有王玉哲与李隆献。王先生在 1938 年写成《晋文公重耳考》,①内有"文公出亡各国系年考"一节,对重耳居留各国时间有详细考证,并在文末制成《晋文公重耳年表》,与王先生主张的晋惠公纪年十五年说②一起构成了王先生对晋文公系年的基本认识,③王先生的观点对后来的研究启发甚大。20 世纪 80 年代,李隆献写成《晋文公复国定霸考》一书,该书第三章《晋文公的流亡生涯》中有"流亡时地考"一节,专门叙述重耳流亡的路线与时间问题。④ 李氏该书专尊《左传》,故而结论几乎是对《左传》重耳史事的概括与总结。

我在研读《左传》时对重耳流亡史事发生兴趣。在王玉哲研究的基础上,我进一步对重耳流亡事进行讨论,于 2010 年写成《晋文公重耳出亡考》一文,对重耳流亡系年做了专门说明。⑤ 2011 年年末,清华简(二)《系年》公布。《系年》第六章涉及重耳流亡事,新材

---

① 王玉哲:《晋文公重耳考》,北京大学史学会编:《治史杂志》第 2 期,昆明,1939 年 6 月;后收入王玉哲:《古史集林》,北京:中华书局,2002 年,第 459—479 页。
② 王玉哲:《晋惠公未逾年改元考》,《中央日报·读书》第十号,1939 年 12 月 31 日,星期日,第 4 版。
③ 关于王玉哲先生二文写作背景,可参考拙文:《新发现王玉哲佚文〈晋惠公未逾年改元考〉》,《南开史学》2023 年第 2 期(总第 36 期),北京:社会科学文献出版社,2023 年。
④ 李隆献:《晋文公复国定霸考》,台北:台湾大学出版委员会,1988 年,第 146—155 页。
⑤ 拙文:《晋文公重耳出亡考》,《南都学坛》(人文社会科学学报)2012 年第 3 期。

料之公布再次引起学界对重耳流亡问题的兴趣,相关论述散见于《系年》的各种训释文章之中,因《系年》并未涉及重耳流亡时间问题,这些讨论多针对重耳流亡路线问题。其中,刘丽基于清华简《系年》,对重耳流亡路线进行了重新专门复原。① 2017年年末,清华简(七)《子犯子余》篇公布,简文首句有"耳自楚适(遹)秦,凥(处)女(焉)三戠(岁)"之语,从上下文可知,句首当遗漏"公子重"三字,②这是关于晋文公重耳出亡系年问题的最新资料。我读到《子犯子余》后,结合传世文献与新出文献,又写成《新出简牍与晋文公重耳出亡史事综合研究》一文,对晋文公重耳流亡的路线和时间问题再作辨析,重申了先前观点,并提出《子犯子余》所载"三岁"疑为"三月"之误。③ 文成后,学友王红亮写成《清华简与晋文公重耳出亡系年及史事新探》一文,④对我复原的重耳流亡系年进行了批评,并提出了自己的观点。鉴于重耳流亡系年问题涉及甚广,其中关于考证方法、对新旧文献的认识问题、史料的可信度问题等都需再作说明,故草成此文,以就正于诸先生。

一、重耳流亡系年问题的争议

为讨论方便,我们现将王玉哲、李隆献、王红亮及我所复原的重耳流亡系年的四种方案列表如下:

---

① 刘丽:《重耳流亡路线考》,《深圳大学学报》(人文社会科学版)2012年第2期。
② 清华大学出土文献研究与保护中心编、李学勤主编:《清华大学藏战国竹简》(柒)《子犯子余》,简1,上海:上海文艺出版集团、中西书局,2017年,第2、23、92页。
③ 拙文:《新出简牍与晋文公出亡史事综合研究》,《传统中国研究集刊》第十八辑,上海:上海社会科学院出版社,2018年,第54—64页。
④ 王红亮:《清华简与晋文公重耳出亡系年及史事新探》,《史学月刊》2019年第11期。

公元纪年	鲁僖公纪年	年数	王玉哲	李隆献	王红亮	王少林
前655	五	1	之狄	之狄	之狄	之狄
……	……	……	……	……	……	……
前644	十六	12	离狄,之齐	在狄12年 离狄,过卫,过五鹿,之齐	在狄12年 离狄,过五鹿,之齐	在狄12年 离狄,过五鹿,之齐
前643	十七	13				在齐3年(含十六年) 离齐,过卫,或过曹
前642	十八	14	在齐5年(含十六年)		在齐5年(含十六年)	
前641	十九	15		在齐5年(不含十六年)		过曹,之宋
前640	二十	16	过卫,或之宋		过卫,过曹,之宋	
前639	二十一	17	之宋	秋或冬,离齐,过曹,冬至宋	去宋,过郑,之楚	1年 在宋4年
前638	二十二	18	在宋2年 去宋,过郑,或之楚	春,或至宋,泓之战,宋败,离宋	在宋1年 去楚,之秦	冬,泓之战
前637	二十三	19	之楚,之秦	二十三年,之郑,之楚,之秦 在楚数月,在秦数月	1年	3年(含二十四年) 离宋,过郑,之楚,之秦	在秦3月
前636	二十四	20	春,重耳归国为君	春,重耳归国为君	三月,重耳归国为君	春,重耳归国为君

从上表可知,在重耳出亡系年问题上,四种意见既有共识,也有争议。其中共识有如下三点:

(1) 重耳出亡共计十九年。四种方案中,王玉哲、李隆献与我的方案中都认为是从鲁僖公五年至二十三年。有学者曾将重耳出奔系于晋献公二十一年,即鲁僖公四年,我在先前的文章中已辨其非,致误原因乃是将重耳奔蒲作为出奔之始。① 史书皆以重耳奔狄作为出亡之始,即鲁僖公五年;鲁僖公二十三年作为出奔结束,前后共计十九年。故《左传》僖公二十八年载楚成王谈到重耳时说"晋侯在外十九年矣";②昭公十三年,晋国大夫叔向追忆先君文公出亡,也说"我先君文公……亡十九年";③《晋世家》也有"重耳出亡凡十九岁而得入"④的记载,可为参考。王红亮虽然将鲁僖公二十四年纳入重耳出亡的时间界限内,但他在文中也承认重耳出逃,"前后共十九年"。⑤ 这是共识之一。

(2) 重耳在狄十二年,于鲁僖公十六年离狄。重耳在狄年数与离狄的时间,史籍无异载,同时也是上述四种方案的共同意见,这是共识之二。

(3) 重耳过五鹿至齐的时间在鲁僖公十六年。尽管王玉哲先生在重耳年表中未提及过五鹿的时间,但在"文公出亡各国系年考"专节中,未对文献所载过五鹿时间提出异议,故王玉哲先生也是承

---

① 拙文:《新出简牍与晋文公出亡史事综合研究》,《传统中国研究集刊》第十八辑,第54—64页。
② 杜预:《春秋左传集解》,上海:上海人民出版社,1977年,第373页。
③ 杜预:《春秋左传集解》,第1374页。
④ 司马迁撰、裴骃集解、司马贞索隐、张守节正义:《史记》,北京:中华书局,1959年,第1660页。
⑤ 王红亮:《清华简与晋文公重耳出亡系年及史事新探》,《史学月刊》2019年第11期。

认重耳过五鹿在鲁僖公十六年的。这是共识之三。

除了共识之外,四种方案也存在差异,分述如下:

(1) 过卫时间问题

重耳出亡问题研究的争讼焦点在于路线和系年。其中路线争议主要聚焦在过卫、齐次第问题上。《左传》《晋世家》主先卫后齐,而《国语》主先齐后卫。王玉哲、王红亮与我的观点皆从《国语》,同意先齐后卫说。李隆献主张先卫后齐说,而过卫又在离狄之后,过五鹿之前,离狄与过五鹿皆在鲁僖公十六年,故李隆献自然主张过卫的时间在鲁僖公十六年。此为争议之一。

(2) 在齐年数问题

重耳在齐的年数问题主要由传世文献的矛盾记载引起的。传世文献有三种意见:三年说、五年说、七年说。

七年说,乃是以《史记·十二诸侯年表》所记重耳离齐在鲁僖公二十三年,至齐在鲁僖公十六年,两者相减所得,该说梁玉绳已辨析甚详,以为:"《表》重耳过卫,在二十三年,为鲁僖之二十三年,虽若与《左传》合,而实是舛谬,盖《左传》追叙前事耳。"①至确,故上表所见四种方案皆不从七年说。

五年说,以《晋世家》所记"留齐凡五岁"为据,王玉哲、李隆献、王红亮皆从之。但从具体的论证来看,王玉哲、王红亮所主的重耳在齐五年说是包含重耳于鲁僖公十六年至齐的当年的,故在齐五年说的第一个类型:鲁僖公十六年—二十年;而李隆献则主张五年不包含鲁僖公十六年,则构成了在齐五年说的第二个类型:鲁僖公十七年—二十一年。

三年说,以《国语》韦昭注为据:"是岁,鲁僖公十八年,冬,邢人、

---

① 梁玉绳:《史记志疑》,北京:中华书局,1981年,第336页。

狄人伐卫,围菟圃,文公师于訾娄以退之,故不能礼焉。"①梁玉绳在《史记志疑》中,又以《晋世家》"留齐凡五岁"文中"五"乃"三"之误,②补证了三年说。我信从韦、梁的意见,从三年说,即重耳在齐为鲁僖公十六年—十八年。

(3) 在宋年数问题

重耳在宋年数的争议是由在齐时长的分歧与离宋时间的记载差异引起的。

重耳在齐时长的争议导致离齐具体时间有三种方案:① 鲁僖公十八年,韦昭、梁玉绳主此说,我同意这一观点;② 鲁僖公二十年,王玉哲、王红亮主此说;③ 鲁僖公二十一年,李隆献主此说。

离宋时间有两种方案:① 王红亮力主重耳离宋,之郑,之楚,在晋怀公子圉逃离秦国之前,而据《左传》,子圉逃秦在鲁僖公二十二年十一月宋楚泓之战前,故重耳"去宋至晚也在二十一年"。② 王玉哲、李隆献与我则都主张重耳离宋在泓之战后。因泓之战的时间是确定的,在僖公二十二年冬十一月。故重耳离宋的时间,不在二十二年冬,则必在二十三年春,其中王玉哲定在二十二年,李隆献定在泓之战败后,无具体时间,我定在二十三年春。

由此,重耳离齐、过卫、过曹、至宋、离宋,就形成了四种方案:① 王玉哲说:在宋为鲁僖公二十年—二十二年,共3年;② 李隆献说:在宋为鲁僖公二十一年—鲁僖公二十二年,共2年;③ 王红亮说:在宋为鲁僖公二十年—二十一年,共2年;④ 我的观点:离齐在鲁僖公十八年,十九年至宋,在宋为鲁僖公十九年—二十二年末,二十三年春离宋,共4年。

---

① 徐元诰:《国语集解》,北京:中华书局,2002年,第326页。
② 梁玉绳:《史记志疑》,第983—984页。

（4）在秦时长问题

重耳在秦时长问题的争议是由新出文献引起的。清华简（七）《子犯子余》篇载：公子重"耳自楚适（遘）秦，凥（处）女（焉）三歆（岁）"。① 因重耳至秦前在列国年数的争议，导致了我与王红亮对《子犯子余》提供的这则新材料的理解差异。我因坚持重耳在秦数月的传统观点，认为《子犯子余》这里的"三岁"有可能是写错了，而王红亮坚持《子犯子余》材料反映的是重耳在秦的历史真实，批评我"不惜改竹简文字"。② 在原文中，我使用的是丐词，原文为："此处的'岁'或为'月'之误。"③王红亮坚信清华简《子犯子余》这则材料具有极高的信实度，并且以《韩非子·十过》重耳"入秦三年"记载为旁证，以佐证《子犯子余》这则材料非孤证，并引子犯编钟铭文、钱穆诸子史料观为旁证，以证成其说。

案：重耳出亡系年问题争论的本质在于不同史家对于古代文献、出土文献信实度的理解不同。换言之，由于史家对文献指涉历史事实的信度的态度与理解不同，导致在对待同一历史事件的不同记述系统时，史家采用的方式是以自己选定的文献为据，而否定差异性记述的其他记述系统文献。由于古史史料的使用的方法论问题，学界至今尚未达成共识，故而呈现出异说纷呈的局面。固然，对待不同的古史记述系统，史家有自己的判断，但基于文献同等主义——不同记述系统的文献、不同性质文献的信实度相同——的立场，根据自我需要而认定其中之一为真，其他为伪的做法，往往会因

---

① 清华大学出土文献研究与保护中心编、李学勤主编：《清华大学藏战国竹简》（柒）《子犯子余》，简1，第2、23、92页。
② 王红亮：《清华简与晋文公重耳出亡系年及史事新探》，《史学月刊》2019年第11期。
③ 拙文：《新出简牍与晋文公出亡史事综合研究》，《传统中国研究集刊》第十八辑，第54—64页。

史家的主观过甚而遮蔽历史的真相。这种典型的"以文献决文献"的做法往往弊大于利。诚然,文献是通往史实的唯一途径,但文献属于历史认识的范畴,史实属于历史本体的范畴,"以文献决文献"绝无达到事实之可能,而只能"以事实决事实",①"以事实决文献",从历史本体出发,才能正确判断不同历史认识的差异性呈现。故而,在重耳出亡系年问题上,我们仍需再做讨论。

二、历史情境与重耳流亡系年构拟

历史情境指的是事件所处的历史背景,它是历史不同时段视域下自然地理环境、气候变迁、社会结构、权力结构、族群分布、交通地理、地缘政治、国际关系与思想观念等多项因素的复合体。

具体到重耳出亡系年问题,清代春秋学大家顾栋高第一次自发地使用了历史情境方法来分析重耳出亡事件。顾栋高在《晋公子重耳适诸国论》一文中提出,重耳出亡路线的选择,"盖其事势实有所万不得已也""此时为重耳者,藏形匿影,侧足无所,幸有齐、狄、秦、楚诸大国,其力足与晋相抗,得庇护公子",惠公之明年,"秦晋新协,和未有釁,而齐桓方下士,故且之齐以求庇。逮桓公卒,而孝公内乱,兄弟相争,诸侯之兵数至,不得不更适他国""宋方新败""是时楚成方强,恢廓大度,力足以容公子,启口即云'公子若返晋国则何以报不谷',盖送重耳入国之事,楚子已身任之"。② 顾氏以"事势"论重耳出亡,远涉天下政局,近论大国浮沉,重耳出亡与历史情境伴生

---

① 王国维:《再与林博士论〈洛诰〉书》,《观堂集林》(外二种),石家庄:河北教育出版社,2003 年,第 18—19 页。
② 顾栋高:《春秋大事表》,北京:中华书局,1993 年,第 554 页。

而发展,顾氏洞察秋毫,睿智深邃,故结论可令人信服。

在顾栋高方法的启发下,我们分析重耳出亡,盖其历史情境影响之大者有五:

其一,地理交通。山川河流分布、自然交通地理在上古时期为基础性条件,盖对重耳流亡路线之选择有着基础条件的限制作用。而路线选择又决定了留置各国系年的分配,故此为第一情境要素。其中,黄河下游河道对重耳离狄至齐,必经五鹿,而不必经卫都有决定作用。这一方法在马保春分析重耳出亡时专门提到,①虽然马先生在最后绘制的重耳出亡路线图中标出的重耳一行穿越黄河下游河道流经的河北平原,在春秋时期是不可能的,但马先生的方法是正确的。这种分析方法,我在《晋文公重耳出亡考》中也有所涉及,可另文再做补充说明。

其二,族群分布。重耳出亡经狄入齐事受到当时狄、夏族群分布格局之限制。蒙文通分析春秋狄人分布,"狄自陕西之西北出晋北,而东南下据山西河北太行一带,入河南,据山东腹心之地,绵亘数千里",重耳"去狄时之从狄于晋东也"。② 故而,族群分布决定重耳东出太行,南下渡河,过五鹿,沿古济水河谷前往齐地是路线选择的必然。这就进而影响了重耳过卫、齐的时间安排。

其三,大国浮沉。重耳出亡,本为求入,归国为君,必求大国襄助,方能成功。然重耳流亡十九年间,霸主有三,大国有四。齐桓新亡,宋襄求霸,楚成处南,秦穆在西。此中种种变动,对于重耳求入的影响是必然的。顾栋高《晋公子重耳适诸国论》文中虽未明言,但已经暗含此中意味。我在之前的文章中说,重耳出亡与其"政治目

---

① 马保春:《晋国历史地理研究》,北京:文物出版社,2007年,第262页。
② 蒙文通:《蒙文通全集》第四卷《古族甄微·古地甄微》,成都:巴蜀书社,2015年,第60、48页。

的"密切相关,出亡路线与系年都是"重耳归国为君政治理想与诸侯政治态势相结合的产物",①这一说法当仍可成立。

其四,都邑变迁。列国都邑,本不易变,然重耳出亡十九年间恰逢邢、卫新亡,齐桓公以霸主之姿,存亡继绝,迁邢救卫,故有邢国、卫国都邑之变动。此中,又以卫国国都变动最大,进而影响重耳流亡路线与系年之安排。此中详情,我在最早讨论晋文公重耳出亡的文章中就已经说到,此不赘述。

其五,晋国史事。重耳为晋国公子,故晋国史事变动对其影响最大,重耳出亡前期为晋献公晚期,后期则为晋惠公、晋怀公时期。故对重耳出亡影响最大的乃是晋惠公在位期间晋国历史变迁引起的种种反应。韩原大战,导致晋惠公威望下降,而产生消灭潜在对手重耳的政治冲动,故有晋狄之战与晋人伐齐事件的发生。②

综上,我所构拟的重耳出亡路线与系年分配以重耳所处历史情境为根据,以重耳出亡政治目的为"入"为核心,③结合交通地理、族群分布、大国沉浮、列国都邑与晋国史事之变动,综合分析而得出结论:

---

① 拙文:《新出简牍与晋文公出亡史事综合研究》,《传统中国研究集刊》第十八辑,第54—64页。
② 关于鲁僖公十六年的"晋人伐齐"事件,可参见拙文:《湮没的历史:〈鲍叔牙与隰朋之谏〉所见"晋人伐齐"事件》,《海岱学刊》(总第24辑),济南:齐鲁书社,2022年,第118—130页。
③ 重耳求"入"为其主要政治目的,这一说法可以得到清华简《系年》的支持。《系年》第六章云:文公十又二年,居翟,翟甚善之而弗能内,乃适齐,齐人善之,适宋,宋人善之亦莫【简36】之能内,乃适卫,卫人弗善,适郑,郑人弗善,乃适楚,怀公自秦逃归,秦穆公乃召【简37】文公于楚,使袭怀公之室,晋惠公卒,怀公即立,秦人起师以内文公于晋,晋人杀【简38】怀公而立文公,秦晋焉始会好,勠力同心,二邦伐都,徙之中城,围商密。止【简39】申公子仪以归。【简40】其中"内"即"入",人国为君。原文见:清华大学出土文献研究与保护中心编、李学勤主编:《清华大学藏战国竹简》(贰)《系年》,简36—40,释文第六章,第150页。

鲁僖公五年（前655）—鲁僖公十六年（前644），凡十二年，重耳在狄。晋献公晚年晋国内政皆决于献公一人之手，献公对立骊姬之子公子奚齐为继承人具有高度自信心，故而并未对在外流亡的公子重耳、公子夷吾有进一步的根除行动。鲁僖公九年（前651），晋献公卒。晋、秦韩原大战（鲁僖公十五年，前645），晋惠公兵败被俘，归国后，追杀在狄的重耳。鲁僖公十五年，管仲、公孙隰朋相继离世，齐国求贤。重耳于次年（鲁僖公十六年，前644）离开晋东之狄，沿着太行山东麓南下，此时邢国、卫国均为狄人所灭，卫国先迁曹，后居楚丘（鲁僖公元年，前659）。卫国故都淇县在大河之北，而曹、楚丘皆在大河之南。故而重耳南下时，卫国国都已在大河之南的楚丘，故而重耳过大河，经五鹿（河北大名东），前往齐国。晋惠公出兵齐国，求杀重耳未果而罢兵。

鲁僖公十六年（前644）—鲁僖公十八年（前642），凡三年，重耳在齐。齐桓公于鲁僖公十七年（前643）冬卒，鲁僖公十八年（前642）春，宋襄公平齐乱，夏立齐孝公，重耳大约秋离齐。

鲁僖公十八年（前642）冬，重耳过卫。这一年冬，邢国、狄人与卫国作战，卫文公并未接纳重耳。

鲁僖公十八年（前642）冬，或鲁僖公十九年（前641）春，重耳至宋，路经曹国。至宋必过曹，此为交通路线限制的必然。

鲁僖公十九年（前641）春—鲁僖公二十三年（前637）春，重耳在宋。平齐之乱后，宋襄公号为霸主，重耳至宋实为求宋襄公襄助。然僖公二十二年（前638）冬发生宋、楚泓之战，宋襄公兵败。该年（鲁僖公二十二年，前638），晋惠公病，公子圉逃秦归晋。次年（鲁僖公二十三年，前637）重耳离宋。

鲁僖公二十三年（前637）春，重耳离宋，经郑国，至楚国，楚成王提出支持重耳归国为君的交易，重耳未应诺，交易失败。九月，晋惠公卒。秦穆公招重耳入秦,十二月派兵护送重耳归国为君。

故而,我所构拟的重耳出亡路线与系年,完全与当时历史情境相弥合。这是我看到清华简《子犯子余》所载重耳在秦三年材料时,认为这则材料可能记错了的原因所在,也是王红亮批评我所构拟的重耳出亡系年的关节所在。

三、清华简《子犯子余》与重耳流亡系年构拟及其问题

若承认《子犯子余》这则关于重耳在秦三年的新材料为历史事实,则必须对传世文献所载重耳系年材料做新的安排,此即王红亮所言"一处有动,诸事皆摇",故而在其所构拟的重耳系年中就呈现出否定传世文献的论证特征。我们讨论如下:

(1) 重耳去宋时间的构拟

王红亮认为重耳去宋在鲁僖公二十一年。① 这一观点的证成建立在如下几个要素之上:

第一,《左传》《宋微子世家》《晋世家》不可信。

《左传》言重耳"及宋"在鲁僖公二十三年,由于《左传》该年追忆重耳出亡的整个历史过程,故该条记录实际上并无太大史料价值。

《宋微子世家》言"晋公子重耳过宋,襄公以伤于楚",该事系于宋襄公十三年,即鲁僖公二十二年。求诸文本,记录"重耳过宋"文在记录"泓之战"之后,故这里的"襄公以伤于楚"指涉泓之战中宋襄

---

① 王红亮:《清华简与晋文公重耳出亡系年及史事新探》,《史学月刊》2019 年第 11 期。以下所引王氏论证重耳出亡问题文字,均出于该文,不再缀引。

公受伤应该是司马迁的本意。故而,这句话的意思变成了,重耳来宋时间在泓之战前,离宋在泓之战后。

《晋世家》记录该事:"过宋。宋襄公新困兵于楚,伤于泓。"司马迁《晋世家》的记述与《宋微子世家》一致。

故而,在《宋微子世家》《晋世家》中,重耳至宋在泓之战前,离宋在泓之战后是明确无疑的信息。王红亮引司马贞、梁玉绳、王玉哲诸文来讨论司马迁说法的真实与否问题。但司马贞论证以"合于《左氏》"为据,梁玉绳因支持重耳在齐三年说,无法安置离齐后的重耳的去向而否定太史公之说,王玉哲则因支持重耳在齐五年说,鲁僖公二十年后重耳的去向无法安置而否定太史公之说。故而王红亮说"重耳过宋的时间是否可以确定在泓之战这一事件点前后,如果确定就合理,反之则否"。这为这一问题提供了一个可供论证的共识前提:泓之战发生在鲁僖公二十二年冬十一月。

第二,王红亮利用清华简《系年》的材料,"怀公自秦逃归,秦穆公乃召文公于楚"。① 他认为这里的"乃"字表明"怀公逃归与秦穆公召文公于楚有前后承接关系",这是正确的意见。但需要说明的是,"怀公逃归"是秦穆公不再信任怀公(公子子圉),准备支持重耳的理由,这里的"乃"所反映的"前后承接关系"是事理的承接关系。这则材料只能说明,由"怀公逃归"引发了"秦穆公召文公于楚",至于时间上,"秦穆公召文公于楚"必在"怀公逃归"之后,但无法提供更为精确的时间。故而,在此基础上,王红亮提出"重耳去宋应在鲁僖公二十二年晋太子圉亡秦之前""重耳过宋应该在鲁僖公二十二年或之前"就变成了一种毫无根据的臆想。其论证逻辑在于,在王

---

① 清华大学出土文献研究与保护中心编、李学勤主编:《清华大学藏战国竹简》(贰)《系年》,简36—40,释文第六章,第150页。

红亮看来,子圉离秦在鲁僖公二十二年,则引发的"秦穆公召文公于楚"必然是紧接着子圉离秦无时间差、立刻发生的举动与行为。要在鲁僖公二十二年让这一事件发生,就必然要求鲁僖公二十二年时重耳必须处于楚国,而离开宋国前往楚国则就必然在鲁僖公二十二年之前。但是这一切都出于他对《系年》"秦穆公召文公于楚"发生的时间安排在鲁僖公二十二年的前提上,但是《系年》在这个记载上只有事理上的记述,而无时间上的安排。在事理上的前事引发后事,并不与时间上的紧密相连一致。在鲁僖公二十二年逃归之后,秦穆公为何不能在鲁僖公二十三年再召重耳前来秦国呢?在鲁僖公二十三年重耳至秦,也是符合《系年》的这一记载的。所以,这一论证实际上不能成立。

最后,王红亮批评王玉哲《晋世家》"宋小国新困"指向泓之战后宋国的困境问题。《晋世家》在宋司马公孙固言"宋小国新困"之前,已经先行论述"宋襄公新困兵于楚,伤于泓",前后文对照,太史公的语义是明确的。此处的"宋小国新困"指的就是泓之战给宋国带来的困境。为此,王红亮认为这是太史公修改《国语》导致的,因与《国语》相悖,不可从。

至此,王红亮否定了《晋世家》《宋微子世家》关于重耳至宋在泓之战前,离宋在泓之战后的说法。依据清华简《系年》中"乃"字的事理承接关系,强行将重耳离宋安排在了鲁僖公二十一年。

(2)重耳过郑时间的构拟

王红亮将重耳离宋时间安排在鲁僖公二十一年,故而他将重耳过郑也安排在了鲁僖公二十一年,从而否定了《郑世家》重耳过郑在鲁僖公二十三年的记载。

(3)重耳过楚时间的构拟

王红亮将重耳过楚的时间安排在鲁僖公二十二年,他的依据有二：

一、根据《国语》韦昭注、《左传》的记录，将子圉逃秦的时间确定在鲁僖公二十二年。这一点是两种文献共同的记录，我也支持这一观点。

结合《晋世家》，可以复原子圉逃归的过程。惠公"十三年，晋惠公病，内有数子"，子圉担心"君（惠公）即不起，病大夫轻，更立他公子""遂亡归晋"。① 从中我们可以看到，因为在秦为质子的公子子圉听到了晋惠公生病的消息，他担心惠公病情一发不可收拾，万一出现猝死的情况，子圉身在秦国，离晋距离较远，而惠公在晋诸子如果争位，加上大夫群体因子圉在秦为质子而在心理上轻视他，他就会失去大夫群体的支持，进而就有失去即位的可能，于是他才决定逃离秦国，回到晋国准备在惠公死后随时即位。以上所述，是子圉逃秦的根本原因。故而，《左传》以及《国语》韦昭注将子圉归晋的时间定在鲁僖公二十二年是可信的。

二、《国语·晋语四》《晋世家》中两个连词的使用问题。

《国语·晋语四》记载"（重耳）遂如楚，楚成王以君礼……于是怀公自秦逃归。秦伯召公子于楚。"②

此处"于是"的理解是一个关键问题。"于是"在古代文献里有多重义项，其中最为常见的是作为承接词，作"因此"解。若从此解，则《晋语》这句话的意义就变成了：重耳到达楚国，受到楚成王的礼遇，导致了子圉自秦逃归。这在时间逻辑上，必然呈现出重耳入楚在子圉逃离秦国之前。子圉逃离秦国的时间在鲁僖公二十二年，故而重耳入楚必然在鲁僖公二十二年或更早。

---

① 司马迁撰、裴骃集解、司马贞索隐、张守节正义：《史记》，第1655页。
② 徐元诰：《国语集解》，北京：中华书局，2002年，第331页。

但"于是"在古代文献中还有一个常见义项，作"其时，当时"解，表达一个动作时，另一个动作的状态。这种用法在古典文献里很常见，如：

《左传》隐公四年："于是，陈、蔡方睦于卫。故宋公、陈侯、蔡侯、卫人伐郑。"①此处"于是"表达的是宋国支持州吁为卫君时，当时陈国、蔡国与卫国也保持着良好的外交关系，这里"于是"明显不能作"因此"讲。这样的用例同样出现在《左传》僖公五年："楚斗谷於菟灭弦，弦子奔黄。于是，江、黄、道、柏方睦于齐，皆弦姻也。"②表达的是楚灭弦国时，周边邦国的外交情况。

此外，《左传》襄公十八年："子庚帅师治兵于汾。于是子蟜、伯有、子张从郑伯伐齐，子孔、子展、子西守。"③这里的"于是"也作"当时"解，表达的是子庚"治兵"的时候，子蟜等人的状态。

《左传》襄公二十一年："邾庶其以漆、闾丘来奔，季武子以公姑姊妻之，皆有赐于其从者。于是鲁多盗。"④这里"于是"，也不构成前后文的因果关系，只是表达庶其来奔时，鲁国当时的情况。这样的用例，还出现在《左传》襄公二十九年："郑子展卒，子皮即位。于是，郑饥，而未及麦，民病。"⑤这里的"郑饥"与襄公二十一年的"鲁多盗"一样，与"子皮即位"无因果关系，也不构成时间上的承接关系，只表示一种当时的另一种行为状态。同样的用例还见于《左传》僖公十年："（里克）伏剑而死。于是，丕郑聘于秦，且谢缓赂，故不及。"⑥《左传》僖公十九年："秋，卫人伐邢，以报菟圃之役。于是，卫

---

① 杜预：《春秋左传集解》，第26页。
② 杜预：《春秋左传集解》，第254页。
③ 杜预：《春秋左传集解》，第947页。
④ 杜预：《春秋左传集解》，第967页。
⑤ 杜预：《春秋左传集解》，第1116页。
⑥ 杜预：《春秋左传集解》，第275页。

大旱,卜有事于山川,不吉。"①《左传》文公二年:"秋八月丁卯,大事于太庙,跻僖公,逆祀也。于是,夏父弗忌为宗伯,尊僖公。"②

迟至东汉时期,"于是"的这种用法还很常见。如《汉书·陈胜传》:"于是,诸郡县苦秦吏暴,皆杀其长吏,将以应胜。"③《史记·陈涉世家》语句相近,直接记录为"当此时"。④ 这是"于是"义项"当此时"的直接表达。

故而,《国语·晋语四》"(重耳)遂如楚,楚成王以君礼……于是,怀公自秦逃归。秦伯召公子于楚。"⑤这段话中"于是"理解为"当此时"更为合理,即在重耳入楚时,子圉的情况是已经"逃归",故而紧接着"秦伯召公子于楚",是对前述文字的反应。如作此解,则《晋语》这段文字里,并不能显示重耳入楚与子圉逃秦在时间上的先后顺序。这一论证就失去了它的逻辑基础。

《晋世家》记载:"重耳去之楚,楚成王以适诸侯礼待之……居楚数月。而晋太子圉亡秦,秦怨之;闻重耳在楚,乃召之。"⑥

此处的关键问题在于对"而"的理解,"而"字在古汉语作为连接词,有表并列、转折、承接、递进、假设等多种功能。若将《晋世家》此处"而"表承接,就变成了公子子圉在重耳"居楚数月"后逃离秦国,王红亮的论证就建立在这一点上。但"而"字同样有表并列的义项,此处用法与上文的"于是"的用法其实一样,表达的是一种并列行为,即在重耳入楚,"居楚数月",同时的情况是,子圉已经逃离秦国,

---

① 杜预:《春秋左传集解》,第315页。
② 杜预:《春秋左传集解》,第429页。
③ 班固撰、颜师古注:《汉书》,北京:中华书局,1962年,第1789页。
④ 司马迁撰、裴骃集解、司马贞索隐、张守节正义:《史记》,第1953页。
⑤ 徐元诰:《国语集解》,第331页。
⑥ 司马迁撰、裴骃集解、司马贞索隐、张守节正义:《史记》,第1659页。

秦国怨之,才导致了秦穆公召重耳入秦的事件发生。因此,这个论证在逻辑上又是不严密的。

在对《晋语》《晋世家》两个连词的关键解释上,王红亮全部采用了时间承接的理解,得出了重耳入楚必在子圉逃秦之前的结论。又因子圉逃秦事在鲁僖公二十二年,故重耳入楚的时间也被安置在僖公二十二年或之前。又假定,秦穆公召重耳紧接子圉逃秦事件发生,故而将重耳入秦的时间也安置在僖公二十二年。由于这一假定太过突兀,与《左传》《晋世家》《晋语》《秦世家》《楚世家》《十二诸侯年表》的记载都不一致,矛盾无法调解,故而王红亮对此解释说,"《秦本纪》等所载实际上根据《左传》,不能为据"。至此,为了论证重耳必须在僖公二十二年离楚至秦,他将几乎所有的传世文献对重耳在楚、秦的记载全部否定了。细研其文,只不过是为了证明清华简《子犯子余》所载重耳在秦三年的可信性。

(4) 重耳在秦时间的构拟

重耳在秦的时间问题,传世文献绝大多数记录在鲁僖公二十三年,从时段上算,重耳在秦的时间不会超过一年,更准确来说,从鲁僖公二十三年九月晋惠公病逝,到该年年末重耳归国,重耳在秦时间约三月。传世文献中,只有一条证据与其他文献不合,那就是《韩非子·十过》,其文说:"昔者晋公子重耳出亡过于曹……公子自曹入楚,自楚入秦。入秦三年。秦穆公召群臣而谋曰:'……吾欲辅重耳而入之晋。何如?'群臣皆曰:'善'。公因起卒,革车五百乘,畴骑二千,步卒五万,辅重耳入之于晋,立为晋君。"①该文句因为与其他经史文献不合,历来不被重视。李隆献在研究重耳出亡问题时,也

---

① 《韩非子·十过》,王先慎:《韩非子集解》,北京:中华书局,1998年,第76页。

说"此段文字多有讹乱,所叙亦偶有不合史实处",①并不予以采纳。当我第一次看到《子犯子余》重耳"处焉(秦)三岁"的文字时,也认为"三岁"很可能是"三月"之误。

对此,王红亮认为,《子犯子余》与《韩非子·十过》解决了重耳在秦三年史料的孤证问题,从而让这两则材料同时具有了很高的信实度。但因在王红亮先前的论证中,重耳离楚的时间被他至多安排在鲁僖公二十二年秋之后,因为《左传》记录晋惠公病在鲁僖公二十二年秋。子圉逃秦,秦伯召重耳,重耳离楚、至秦这一系列事件均发生在晋惠公生病之后。故而,这一系列事件也就只能安排在鲁僖公二十二年秋后。故,若使《子犯子余》《韩非子·十过》重耳在秦三年成立,则重耳必然不能在鲁僖公二十三年归国为君,因为如果这样安排,重耳在秦的时间按年头只有两年,真实时间只有一年多。故而,王红亮再次推倒了传世文献的记载,将重耳归国的时间安排在了鲁僖公二十四年。他的论证过程如下:

一、基于《左传》《国语》对重耳即位时间具体到干支的情况,王红亮不得不承认这些记载"参照了当时的晋史",《史记·晋世家》应当参考了《左传》《国语》,这是正确的意见。

二、但若承认《左传》《国语》记载的正确性,则他重耳在秦三年的论证目的就无法实现。于是,他发现了《左传》《国语》在重耳即位历日上的差异性。对此,他引用杨伯峻、王韬、张培瑜等史家关于先秦历法的研究成果,认为《左传》的记载与"历法不合",从而否定了《左传》的记载。

三、在前两条的论证基础上,他找到了另一个证据子犯编钟铭文。子犯编钟铭文首句:"惟王五月初吉丁未,子犯佑晋公左右,来

---

① 李隆献:《晋文公复国定霸考》,第155页。

复其邦。"对此,王红亮的解释是,铭文中的"复"是返回自己的邦国的意思。这是他的第一个论证基础。由此引导出"王五月初吉丁未"是重耳的归国时间,这是第二个论证基础。紧接着如果证实"王五月"是哪一年,就确定了重耳归国的年份,他引用冯时的考证,认为是鲁僖公二十四年。

至此,全部论证完成,重耳离楚在鲁僖公二十二年,归国在鲁僖公二十四年,以年头统共计算,重耳在秦三年成立。

但所有的论证都是存在问题的,我们详述如下:

第一,承认《国语》《左传》关于重耳即位事的记载是在有详尽的晋国史料基础上记述下来的,就不能轻率否定《国语》《左传》的基本记述。《左传》记录的重耳归国在鲁僖公二十四年春王正月,《国语·晋语四》则记载在鲁僖公二十三年的十二月。文公即位对于晋国而言是重大礼仪事件,因此,即位的具体日子都详列在《左传》与《国语》中,具体历日都历历在目,月份更不可能错。《左传》与《国语》在记录上的月份相差一个月,这是由岁首的设置不同引起的,实际上是同一个月。

第二,利用现代史学关于先秦历法的复原方案为参照,来否定先秦文献中的历日记载,这是本末倒置的做法。我曾经讨论过这一问题:

> 目前学界构拟的先秦历法系统主要由三部分构成:一是由现代天文学家依靠科学的天体运行规律反推的实际历法系统;二是依据晚出的传世文献所记载的内容所复原的历法系统;三是依据考古出土当时材料(主要指的是西周的青铜器铭文)复原的历法系统。①

---

① 拙文《寿县蔡侯墓三长铭史事年代新考与吴楚争霸视阈下的蔡国史事重建》,《传统中国研究集刊》(第二十七、二十八合辑),上海:上海社会科学院出版社,2022年,第26—42页。

我进而指出：

> 第二种复原的历法系统高度依赖于文本，而文本本身与文本指涉的内容之间存在距离，文本制作的年代要比文本指涉内容的年代要晚，文本在制作、传播、流传的过程中是否有错讹，这都是不能确定的。①

因此，借用当代史家构拟的先秦历法系统去比照先秦文本，进而否定先秦文本历日记载的方法，是不合理的。对此，彭裕商曾经不无遗憾地说：

> 我们认为，目前各家拟定的西周历谱是不可靠的，事实上，我们并不知道西周的历法究竟是怎么一回事。不仅西周历法如此，就是春秋时期，根据《春秋》经传记载，当时的历法也很不成熟。②

谨慎的历史学家在面对先秦历日问题时，往往采用相对保守的做法。彭先生所指出的春秋时期的历法不成熟问题，其实就是《左传》《国语》记载差异的关键所在。故而，在以往的研究中，涉及先秦历日问题的时候，我所采用的方法都是历史情境的做法，而不随意使用历法参照的方法。③

第三，子犯编钟铭文的理解问题。子犯编钟铭文"惟王五月初吉丁未"是该铭文核心的时间线索，但铭文并非时王、王年、月份、干支四要素俱全的铭文，它的年份是不确定的。所以，将其定为重耳

---

① 拙文《寿县蔡侯墓三长铭史事年代新考与吴楚争霸视阈下的蔡国史事重建》，《传统中国研究集刊》（第二十七、二十八合辑），第26—42页。
② 彭裕商：《西周青铜器年代综合研究》，成都：巴蜀书社，2003年，第17—21页。
③ 拙文《册命金文、作册职官与〈摄命〉史事的年代问题》，《西部史学》（第5辑），重庆：西南师范大学出版社，2020年，第17—33页；《寿县蔡侯墓三长铭史事年代新考与吴楚争霸视阈下的蔡国史事重建》，《传统中国研究集刊》（第二十七、二十八合辑），上海：上海社会科学院出版社，2022年，第26—42页。

归国之年只是学者基于对铭文的理解提出的一种意见,并非定说。据我收集的相关研究成果来看,关于子犯编钟的年代问题,目前学界大致有四种说法:(1)鲁僖公二十一年(前639)说,该说以历法参照为主体方法,结合传世文献记载,认为该事发生在鲁僖公二十一年,子犯强制重耳离开齐国,为子犯助文公即位之大事,故而铸鼎纪念。① (2)鲁僖公二十四年(前636)说,即冯时说。他认为铭文中"丁未"即传世文献中记录重耳即位历日的"丁未"。② 这也是王红亮论证重耳归国在鲁僖公二十四年的基础。(3)鲁僖公二十八年(前632)说。该说将铭文内容与城濮之战后的献俘礼结合起来,认为鲁僖公二十八年四月,城濮之战爆发,晋国大胜。五月,晋国前往东周王城献俘、告捷。此说与《左传》僖公二十八年"五月丙午,晋侯及郑伯盟于衡雍。丁未,献楚俘于王"的记载联系起来,从而成为目前最为强力的对子犯编钟铭文的解释。③ (4)周襄王二十三

---

① 张闻玉:《子犯和钟"五月初吉丁未"解》,《中国文物报》,1996年1月7日,第3版;张闻玉:《再谈子犯和钟历日》,《中国文物报》,1996年6月2日,第3版;李学勤:《子犯编钟续谈》,《中国文物报》,1996年1月7日,第6版。李文另见氏著:《四海寻珍》,北京:清华大学出版社,1998年,第271—273页。

② 冯时:《春秋子犯编钟纪年研究——晋重耳归国考》,《文物季刊》1997年第4期;陈双新:《子犯钟铭考释》,《安徽教育学院学报》2000年第1期;吴毅强:《晋铜器铭文研究》,杭州:浙江大学出版社,2018年,第265—266页。

③ 张光远:《故宫新藏春秋晋文公称霸"子犯和钟"初释》,《故宫文物月刊》,总第145期,1995年;黄锡全:《新出晋"搏伐楚荆"编钟铭文述考》,《长江文化论集》(第一辑),武汉:湖北教育出版社,1995年,第326—333页;李学勤:《补论子犯编钟》,《中国文物报》,1995年5月28日,第3版;裘锡圭:《关于子犯编钟的排次与其他问题》,《中国文物报》,1995年10月8日,第3版;白光琦:《子犯编钟的年份问题》,《文物季刊》1997年第2期;江林昌:《新出子犯编钟铭文史料价值初探》,《文献》1997年第3期;武家璧:《子犯编钟铭文考释》,《中原文物》1998年第2期;王泽文:《从献捷礼判定子犯编钟历日的年代》,《商承祚教授百年诞辰纪念文集》,北京:文物出版社,2003年,第323—330页;赵晓龙:《子犯编钟铭文补释》,《文物世界》2009年第1期。

年(前629)说,该说同样以历法比照为主体方法,主张子犯编钟铸造于践土之盟后数年。①

基于子犯编钟铭文的复杂性,为讨论方便,我们综合诸家释文,迻录如下:

> 惟王五月初吉丁未,子犯佑晋公左右,来复其邦。诸楚荆不听命于王所,子犯及晋公率西之六师搏伐楚荆,孔休大功,楚荆丧厥师,灭厥禹(渠)。子犯佑晋公左右,燮诸侯,俾朝王,克奠王位。王赐子犯辂车、四马、衣、裳、带、市、佩。诸侯羞元金于子犯之所,用为和钟九堵,孔淑且硕,乃和且鸣,用燕用宁,用享用孝,用祈眉寿,万年无疆,子子孙孙永宝用乐。

从铭文中"子犯及晋公率西之六师搏伐楚荆"来看,子犯及晋公应该指的就是狐偃与晋文公。② 在此前提下,该铭文与城濮之战应该有关系,故而以鲁僖公二十八年说与周襄王二十三年说更为合理,鲁僖公二十一年重耳离齐应不能成立。此外,铭文首句"惟王五月初吉丁未"说的是铭文中的"朝王"时间,还是"子犯佑晋公左右,来复其邦"的时间呢?从铭文内容来看,我认为是"朝王"的时间,而铭文第二句"来复其邦"只是追记。故而在诸说中,僖公二十八年说在与《左传》城濮之战后,晋人前往洛邑王城告捷相互参照,时间上一致,这是无法否定的证据。故而僖公二十八年说也成为最为强力的一种观点。

---

① 彭裕商:《也谈子犯编钟的"五月初吉丁未"》,《中国文物报》,1996年2月11日,第3版。
② 潘慧如主张子犯编钟之"子犯",非狐偃(字子犯)。参见潘慧如博士论文:《晋国青铜器铭文研究》,指导老师:张光裕,香港中文大学,1997年。

若此,子犯编钟因自身铭文在时间记述上的信息缺失问题,其记录的年代本就存在争议,并且诸说中,又以僖公二十八年说最为合理,并不支持僖公二十四年说。王红亮以子犯编钟为据,只能作为一个微弱的旁证,而无法支撑他的观点。

第四,在秦三年说成立与重耳出亡十九年总体时间的矛盾问题。王红亮在文中多处地方反复强调了重耳流亡十九年的经历,并且言之凿凿"重耳出亡的总年数即十九年是确定的"。但是在论证结束重耳秦三年之后,他最终的结论是:"关于经历各国之年代。在狄十二年,从鲁僖公五年至十九年……居秦三年,从鲁僖公二十二年至二十四年三月。重耳逃亡凡十九年。"从王红亮的论证过程可以看到,从僖公二十二年到二十四年,他计算为三年。也就是说,他的计算方式是按照年头来算的,并不按照实际时间来计算。因此,在他的最终结论里就存在着一个他自己都未曾意识到的问题:从鲁僖公五年到鲁僖公二十四年,不是十九年,而是二十年。这是由于他坚持认为在秦三年说成立导致的结果。

结合以上四点分析,我认为清华简《子犯子余》与《韩非子·十过》关于重耳在秦三年的说法都是不能成立的。对此,我们再做解释如下:

第一,《子犯子余》说重耳"处焉(秦)三岁",我先前怀疑"三岁"可能是"三月"之误,①现在看来当时的确过于武断,这里的"三岁"应当是简文本身如此,并非抄写错误。

第二,王红亮援引钱穆语论证子书近世材料的可信性以证明

---

① 拙文《新出简牍与晋文公出亡史事综合研究》,《传统中国研究集刊》,第十八辑,第54—64页。

《韩非子·十过》的信实度,不能成立。钱穆云:"昔人治史,率不信诸子。夫诸子托古,其言黄帝羲农,则信可疑矣。至于管仲晏婴相问答,庄周鲁哀相唯诺,寓言无实,亦有然者。至其述当世之事,记近古之变,目所睹,身所历,无意于托古,无取于寓言,率口而出,随心而道,片言只语,转多可珍。"[1]钱先生此语,首先承认史家多不信诸子所论史事,这是共识。但钱先生同样认识到了史料的复杂性与多元性,故他提出"托古"与"寓言"之事,均不可信。但对于"当世之事""近古之变",因诸子"目所睹,身所历",故而其中有珍贵的可信史料。故王红亮得出结论,《韩非子》晚于《子犯子余》,所以两者根据了相类似的资料。这种论证,其实已经是在曲解钱先生的理论。不管是《韩非子》还是《子犯子余》,其作者都不是与重耳同时存在的人物,也就不能存在记录"当世之事",或"目睹""身历"的可能。故而根据钱穆理论是得不出《子犯子余》重耳史料信实度高的结论的;此外,他所言二文根据了类似的资料,个中意思是所根据的"类似的资料"的作者可能亲历重耳出亡,这已经近乎臆想了。

第三,《子犯子余》重耳"处焉(秦)三岁"与《韩非子·十过》重耳"入秦三年"史料性质相同,都是作为主体论述的辅助性背景存在的。《子犯子余》的主体内容是秦穆公问子犯、秦穆公问子余、秦穆公问蹇叔、公子重耳问蹇叔的相关内容,重耳的行迹并非《子犯子余》简文描述的核心,这句话是作为后来秦穆公、重耳与子犯、子余、蹇叔问对的相关背景而存在的。同样,《韩非子·十过》篇论及此事,是为了论述主题"十过"其中之一"国小无礼,不用谏臣,则绝世之势也",利用重耳流亡过程中,对比曹国与秦国对待重耳的礼数,

---

[1] 钱穆:《先秦诸子系年·自序》,北京:中华书局,1985年,第20页。

产生不同的政治后果,以证明"国小无礼"为大"过"。故而,在《韩非子》这段论述里,重耳在秦的年数也非论述的中心对象,只是作为背景材料来为主题服务的。

第四,战国时期论理性文章中的背景材料往往非史实。《子犯子余》《韩非子·十过》都属于论理性文章,晁福林在论及战国的古史编纂时说:战国人"述史记事的目的在于提供鉴戒,阐明道理""对于历史事件的确切情况,如时间、地点、人物、事件经过等,则多不严格考证,而往往是点到为止,大体不错,对于细节的描述常常是为了阐明道理而随意剪裁,或增枝添叶"。[①] 晁先生的这个说法,可大致为我们提供《子犯子余》重耳"处焉(秦)三岁"最合理的理论前提。《子犯子余》的系统整理者滕胜霖在解释重耳"处焉(秦)三岁"时说:"语类文献中的历史背景不必与事实严格对应,这类文献对史实进行故事化的加工,重点在于对话中蕴含的思想,所介绍历史背景的目的在于使读者读起来显得更真实可信。"[②]这当是合理的解释。

第五,从"事""史""义"的角度来看,因义曲事,文不合事的情况是历史学的普遍情景。孟子对于历史有过一段经典论述,他说:"王者之迹熄而'诗'亡,'诗'亡而'春秋'作,晋之'乘'、楚之'梼杌'、鲁之'春秋',一也。其事则齐桓、晋文,其文则史。孔子曰:'其义则丘窃取之矣。'"[③]孟子在这段论述里,将历史分为三个层面的内容:"事""史"与"义"。朱本源说,孟子所谓的"事"是"人类的所有

---

① 晁福林:《从上博简〈武王践阼〉看战国时期的古史编撰》,《史学理论研究》2011年第1期。
② 滕胜霖编著:《〈清华大学藏战国竹简〉(柒)集释》,重庆:西南师范大学出版社,2021年,第5页。
③ 朱熹注:《四书集注》,南京:凤凰出版社,2005年,第313页。

行为","史"是"把过去的事情用文辞陈述出来",而"义"则是"历史学的社会职能"。① 在孟子这段经典阐述里,我们看到的是,"事""史""义"并不完全一致,"事"与"史""义"之间存在距离,"史"只能部分性地呈现"事",而"义"的表达本身就具有强烈的主观目的性。我们在后世的历史学著作中,为了"义"的表达而屈改历史的情况比比皆是。清代学者章学诚说"古人未尝离事而言理",②借事言理是古人的惯用做法,于是"理"与"义"的表达是目的,而"事"只是手段,这与当代史学追求的求真目的是不一样的,故而"事"本身的真伪、详略在传统史学是不重要的。在《韩非子·十过》中我们看到,关于重耳在秦的记述,文字前后不合历史事实的地方至少有三处:第一,"公子自曹入楚,自楚入秦",这是不符合历史的,重耳离曹后下一站是宋国,重耳入楚的前一站是郑国,《韩非子》文本为对比秦、曹对待重耳礼数差异,才故意写成重耳"自曹入楚,自楚入秦",以与曹国形成鲜明对比;第二,在决定支持重耳后,"(秦穆)公因起卒,革车五百乘,畴骑二千,步卒五万",在春秋中期,不可能有"畴骑二千,步卒五万",这都是战国时的情况,《韩非子》如此书写,不过是以今述古,并不是春秋历史的实际;第三,重耳"入秦三年",这根据前文分析,也是不合事实的。

　　综合以上,王红亮坚信重耳在秦三年,并构拟出的重耳出亡系年方案是不能成立的。根本原因在于他认为《子犯子余》重耳"处焉(秦)三岁"的记载正确,从而导致在论证过程中,为了维护《子犯子余》新见重耳材料的权威性,不惜否定《左传》《国语》《史记》的相关记述。导致他将所有的论证根据都建立在《子犯子余》重

---

① 朱本源:《"〈诗〉亡然后〈春秋〉作"论》,《史学理论研究》1992年第2期、第3期。
② 章学诚:《文史通义·易教上》,北京:中华书局,1985年,第1页。

耳新见材料上,而其他旁证证据也都因争议过大显得过于微弱,没有力量。

四、古史史料使用中的"曲旧就新"与"绌新从旧"问题

清华简《子犯子余》公布后所引起整个重耳出亡系年问题的新讨论,在本质上指向的是古史史料的使用原则问题。

古史研究史料的稀缺性是一个"先天不足"的问题,故而新材料的出土总能引起学界的轰动。在古史史料的使用问题上,利用新出文献与传世文献的比勘研究,已经是一种相当常见的做法。这种做法学界习惯称之为"二重证据法",多数学者将这种方法追溯至王国维,并以王国维在《古史新证》中的一段论述为根据。其文如下:

> 吾辈生于今日,幸于纸上之材料外,更得地下之新材料。由此种材料,我辈固得据以补正纸上之材料,亦得证明古书之某部分全为实录,即百家不雅训之言亦不无表示一面之事实,此二重证据法惟在今日始得为之。虽古书之未得证明者,不能加以否定,而其已得证明者,不能不加以肯定,可断言也。①

学者多以王国维该段文字为宗,拿"纸上材料"与"地下之新材料"对比研究,通过"地下之新材料"的"新"来补正"纸上材料"的不足,并认为通过这种技术上的操作,可以证明"古书之某部分"为"实

---

① 王国维:《古史新证·总论》,谢维扬、房鑫亮主编:《王国维全集》第十一卷,杭州:浙江教育出版社;广州:广东教育出版社,2009年,第241—242页。

录"。此处"实录"即历史陈述"史"与历史事实"事"的一致性。

晚近半个世纪以来,随着新出材料(包括科学考古出土的古史材料,也包括市场购得的古代材料)的日益增多,利用新出材料研究古史已经成为一种常规的治学取径。新出材料的丰富性对于补充说明基于传世文献所构建的古史大有助益,晚近以来取得了丰富的成果与杰出的成绩。但在一些具体的问题上,却因新出材料与传世文献记载的差异性导致了在古史史料使用问题上的割裂,产生了古史史料具体使用上"曲旧就新"与"绌新从旧"问题。

对此,在20世纪前期,王国维就以学术大师的敏锐洞察力意识到了这一问题。他在《殷虚文字类编·序》中说:

> 新出之史料,在在与旧史料相需,故古文字、古器物之学与经史之学实相表里。惟能达观二者之际,不屈旧以就新,亦不绌新以从旧,然后能得古人之真,而其言乃可信于后世。①

王国维注意到新史料出现后,必然引起新、旧史料在具体使用中的问题,他以达到"古人之真"为目的,认为新、旧史料的使用不过是手段,故而在具体的操作中,既要做到"不屈旧以就新",也要做到"不绌新以从旧"。但由于王国维"二重证据法"的那段文字过于著名,在新史料层出不穷的后来,人们在具体的运作中忘记或者无视了王国维这段关于新旧史料使用方法的主张。

近半个世纪以来,新出史料的爆炸性发现,让新、旧史料的运用边界问题再次出现在学者的视野中。美国学者顾史考在2004年发表了《古今文献与史家之喜新守旧》的论文,可以视为80年后对王国维早年阐述的回响。文中,顾史考说道:

---

① 王国维:《〈殷虚文字类编〉序》,《观堂集林》(外二种),石家庄:河北教育出版社,2003年,第696—697页。

窃谓当我们开始校读今古两本时,必须事先做一番"心斋"的功夫,好让我们将两种原有的不同的成心给消除,以便以实事求是的心态而进。此二种成心,其一谓之"喜新厌旧",其二谓之"忠贞不渝"。"喜新厌旧"之心,谓新见的古文本一出土,乃竭力执之以纠正传世本之非,以追求新意为尚,以不顾传统之成说为心,不考虑出土本本身的缺点,而一力推新以代旧。譬若人一目及未曾见过的美貌姑娘,乃想轻易罢休旧妻以尽力追求新爱,忘怀往情旧恩而一心皆以新爱为是,全不顾及前妻的好处及其累年所积来的贡献,而同时又忽略新妾的种种缺陷。"忠贞不渝"之心,则谓一心一意拥护旧有的今文传世本,只想强迫出土本服从于其早已奠定的标准,因而一概忽视出土本的长处,不容任何新意侵犯到传世本的宝座。又譬若人之因为怀念旧情之故,乃全心夸张己妻之美丽与贤惠,无法认识妻子之短处或其他女子之优点,不敢承认爱妻有任何可向之学习之处。此两种心理确实有时会不知不觉地作怪,因而我们不得不时时加强防备。①

　　顾氏所言虽然主要是从今古文献校勘的角度出发来讨论这一问题的,但他所主张的意图其实与80年前的王国维是一致的。这反映出,浸染于新、旧文献之中的治学者,时空悬隔,也能在某个问题上打破时空的限制,得出同样的结论。

　　从学理的角度而言,王国维与顾史考的主张反映出从事新、旧文献比较研究的学者力图建立一种科学的方法,来为新、旧文献的使用边界树立一个标准。这无疑是正确的态度,也是当下学界亟待

---

① ［美］顾史考:《古今文献与史家之喜新守旧》,《郭店楚简先秦儒家书宏微观》,上海:上海古籍出版社,2012年,第122—123页。

解决的问题。仅就重耳出亡问题而言,王国维所言的"屈旧就新"与"绌新从旧"的情况就同时存在着,这也说明这一问题的紧迫性。

如在前文讨论的关于清华简《子犯子余》重耳"处焉(秦)三岁"的处理上,王红亮的整个论证实际就是一个"屈旧就新"的典型处理方式。为了就《子犯子余》之新,不惜屈《左传》《国语》《史记》之旧,以证成其说。

又如在讨论晋文公重耳出亡路线问题时,在清华简《系年》公布后,基本上学者们都同意《国语》关于重耳出亡路线的意见是正确的。但单周尧因一生志于《左传》学研究,笃信《左传》关于重耳出亡路线的记述才是史实,故而他在《先过卫抑先适齐?——重耳出亡路线管窥》一文中,坚信《左传》,认为《国语》、清华简《系年》可信度不及《左传》。① 这又是典型的"绌新从旧"。

古史研究之难可知之矣!然王国维在百年前有"当以事实决事实"之论,②此足可为后世史家所镜鉴。从历史本体论与历史认识论的角度来看,王国维所言"事实"即历史本体,得"古人之真"则即历史认识与历史本体的统一。但"二重证据法"中,不管"纸上之材料"抑或"地下之新材料",却都属于历史认识论之范畴。③ 二重证据法在本质上只是提供了不同的历史认识论之间的一致性与差异性,但历史认识的一致性在本质上并不指向所指涉的内容的真实性,即:即便是旧史料与新史料同书某事,记述相同,也并不能得出这种相

---

① 单周尧:《先过卫抑先适齐?——重耳出亡路线管窥》,清华大学出土文献研究与保护中心编:《半部学术史一位李先生:李学勤先生学术成就与学术思想国际研讨会论文集》,北京:清华大学出版社,2021年,第56—69页。
② 王国维:《再与林博士论〈洛诰〉书》,《观堂集林》(外二种),石家庄:河北教育出版社,2003年,第18—19页。
③ 此处我们仅就材料本身所指涉的内容展开讨论,材料制作本身所指向的历史本体性质暂不讨论。

同认识就完全反映了历史事实的结论。这就是二重证据法在历史本体与历史认识关系论视域下产生的认知陷阱。故而,在重耳出亡系年问题上,新见《子犯子余》篇与《韩非子·十过》在重耳在秦时间的记述上的一致性,并不能得出二者真实反映了重耳在秦历史事实的结论。

综合以上,王国维"当以事实决事实"之主张应当成为从事新、旧文献的史家共同遵守之原则。新史料与旧史料,哪一种的信实度更高,哪一种史料的具体章节、文句更能反映所指涉历史内容的真实性,这需要史家进行具体分析。而判断的标准只能是"以事实决事实"。简言之,如果旧史料与史实更符合,就从旧绌新;如果新史料与史实更符合,就从新弃旧。

作者单位:安徽师范大学历史学院

安大简《仲尼曰》文本、主题与性质研究
代 生

摘 要：安大简《仲尼曰》是一篇以修身为仁、谨言慎行、亲善任贤、求为君子为主题的孔子语录文献。行文多以"君子—小人""善—不善""仁—不仁"等对比的方式呈现，凸显孔子对古圣时贤及弟子的评价。为凝练主题，强调文本整齐性、简洁性，该篇应对来源文献进行了不同程度的删减。可将《仲尼曰》看作是一篇围绕孔子言论进行的主题文献摘引，这也说明成书时间不会太早。该篇内容多可与传世文献比照，对解决《论语》研究中的一些争议问题具有重要价值。

关键词：《仲尼曰》 《论语》 君子 主题摘引

安徽大学藏战国竹简《仲尼曰》是一篇新公布的孔子语录文献，与《论语》《礼记》等文献记载有相同或相近之处，又有不见于传世文献的内容，对研究孔子思想及流传等问题具有重要价值。如整理者所言："简文原无篇题，不分章，内容为孔子言论，共25条，除一条开头为'康子使人问政于仲尼'外，其他简文均以'仲尼

曰'起始。"①这是《仲尼曰》篇行文的突出特点。从行文方式、主旨等方面将其和《论语》等书进行比较，不仅有助于了解该篇的主旨、性质，还能够解决学术史上的一些问题。

《仲尼曰》原文不分章，整理者以"条"作为文本组成。我们认为，命名为与传世文献相近的"章"，能够较好地反映文本的内容组成，因此可以《论语》"篇—章"的分类方式将该篇划分为25章，并有文末"仲尼之耑（短）语也，朴慧周极"的评语。

一、行文特点与主题分析

《仲尼曰》中，孔子的言语多是以对比式结构出现的。据笔者统计，在25章中至少有23章出现正反、排比的言语方式，并可以按照不同的"主题"进行划分。下面试对出现次数较多的几对"主题词"进行分析。

（一）君子与小人

在儒家视野中，"君子"是一个重要概念。孔子就曾教育弟子子夏"女为君子儒，无为小人儒"（《论语·雍也》），可知在孔子看来作为儒者已有"君子"和"小人"之分。日常生活中的"君子""小人"更是孔子所要强调区分的。根据黎红雷先生统计，在《论语》中，"君子"出现107次，"小人"出现24次，"君子"与"小人"同时对举的有19处。② 从这一统计可知，"君子"与"小人"的对举占了很大部

---

① 徐在国、顾王乐：《安徽大学藏战国竹简〈仲尼〉篇初探》，《文物》2022年第3期。
② 黎红雷：《"位"与"德"之间——从〈周易·解卦〉看孔子"君子小人"说的纠结》，《孔子研究》2012年第1期。

分。在《仲尼曰》篇25章中,"君子"一词出现6次,"小人"一词出现4次,其中有3次是"君子"和"小人"对举的。一般认为,《论语》中的君子大体有三种内涵,一是道德层面的,二是居高位者,三是兼而有之。在此可以对本篇中"君子"和"小人"的内涵进行分析。

第三章的记载是:

> 仲尼曰:"君子溺于言,小人溺于水。"①

单纯从该章文本中并不能认定"君子"的内涵,但此章可与《礼记·缁衣》"小人溺于水,君子溺于口,大人溺于民,皆在其所亵也"参照,这里的"大人"依照古注为执政者,那么"君子"当属于道德层面。又如第十九章记载:

> 康子使人问政于仲尼。曰:"丘未之闻也。"使者退。仲尼曰:"视之君子,其言小人也。孰正而可使人闻?"②

在该章中,孔子认为季康子看起来像个"君子",但其所言之事体现出他却是"小人"。这里的"君子""小人"都指季康子(也可能是使者,详下讨论),无疑既指社会地位又赋予道德内涵。

再如第八章:

> 仲尼曰:"君子之择人劳,其用之逸;小人之择人逸,其用之劳。"③

这里"君子"与"小人"对举,但又说"君子""小人"都可以"择人"而"用之",可见二者都非单独的道德、地位层面能涵盖,而是兼而有

---

① 黄德宽、徐在国主编:《安徽大学藏战国竹简》(二),上海:中西书局,2022年,第43页。
② 黄德宽、徐在国主编:《安徽大学藏战国竹简》(二),第44页。
③ 黄德宽、徐在国主编:《安徽大学藏战国竹简》(二),第43页。

之,因为只有一定社会地位的官吏们才能选人用人。孔子还特别重视"君子"的自我修养,如第七章提出"君子所慎,必在人之所不闻与人之所不见"。① 强调体现"君子"品格的应该是在人们所不容易看见、了解的地方,实际上是指"慎独"。第十章中,孔子教育弟子:"弟子如出也,十手指汝,十目视汝,汝乌敢为不善乎!盖君子慎其独也。"② 两章所言一致,是孔子要求弟子做一个"光明正大"的"君子"。

此外,第三章记载孔子所言"去仁,恶乎成名?造次、颠沛必于此"。③ 该章又见于《论语·里仁》:"君子去仁,恶乎成名?君子无终食之间违仁,造次必于是,颠沛必于是。"对比可知,第三章省去了两个"君子",这里强调的也是"君子"的行为:无论在什么情况下都不能"违仁",否则就不是"君子"。

综合本篇来看,孔子特别强调"君子"的修为,故而一再引述。他判断"君子"的标准是:能够少言而多行,注重选贤任能,要见善以思,不断反思提升,还能做到"慎独"。

(二) 善与不善

《仲尼曰》中,出现次数较多的还有"善"一词,共出现6次;"不善"出现3次。"善"的词性不同,有动词义,表善于、擅长,如第十二章:

> 仲尼曰:"晏平仲善交哉!久狎而长敬。"④

这里的"善交"既表示晏子善于交际,也有名词义,如第十五章载:

---

① 黄德宽、徐在国主编:《安徽大学藏战国竹简》(二),第43页。
② 黄德宽、徐在国主编:《安徽大学藏战国竹简》(二),第43—44页。
③ 黄德宽、徐在国主编:《安徽大学藏战国竹简》(二),第43页。
④ 黄德宽、徐在国主编:《安徽大学藏战国竹简》(二),第44页。

  仲尼曰:"君子见善以思,见不善以戒。"①

该章的"善"与"不善"对举,整理者引《论语·里仁》"子曰:'见贤思齐焉,见不贤而内自省也。'"及相关注释,训"善"为"贤",可从。又如第二十一章有"见善女弗及,见不善如袭"的记载,也应训读为"贤"。第十七章言"管仲善善哉,老讫",②其中的"善善",是指喜爱、善待贤人,进一步引申为重用贤能(详下文论证)。另外,第二十二章中孔子提出:"小人乎,何以寿为? 一日不能善。"③该章中的"善",当为名词动用,即为善、行善。

  本篇中,"善"的主要含义"善人",指代"有德之人",孔子引述这些内容要求"见善以思",躬省自己,要努力做到"善";对于"不善"要"戒"、要警惕,这也是一种修为。

(三) 仁与不仁

  "仁"被学者认定为孔子思想的核心,但孔子对"仁"的判定往往是多层面、多角度的。《仲尼曰》篇中"仁"出现 4 次,"不仁"出现 2 次。

  第四章记载孔子说:"去仁,恶乎成名? 造次、颠沛必于此。"④此章可与《论语·里仁》篇对读,孔子认为君子如果没有了"仁",就不能称为君子了,无论在什么环境下都是如此,都不能离开"仁"。这其实是强调君子和"仁"的关系,也是逆境下为"仁"的要求。

  第六章载:"伊言㠯,而禹言丝,以治天下,未闻多言而仁者。"⑤

---

① 黄德宽、徐在国主编:《安徽大学藏战国竹简》(二),第44页。
② 黄德宽、徐在国主编:《安徽大学藏战国竹简》(二),第44页。
③ 黄德宽、徐在国主编:《安徽大学藏战国竹简》(二),第44页。
④ 黄德宽、徐在国主编:《安徽大学藏战国竹简》(二),第43页。
⑤ 黄德宽、徐在国主编:《安徽大学藏战国竹简》(二),第43页。

孔子列举古圣贤行为来讨论"仁",认为"多言"不能成为"仁",《论语》有"巧言令色鲜矣仁""刚毅木讷,近仁"的记载,就将"言"与"仁"联系起来,二者表达的意见是一致的。

第十一章"仁"和"不仁"各出现 2 次:"仁而不惠于我,吾不谨其仁。不仁〔而〕不惠于我,吾不谨其不仁。"①有关此章,侯乃峰认为应该是出现了讹误,原文当为"仁而不惠于我,吾不谨其仁。不仁不〔而〕惠于我,吾不谨其不仁。"即"抄写者将其中的'而'字误写作'不'",将之翻译作:"作为仁者,如果对于我没有施予什么恩惠,我也就没有必要对他表示恭敬;如果有不仁者对于我施予恩惠,我对于他的不仁之举也不会表示恭顺。"②我们认为,他提出抄手误写的说法可从,但对"谨"的理解还可以讨论。相较而言,陈民镇认为"谨"当训读为"隐",翻译作:"'仁而不惠于我,吾不隐其仁',谓仁者未惠及我,我并不因此掩其仁德;'不仁而惠于我,吾不隐其不仁',谓不仁者虽施惠于我,我却不能因此掩其不仁的一面。"③这一说法最为合理。这反映出孔子评价人的"仁"与"不仁",并不以自己受惠于人与否而改变,也不轻易许"仁",足见他对"仁"的笃信与追求。

(四)言与行

在《论语》中,孔子特别重视言行,如《学而》篇载:"君子食无求饱,居无求安,敏于事而慎于言,就有道而正焉,可谓好学也已。"《子

---

① 黄德宽、徐在国主编:《安徽大学藏战国竹简》(二),第 44 页。
② 侯乃峰:《安大简(二)〈仲尼曰〉补札一则》,复旦大学出土文献与古文字研究中心网站,2022 年 8 月 20 日,http://www.fdgwz.org.cn/Web/Show/10939。
③ 陈民镇:《安大简〈仲尼曰〉补说》,安徽大学汉字发展与应用研究中心网站,2022 年 9 月 5 日,http://hz.ahu.edu.cn/2022/0905/c6036a292223/page.htm。

路》篇说"言必信,行必果",《里仁》篇说"君子欲讷于言而敏于行",等等。可以看出,在孔子看来要言行一致,二者关系上,要少说多做看行动。《仲尼曰》中"言"出现8次,如第一章孔子就说:"华繁而实厚,天;言多而行不足,人。"①即花盛开而果实丰硕是天的"功劳",人却是说得多做得少,强调"行不足"是人的缺点。第三章又说:"君子溺于言,小人溺于水。"②强调即使是君子,也往往不能做到谨言慎行。在第六章中,孔子以伊尹(或者说尧)、大禹为例,认为他们出言谨慎,才能治理好天下,而多言难以成为仁者。将"言"的多寡提升到修身之"仁"和治理国家的能力上,可见其重要。

尚需要讨论的是第十九章:

> 仲尼曰:康子使人问政于仲尼。曰:"丘未之闻也。"使者退。仲尼曰:"视之君子,其言小人也。孰正而可使人闻?"

有关该章,整理者注释说:

> 此条简文见于《论语·颜渊》:"季康子问政于孔子。孔子对曰:'政者,正也。子帅以正,孰敢不正?'"文字出入较大。……"视之君子,其言小人也",意谓:看他样子像个君子,听他说话却是个小人。或认为简文"中尼"脱重文符号。③

周翔等先生将该章译为:"季康子派使者向孔子询问政治。孔子说:'我对政治没有了解。'使者走后,孔子说:'我把季康子看作君子,可他的话却是小人做派。哪个正直的人会派人来问(政治问题)?'"同时,他还提出另一种解读方案:读"正"为政,"意即什么政治问题可以派人来问?是以反问句表达对季康子派人问政的批评。

---

① 黄德宽、徐在国主编:《安徽大学藏战国竹简》(二),第43页。
② 黄德宽、徐在国主编:《安徽大学藏战国竹简》(二),第43页。
③ 黄德宽、徐在国主编:《安徽大学藏战国竹简》(二),第50页。

言下之意,政治是严肃的大事,执政者若真心关注就不该派人来问而应亲自登门求教。派人问政足见其对政治的关心只不过流于表面,故为小人之举"。①

我们认为,整理者提出该章与《颜渊》篇季康子问政有关不一定可信,二者的联系恐怕仅是季康子向孔子问政而已。周翔先生把"正"理解为"正直的人"颇感扞格,这和主题似乎没有关系。而理解为"什么政治问题可以派人来问""政治是严肃的大事,执政者若真心关注就不该派人来问而应亲自登门求教"看似有理,但从文献记载可知,季康子向孔子问政,既有当面的,也有派使者来的。如《左传》哀公十一年记载说:

> 季孙欲以田赋,使冉有访诸仲尼。仲尼曰:"丘不识也。"三发,卒曰:"子为国老,待子而行,若之何子之不言也?"仲尼不对。而私于冉有曰:"君子之行也,度于礼,施取其厚,事举其中,敛从其薄,如是则以丘亦足矣。若不度于礼,而贪冒无厌,则虽以田赋,将又不足。且子季孙若欲行而法,则周公之典在。若欲苟而行,又何访焉?"弗听。②

从这一记载来看,孔子同样是很生气,但不是认为季康子没有亲自前来问政(从传世文献看,孔子似乎也未必拘泥于此节),而是对所"言"之事——用田赋表达不满。他对冉有所说的"君子之行也,度于礼,施取其厚,事举其中,敛从其薄,如是则以丘亦足矣"也可与《仲尼曰》"视之君子,其言小人也"进行比较,都是认为季康子所为非君子。据此我们认为,"其言小人也"之"言"指代所言不合礼之

---

① 周翔、郑玉茹:《安大简〈仲尼曰〉所见孔子思想类型浅议》,《古籍整理研究学刊》2022年第4期。
② 杨伯峻:《春秋左传注》,北京:中华书局,2018年,第1458页。

事,所以孔子回答"未之闻"。

还有一种解读,即孔子批评的未必是季康子,而可能是其所派使者,使者应是季康子的家臣,从外貌穿戴看起来像个君子,但说起话来却像个小人,或许还显示出对孔子不恭敬的态度,所以引起孔子不满。"孰正而可使人闻"应理解为"孰政而可使人闻",孔子认为这样的人怎么能告诉他如何为政呢?季孙氏作为鲁国的执政者,家臣众多,或许不乏其父季桓子的家臣阳虎之流,又有公之鱼等对孔子思想不以为然者。据《史记·孔子世家》记载,季桓子临终之时,曾嘱咐季康子要重用孔子,季康子遵照父意准备召回在外周游的孔子,却被公之鱼劝阻:"昔吾先君用之不终,终为诸侯笑。今又用之,不能终,是再为诸侯笑。"①稳妥起见,季康子只是征召了冉求。

我们认为以上两种解释都能讲得通,但对"言"字的含义就有了不同理解。由于文献不足且缺少具体背景,只能存疑待考。

总的来看,《仲尼曰》的记载再次展现了孔子重行轻言、谨言慎行的言行观,与《论语》所载并无二致。

(五) 古与今

"厚古薄今"是孔子及儒学学派的重要思想特色。众所周知,孔子祖述尧舜,宪章文武,并将他们统治的时代划分为"大同""小康"社会,对这两个时代充满了期盼。春秋晚期诸国争霸、礼崩乐坏,这应该是孔子厚古薄今的重要原因。

孔子自言"述而不作,信而好古"(《论语·述而》),《论语》中就多次出现"古"与"今"的对比,认为古人守礼,《阳货》篇有这样的记载:

---

① 司马迁:《史记》,北京:中华书局,1959年,第1927页。

> 子曰："古者民有三疾,今也或是之无也。古之狂也肆,今之狂也荡;古之矜也廉,今之矜也忿戾;古之愚也直,今之愚也诈而已矣。"

该章的"古""今"对比就出现4次,"古""今"差距十分明显。《仲尼曰》篇有2次"古""今"对比,即:

> 仲尼曰:"古之学者自为,今之学〔者〕为人。"
> 仲尼曰:"古者恶盗而弗杀,今者恶盗而杀之。"①

此外,又有第二章记载"於人不信其所贵,而信其所贱",②有学者认为"於"字为"今"字,③亦有道理。那么,该篇虽然没有强调"古",但有"今"即暗含了与"古"的对比,该章还有信与不信、贵与贱的鲜明对比。

二、人物评价凸显文本主题

孔子教育学生、表达自己的思想,除了说教式的训导,还有很大一部分是通过品评人物的方式进行的。根据学者的统计,《论语》中孔子评价的人就有155个,④有尧、舜等古圣贤,也有汤、文、武、周公等政治人物,他们都是被孔子当成学习榜样的。还有与他时代相隔不远的政治家,如管仲、子产、晏婴等,孔子也曾给予较高的评价。

---

① 黄德宽、徐在国主编:《安徽大学藏战国竹简》(二),第44页。
② 黄德宽、徐在国主编:《安徽大学藏战国竹简》(二),第43页。
③ 武汉大学简帛网-简帛论坛-简帛研读"安大简《仲尼曰》初读","潘灯",第55#,2022年8月16日,http://www.bsm.org.cn/forum/forum.php?mod=viewthread&tid=12727&extra=&page=2。
④ 李零:《丧家狗:我读〈论语〉》,太原:山西人民出版社,2007年,第16页。

《仲尼曰》中涉及的人物,有尧、大禹、伯夷、叔齐、管子、晏婴、史鱼、季康子及使者、颜回、子贡等。孔子对尧、禹的评价甚高,如《论语·泰伯》篇评价尧"大哉尧之为君也,巍巍乎,唯天为大,唯尧则之,荡荡乎,民无能名焉。巍巍乎,其有成功也,焕乎,其有文章"。赞美大禹说:"禹,吾无间然矣。菲饮食而致孝乎鬼神,恶衣服而致美乎黻冕,卑宫室而尽力乎沟洫。禹,吾无间然矣。"《仲尼曰》第六章记载孔子的话:"伊(尧)言㕧,而禹言丝,以治天下,未闻多言而仁者。"认为尧和大禹出言谨慎才能治理好天下。该章主要是针对"多言"而论的,孔子认为仁者应该"谨言慎行",强调尧、禹都是如此,从上引《泰伯》篇对尧和禹的描述来看,尧为政时颇有"无为而治"的特点,大禹致力于治水,孜孜不懈,而不注重享受,这些与《仲尼曰》所载有略近之处。

有关伯夷、叔齐的评论见于第二十一章:

> 仲尼曰:"见善女弗及,见不善如袭。堇以避难,静居以成其志。伯夷、叔齐死于首阳,手足不弇,必夫人之谓乎?"①

此章内容见于《论语·季氏》,所言大致相同,孔子认为伯夷、叔齐虽然饿死,但他们"堇以避难,静居以成其志",是真正的"善人"。这一点又见《微子》篇:

> 逸民:伯夷、叔齐、虞仲、夷逸、朱张、柳下惠、少连。子曰:"不降其志,不辱其身,伯夷、叔齐与!"

孔子所言"不降其志,不辱其身,伯夷、叔齐与!"恰是对《仲尼曰》所载伯夷、叔齐行为的精准评价!

对管子的评价,见于第十七章:"管仲善,善哉,老圪。"整理者的

---

① 黄德宽、徐在国主编:《安徽大学藏战国竹简》(二),第44页。

意见并不一致,其中一种意见理解为"管仲仁善,得以寿终",解读"老讫"为寿终;另一解读方案又将"老讫"读为"小器",翻译为"管仲善良是善良,但是器量狭小"。①

对此学者提出了不同看法,如王宁先生认为:

> 此条整理者作了大量的注释,仍觉不安。疑"善=才"当读"善言哉",与简7"晏平仲善交才(哉)"的句式略同。此处之"善言"与《管子·戒》"孙在之为人也善言"的"善言"同;"老讫"一句与简7评价晏子"善交"的话"旧(久)狎而长敬"类似,是评价管仲"善言"的话,或是"老而讫"的减省,或是写脱"而"字;"讫"疑读为"忔",《广雅·释诂一》《玉篇》皆训"喜",则此二句大意是说管仲是个会说话的人,越老说话越让人喜欢。②

王先生的说法具有启发意义,但也未必中的。我们认为,此句应断句为"管仲善善哉,老讫",但"老讫"还应理解为寿终,所谓"善善",第一个"善"字当为动词义,第二个为"善人",可理解为第十五章"君子见善以思"中的"善"字,训读为"贤"。该句是说管子善待贤人,最后也得善终。第十二章评价"晏平仲善交哉! 久狎而长敬",③与此近似但也有不同。孔子为何这样评价管仲,可以从管仲与齐桓公的事迹中寻绎出依据。如《管子·戒》篇记载管仲病重,齐桓公前去慰问并请求他推荐可以辅佐自己的人,管仲说:"鲍叔牙之为人也好直,宾胥无之为人也好善,宁戚之为人也能事,孙在之为人也善言。"还评价鲍叔牙"好善而恶恶已甚",评价隰朋时强调"以善胜人

---

① 黄德宽、徐在国主编:《安徽大学藏战国竹简》(二),第44、49页。
② 武汉大学简帛网-简帛论坛-简帛研读"安大简《仲尼曰》初读",王宁,第55#,2022年8月29日,http://www.bsm.org.cn/forum/forum.php? mod = viewthread&tid = 12727&page=6#pid30347,"王宁"。
③ 黄德宽、徐在国主编:《安徽大学藏战国竹简》(二),第44页。

者,未有能服人者也。以善养人者,未有不服人者也"。与此同时,还要求"桓公去易牙、竖刁、卫公子开方"。但齐桓公最后没有坚持下去,又任用了这些佞臣,造成自己"死七日不敛,九月不葬,孝公奔宋,宋襄公率诸侯以伐齐,战于甗,大败齐师,杀公子无亏,立孝公而还"。①

仔细体会这段记载,不难发现《仲尼曰》对管仲的评价是以上述史事为背景的,管仲在临死之前,坦诚相待,推荐了"善人"并指出他们也有不足,"好直""好善"等词与《仲尼曰》"善善"内涵相近,或者说"善善"即"好善",故而该章意为管仲能够帮助齐桓公选人用人。相比较而言,齐桓公任用佞臣,却让自己的一世英名毁于一旦,留下了一个烂摊子,也即"齐桓九会,卒然身杀",不得善终。这一点《吕氏春秋·先识览》讲得更为清楚:

> 管仲对曰:"愿君之远易牙、竖刁、常之巫、卫公子启方。"……公曰:"诺。"管仲死,尽逐之。食不甘,宫不治,苛病起,朝不肃。居三年,公曰:"仲父不亦过乎!孰谓仲父尽之乎!"于是皆复召而反。明年,公有病,常之巫从中出曰:"公将以某日薨。"易牙、竖刁、常之巫相与作乱,塞宫门,筑高墙,不通人,矫以公令。……公慨焉叹,涕出曰:"嗟乎!圣人之所见,岂不远哉!若死者有知,我将何面目以见仲父衣乎?"蒙袂而绝乎寿宫。虫流出于户,上盖以杨门之扇,三月不葬。②

这应该是《仲尼曰》"含而未露"的"言外之意"。在前述二十一章中对伯夷叔齐的评价也见于《论语》,但其所记为:"齐景公有马千驷,死之日,民无德而称焉。伯夷、叔齐饿于首阳之下,民到于今称之。

---

① 黎翔凤:《管子校注》,北京:中华书局,2009年,第520—527页。
② 陈奇猷:《吕氏春秋新校释》,上海:上海古籍出版社,2002年,第978—979页。

其斯之谓与?"是将齐景公事迹和伯夷、叔齐事迹进行对照,而《仲尼曰》只叙述了伯夷、叔齐,省略了齐景公。这些简省与《仲尼曰》篇的"作者"要简洁行文,凝练主题,突出强调伯夷、叔齐、管仲有关。

再来看对弟子颜回、子贡的评价,分别见于第九、二十两章,先看第二十章:

> 仲尼曰:"一箪食,一勺浆,人不胜其忧,己不胜其乐,吾不如回也。"①

此章与《论语·雍也》所记一致,整理者已有较好的分析,其中需要注意的是"吾不如回也"一句,孔子明确表达在安贫乐道这一点上比不上颜回,孔子对颜回的评价可谓高矣!这让我们想到了《论语·公冶长》篇的记载:

> 子谓子贡曰:"女与回也孰愈?"对曰:"赐也何敢望回?回也闻一以知十,赐也闻一知二。"子曰:"弗如也;吾与女弗如也。"

这里也是将颜回和子贡进行比较,其中该章最后所言"弗如也;吾与女弗如也",学者们有不同解读。如汉人包咸说:"既然子贡弗如,复云吾与汝俱不如者,盖欲以慰子贡心也。"这是认为孔子为了宽慰子贡而提出孔子和子贡"俱不如"颜回。晋人缪播则提出:"回则崇本弃末,赐也未能忘名。存名则美著于物,精本则名损于当时,故发问以要赐对,以示优劣也。所以抑赐而进回也。"认为孔子意在褒颜回而贬子贡。宋人朱熹则训"与,许也",②即赞同,认为子贡所言有理,孔子赞同子贡的看法。后世学者所持观点大致不出如上范围,可以

---

① 黄德宽、徐在国主编:《安徽大学藏战国竹简》(二),第44页。
② 以上见高尚榘:《论语歧解辑录》,北京:中华书局,2011年,第205—207页。

看出,后儒尊崇孔子,提出种种理由为孔子回护,都没有"坦诚"点出孔子认为自己不如颜回。从《仲尼曰》所提供的材料来看,孔子明确表示在某些方面不如颜回,承认"师不必不如弟子",《论语》"吾与女弗如也"当理解为孔子告知子贡,自己和子贡都比不上颜回。两篇联系起来,可以看出孔子宽广的胸襟和实事求是的态度。

再看第九章:

> 仲尼曰:"回,汝幸,如有过,人不堇(谨)汝,汝能自改。赐,汝不幸,如有过,人弗疾也。"①

这也是孔子将子贡和颜回两位弟子进行比较,孔子只是用了"幸"与"不幸"来表达自己的观点。在他看来,二人的差别分别是"人不谨汝""人弗疾也"。两条都是外在因素,我们认为,这可能与当时颜回、子贡的社会地位有关,而并非学术专长。《论语·先进》篇记载孔子评价二人:"回也其庶乎!屡空;赐不受命,而货殖焉;亿则屡中。"在当时,颜回居于陋巷,可谓"安贫乐道",没有什么社会地位;而子贡通过经商,积累了不少财富,社会地位较高。所以孔子认为由于二人地位的差别,当颜回有过错时,周围的人会不留情面地指出其误,促使颜回改正;而子贡人缘广、地位高,多为之回护,对子贡来说却是不幸的。

三、余　　论

根据整理者的研究,《仲尼曰》文本和《论语》《礼记》《大戴礼记》等有相同或者相近的内容大致有17章,我们认为除了第十九章

---

① 黄德宽、徐在国主编:《安徽大学藏战国竹简》(二),第43页。

"季康子使人问政"实际与传世文献并无联系外,其他16章确实可以参照。这些资料与传世文献相比,第七、十二、十三、十四、二十、二十二章在文字表述等方面略有差距,但差别不大;第一、二、三、四、五、二十一章则在文字、行文以及内容多寡上有较大差别,尤其在内容上都明显少于传世文献,或者可以看作是传世本的缩减。

从《仲尼曰》所关注的内容来看,志为君子、修身成仁、谨言慎行、为善任贤等等是孔子所重视的。该篇行文多以"君子—小人""善—不善""仁—不仁"等对比的方式呈现。从文本来源看,《仲尼曰》所载不一定是出自《论语》《礼记》,但至少可以知道他们有着共同的史料来源。从行文来看,《仲尼曰》的文本,为了强调整齐性、对比性、简洁性和主旨的凝练,多是对原有资料的摘引,因此与传世文献相比,大都删减了部分内容。其论述,又多引古圣先贤行迹作为例证,并非简单直白的训诫。据此,我们可以认为,《仲尼曰》是一种围绕孔子言论进行的主题凝聚的文献摘引,这也与该篇最后所言"仲尼之短语也,朴慧周极"①一致,或许可以说明该篇的成书时间不会太早。

作者单位:山东师范大学历史文化学院

(原刊于《燕山大学学报(哲学社会科学版)》2023年第3期)

---

① 黄德宽、徐在国主编:《安徽大学藏战国竹简》(二),第44页。

也说汉代"訾算"
——兼论吴简中的"訾"*

齐继伟

摘 要:"訾算"不同于"訾税"。《汉书·景帝纪》所见"訾算"是以"算"为单位的关于居民财产总额的统计,"訾算若干"作为"为宜入仕"的准入资格,借用了"算"这一统计单位的方式。吴简中的"訾"可能是"訾算"的简称,其是作为平訾过程中划分户等的依据,而非赀产税。

关键词:訾算 訾税 赀产税

訾算是否为财产税,汉代有无恒常性的财产税征收,学界已有众多讨论。平中苓次先生认为:"訾算是以财产为对象,评价额以一算为一万钱而课取的财产税。"①高敏先生认为:"(汉代)訾算是对

---

* 出土文献与中国古代文明研究协同创新中心博士创新资助项目"秦汉赋役制度丛考"(CTWX2017BS015);湖南省研究生科研创新项目"秦汉时期的户籍等级划分研究"(CX2016BD71)。
① [日]平中苓次:《居延汉简と汉代の财产税》,《中国古代の田制と税法》,东京:东洋史研究会,1967年,第219页。

商贾以外居民征收的财产税。"黄今言先生认为:"訾算、訾赋是指汉政权对普通吏民(商贾除外)征收的一种财产税。"①与上述学者意见不同,田泽滨先生认为:"计赀就是为了征收财产税？文献上找不到正面答案。相反,可以推知其非税更非财产税者。"②山田胜芳先生推测:财产税可能是作为军事费用补充的"赋"的一项税目,其具有临时性的特点。③ 重近启树先生认为:"平中氏所言訾算(财产税)在两汉时期作为恒常性财产税的说法是难以成立的。"④王彦辉先生认为:"《汉书•景帝纪》所见'訾算'或许不是财产税,而是任官的资格限制。"⑤可见学界意见纷纭,莫衷一是。近年来,随着出土简牍文献的进一步公布,出现了一些与财产税相关的新材料,例如《岳麓书院藏秦简(三)》"识劫娩案"中记载的"匿訾税"问题。因此,有学者通过对"訾税"问题的解读,将"訾税"与"訾算"相提并论,并结合长沙东牌楼东汉简及走马楼吴简中关于"訾若干"问题的比对研究,认为景帝时期所见"訾算"属财产税无疑,秦汉乃至孙吴时期均存在恒常性的财产税征收。对此,笔者认为上述结论仍有商榷的余地。本文拟以"訾算"为视角,试图对汉代乃至孙吴时期财产税的相关问题进行重新解读,错谬之处敬请方家指正。

一、"訾算"与"訾税"

"訾算"一词,仅见于《汉书•景帝纪》。汉景帝后元二年

---

① 黄今言:《汉代的訾算》,《中国社会经济史研究》1984年第1期。
② 田泽滨:《汉代的"更赋""訾算"与"户赋"》,《东北师大学报》1984年第6期。
③ [日]山田胜芳:《秦汉财政收入の研究》,东京:汲古书院,1993年,第201页。
④ [日]重近启树:《秦汉税役体系の研究》,东京:汲古书院,1999年,第133页。
⑤ 王彦辉:《论汉代的"訾算"与"以訾征赋"》,《中国史研究》2012年第1期。

(前142)五月诏书曰：

> 今訾算十以上乃得宦，廉士算不必众。有市籍不得宦，无訾又不得宦，朕甚愍之。訾算四得宦，亡令廉士久失职，贪夫长利。①

其中，所谓"訾算十""訾算四"指的是"为宦入仕"的财产标准。对此，应劭注曰："古者疾吏之贪，衣食足知荣辱，限訾十算乃得为吏。十算，十万也。贾人有财不得为吏，廉士无訾又不得宦，故减訾四算得宦矣。"服虔注曰："訾万钱，算百二十七也。"②显然，两家注的区别在于：应劭注是将"算"视为"家訾"的统计单位，与财产税（訾税）无关；而服虔注则是将"算"看作财产税（訾税）的征收单位，并指出税率为"算百二十七"。源于两家注的不同理解，故学界对"訾算"性质的认定也存在分歧，其焦点在于："訾算"是否为财产税，秦汉有无恒常性的财产税？于此众说纷纭。2013年岳麓秦简《为狱等状四种》的公布为秦代财产税的征收提供了有力的证据，其中第7例"识劫婉案"中有涉及"匿訾税"问题的记载，传统上认为"訾"与"赀"同，"匿訾"，即隐瞒财产，相应的"匿訾税"即隐瞒财产税，故用此论证秦时已经存在财产税的征收应没有问题。然而有学者将秦简中的"訾税"与服虔注"算百二十七"的概念相提并论，认为"訾算"之"算"应是"訾税"计征单位，"訾算"等同于"訾税"的说法似乎难以成立。③

---

① （汉）班固：《汉书》，北京：中华书局，1962年，第152页。
② （汉）班固：《汉书》，第152页。
③ 贾丽英先生认为："匿訾税"一词的出现，显示秦的赋税制度中已有赀产税，其后经两汉三国吴始终存在。訾算是以算为单位的财产税。详见贾丽英：《吴简中的"訾"与"户品出钱"：兼论秦汉至三国吴的资产税》，《第十四届秦汉史年会论文汇编》，2014年，第602页。石洋先生认为：一算为一万钱之说不妥当，又利用新公布的《岳麓书院藏秦简（三）》案例七证明"算"应是訾税计征单位。详见石洋：《〈汉书·景帝纪〉"訾算十""訾算四"新诠：关于西汉前期一条经济史料的辩证》，《简帛研究二〇一五（春夏卷）》，桂林：广西师范大学出版社，2015年，第121页。

与上述观点不同,朱德贵、庄小霞先生在论证"娞"案所见"訾税"问题时指出:秦有訾税(财产税)无疑,但是切不可将"訾算"与"訾税"混为一谈,景帝诏书中的"訾算"指估算各类财产价值数量,而非"訾税","訾算"只是"訾税"征收的前提条件。[①] 对此,笔者甚为认同。实际上,就"娞"案本身来讲,其"訾税"的概念未必具有普遍性意义,也就是说,在秦汉财产税是否具有普遍性这一论点还不能确立的情况下,将"訾算"与"訾税"进行比对分析本身就存在问题。为便于讨论,我们先将"娞"案录之如下:

> 【敢瀧(谳)】之:十八年八月丙戌,大女子娞自告曰:"七月为子小走马薪(义)占家訾(赀)。薪(义)当□大夫建、公卒$_{108}$昌、士五(伍)积、喜、遗钱六万八千三百,有券,娞匿不占吏为訾(赀)。娞有市布肆一、舍客室一。公士$_{109}$识劫娞曰:'以肆、室鼠(予)识。不鼠(予)识,识且告娞匿訾(赀)。'娞恐,即以肆、室鼠(予)识;为建等折弃$_{110}$券,弗责。先自告,告识劫娞。"$_{111}$
>
> ●问:"匿訾(赀)税及室、肆,臧(赃)直(值)$_{130}$各过六百六十钱。"它如辤(辞)。
>
> ●鞫之:"娞为大夫沛妾。沛御娞,娞产薪(义)、姎。沛妻危死,沛免娞为庶人,以$_{131}$为妻,有(又)产必、若。籍为免妾。沛死,薪(义)代为户后,有肆、宅。娞匿訾(赀)税直(值)过六百六十钱。先自告,告$_{132}$识劫。识为沛隶。沛为取(娶)妻,欲以肆、舍客室鼠(予)识。后弗鼠(予),为买室,分马一匹、田廿(二十)亩,异识。沛死,$_{133}$识后求肆、室。娞弗鼠(予),识恐

[①] 朱德贵、庄小霞:《岳麓秦简所见"訾税"问题新证》,《中国经济史研究》2016年第4期。

> 谓婉：且告婉匿訾（赀）。婉以故鼠（予）肆、室。肆、室直（值）过六百六十钱。得。"皆审。①

参照引文，"沛"及其爵后者"义"之户籍身份是否为"市籍"，简文中不可得知。案件涉及"沛"的家产有市布肆、舍客室、田宅、马、奴婢等，供词称："【沛】织（贷）建等钱，以市贩，共分赢。"可见"沛"实际参与商业经营，并从事放贷业务，其身份绝非一般自耕农，家庭经济也属于典型的多种经营模式。因其身份的特殊性，我们暂无法以"婉"所匿"訾税"之案例推及秦代一般民众的情况。

其次，"婉"所匿"訾税"实指放贷出去的债券资金，其目的是用于"市贩"，属于行贩之利，且"沛"本有肆舍，并以列肆贩卖、开馆揽客营利，那么，若将"婉"所匿"訾税"视为对工商活动者的资产征税亦无不可（即商业资本的财产税）？《汉书·食货志》曰："有赋有税。税谓公田什一及工商衡虞之入也。"②显然，这里的"税"包含农夫田亩之税以及工商衡虞之税，师古注："工、商、衡、虞虽不垦殖，亦取其税者，工有技巧之作，商有行贩之利，衡、虞取山泽之材产也。"秦汉以"工商衡虞之人"见于史料的，秦有"关市之赋""市利之租"，汉有"算轺车""算贾人缗钱""占租""马口钱""六畜税"及盐铁酒等诸多税目，又据杨振红先生考证："算缗钱不同于市租，它是在市租之外对工商业者的营业资产征收的另一种税，应属于财产税范畴。"③那么"算轺车"自然也是财产税，秦时除了关税、营业税见于

---

① 朱汉民、陈松长主编：《岳麓书院藏秦简（叁）》，上海：上海辞书出版社，2013年，第153—162页。
② （汉）班固：《汉书》，第1120页。
③ 杨振红：《出土简牍与秦汉社会（续编）》，桂林：广西师范大学出版社，2015年，第264页。

史料外，其有无类似财产税之名目，此前确无史料佐证，然而以"识劫婉案"所见秦"訾税"之对象及其内容来看，似可归入此类，也应属于财产税无疑。只是"识劫婉案"所见"訾税"的对象似应限定在从事工商活动者，即"行贩取利"者范围，而不能无限扩展到所有黔首。①

另，汉代传世及出土文献中虽没有"訾税"一词的直接记载，然而汉承秦制，汉初对于商贾财产税的征收亦不应有间断。《史记·平准书》记："高祖乃令贾人不得衣丝乘车，重租税以困辱之。"②"重租税"中除常见的"市租""关税""人头税"之外还应包含"訾税"的内容。《汉书·武帝纪》载：元光六年（前129）冬，"初算商车"，③元狩四年（前119）冬，"初算缗钱"。④ 而汉代政府对"算缗钱"及"算车船"的征收显然是将财产税的对象指定为工商活动者，那么武帝时期针对贾人的"初算商车""初算缗钱"之"初"就绝非财产税征收之"首创"的意思，汉代财产税亦不至武帝时无缘而起。实际上，"初"的含义实指"车船""缗钱"初次被纳入贾人"訾税"范围之"首创"。其只是在秦"訾税"范围的基础上，对于贾人"财产税"征收范围的进一步扩展。武帝时期"是时富豪皆争匿财"，汉代以来其"章章尤异者"无不"以末致财，用本守之"，汉代官、商、地主"三结合"的问题使得财产税的施行难以为继，更何况匿訾问题的广泛存在，故"天子既下缗钱令而尊卜式，百姓终莫分财佐县官，于是杨可告缗钱纵矣"。⑤ 告缗令的颁布，使得"訾税"的征收对象扩展到全体百

---

① 齐继伟：《秦汉"訾税"补论：从岳麓秦简"识劫婉案"说起》，《简帛研究二〇一七（春夏卷）》，2017（春夏卷）：第152—164页。
② （汉）司马迁：《史记》，北京：中华书局，1959年，第1418页。
③ （汉）班固：《汉书》，第165页。
④ （汉）班固：《汉书》，第178页。
⑤ （汉）司马迁：《史记》，第1432页。

姓,"令民以律占租""以訾征赋,常取给见民"以及"税民田宅船乘畜产奴婢等"都是"訾税"对象范围扩大化的表现,故马端临《文献通考·征榷考一·征商》中言:"按算缗之法,其初亦只为商贾居货者设,至其后告缗遍天下,则凡不为商贾而有蓄积者皆被害矣。"①显然,武帝之后"訾税"的对象范围经历了一次显著变化,武帝之后才有了普遍财产税的征收;秦至汉初"訾税"的征收主要针对从事商业活动的黔首,更与普通百姓的财产税无关。因此应劭注将景帝时期所见"訾算"作为任官的"家訾"总额标准,自然与"訾税"无关,因为汉初"有市籍不得宦"已经表明,作为"訾税"征收对象的商贾不在任官资格之列,应劭所谓:十算,十万也,指的是针对普通吏民"户訾"总额做出的计算,实际上,服虔注:訾万钱,算若干,也有以一万钱对应一算之意,唯一区别在于其引入"算百二十七"的概念,似有将武帝之后,甚至东汉末年财产税的概念来解析前代之嫌。因此,无论如何,用秦简"訾税"的概念不足以说明汉初"财产税"的普遍实行,相反,可证秦至汉初的"訾税"与商贾有关,其与普通吏民"入仕"准入资格的"訾算"没有关联。

二、"訾算"与"算"

虽然汉初"訾算"与"訾税"并无直接关联,那么景帝时期"户訾"为何要以"算"为单位来统计,且以"算"来计訾就必然要征税?"户訾"与"为宦"的关系又是如何体现的? 都是需要我们进一步解答的问题。实际上,早在居延汉简的整理研究中,陈直、永田英正等诸位学者

---

① (宋)马端临:《文献通考》,北京:中华书局,1986年,第143页。

已经就"算"的问题提出自己的见解。① 于振波先生在永田英正等诸位学者对于"算"的认识基础上,指出汉代的"算"并不仅仅指算赋,即都可做动词,表计数,也可做名词,指计数用的筹码,必须视不同的场合加以区别,不能一概而论。② 其后,杨振红先生又细致梳理了关于"算"研究的学术史,并结合简牍中"事""算"的语法结构分析,指出"算"不仅是两汉时期计征徭役的单位,更是计征"赋"的单位。③ 可见,依据不同场合,以及"算"的词性来辨别词例所指内容乃是区分"算"词义的关键。现将汉代出土及传世文献中所见"算"的相关词例列表分析如下:

表1 汉代所见"算"的相关词例、词性排列表

词性界定	词例	所指内容	词例来源	出处年段
名词	訾算	对占"家訾"数额调查的统计	"訾算十""訾算四"	《汉书·景帝纪》汉景帝后元二年
	事算	对承担赋役义务人数的统计	"集八月事筭(算)二万九,复筭二千卌五"	《安徽天长西汉墓发掘简报》西汉中期偏早
	复算	因某些理由而免除赋役人数的统计	"集九月事筭(算)万九千九百八十八,复筭二千六十五"	《安徽天长西汉墓发掘简报》西汉中期偏早

---

① 陈直先生认为:居延汉简中所见"算"是罚款或奖金的计算单位,一算相当于一百二十钱,与汉代算赋数额相当。详见陈直:《居延汉简研究》,天津:天津古籍出版社,1986年,第27页。永田英正先生认为:"算"本来是计算的意思,同时又称作为计算物品的单位加以使用。详见永田英正:《江陵凤凰山十号汉墓出土的简牍:以算钱的研究为中心》,《居延汉简研究(下)》,桂林:广西师范大学出版社,2007年,第466页。
② 于振波:《汉简"得算""负算"考》,《简帛研究(第二辑)》,北京:法律出版社,1996年,第324—331页。
③ 杨振红:《出土简牍与秦汉社会(续编)》,第163页。

续表

词性界定	词例	所指内容	词例来源	出处年段
名词	得算	官吏政绩考评用语,即"正若干分"	"九月都试,骑士驰射最,率人得五算半算"	见于《居延新简》EPT52：783
名词	负算	官吏政绩考评用语,即"负若干分"	"凡负卅四算"	见于《居延新简》EPT59：6
名词	口算	对需承担口钱义务之人数的统计	"除三年逋租、过更、口算、刍稿"	见于《后汉书·安帝纪》
动词	算赋	以算为计征单位的赋税的征收	"八月,初为算赋"	《汉书·高祖纪》汉高祖四年
动词	算徭赋	以算为计征单位的徭役征发及赋税征收	"勿筭(算)繇(徭)赋"	见于《二年律令·徭律》
动词	算缗钱	以算为计征单位的对商品或资产的课税	"初算缗钱"	《汉书·武帝纪》汉武帝元狩四年
动词	算商车	以算为计征单位的对商车等物的课税	"初算商车"	《汉书·武帝纪》汉武帝元光六年
动词	算事	以算为计征单位的赋役的征发	"流民还归者,假公田,贷种、食,且勿算事"	见于《汉书·宣帝纪》
动词	算马牛羊	以算为计征单位对马牛羊等家畜的课税	"用度不足,奏请一切增赋,税城郭堧及园田,过更,算马牛羊。"	见于《汉书·翟方进传》
动词	算人(民)	计算人名丁口数目(汉语大辞典)	"汉法常因八月算人"	见于《后汉书》《汉旧仪》

注：以上词例皆见于正文,不含注。

参照上表所示,用作动词的"算"除了与课税征收有关,还被用于徭役征发的统计筹码,且绝大多数与"课税"相关的词例见于武帝之后。① 而作为名词的"算"除用于赋税的计数筹码外,还见于徭役的征发以及类似官吏"考功令"之考课评分筹码。也就是说,无论作为名词还是动词的"算"与计数单位之间存在极大的关联外,其与"课税"的征收并无必然的联系。汉高祖四年"初为算赋",其统一以"算"征赋可能考虑了用"算"作为统计筹码的规范性、灵活性,对此,杨振红先生指出:"这种方式更便于国家和政府统计和掌握徭、赋的基数,并且,根据这一基数尽可能公平地摊派徭役和各种赋。"②事实上,凡以"算"统计的方法可能均包含上述考量,而并非仅限于在"课税"中的应用,作为官吏考课评分记录之"得算""负算",以及作为任官准入门槛的"家訾"总额亦以"算"为单位统计也是同样如此,因为以"价"折"算"便于政府掌握全国各地的物资及劳动力,并划定统一标准颁布全国,体现了汉代相对便捷、公正的行政效率,《九章算术·均输篇》就有关于政府分摊赋粟以"算"计征的记录:

> 今有均赋粟,甲县四万二千算,粟一斛二十,佣价一日一钱,自输其县;乙县三万四千二百七十二算,粟一斛一十八,佣价一日十钱,到输所七十里;丙县一万九千三百二十八算,粟一斛一十六,佣价一日五钱,到输所一百四十里……凡六县赋粟六万斛,皆输甲县。六人共车,车载二十五斛,重车日行五十里,空车日行七十里,载输之间各一日。粟有贵贱,佣各别价,

---

① 武帝之后出现许多以"算"命名的税目,如算缗钱、算车、算船、算马牛羊等,其均属于"财产税"范畴,但是"訾算"不等同于"算訾",在传世及出土文献中尚找不到"算訾"这一词例。
② 杨振红:《出土简牍与秦汉社会(续编)》,第175页。

以算出钱,令费劳等。问县各粟几何。①

参照引文,考虑到粟价、佣价以及输送距离、天数的不同,郡统一以各县的"算"数为基准确定出粟的数量,这样可以确保各县负担率的相同,即所谓:"粟有贵贱,佣各别价,以算出钱,令费劳等。"另外,《九章算术·衰分篇》中关于徭役的摊派也是以"算"数为基准征派:

> 今有北乡算八千七百五十八,西乡算七千二百三十六,南乡算八千三百五十六,凡三乡,发徭三百七十八人。欲以算数多少衰出之,问各几何?答曰……②

《礼记·檀弓下》曰:"辟踊,哀之至也。有算,为之节文也。"郑玄注:"算,数也。"③这里的"算"均作名词,上文"有某乡算"指的是该乡可以服徭役义务的人数,可知,县向乡分配徭役人数的统计也是以"算"为基准衡定的,安徽天长西汉简中的"算簿"木牍也正是上述原则征发的体现。准此,"訾算"之"算"应该同样如此,正如王彦辉先生指出:"訾算若干"之"算"应为名词而非动词,"訾算十"和"訾算四"是以"算"为单位衡定出来的,即赀产达到十算或四算的意思,而不是按赀出十算或四算。④比较符合实情。相反,将"訾算"等同于"算訾",并以"算訾"与"算缗钱"相类比,得出"訾算"属财产税的结论,至少在语法结构上分析也难以说通,况且,作为动词用法的"算訾"一词,出土及传世文献中并无任何记载。实际上,"訾算"以"算若干"为基数来衡定"为宦"的家訾标准,很可能借用了"算"这一统

---

① 白尚恕:《〈九章算术〉注释》,北京:科学出版社,1983年,第195页。
② 白尚恕:《〈九章算术〉注释》,第86页。
③ (汉)郑玄注,(唐)孔颖达疏:《礼记正义》,北京:中华书局,1980年,第1301页。
④ 王彦辉:《论汉代的"訾算"与"以訾征赋"》,《中国史研究》2012年第1期。

计筹码的方式,正因为"物有贵贱"、币值也可浮动,"訾算"作为一定时期内国家对任官财力资格限定的统一标准,其不言"钱额"反映了以"算"为基数的入仕标准所体现出的公平性、时效性。① 再者,前已述及,武帝之后虽见"以訾征赋"或"税民訾",然而其皆言"用度不足""国用不足"才会"取给见民",王莽天凤六年"一切税天下吏民,訾三十取一",②如淳曰"一切,权时也",如此高额的税率定非西汉常制。东汉光武帝时,刘平任全椒县长"政有恩惠,百姓怀感,人或增赀就赋,或减年从役"。③ 这也只是百姓怀感刘平恩惠,予以报答的特例;《说文》:"就,高也。"④"增訾就赋"是以增算家訾数额来承担更多赋税,而汉代财产税的征收似乎也只是作为"租赋"之辅助而存在,具有权时的考虑,秦汉的"田租""算赋""更赋"等却是一直作为常入税目而存在。故即便在武帝之后,显然也不会以临时性的"财产税"作为"入仕"的门槛标准,更何况景帝时期,怎会用针对商贾的"訾税"来额定吏民"得宦"的家訾标准? 此外,于振波先生指出:"汉代家訾的多寡,不仅关系到一家人的生活状况、经济地位,还关系到他们的赋税及徭役负担,乃至成为入仕和迁徙的条件。"⑤张家山汉简《二年律令·徭律》规定:

> 发传送,县官牛车不足,令大夫以下有訾者,以訾共出车牛及

---

① 国家制定入仕的"户訾"标准,一者要通用全国,二者要具有一定的时效性,考虑到地域差异的不同,物价、币值的浮动,以"钱"折"算",便于政府掌握全国的"户訾"基数,并参照一定的数额,制定统一的标准,故以"算"代替"钱额"体现公平性、时效性。
② (汉) 班固:《汉书》,第 4155 页。
③ (宋) 范晔:《后汉书》,北京:中华书局,1965 年,第 1296 页。
④ (汉) 许慎:《说文解字》,上海:上海古籍出版社,2007 年,第 256 页。
⑤ 于振波:《汉代的家訾与赀家》,《简牍与秦汉社会》,长沙:湖南大学出版社,2012 年,第 119 页。

益,令其毋訾者与共出牛食、约、载具。吏及宦皇帝者不与给传送。①简文中"有訾者"与"毋訾者"之"訾"显然指的是"家訾"即"家庭财产","家訾"的多寡不仅与徭役、赋税息息相关,其更是家庭在社会经济、政治承受能力等方面的重要参考指标。故"入仕"也要参照一定的家訾实力。《居延新简》中就记载了隧长因贫寒被罢免,尉史因贫困而不被除用的案例:

    1. 第十队长田宏　　贫寒罢休　　当还九月十五日食　EPF22：296

    2. 第十一队长张岑　　贫寒罢休　　当还九月十五日食　EPF22：297

    3. 阜单衣、毋鞍马、不文史,诘责,骏对曰:前为县校弟子,未为吏,贫困毋以具阜单衣、冠、马鞍。谨案:尉史给官曹治簿书、府官徭使、乘边候望,为百姓潘币,县不肯除。　　EPT59：58

贫困与否的首要参照是"家訾"数额的多与寡,财产税的征收非西汉常制,以"税"入多少品评富贫,逻辑顺序不够恰当,况且以"訾税"征收额作为入仕标准、承担赋役差别或是徙民的依据,在出土及传世文献中也找不出相关的例证。相反,应劭注"十算,十万也",即"一算"为一万钱的解释有史可从。汉代"万钱"常作为家訾贫富、钱财多寡的分水岭,《汉书》中多有记载:

    1. 禹上书曰:臣禹年老贫穷,家訾不满万钱,妻子糠豆不赡,裋褐不完。②

---

① 彭浩、陈伟、工藤元男主编:《二年律令与奏谳书》,上海:上海古籍出版社,2007年,第248页。
② (汉)班固:《汉书》,第3073页。

2. 夫饿馑流隶,饥寒道路,思有短褐之亵,儋石之畜,所愿不过一金,然终于转死沟壑。何则？贫穷亦有命也。①

3. 萧何为主吏,主进,令诸大夫曰:"进不满千钱,坐之堂下。"高祖为亭长,素易诸吏,乃绐为谒曰:"贺钱万!"实不持一钱。②

4. 宣为相,府辞讼例不满万钱不为移书,后皆遵用薛侯故事。③

可以看出,家訾贫弱与否不但以"万钱"为衡量,社会普遍还以"万钱"作为钱额多寡的尺度。故王刚先生据此认为:作为一种标志性的数额单位,"万钱"不仅成为财富评判指标,而且也成为一种统计单位;且既然"千钱一贯"为一种校量形式,"万钱"而一算,自然也是因为它是一种独立尺度或单位。④准此,应劭注应更符合当时的实情,至于服虔注"算百二十七",大概受武帝后期普遍财产税的影响,或如山田胜芳先生所言:服虔注可能受到他所生活时代的影响,渊源于百二十钱之人头税;⑤贾丽英先生也认为:服虔注税率是东汉末年的情况。⑥总而言之,"訾算"是以"算"为单位的"家訾"数额的表述,其与财产税并无关联,秦至汉初没有征收普遍民众的财产税。

---

① 《汉书》卷24《食货志》:"黄金重一斤,值钱万。"注:"一斤,一斤金也。"
② (汉)班固:《汉书》,第4页。
③ (汉)班固:《汉书》,第3393页。
④ 王刚:《汉代"千钱一贯"问题探论》,《学术月刊》2016年第10期。
⑤ [日]山田胜芳:《秦汉财政收入の研究》,东京:汲古书院,1993年,第210—211页。
⑥ 贾丽英:《吴简中的"訾"与"户品出钱":兼论秦汉至三国吴的资产税》,《第十四届秦汉史年会论文汇编》,2014年8月。

三、"訾算"与吴简中的"訾"

关于汉代"訾算若干"的记载目前仅见于汉景帝后元二年诏令，但是东汉及孙吴户籍简中却保留了很多与"訾若干"相关的财产记录，其中，尤以吴简居多。孙吴制度又多承汉制，这在简文所录户籍内容上看，可见其鲜明的继承关系。长沙东牌楼东汉简中关于汉灵帝时期的户籍木牍：

    凡口五事☐
1. 中 第三事 訾五十 ☐
    甲卒一人☐   （简82）

吴简户籍简中关于户訾内容的记录：

2. 右溺家口食二人 訾 十 （简壹·1626）
3. 右☐家口食二人 訾二十 （简壹·5442）
4. 右头家口食四人 中訾 五十 （简壹·2923）
5. 凡口九事七 笇四事三 中訾 一百（简壹·4994）
6. 右颜家口食十六人 訾 二百 （简壹·9109）
7. 右熙家口食八人 訾 三 百 （简壹·9094）
8. 凡口八事七 笇三事二 訾一千 （简壹·10365）
9. ☐ 訾一千一百   （简肆·2006）
10. ☐食十七人 訾一千二百 中（简肆·2030）
11. 凡口五事四 笇一事 訾五千 （简壹·10378）

秦代以来就有占民訾的记载，政府对吏民"户訾"的统计常被作为"徙民""赈济贫弱"以及"均平徭赋"的依据，这在传世文献中也是屡见不鲜,故政府占民訾登录户籍是当时户籍管理的一项重要内容。汉代按赀财将民户分高訾、中訾、贫民等几种类别,即文献所见"大家""中家""小家"之别。家訾不同,其承担的赋役亦有差别,因此按家訾评定户等就成了均平徭赋的重要参证。《后汉书·百官志》称乡有秩及啬夫"皆主知民善恶,为役先后,知民贫富,为赋多少,平其差品";①又《三国志·魏志·曹洪传》引《魏略》:"初,太祖为司空时,以己率下,每岁发调,使本县平訾。"②可见,按民户家訾评定户等的高下直接影响到政府对其赋役的征调,"家訾"无疑是其中重要的参照指标,那么,作为任官财产资格的"訾算"必然也是在吏民户訾基础上做的统计,东汉简及吴简户籍中的"訾若干"显然与"訾算若干"存在一定对应关系。如前所述,汉代任官家訾数额的评定是以"算"为单位统计,那么东汉简及吴简中作为户品评定标准的"訾"很可能也是以"算"为单位来统计。依据东汉人应劭注:"十算,十万"之说,一算等于一万钱,东汉户籍简所见"訾五十"的家产则应为50万钱,又孙吴制度多袭东汉,吴简所见"訾若干"的统计理应同样如此。现将吴简"訾若干"列表统计如下:

表2 吴简中"訾"的分级统计汇总表

訾	十	二十	五十	一百	二百	三百	一千	一千一百	一千二百	五千
简壹	1	1	283	21	15	1	3			2
简贰		1	80	2						
简叁		3	88	5	2					

① (宋)范晔:《后汉书》,北京:中华书局,1965年,第3624页。
② (晋)陈寿:《三国志》,北京:中华书局,1959年,第278页。

续 表

訾	十	二十	五十	一百	二百	三百	一千	一千一百	一千二百	五千
简肆			93	7				1	1	
简柒			482	5						
简捌			336							
总计	1	5	1 362	40	17	1	3	1	1	2
比例	95.46%			4.04%			0.49%			
分段计	1 368			58			7			

上表所计"訾"简 1 433 枚,其中"訾五十"简 1 362 枚,占总数的 95.05%。据于振波先生考证,以吴简嘉禾四年(235)及五年(236)的米、布与钱的折算关系为考察,指出走马楼吴简嘉禾四年米和布的价格约为居延汉简所反映的西汉中后期同类物品的 10 倍左右,那么吴简 50 万钱只相当于西汉中后期的 5 万钱。① 同样,贾丽英先生将吴简米价与西汉文景时期和东汉殇帝延平元年(106)相比对,认为嘉禾年间的米价基本为延平元年的 10 倍,为文帝时期的 50—80 倍,即孙吴 50 万钱家产大致相当于东汉延平元年的 5 万钱,相当于西汉文帝时期的 1 万又 6 250 钱。②《史记·文帝纪》曰:"百金,中民十家之产也。"③按汉代"一金"值 1 万钱,则汉文帝时期 10 万钱当属"中家"财产标准。又参照上述两位先生考证,考虑到换算年代的不同,以吴简 100 万—307.6 万钱相当于汉代"中家"水平大致不误,那么,50 万

---

① 于振波:《从走马楼吴简看其时长沙民户的贫富差别》,《史学月刊》2008 年第 6 期。
② 贾丽英:《吴简中的"訾"与"户品出钱":兼论秦汉至三国吴的资产税》,《第十四届秦汉史年会论文汇编》,2014 年 8 月,第 609 页。
③ (汉)司马迁:《史记》,第 433 页。

钱家訾则相当于汉代"小家"水平。孙吴户等分"上户""中户""下户"三个等级(外加赤贫户的"下品之下"),其划分显然承袭汉制,若将吴简"訾若干"简粗略地划分为10—50、100—300、1000—5000三个等级,并将其与孙吴下品、中品、上品的户等划分对应之,则吴简下品、中品、上品户数比例分别占到统计数的95.46%、4.04%以及0.49%。除此之外,吴简簿籍类文书中还保留了很多记录户品、户数的竹简,如:

  右十二户下户之下　(柒·250)
  右七户下户之下新占　(柒·275)
  右十户下户之下　(柒·321)
  其三户上品(肆·5159)
  其十户中品(肆·5161)
  其二户下品　☑(肆·5174)
  其七户□□女户不任调　下品之下　(叁·4301)
  ☑　其卅四户各穷老及刑踵女户下品之下不任调役（叁·6327)
  其卅户各穷老及刑踵女户下品之下不任调役　(叁·6375)

考虑到简册编联的关联性,现将吴简中所见户品、户数对应关系按简册分类统计,并列表如下:

表3　吴简户品与户数对应表

户品 户数	上品	中品	下品	下品之下	合(横向)
简壹	4(2%)	17(7%)	79(33%)	139(58%)	239
简贰	31(6%)	87(16%)	437(79%)	0	555

续 表

户品 户数	上品	中品	下品	下品之下	合(横向)
简叁	0	0	22(21%)	81(79%)	103
简肆	15(2%)	28(9%)	262(89%)	0	305
简柒	5(0.9%)	17(3%)	355(56%)	256(40%)	633
简捌	0	3(7%)	21(51%)	17(41%)	41
总数	55(3%)	152(8%)	1 176(63%)	493(26%)	1876
比例	3%	8%	89%		100%

孙吴时期户分三等,调役户口简记录的"下品之下"显然应从属于下品户。按各简册户等分类及所占比例结果显示,下品户所占户数均超过总数的4/5,甚至占到总数的9/10左右,其与表2中按"訾"划分户等的统计结果总体不误。故结合表2和表3,我们大致可以将孙吴户等比例估算为:下品户89%—95%,中品户4.04%—8%,上品户0.49%—3%。其与于振波先生关于孙吴各品级民户所占比例的统计数据大致相当,且与其推测孙吴:"下品和下品之下民户所占比例超过民户总数的4/5,甚至接近9/10;而上品和中品所占比例不足1/5,甚至可能更低。"的论断更为接近。① 除此之外,凌文超先生按形制、书写格式和内容将吴简户品户数简归为三类,并在此基础上对南乡、都、中乡户品户数比例分别统计,其结论指出:"两件簿书

---

① 按当时公布简册数据为统计,大致推测各品级民户所占比例,即:下品和下品之下民户占 82.14%—89.42%,中品民户占 9.38%—13.63%,上品民户占 1.20%—4.23%。详见于振波:《从走马楼吴简看其时长沙民户的贫富差别》,《史学月刊》2008年第6期。

中,下品户均约为 4/5,这表明孙吴嘉禾年间临湘侯国民户多为贫细之户。"①故参照上述数据统计,依照"訾若干"折算孙吴"户等"的划分比例,与吴简中所记户品户数统计的比例正相对应,换句话说,若上述数据无误,则户等的划分可能正是以"訾若干"的"家訾"统计为依据,且家訾很可能就是以"算"为单位来统计,"訾"是"訾算"的省称,而这里的"訾若干"亦即"訾算若干",其是对家訾总额的统计,因而与赀产税无关。

另外,需要注意的是,以现有户訾为统计,从"訾十"到"訾五千"实则可以细化为 10 个额度,显然,孙吴户等的三级划分是以家訾的数额区间为分段统计,但实际上,在"品布"及诸类调的征用过程中,上述"訾若干"的具体统计可能在孙吴户品划分的基础上同样发挥着实际的效用,这对孙吴"户三品"到"户九品"的推进演变具有很好的启发,正如凌文超先生所说:"孙吴嘉禾年间实际征调过程中,虽然名义上遵循户分三品的旧制,但其执行的依据或为繁密的户訾。"②很有见地。其次,"訾五十"简占到统计总数的 95.05%,孙吴居民户訾的统计未必如此整齐划一,其与居延汉简"礼忠简"所见"凡赀值十五万"不同,这些数据更像是对诸多财物统计的估值,非严格意义上对民户"私产"的计算,这也反向验证了户訾统计作为居民"为赋多少,平其差品"的参考依据,与需要严格统计数额征纳的

---

① 从吴简户品户数簿来看,一个突出的现象是,下品户众多,上、中品户较少。我们以残存簿书进行分析。在南乡等户品户数簿中,上品 22 户(约 4.6%),中品 75 户(约 15.6%),下品 383 户(约 79.8%);在都、中等乡户品户数簿中,上品 14 户(约 6.5%),中品 27 户(约 12.5%),下品 175 户(约 81.0%)。详见凌文超:《走马楼吴简上中下品户数簿整理与研究:兼论孙吴的户等制》,《中国经济史研究》2016 年第 3 期。
② 凌文超:《走马楼吴简上中下品户数簿整理与研究:兼论孙吴的户等制》,《中国经济史研究》2016 年第 3 期。

财产税无关。总之,孙吴户籍文书中所见"訾"应当是"家訾"数额的总称,其登记方式类似于汉代任官家訾标准之"訾算"的统计,一方面,其担任着孙吴户品划分的主要依据,另一方面又在政府赋役征调的过程中发挥着重要的作用。

作者单位:湖南大学岳麓书院
(原刊于《湖南大学学报(社会科学版)》2018 年第 3 期)

明清官修史书对"正统北狩"的历史书写

郑 宁

摘 要：作为明朝历史上的重要事件，"正统北狩"的历史书写具有重大的意义。由于缺少史官的直接参与，有关"北狩"历史的最初记载来源于当时参与者与见证者的著述与传说。这些原始记载来源复杂，内容也存在差异，塑造了不同版本的明英宗形象。明朝史官在编修《明英宗实录》时，没有广泛使用各类资料，而是有选择性地采信了袁彬、杨善所记述的，有利于明英宗形象建构的故事版本，并在此基础上进一步修改加工，从而精心建构了明朝官方语境中的"北狩"历史，着力渲染了明英宗宽厚仁德、华夷共尊的形象。在清朝官修《明史》的过程中，其他的故事版本与著述材料得到了清朝史官的重视，在较早编成的文本中出现了不利于明英宗形象的"北狩"的历史书写。但在《明史》统稿、成书的过程中，这些不利于明英宗帝王形象的内容被不断修改、删除。在清高宗的亲自指示下，最终成书定稿的《明史》文本虽然批评了明英宗的政治能力，但仍旧粉饰"北狩"史事，基本沿袭了明朝官方精心建构的历史叙事。官修史书之所以如此，关键在于"正统北狩"的历史书写关乎着帝王形象与皇权尊严,触及王朝帝国的重要利益。明、清虽有王朝更替,但存在无可割舍,且至高无上的权力继承关系,粉饰"北狩"史事,实有利于清王朝的利益。

关键词: 明英宗　正统北狩　明史　明实录

"正统北狩"是明朝历史上的重大事件,但明英宗被俘期间的经历故事却并不完全清晰。在许多汉文史料中,明英宗朱祁镇虽被俘虏,却得到了优待,甚至以仁德之态感化了敌人。可在草原的传说故事中,明英宗却沦为奴仆,地位非常低下,①显然另有其情。事实上,若细究北狩史事,还会发现更多问题。比如不同史籍对"北狩"期间发生的事件、时间、地点、参与者的记述就多有不同,许多问题至今仍难以辨明。② 之所以出现这种情况,一方面是由于"正统北狩"的原始史料不仅稀少,③有些还未必可信。④ 另一方面则是明清以来,官修史书的人为干扰。明朝官修史书要为本朝皇帝遮掩粉饰,清修《明史》也出于特定的政治动机而修改史事。⑤ "正统北狩"牵涉皇帝,关乎王朝利益与尊严,极具政治意涵,书写这段历史,势必要顾忌各方面的利益,故而文字背后蕴含了深刻的政治动机。相关问题,学界目前的研究还比较有限。本文拟围绕明清两朝对于"正统北狩"的史事撰写,通过探寻"北狩"原始资料,分析《明实录》与《明史》的史源选择、故事剪裁、文字修改,观察官修史书

---

① 札奇斯钦:《蒙古黄金史译注》,台北:联经出版事业公司,1979年,第233—236页。
② 川越泰博:《ンゴルに拉致された中国皇帝:明英宗の数奇なる運命》,东京:研文出版,2003年。
③ 参见韩慧玲:《明英宗"北狩"史料研究》,内蒙古大学硕士学位论文,2007年。
④ 吴德义:《刘济及其〈革书〉辨疑》,《中国史研究》2017年第2期。
⑤ 参见苏循波:《清修〈明史〉与政治合法性的建构》,《求索》2013年第3期。

对"北狩"的记述与变化,探讨其中的政治动机。

一、"正统北狩"的史源与故事版本

正统十四年(1449)八月,明军兵败土木堡,御驾亲征的明英宗朱祁镇被瓦剌俘虏,自此"车驾北行",①直至次年八月,杨善等人促成"太上皇帝还京"。②作为罕见的皇帝被俘,又平安返回的经历,"北狩"不仅改变了明英宗朱祁镇的人生轨迹,也是明王朝的重要事件。由于"北狩"的特殊性,其历史过程没有史官的直接参与,只能依赖当事人的记述。对于明朝方面的"北狩"史料,学界已有较为详细的统计,③就著者的来源与记述的故事版本而言,又可以有所区分。

所谓"北狩"当事人,主要有三类。一是因为出使瓦剌,故而见证了"北狩"部分历史片段的明朝使臣。先有李实出使,④著《北使录》;后有杨善出使,⑤著《奉使录》。二是与明英宗朝夕相伴的随员,他们的回忆几乎贯穿了整个"北狩"期间的历史过程。锦衣卫校尉袁彬著有《北征事迹》,蒙古人哈铭著有《正统临戎录》。第三类是俘虏英宗的蒙古人。明代成书的蒙文史料数量既少,内容也不丰富。⑥不过,作为明代蒙古部落最值得书写的胜利之一,土木堡之战与"正统

---

① 《明英宗实录》卷181正统十四年八月壬戌,台北:"中研院"历史语言研究所校印本,1962年,第3498页。
② 《明英宗实录》卷195景泰元年八月丙戌,第4126页。
③ 韩慧玲:《明英宗"土木北狩"史料概述》,《民族史研究》第15辑,2018年,第93—110页。
④ 《明英宗实录》卷194景泰元年七月癸卯,第4069页。
⑤ 《明英宗实录》卷194景泰元年七月庚申,第4087页。
⑥ 参见森川哲雄、乌力吉图:《关于明代蒙古史的蒙文文献》,《蒙古学资料与情报》1985年第3、4期。

北狩"的故事长期流传于草原,作为民族记忆与传说故事记录于清初成书的《蒙古黄金史》《蒙古源流》等文献中。这些故事只有部分片段,无法构成完整的历史叙述。

这三类群体记录或流传的资料都涉及"北狩"史事,但记录的内容却存在差异。以较为完整的历史叙述而言,至少可以分为两种版本。第一种是英宗虽然被俘,但帝王气度不失,瓦剌对大明皇帝心悦诚服。这种版本主要出自袁彬与杨善二人的著述。据袁彬回忆,英宗被俘之初"虏众累谋欲害",但当夜风雨大作,雷电震死马匹。雨停后又有"赤光罩定御帐",瓦剌首领也先"叩头致敬",从此对英宗尊敬有加,不敢再有冒犯之心。① "北狩"期间,英宗虽然滞留敌营,却一直深受优待。行军时也先"每日进诸般熟野味",伯颜帖木儿"宰羊迎上"。常驻塞北后,饮食起居皆有妥善的安排,也先还定期设筵席款待,并且"先奉上酒",其他首领更是"跪奉上酒"。瓦剌部众日常见到明英宗"皆于马上叩头,随路进野味并奶子"。② 与之相似的还有杨善的记述:"太上在虏营逾年,未尝屈尊,也先间见,必致敬曰:'我人臣也,何与天子抗礼哉!'"据杨善所记,英宗在瓦剌举止非凡,极受尊重,"虏人往来窥觇天容,穆然殊无惨沮",大小首领皆"深服圣德",以至回朝之日"虏人亦不忍别"。③

第二种版本来自李实与哈铭。李实出使瓦剌,与英宗有过短暂的见面,记述了当时所见场景:"上所居者围帐布帏,席地而寝,牛车一辆,马一匹,以为移营之具……也先每五日进牛、羊各一只以为上

---

① 袁彬:《北征事迹》,《续修四库全书》第433册,上海:上海古籍出版社,2002年,第149页。
② 袁彬:《北征事迹》,第152页。
③ 刘定之:《否泰录》,《四库全书存目丛书》史部第46册,济南:齐鲁书社,1996年,第80页。

食,殊无米菜。"英宗向李实索要衣物、米粮,临别之际更"再三叮咛迎复之事,惟恐来迟",特别嘱托李实转告景帝:"也先要者非要土地,惟要蟒龙织金彩段等物,可着早赉来。"①明英宗不仅生活窘迫,更渴盼回朝,全然没有袁彬、杨善所描述的气派与气度。

哈铭伴随英宗"北狩",虽然与袁彬同行,但两人描述的场景却时常大相径庭。据哈铭回忆,英宗一行被瓦剌裹挟,转战宣府、大同、北京之间,明英宗不会骑马,又没有马车,一路被兵士驱赶,备尝艰辛。颠沛到达老营,被服遭人掠走,英宗气恼不已,让哈铭前去交涉,哈铭却认为"去虎口夺食去一般"。后来伯颜帖木儿妻子出面,"将家人分散缎子等物一一追出,送到圣驾前",却很快再次被抢,致使英宗一行缺少冬衣。塞北天寒地冻,哈铭"与伯颜帖木儿讨车一辆、骆驼一只",方才勉强有了遮蔽之处。由于饮食保暖皆有不足,也先看望英宗时特意说:"皇帝你没下饭,我送四十只大羊来。"②在困窘处境中,明英宗的心态很不稳定,他屡屡让会说蒙语的哈铭去央求:"着方便说送我每回去罢!"③在哈铭的回忆里,英宗虽没有受到直接的侮辱,却也没有多少优待与尊重,面对前来探视的也先、伯颜帖木儿,明英宗更是唯唯诺诺,接近于被软禁的战俘形象。

蒙文史料成书较晚,内容多来自草原流传的故事,其记叙虽然不能构成完整的历史记述,但零散的片段与明朝方面的记述却存在比较大的差异。《蒙古黄金史》记载,瓦剌抓住明英宗后"砍也砍不动""仍在水里,浮着不沉",经过首领们的商议,也先决定不杀明英宗,将他改名为 Mokhor Shigüse,发配在永谢布的额森・撒米尔家中做使役。据札奇斯钦注释,Shigüse 意为"小厮",Mokhor Shigüse 即

---

① 李实:《北使录》,《纪录汇编》卷17,哈佛燕京图书馆藏明刻本,第6—9页。
② 哈铭:《正统临戎录》,《续修四库全书》第433册,第142页。
③ 哈铭:《正统临戎录》,第143页。

"秃小厮"。① 另一本蒙古史籍《蒙古源流》记载："初,额森汗擒获大明正统汗,有阿萨特之阿里玛丞相将女摩罗给与正统汗,命名察罕秀萨,于家中使役。"②察罕秀萨(Chaghen-Si'üse)即"白小厮"。袁彬、哈铭都强调英宗拒纳蒙古女子,但在蒙文史料中,明英宗朱祁镇不仅接受了蒙古女子,还生下了孩子。③

明朝人留下的著述,以及形成文字的两种故事版本是有关"正统北狩"最重要的史料来源,却未必可尽信。袁彬、杨善显然故意遮掩粉饰,哈铭则竭力夸大自己的功劳。蒙文史料中的零碎片段,也受到了学者的质疑,札奇斯钦在译注时就认为瓦剌方面未必对明英宗"致礼甚恭",但也不会过分苛待。④ 总之,"正统北狩"期间的历史,特别是明英宗的遭遇,不仅史料数量有限,而且内容记述存在差异,可信度又都存有疑问,给后人认知、书写这段历史制造了困难。

二、《英宗实录》的史源选择和渲染作用

景泰元年(1450)八月,明英宗朱祁镇回到京师,结束了一年的

---

① 札奇斯钦:《蒙古黄金史译注》,第 2 部第 27 节《脱欢之死,也先太师和明英宗》,第 233—236 页。
② 小萨囊彻辰:《蒙古源流笺证》卷 5,《中国边疆丛书》第 1 辑第 6 册,台北:文海出版社,1965 年,第 235—236 页。
③ 《蒙古黄金史》记载:"(正统)可汗在蒙古娶的,名叫摩罗·札嘎图的妻子生了一个小孩儿,蒙古人把他留下了,他的子嗣就是阿速惕的塔勒拜·塔布囊。"(札奇斯钦:《蒙古黄金史译注》,第 237 页)《蒙古源流》记载:"正统汗所娶蒙古地方志女名摩罗者,生子朱泰萨(蒙古意大哥子)为阿萨特之女塔勒拜之婿。"(小萨囊彻辰:《蒙古源流笺证》卷 5,第 236 页。)
④ 札奇斯钦:《蒙古黄金史译注》,第 237 页。

"北狩",随即被软禁于南宫,直至景泰八年正月夺门之变,方得重登大宝。在此期间,明朝官方没有组织编纂正统年间的史书,也没有特意弥补"北狩"记录的缺失。直到成化元年编纂《英宗实录》,如何书写"北狩"历史才摆上官方日程。

在当时,袁彬、哈铭、李实、杨善等人或在朝为官,或早已刊刻著作,理论上都可以为实录编修提供资料。有研究者认为,在编纂《英宗实录》时,以上这些人的著述得到了"较多地采摘",《英宗实录》以及后来的官私史书,与这些原始资料构成了"源"与"流"的关系,①但事实并非完全如此。

英宗复辟后,袁彬等人的宦途人生并不相同。袁彬骤然富贵,明英宗复辟第三日就超擢袁彬为锦衣卫指挥佥事,②不久晋升指挥使,③从此执掌锦衣卫。天顺三年(1459)袁彬得到英宗赐婚,娶隰川王次女为妻,成为皇亲国戚。④ 天顺末年,袁彬一度"调南京锦衣卫带俸闲住",⑤但不久英宗去世,袁彬又重掌锦衣卫,⑥是朝中炙手可热的实权人物。反观哈铭,虽然也在天顺元年晋升指挥佥事,⑦并改汉姓为杨,但很快因事失宠,后长期在外充任通事,直到成化二十三年(1487)才实授指挥使。⑧

李实、杨善两位使臣的命运更有天壤之别。南宫复辟后,英宗旋以"作《北使录》多妄谬夸大之言"的罪名将李实免官,并且"子孙

---

① 韩慧玲:《明英宗"土木北狩"史料概述》,《民族史研究》第15辑,第93—110页。
② 《明英宗实录》卷274 天顺元年正月癸未,第5791页。
③ 《明英宗实录》卷285 天顺元年十二月己亥,第6102页。
④ 《明英宗实录》卷306 天顺三年八月辛未,第6454页。
⑤ 《明英宗实录》卷359 天顺七年十一月丁卯,第7143—7144页。
⑥ 《明宪宗实录》卷2 天顺八年二月辛丑,台北:"中研院"历史语言研究所校印本,1962年,第53页。
⑦ 《明英宗实录》卷274 天顺元年正月庚寅,第5820页。
⑧ 哈铭:《正统临戎录》,第147页。

永不叙",①后又以"乡民诉其暴横妄诞"为由下锦衣卫狱。② 而杨善不仅官居高位,更因参加南宫复辟之故受封兴济伯。③ 此后杨善虽然遭到石亨等人的排挤,但仍"上眷顾甚隆",④富贵终老。

《英宗实录》对"北狩"史料的选取,受到了当事人官爵、职位的直接影响。监修官会昌侯孙继宗上奏:"英宗皇帝车驾北征、往还事迹,有锦衣卫都指挥佥事袁彬一向随侍,必能详知,合无令其开写。"忽略了一同北狩,此时同样在朝为官的哈铭。经明宪宗首肯,袁彬撰写《北征事迹》送缴史馆,成为《明英宗实录》记录"北狩"的最主要史源。⑤

李实、杨善的著述在当时都早已刊刻于世,但史官并未一并使用。实录中只记载了李实何时派出、何日复命,以及明朝向瓦剌传达的国书,⑥这份国书并未收录在李实所著《北使录》中,应是取自官方档案。《北使录》中重点叙述的塞外见闻、与英宗的对话,以及李实的外交活动,《英宗实录》皆只字未提。反观杨善,尽管实录编纂者对杨善评价很低,认为他"素无学术,为人外若柔和,中实阴忮,凡事之可以利己自便者,不顾义理,无不为之",⑦却详尽记载了杨善出使瓦剌的过程。《英宗实录》还绘声绘色地描述了杨善与也先的对话,既彰显了杨善出色的外交能力,又突出了瓦剌对明英宗的尊敬,⑧可见《奉使录》是实录撰写史事的重要来源。

---

① 《明英宗实录》卷 275 天顺元年二月戊申,第 5847 页。
② 《明英宗实录》卷 357 天顺七年九月辛巳,第 7124 页。
③ 《明英宗实录》卷 274 天顺元年正月丙戌,第 5804 页。
④ 《明英宗实录》卷 291 天顺二年五月丁亥,第 6208 页。
⑤ 袁彬:《北征事迹》,第 149 页。
⑥ 《明英宗实录》卷 194 景泰元年七月癸卯,第 4069—4071 页。
⑦ 《明英宗实录》卷 291 天顺二年五月丁亥,第 6208—6209 页。
⑧ 《明英宗实录》卷 194 景泰元年七月丁卯、庚午、辛未,第 4014—4018 页。

袁彬、杨善官居高位,他们对"北狩"历史的表述也很符合官方的期许。《北征纪略》与《奉使录》都竭力粉饰遮掩"正统北狩",这与明朝官方修史的目的是一致的。而哈铭、李实等人的叙述,虽然有可信的成分,却不符合"为尊者讳"的要求,遭到了史官的忽视与排斥。不过,袁彬和杨善的粉饰遮掩还不能完全满足实录编修的需求,为了拔高明英宗的帝王形象。实录编纂者在袁彬、杨善故事版本的基础上又有修改、增补。比如袁彬记:

> 也先并达子每夜见上所御帐房上火起,隐隐若黄龙交腾其上。也先欲以妹进,上竟却之。①

实录增改为:

> 时虏每夜见上皇御帐火光隐隐,若黄龙交腾其上,大惊异。也先数以妹进,上皇固却之,益大敬服,而奉还车驾之心渐固矣。②

对于火光神迹,实录增加了瓦剌众人"大惊异"的心理描述。对于婚姻,则从"欲以"改为"数以",达成了让也先"大敬服"的心理结果,不仅烘托了明英宗的帝王形象,还为瓦剌恭送英宗回朝奠定了基础。

为了更好地达成渲染效果,实录中还新增了几位亲历者都未曾提及,却极具象征意义的场景。如土木之战后,"也先闻车驾来,惊愕未信,及见,致礼甚恭";③又如英宗到达塞北,"知院妻宰羊出迎,捧杯跪进"。④ 这些场景不仅削弱了"北狩"的狼狈之感,还塑造了

---

① 袁彬:《北征事迹》,第152页。
② 《明英宗实录》卷186正统十四年十二月乙亥,第3765页。
③ 《明英宗实录》卷181正统十四年八月甲子,第3509页。
④ 《明英宗实录》卷185正统十四年十一月壬辰,第3692页。

明英宗备受尊崇的形象。

这样的历史书写,既是明朝官修史书的必然选择,也是史官早已预设的基本思路。《英宗实录》副总裁刘定之曾在景泰初年参考李实、杨善等人的著作,私撰《否泰录》,当时就毫不掩饰地称"正统北狩"乃是"天心默佑,皇基巩固,振威以遏其侮,厚德以化其顺",自己记录这段历史,就是为了树立太上皇"斡旋乾坤,并明日月,用夏变夷,拨乱反正"的伟岸形象。① 也正是出于这种目的,有损英宗形象的哈铭、李实,不仅被实录编修者有意忽略,其作品也遭到了明朝人的删改。

北京大学图书馆藏有《虚庵李公奉使录》,系成化二十三年重新编订而成,较之景泰年间的初刻本,内容文字发生了较大改动。原本李实所见"围帐布帏,席地而寝"的场景;责备明英宗"王振一宦官尔,因何宠之太过,终被倾危国家,以致今日蒙尘之祸"的话语;以及"腥膻满腹非天禄,野草为居异帝乡"的诗句都被删去。② 与之类似,哈铭自述的《正统临戎录》也被后人修改,重新命名为《正统北狩事迹》,韩慧玲认为两书"当为同一著作的两个版本",并推断为史官尹直笔削整理而成。③ 就篇幅而言,删改本不足原本的一半,显然超出了单纯的"润色"的范畴。就被删改的内容而言,《正统临戎录》中也先羞辱明朝使臣的话语、英宗窘迫的生活场景,以及被俘期间英宗绝望的心情等不利于明英宗形象、有损明王朝尊严的文字都被大段删去。④ 由于明代对这些史料反复删改,造成"正统北狩"本就有限

---

① 刘定之:《否泰录》,第80页。
② 李实:《虚庵李公奉使录》,《四库全书存目丛书》史部第46册,第109—111页。
③ 韩慧玲:《明英宗"土木北狩"史料概述》,《民族史研究》第15辑,第93—110页。
④ 哈铭:《正统北狩事迹》,《丛书集成新编》第12册,台北:新文丰出版公司,1985年,第84—85页。

的原始资料更为混乱,乾隆年间四库馆臣发现相关记述"与他书辄有异同"。①

通过精心操作,《英宗实录》书写了极有利于明朝的"北狩"历史。明英宗朱祁镇虽然深陷敌营,但"谈笑自若,神采毅然",自信"我命在天"。② 被俘之初,也先就对明英宗"致礼甚恭";③滞留期间,瓦剌大小首领"皆行君臣之礼";④临别之日更有"也先下马叩头,跪解所带弓箭、撒袋、战裙以进,与众酋罗拜伏地恸哭而去。"⑤明英宗"北狩"期间经历的事件、受到的待遇皆不失体面,他本人更以九五之尊"感化丑夷",构建了宽厚仁德、华夷共尊的君主形象,掩饰了大明王朝不堪的一段历史。

三、清修《明史》对"正统北狩"的记述与变化

《明实录》精心书写的"北狩"故事对明朝人的历史认知产生了重大影响。绝大多数官私著述都沿用了袁彬、杨善的故事版本,而叙述了另一种版本的哈铭,不仅著述不受关注,连本人的事迹也逐渐模糊。⑥ 晚明何乔远《名山藏》罕见地直接引用了《正统临戎录》,却因有违英宗"堂堂共主"而受到质疑:"果有之,袁彬、杨善

---

① 纪昀:《四库全书总目提要》卷53,石家庄:河北人民出版社,2000年,第1454—1455页。
② 《明英宗实录》卷181正统十四年八月戊辰,第3515页。
③ 《明英宗实录》卷181正统十四年八月甲子,第3509页。
④ 《明英宗实录》卷185正统十四年十一月壬辰,第3692页。
⑤ 《明英宗实录》卷195景泰元年八月癸酉,第4112页。
⑥ 王世贞:《弇山堂别集》卷24《史乘考误五》,北京:中华书局,1985年,第432页。

不哆道也？"明朝人更相信英宗"虽流离中凭幄坐，天颜穆如，奇征屡见"。① 直到明朝灭亡、清朝统一全国，认知"正统北狩"的环境才发生了重大变化。顺治二年（1645）开明史馆，如何书写和定性"正统北狩"成为清朝官方修史的任务之一。

就当时的修史条件而言，清朝史官可资参考的史料是颇为丰富的。几位明朝当事人的著述都存留于世，《蒙古黄金史》《蒙古源流》也在清初陆续成书。在清初，史学家们注意到了明朝史官有意忽略的史源，《明史纪事本末》中就既有来自哈铭回忆的"踏雪而行，上下艰难"的生活场景，也有李实"私以所有糗饵、常服献"的窘迫处境，②显然没有尽信《明实录》。

对于如何使用《明实录》，清圣祖曾专门有所指示，一方面他要求重视历朝实录，叮嘱大学士："尔等纂修《明史》，曾参看前《明实录》否？史事所关甚重，若不参看实录，虚实何由悉知。"③另一方面，又提醒修史官员《明实录》"纪载失实者甚多，纂修《明史》宜加详酌"，④还以自己的阅读经历给出了评定："朕于明代实录详悉披览，宣德以前尚觉可观，至宣德后颇多讹谬，不可不察。"⑤总而言之，无论是史料数量还是对史料的认知，《明实录》都绝非清朝史臣认知"正统北狩"的唯一来源。

清代官修《明史》，从康熙初年陆续成稿，到乾隆年间最终定稿，

---

① 黄景昉：《国史唯疑》卷3，《续修四库全书》第432册，第41—42页。
② 谷应泰：《明史纪事本末》卷33《景帝登极守御》，北京：中华书局，1977年，第483、493页。
③ 《清圣祖实录》卷130康熙二十六年四月己未，第5册，北京：中华书局，1985年，第393页。
④ 《清圣祖实录》卷154康熙三十一年正月己卯，第5册，第700页。
⑤ 《清圣祖实录》卷144康熙二十九年二月乙丑，第5册，第589页。

历经数版。① 其中涉及"正统北狩"的内容,存在于英宗本纪、人物传记,以及外国的蒙古、瓦剌部分。今日可见的共有尤侗、汤斌、万斯同、王鸿绪四种书稿,以及武英殿、四库两版《明史》。最早成稿的是尤侗所编《外国传·蒙古》,涉及"正统北狩"只记有一句:"景泰元年入大同、偏头关、万全等处,大掠蔚州、朔州,围代州,寻请和,送上皇还。"并未具体展开。②

康熙二十一年(1682)汤斌总裁《明史》,康熙二十七年刻印《拟明史稿》二十卷,其中有李实、袁彬传记,多有涉及"北狩"之事。此稿参考了此前被明代史臣忽视的史料,比如《李实传》中大量引用了《北使录》,记述了英宗在漠北缺少衣服、米粮,"所居毡毳,食饮皆膻酪,牛车一乘,为移营之具"的生活,还加入了李实责备英宗宠信王振,以致误国的对话。③ 一度被明朝人忽视的哈铭附入袁彬传中,不仅生平得到厘清,其自述的《正统北狩录》也受到了重视,诸如英宗"为泣请不得"的表现,以及滞留漠北"郁郁不乐"的心态都被收入。④ 通过吸纳李实、哈铭等人的故事版本,汤斌《拟明史稿》中出现了"正统北狩"不甚光彩的内容,明英宗更似囚徒,与明朝官方构建的"北狩"历史、塑造的英宗形象存在较大差异。

万斯同编订《明史》500卷,并未完全吸纳汤斌等人的著述。其《英宗前纪》仅一句涉及"北狩":"也先拥帝至宣府,将害之,旋止。"⑤袁彬、李实、哈铭等人的传记未被收入。但《五行志》中有三

---

① 李晋华:《明史纂修考》,北平:哈佛燕京学社,1933年。
② 尤侗:《外国传》卷8《蒙古》,上海图书馆藏清康熙刻本,第5页。
③ 汤斌:《拟明史稿列传》卷9《李实传》,《明代传记丛刊》第158册,台北:明文书局,1991年,第487页。
④ 汤斌:《拟明史稿列传》卷9《袁彬传》,第499—500页。
⑤ 万斯同:《明史》卷10《英宗前纪》,《续修四库全书》第324册,第144页。

段英宗被俘后出现的神迹,其来源既有《英宗实录》所载的雷电震死也先乘马、①"赤光覆帝寝幄",②还有晚明才开始出现的"大蛇绕帐外"。③万稿《外番传·蒙古》基本源自尤侗稿本,也没有涉及"北狩"的内容。④万氏稿本由王鸿绪修改,进呈为《明史稿》。本纪部分删节较多,不再记有"北狩"之事。⑤但王稿借鉴了汤斌《拟明史稿》,在精心删改后,增加了袁斌与哈铭的传记。比如太监喜宁唆使也先杀害袁斌,《拟明史稿》记作:

> 宁恨计不行,嗾也先杀彬,帝为泣请不得,铭故昵也先,竟用谈笑解。⑥

王鸿绪《明史稿》则记作:

> 帝止宁计,宁又欲杀二人,皆帝力解而止。⑦

再如英宗滞留漠北的心态与处境,《拟明史稿》记作:

> 帝留漠北期年,时郁郁不乐,多得此三人慰解。⑧

王鸿绪《明史稿》则改作:

> 二人见帝岑寂时,进谐语,帝亦惟解颜。⑨

王稿《明史稿》还直接吸收了《英宗实录》的记载,在《瓦剌传》

---

① 万斯同:《明史》卷38《五行一·雷震》,第528页。
② 万斯同:《明史》卷39《五行二·赤青赤祥》,第558页。
③ 万斯同:《明史》卷38《五行一·龙蛇》,第537页。
④ 万斯同:《明史》卷416《蒙古》,第655页。
⑤ 王鸿绪:《明史稿》本纪8《英宗前纪》,《元明史料丛编》第2辑18,第1册,台北:文海出版社,1984年,第54页。
⑥ 汤斌:《拟明史稿列传》卷9《袁彬传》,第500页。
⑦ 王鸿绪:《明史稿》列传53《袁彬》,第3册,第498页。
⑧ 汤斌:《拟明史稿列传》卷9《袁彬传》,第500—501页。
⑨ 王鸿绪:《明史稿》列传53《袁彬》,第3册,第498页。

中增加了有关"北狩"期间诸多"神迹"的内容。① 较之前人版本,王鸿绪《明史稿》中有关"正统北狩"的文字更多,内容也更加丰富。但此前稿本中新增补的许多资料却被删除、修改,王稿通过大量引用《英宗实录》来补充叙事,使汤稿中形似囚徒的明英宗的形象在王稿中改善了不少。

以王鸿绪所呈《明史稿》为基础,由张廷玉总裁,乾隆四年(1739)《明史》定稿刊刻,即武英殿刻本,其中"北狩"内容较之王稿仅有个别的文字调整。然而,清高宗对这样的内容并不完全满意,他认为"英宗为额森所乘,陷身漠北"乃是大事,应有深刻讨论,为此批评史臣"惟恐涉冗滥之嫌,遂尔意存简括"。② 在纳入四库时,武英殿本《明史》又有改动,"正统北狩"的相关章节被列入修正之列。

就历史叙事而言,四库本有关"正统北狩"的内容改动很少,仅英宗本纪增加了"王振挟帝亲征"一句,③并将原瓦剌、也先等蒙文重新翻译为卫拉特、额森。主要的修改在于卷167,即袁彬、哈铭等人所在列传文末的评论。原武英殿本"赞曰"批评明朝臣子未能尽职尽责,同时赞扬了他们忠君死节的行为:

> 异哉,土木之败也。寇非深入之师,国非积弱之势,徒以宦竖窃柄,狎寇弄兵,逆众心而驱之死地,遂致六师挠败,乘舆播迁,大臣百官身膏草野。夫始之不能制其不出,出不能使之早旋,枕藉疆场,无益于败。然值仓皇奔溃之时,主辱臣死,志异

---

① 王鸿绪:《明史稿》列传201《瓦剌》,第7册,第308—309页。
② 《清高宗实录》卷1032 乾隆四十二年五月丁丑,第21册,北京:中华书局,1985年,第840—841页。
③ 《明史》卷10《英宗前纪》,《景印文渊阁四库全书》第297册,北京:商务印书馆,1986年,第141页。

偷生,亦可无讥于伤勇矣。①

而四库本将"大臣百官身膏草野"之后改为:

> 固英宗自贻伊戚,而诸臣仓皇奔溃之时,相率捐躯,虽不能御患,而于主辱臣死之义,亦庶几无愧矣。②

新"赞曰"着力赞扬臣子忠诚王事,将土木之变、"正统北狩"的恶果归咎于明英宗"自贻伊戚"。由此,在不改动"北狩"历史书写的情况下,批评了明英宗不合格的政治能力,形成了清朝官方对"正统北狩"这一历史事件的定性。

纵观清修《明史》的过程,虽然最初汤斌《明史拟稿》广取史料,显著扩充了"北狩"的历史书写,但自万斯同统稿全书开始,《明史》对"正统北狩"的书写逐渐重新回到了《英宗实录》精心构建的历史框架。清高宗虽然有修改旨意,但最终收入四库全书的《明史》并没有改变历史叙事,而是通过史官评论的方式,在延续以往历史故事的基础上,批评明朝皇帝的政治能力。

四、结　　语

对于如何评价前朝,清代帝王的心态是颇为复杂的。清圣祖曾指示编修《明史》的大臣们:"元人讥宋,明复讥元,朕并不似前人辄讥亡国也。"③事实上,清修《明史》并非没有批判前朝,要证明清朝取代明朝的合法性与必然性,就需要贬低明朝皇帝的个人能力。明

---

① 《明史》卷167,复旦大学图书馆藏清乾隆武英殿本,第10—11页。
② 《明史》卷167《袁彬传附哈铭》,《景印文渊阁四库全书》第299册,第666页。
③ 《清圣祖实录》卷179康熙三十六年正月甲戌,第5册,第922页。

神宗、明熹宗都被《明史》猛烈批评,兵败土木堡、"北狩"塞北的明英宗更是前车之鉴。特别是准格尔战火兴起,相似的历史情境使清朝皇帝对"正统北狩"更加关注。清高宗曾由平定准格尔谈起:"朕尝观《明史》,当其国势衰微,蒙古宰桑额森率众侵扰,明国受其挟制。"要求诸王大臣以"正统北狩"为戒。① 在清圣祖、清高宗看来,明英宗朱祁镇作为皇帝,其政治能力是不合格的,大清取代大明,自在情理之中。

  清代编修《明史》时,客观上有条件修正《明实录》构建的"北狩"历史,汤斌的《拟明史列传》已经呈现了这种倾向。如果从清朝统治者的身份而言,修订"正统北狩"历史,似乎更有利于凸显所谓满洲"民族性",但事实却并非如此。康熙四十八年,清圣祖传谕大学士,称:"正统间事史书所载不能明确,其在沙漠尝生一子,今有裔孙现在旗下。"②此前康熙帝也曾就魏忠贤、杨涟、左光斗、王承恩等人传谕大学士,史臣立刻修改了《明史》。③ 然而,这一次《明史》未做任何变更,仍然照搬《明英宗实录》的记载:"也先又欲以妹进上皇,上皇却之,益敬服。"④清圣祖也未再追究。明英宗作为皇帝的形象得到了清代君臣的保护。

  明清易代,虽然统治民族发生了变化,但清朝从明朝继承了帝国的威严与皇权的神圣,同为中华之主,明朝皇帝的形象也关乎着清朝皇帝的形象。因此,如何书写关乎明朝皇帝颜面的"正统北狩",清朝君臣势必要再三权衡。清修《明史》维护明英宗的形象,与明朝史臣的动机是截然不同的。明朝史臣要"为尊者讳",而清朝君

---

① 《清高宗实录》卷 474 乾隆十九年十月戊午,第 14 册,第 1130 页。
② 《清圣祖实录》卷 240 康熙四十八年十一月癸未,第 6 册,第 391 页。
③ 《清圣祖实录》卷 212 康熙四十二年四月戊戌,第 6 册,第 149—150 页。
④ 《明史》卷 328《卫拉特》,《景印文渊阁四库全书》第 302 册,第 773 页。

臣考虑的是"正统北狩"与本朝的利益关联。清高宗要求修改《明史》"北狩"部分,特别给出了方向性指示:"正统之北狩,应其亡也,而天亦弗亡之。"①既是前车之鉴,负有责任的明朝皇帝应被批评,但又"天弗亡之",那么明英宗身负的皇权与帝国尊严又是不容非议的。因此,尽管《明史》编修者们注意到了前代史臣故意忽略的史料,并在人物传记等方面有所增补,但从王朝利益的层面考量,清朝承接了明朝的江山基业与皇权威严,维护明英宗的帝王形象,也有利于清王朝的国家利益。正是由于这种利益的一致,在清修《明史》的过程中,有关"北狩"的历史书写出现了转折,历史叙述最终回归到了明朝以来官方精心建构的框架之中。从明代官修的《英宗实录》,到清代官修《明史》,两朝对"正统北狩"的历史书写都夹杂了浓厚的政治利益。

作者单位:上海师范大学人文学院

(原刊于《中央民族大学学报(哲学社会科学版)》2021年第2期)

---

① 《清高宗实录》卷1226乾隆五十年三月甲寅,第24册,第435页。

清宫散佚铜器日本流转相关问题考述*

杨博　崔学森

摘　要：故宫文物的流散，是海外文物流失的重要组成部分，也是一项繁琐且复杂的调查与研究工作。乾嘉以来的金石学传统，为探究清宫铜器在国内金石藏家的流转情况提供了条件。在此基础上，借助流入国文物拍卖及著录图录、重要人物活动情况以及相关学者的研究，似可另辟蹊径，有助于近代以来文物海外流失情况的调查与研究。《山中定次郎传》《流转清朝秘宝》以及《山中商会经手中国艺术品资料汇编》为探究三代铜器散入日本后的流转情况，提供了珍贵资料。

关键词：清宫散佚铜器　山中商会　泉屋博古

---

* 本文系国家社科基金冷门绝学研究专项学术团队项目"近出两周封国青铜器与铭文的综合研究"（20VJXT019）的阶段性成果，得到教育部哲学社会科学研究重大专项项目"中国上古基因谱系、族群谱系和文化谱系的对证研究"（2022JZDZ023）的资助。

一

　　海外流失文物的调查与追索,是近年来受到学界重点关注的课题,每有相关消息公布,更深深牵动着社会公众的神经。故宫文物的流散,是海外文物流失的重要组成部分,郑欣淼先生曾将"清宫文物国内外散佚研究""清宫散佚文物征集、追索研究"列为"故宫学"研究的重要课题。① 段勇等先生亦曾对清宫散佚文物有较系统之调查与研究,可惜的是有关三代铜器部分着墨不多。② 早年,罗覃先生曾对现藏中国及西方博物馆的清宫铜器作过调查。③ 受国家文物局委托,2012 年起,朱凤瀚先生负责主持"海外藏中国青铜器调查"项目。④ 近年来张昌平先生在《南方文物》也辟有专栏,专兹介绍研究海外收藏中国青铜器的情况。⑤ 专就清宫旧藏铜器而言,《西清古鉴》作为一部著录清代宫廷所藏铜器的大型图谱,受到范季融先生的重视。在范先生的主持与资助下,北京故宫博物院、台北"故宫博物院"达成合作意向,启动"西清古鉴今访"项目,计划出版图录三

---

① 郑欣淼:《故宫学的学科体系》,《故宫学刊》(第 18 辑),北京:紫禁城出版社,2017 年,第 8—36 页。
② 段勇、李晨编著:《国宝星散复寻踪:清宫散佚文物调查研究》,北京:译林出版社,2016 年,第 40—41 页。
③ Thomas Lawton(罗覃), An Imperial Legacy Revisited: Bronze Vessels from the Qing Palace Collection(重访清宫所藏铜器), *Asian Art*(亚洲艺术)1, No.1(1987—88 秋冬).
④ 朱凤瀚:《做学问要有一个好的研究格局——纪念陈梦家先生》,北京大学人文社会科学研究院网站,http://www.ihss.pku.edu.cn/templates/xw/index.aspx?nodeid=228&page=ContentPage&contentid=3745,2020 年 4 月 21 日。
⑤ 张昌平:《中国青铜器在海外及港台地区的收藏与研究》,《南方文物》2019 年第 4 期;系列论文后经修订收入《吉金类系——海外及港台地区收藏的中国青铜器研究》,北京:科学出版社,2020 年。

卷:《北京故宫博物院卷》《台北"故宫博物院"卷》和《宫外卷》,分别由丁孟、吴晓筠和周亚等先生主持编纂,①"今访"工作的关注主题,似均在于流散文物的著录及现藏地等情况,并部分兼及文物的史学与艺术价值。对于近代文物海外流失的途径、过程,由于材料不足征,相对容易忽视。

有趣的是,近代文物散佚海外,在流入地如欧美、日本等国,也是受到学者重视的问题。特别是日本学者富田升先生的《近代日本的中国艺术品流转与鉴赏》《流转清朝秘宝》等著作,提供了新的观照视角。前者早在2004年业已经赵秀敏先生译介到国内,②在学界有不小的影响。不少学者据以谈论泉屋博古馆等日本著名青铜器收藏机构的源流、藏品的艺术价值诸情况。③而对近代中国文物流出的背景、途径等重要问题,富田升先生的研究也值得重视。笔者以为,其揭示的研究面向,一方面在时间,特别是一些以重要事件为标志的关键节点。在上述著作中,富田升先生虽将时间关键节点置于义和团事件,即八国联军占领北京时,但也注意到近代中国文物外流可以追溯到英法联军以亚罗号事件为借口制造的火烧圆明园事件;④另一方面则是途径,其关注古董商与收藏家、收藏机构的共同作用,特别是重要人物活动情况,与三代铜器和日本本土煎茶

---

① 范季融:《西清古鉴今访·序》,《西清古鉴今访·北京故宫博物院卷》,纽约:胡盈莹与范季融基金会,2020年,第1—4页。
② 富田升:《近代日本的中国艺术品流转与鉴赏》,赵秀敏译,上海:上海古籍出版社,2004年。该书曾在2014年被上海书画出版社再版。
③ 沈辰:《传说与实证:青铜古钟背后的史卷拂尘》,《美成在久》2017年第4期;莫阳:《藏器——青铜器的文化与收藏》,北京:人民美术出版社,2019年,第22—28页。
④ 富田升:《近代日本的中国艺术品流转与鉴赏》,上海:上海书画出版社,2014年,第13—31页;《流転清朝秘宝》,东京:日本放送出版协会,2002年,第15—85页。

道礼俗融合的相互促进。① 循着上述路径,下文似可由日本现藏相关清宫散佚铜器着手,对相关问题续作简要讨论,以供师友同好批评。

二

富田升先生曾以泉屋博古馆所藏三代铜器为例,论述日人超越江户以来的"唐物"文人雅趣,确立了彻底的近代化中国鉴赏美术的过程。② 这里亦可先以泉屋博古馆藏器为例分两类讨论。第一类原为清宫旧藏,在20世纪二三十年代的诸种铜器著录书中再出现时,已明确写明现藏日本,可以"作父庚甗"与"伯簋"为例。

作父庚甗,《泉屋博古:中国古铜器编》(以下简称《泉屋》)第12器"饕餮纹甗"(图一:1)。1928—1930年冬,罗振玉《贞松堂集古遗文》卷四(以下简称《贞松》)明确提到其为"内府旧藏",即《宁寿鉴古》卷一二之"周父庚甗"(图一:2),"今归日本住友氏"。③

伯簋,《泉屋》第26器"白簋"(图二:1),即《西清续鉴甲编》卷七之"周伯彝一"(图二:2);④1931年,罗振玉《贞松堂集古遗文补遗》卷上亦已云其为"日本住友氏藏"。⑤

---

① 富田升:《近代日本的中国艺术品流转与鉴赏》,第74—224页;《流转清朝秘宝》,第97—204页。
② 泉屋博古馆:《泉屋博古:中国古铜器编》,京都:京都便利堂,2002年,以下简称《泉屋》。
③ 罗振玉:《贞松堂集古遗文》上册,北京:北京图书馆出版社,2003年,第305页。
④ 梁诗正等编:《西清四鉴》,北京:文物出版社,2018年。
⑤ 罗振玉:《贞松堂集古遗文》下册,北京:北京图书馆出版社,2003年,第473页。

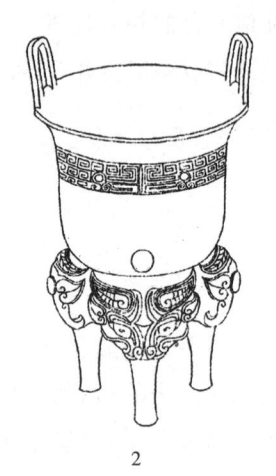

图一　作父庚甗

图二　伯簋

上述两器的传流顺序，吴镇烽先生《商周青铜器铭文暨图像集成》（以下简称《铭图》）03245"作父庚甗"下即记录："原藏清宫,后归日本兵库县住友吉左卫门氏,现藏日本京都泉屋博古馆。"《铭图》04172"伯簋"下云其"原藏清宫,现藏日本京都泉屋博古馆"。①

---

① 吴镇烽：《商周青铜器铭文暨图像集成》，上海：上海古籍出版社，2012年，卷7第127页、卷8第427页。

住友吉左卫门氏,即住友青翠。富田升先生扼要介绍过他的一生履历。他1864年(日本元治元年)生于京都,是当时的右大臣德大寺公纯的第六子,西园寺公望的弟弟。1892年(明治二十五年),29岁的他作为养子入籍住友家,次年承袭第15代吉左卫门,春翠是他的号。自1897年(明治三十年)起,他开始收集古铜器,这不仅是他收集煎茶道具爱好的一环,也与住友家的造铜业密切相关。尽管以后他在大正初期意外转向抹茶道,但古铜器的收集愈发充实。自明治末期开始,他多次刊发豪华图录,以世界级古铜器收藏家的身份广为人知。1926年(大正十五年),这位跨明治、大正两代的名人在63岁时走到了人生尽头。他被誉为住友中兴之祖,一生可谓事业与兴趣二者得兼。他这些以古铜器为主的藏品最终捐赠给了泉屋博古馆,1960年(昭和三十五年),馆址确定在与其渊源较深的京都鹿谷。①

三

与第一类器物不同,另一类先是在国内喜好金石的士绅手中流转后,最终流入日本,可以"邢季夐卣"和"麦盉"为例。

邢季夐卣,《泉屋》第104器"井季夐卣"(图三:1),即《西清古鉴》(以下简称《西清》)卷一六之"邢季卣"(图三:2)。刘心源《奇觚室吉金文述》(以下简称《奇觚》)卷六"井季夐卣"条云"张筱农器"。② 该书初印在1902年(光绪二十八年)。吴大澂《愙斋集古

---

① 富田升:《近代日本的中国艺术品流转与鉴赏》,第226页;《流転清朝秘宝》,第170页。
② 刘心源:《奇觚室吉金文述》卷6,北京:朝华出版社,2018年影印版,第8页。

录》(以下简称《愙斋》)册一九所收之"型季奠卣"亦此器。① 吴大澂是清末著名金石学家,《愙斋》是其在金文著录方面的代表性著作。该书是吴氏集录所藏各家及其同时代人陈簠斋、潘文勤、王文敏等所藏铜器铭文的拓本,由吴氏亲手摹勒,尽拓其文,逐一考释后编定的。是书著录的一个显著特点为"随得随录,随录随释",至1902年吴大澂病逝时,全书仍未完稿。后由其门人王同愈整理成书,于1918年由商务印书馆影印出版。② 照此看来,该器自清宫流出不晚于1902年。

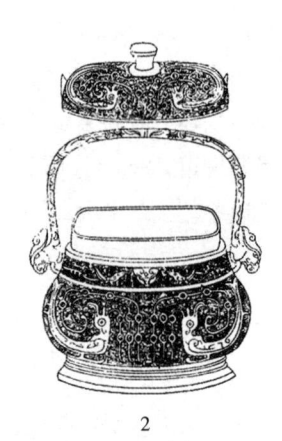

图三 邢季奠卣

张筱农、方濬益《缀遗斋彝器款识考释》(以下简称《缀遗》)卷一二作"丁小农"。刘心源所记"张筱农"是"丁筱农"误记,汪涛先生已据"周夌壶"辨之甚明。③ "筱农"是浙江归安金石家丁彦臣的

---

① 吴大澂:《愙斋集古录》册19,涵芬楼影印,1921年,第14页。
② 赵诚:《二十世纪金文研究述要》,太原:书海出版社,2003年,第34页。
③ 汪涛:《〈周夌壶〉的流传及其著录》,复旦大学出土文献与古文字研究中心编:《出土文献与古文字研究(第六辑)》,上海:上海古籍出版社,2015年,第156—158页。

字,其所藏器辑有《梅花草庵藏器目》。丁彦臣,浙江湖州归安人,字、号有砚丞、研丞、筱农、攸农等,斋名有梅花草庵、小玲珑山馆、八千卷馆等,是晚清时期著名收藏家之一。他长期在山东为官,历任山东督粮道、山东盐运使等职,时任巡抚阎敬铭、丁宝桢皆雅重之。丁宝桢称他"才识开拓、器向宏深、明干笃实"。① 其所藏器除"周夆壶",还有著名的"太保方鼎""伯钜盉""邢侯盉"等。

"邢侯盉"即麦盉,《泉屋》56器"麦盉"(图四:1),也即《西清》卷三一之"邢侯盉"(图四:2)。《缀遗》卷一四"麦盉"条云:"器载西清古鉴,今为丁小农观察所藏。"②《贞松》卷八亦明确其原为《西清》著录:"今归日本住友氏。"③《希古楼金石萃编》卷五"麦盉"条:"归安丁氏藏,今藏日本住友氏。"④容庚《海外吉金图录》图一二一"麦盉"考释云:"此乃《西清》旧藏,曾归安丁彦臣。"⑤陆心源《吴兴金石记》卷一"麦盉"条记:"丁筱农观察所藏。"⑥《铭图》14875 麦盉记:"原藏清宫,后归李山农、丁彦臣,现藏日本京都泉屋博古馆。"⑦邹安《周金文存》(以下简称《周金》)卷五目录"邢侯盉"条下亦作"归安丁氏",题记则云:"此铭器盖连读,与李山农藏农卣相同。"⑧我们知道,现藏英国伦敦大英博物馆,同样是清宫旧藏的农

---

① 丁宝桢:《保荐丁彦臣折》,《丁文诚公奏稿》卷9,上海:上海古籍出版社,1996年影印版,第50—51页。
② 方濬益:《缀遗斋彝器款识考释》卷14,涵芬楼影印,1935年,第30页。
③ 罗振玉:《贞松堂集古遗文》上册,第708—709页。
④ 刘喜海辑,刘承幹补:《希古楼金石萃编》卷5,吴兴刘氏希古楼,1933年影印版,第20页。
⑤ 容庚:《海外吉金图录》,《容庚学术著作全集》册12,北京:中华书局,2011年,第806页。
⑥ 陆心源:《吴兴金石记》卷1,影印清光绪刻潜园总集本,1890年,第10页。
⑦ 吴镇烽:《商周青铜器铭文暨图像集成》卷26,第201页。
⑧ 邹安:《周金文存》卷5,上海仓圣明智大学印本,1916年,第61页。

卣,清宫流出后曾归潘祖荫、李山农,其铭文、器型与麦盉均不相同,《周金》此条所记当云其铭文"器盖连读"的形式与农卣相同。

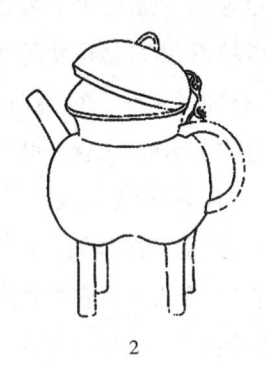

图四 麦盉

值得注意的是,李山农与丁彦臣过从甚密确有其事。丁彦臣于1873年(同治十二年)在山东督粮道任上去世,继任者就是李山农。李山农名宗岱,广东南海人。1849年(道光二十九年)副贡,出仕山东。1869年(同治八年)任山东布政使,1874年(同治十三年)任山东督粮道,1877年(光绪三年)署济东泰武临道台,1879年(光绪五年)兼任山东盐运使,后辞官。1887年(光绪十三年)在招远玲珑山开采金矿,先后担任开源矿务公司和招远矿务公司督办。后招远金矿被查,1896年(光绪二十二年)李山农郁郁而终。李山农藏器辑有《宝彝堂藏器目》《宝召斋吉金目录》等,"太保方鼎""太保簋""静簋""颂簋""陈侯簠""貉子卣""农卣"等,"皆其著者也"。①

以上可见,"太保方鼎"在李山农与丁彦臣之间有流转关系。于芹先生近期介绍的山东博物馆藏清稿本《黄小松辑释吉金拓本》(以

---

① 容庚:《商周彝器通考》,上海:上海人民出版社,2008年,第196页。

下简称《拓本》），亦显示出在"金石亦时尚"的潮流下，丁彦臣与李山农在金石藏品上的密切关系。① 黄小松即黄易（1744—1802），浙江钱塘人，字大易，号小松、秋盦等，历任山东兖州运河同知、济宁运河同知等职，绘有《访碑图》，著有《小蓬莱阁金石文字》等。有学者近以清代金石学家黄易在嘉祥重新发现并就地复建武梁祠入手，以其为中心，围绕金石收藏的信息渠道、征集网络、藏品的经典化策略，以及金石学共同体的形成等，对乾嘉金石学的社会生态样貌进行了重构，回溯了"金石亦时尚"的潮流，②引起了学界不少的关注。

　　《拓本》为黄氏辑释吉金拓片集，合计300多种，其上附有匡源所作《序言》。匡源在《序言》中云其作序的时间为同治戊辰即同治七年（1868），《拓本》属"研丞司马"所有，"研丞"即丁彦臣字。

　　从《拓本》上拓片的题记情况看，丁氏之后的题记者即为同治年间的李山农。李山农亦得丁宝桢称许为"朴实明爽，练达戎机"。③《拓本》上的虎形父辛鼎，清宫玉粹轩旧藏有一同铭者（图五：1），即《西清》卷四之"周兕鼎二"，《奇觚》卷一之"父辛鼎一"。④《筠清馆金石文字》卷四所收同铭器字形与上器略异（图五：2），⑤《攈古录金文》卷一之三称作"单父辛鼎"。⑥ 该器原器时为李山农所藏，其以《拓本》所录为伪作，故将自己收藏的虎形父辛鼎拓片后附上，并题云（图六）：

---

① 于芹：《〈黄小松辑释吉金拓本〉鉴藏考》，《中国国家博物馆馆刊》2018年第8期。
② 薛龙春：《古欢：黄易与乾嘉金石时尚》，北京：生活·读书·新知三联书店，2019年。
③ 丁宝桢：《保潘骏文、李宗岱片》，《丁文诚公奏稿》卷6，第49页。
④ 刘心源：《奇觚室吉金文述》卷1，第5页。
⑤ 吴荣光：《筠清馆金石文字》卷4，清道光二十二年吴荣光筠清馆刻本，1842年，第18页。
⑥ 吴式芬：《攈古录金文》卷1之3，清光绪二十一年吴重憙刻本，1895年，第8页。

1　　　　　　　　　2　　　　　　　　3

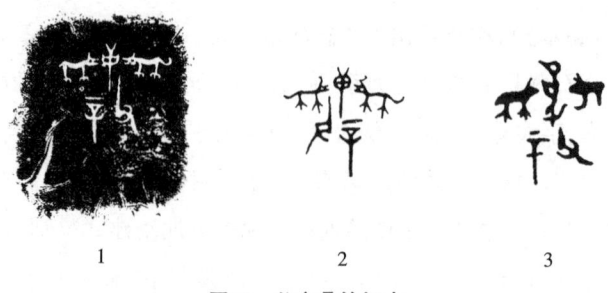

图五　父辛鼎铭拓本

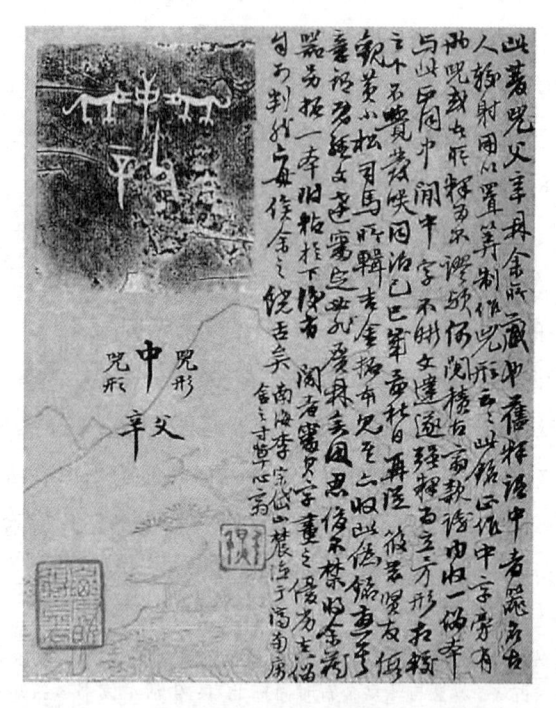

图六　山东博物馆藏《黄小松辑释吉金拓本》
"虎形父辛鼎"拓本李山农题记

此双咒父辛鼎，余所藏也，旧释谓中者，器名，古人较射用以置筹，制作咒形云云。此铭正作"中"字，旁有两咒，或者所释为不谬欤？偶阅《积古斋款识》，内收一伪本，与此正同，中间"中"字不晰，文达遂强释为立矛形（图五：3），①相较之下不觉发笑。同治己巳岁孟秋日再从筱农贤友假观黄小松司马所辑吉金拓本，见其亦收此伪铭，想其意谓"既经文达审定，必非赝鼎矣"。因忍俊不禁，将余藏器另拓一本附粘于下，后有阅者，审其字画之优劣，真伪自可判，然亦毋俟余之饶舌矣。

题记后署"南海李宗岱山农识于济南寓舍之寸草心斋"，钤"千秋""山农所得金石"印。于芹先生还曾提到山东博物馆收藏的《李氏宝彝堂收藏金石目录》中，明记部分器物为"丁筱农都转彦臣持赠"。此外又如太保诸器即太保方鼎、太保敦，召公召伯器即召公甗、召伯盖鼎和召伯盖盉等"五器"，1836年（道光十六年）出土于山东寿张县，先"归济宁钟氏，丁筱农都转为金作缘以重价购之"，即最后由丁筱农介绍给李山农购藏。李山农也曾将唐牺尊、大鹿庐镫等器赠给丁筱农。② 这些均证明丁彦臣与李山农之间存在所藏金石器物频繁流转的关系。

最后再回到麦盉的流出时间，《吴兴金石记》的刊刻在1890年（光绪十六年），而丁彦臣在1873年（同治十二年）即去世，说明该器的流出不会晚于此年。至20世纪30年代，其已为日本住友氏所藏。

四

清末宫中青铜器的流动相当频繁。皇帝赏赐大臣以求变

---

① "立矛形"似如《攈古录金文》卷一之三"立矛父辛鼎"拓片（图五：3）中所示。
② 于芹：《〈黄小松辑释吉金拓本〉鉴藏考》，《中国国家博物馆馆刊》2018年第8期。

价,或直接登报变卖铜器等事均有发生。不过,最具影响力的流动,应是1860年英法联军火烧圆明园,及1900年八国联军攻占北京时,将得到的圆明园、颐和园、三海等处古铜器在中国变卖或带至日本欧美等地,使其成为今日世界各大博物馆中的重要典藏。①

众所周知,山中商会在近代文物海外流失中起到了重要中介作用,除了由清宫直接流入海外之外,前述原在国内金石家中流转的三代铜器,亦借由山中商会流入世界各地。《山中定次郎传》曾记述了其一次性购入恭亲王家历代藏品的事迹(图七)。富田升先生指出,这次交易提供了山中商会为世人所知的最佳机缘,"在全世界范围内普及中国鉴赏美术功不可没"。1923年(大正十二年)以后,山中定次郎还在日本举办各种盛况空前的展销会,对日本的中国鉴赏美术普及和确立做出了突出贡献,使得日本对中国古物的认知由以煎茶用具为中心转移到以鉴赏美术为中心。从中国近代文物外流史来看,这也正好与义和团到辛亥革命这段时期文物外流的扩大化与规模化相吻合。②

《山中商会经手中国艺术品资料汇编》(以下简称《汇编》)的汇集出版,③则使得我们有可能大致构拟前述原流转在国内金石藏家手中的铜器流入海外的过程。泉屋博古馆之外,根津美术馆是日本堪与其媲美的三代青铜器另一收藏馆所。该馆现藏的俎祖乙卣,即1872年(同治十一年)潘祖荫《攀古楼彝器款识》卷一著录之"祖

---

① 徐坚:《名山:作为思想史的早期中国博物馆史》,北京:科学出版社,2016年,第78—82页。
② 富田升:《流転清朝秘宝》,第112—113、125页。
③ 山中让监制,金立言译:《山中商会经手中国艺术品资料汇编》,上海:上海书画出版社,2019年。

乙卣"（图八：1）、①1908年（光绪三十四年）端方《陶斋吉金录》卷二之"立旗祖乙卣"（图八：2）。②《愙斋》册一八著录"子立旗且乙卣"盖，题记云"潘文勤公藏"。③"文勤"为潘祖荫谥号。潘祖荫，生于1830年（道光十年），卒于1890年（光绪十六年），字伯寅，江苏吴县（苏州）人，官至工部尚书，与端方同为晚清金石收藏大家。是故《铭图》12749 冁祖乙卣记："原藏潘祖荫、端方，现藏日本东京根津美术馆。"④

图七　山中定次郎在恭王府前的留影

---

① 潘祖荫：《攀古楼彝器款识》卷1，潘祖荫滂喜斋，1872年，第32页。
② 端方：《陶斋吉金录》卷2，石印本，1908年，第25页。
③ 吴大澂：《愙斋集古录》册18，第5页。
④ 吴镇烽：《商周青铜器铭文暨图像集成》卷23，第197页。

图八　夶祖乙卣

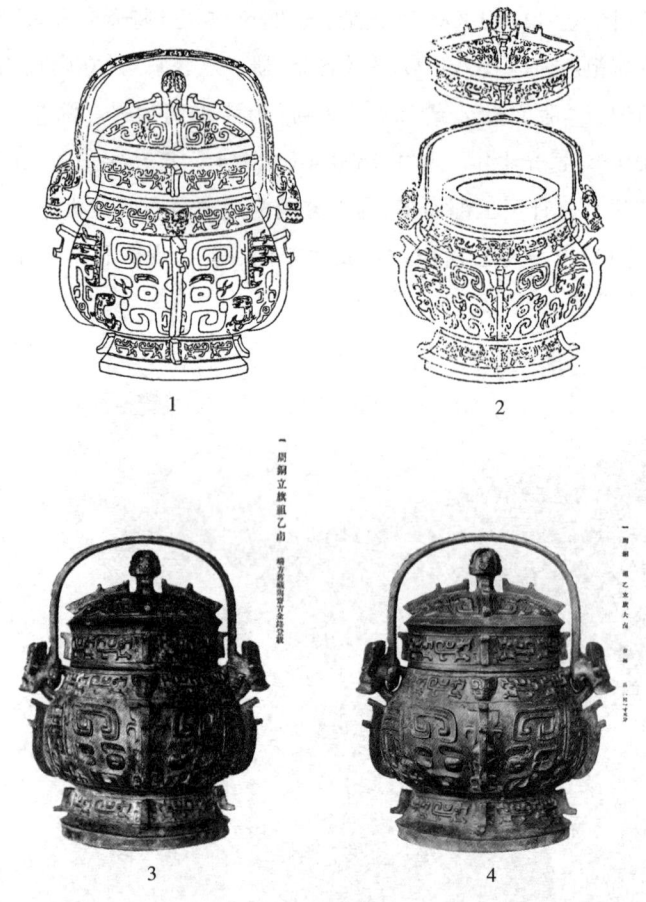

端方的藏品在其因保路运动被杀后星散,①部分藏品由福开森中介售予美国博物馆。② 富田升先生通过对山中商会展销品的调

---

① 中国第二历史档案馆:《北洋政府收购端方所藏文物有关文件》,《民国档案》1995 年第 2 期。
② 罗覃:《两位中国艺术品收藏家的交汇:端方与福开森》,苗魏译,济南:山东画报出版社,2013 年,第 40—57 页。

查，特别指出在1924年那套最著名的"柉禁"，最终归美国纽约大都会艺术博物馆所有之前，也就是在前一年的1923年，经山中商会之手在日本国内也大量出售过端方旧藏，①燹祖乙卣正在其中。

1923年，日本美术史家大村西崖纂辑《获古图录》，收录的即是山中商会的山中定次郎藏品，其中第六器即为此器。富田升先生通过探讨其序文及考察其登载的照片，明确了该图录收录的正是山中定次郎在日本首次举办的"古代中国美术展观"的展品。应该说，这是介绍山中此展览的更正规的图录。② 1923年5月在大阪美术俱乐部举办的"古代中国美术展观"，第一件器物即为"周铜立旗祖乙卣"，题记云："端方旧藏，《陶斋吉金录》登载。"（图八：3）③山中定次郎在展会序文中还提到"艺术博物馆、收藏家等本应借陈列古董之机，唤起世人对古董的关注，同时给研究人员提供一流的科研资料""为了弥补这一缺憾，首先着手于将之前收藏的夏商周三代、汉魏六朝、唐宋元以及过去三千年的古董、周汉的古铜器、六朝的造像、唐宋元的陶瓷等中国文化之精粹，齐聚一堂展出，供诸贤鉴赏""像这种策划在我国尚属首次尝试"。④

据《山中定次郎传》记述，第二年（即1924年）秋11月，山中定次郎又举办了集本土、中国、朝鲜、埃及、波斯、希腊、荷兰及其他国家古代艺术品的展览会，编有《埃及、希腊、波斯、中国古代艺术展览图录》，即《汇编》所收的"埃及、希腊、波斯、中国古代美术展观"。此外，山中定次郎还邀请东京美术学校校长正木直彦、东洋美术史

---

① 富田升：《流转清朝秘宝》，第279页。
② 富田升：《近代日本的中国艺术品流转与鉴赏》，第209页。
③ 山中让监制，金立言编译：《山中商会经手中国艺术品资料汇编》（第一册），第11页；《山中定次郎传》称作"古代中国艺术展览"。
④ 山中定次郎：《古代中国艺术展览图录序文》，故山中定次郎翁传编纂会：《山中定次郎传》，大阪，1939年，第257页。

家大村西崖两位教授在展场内,就东洋艺术以及会场陈列的各种古代艺术品举办艺术讲演会。这应是大村西崖继《获古图录》纂辑后,双方良好合作关系的继续。双方的合作关系长期保持,直到山中定次郎故去以后,《山中定次郎传》还由正木直彦题签。

这次讲演的很多内容太过学术,实物较少,故相关专家以外的人士对此兴趣寡淡。① 不知原因是否如此,还是此时日本对中国三代铜器的美术鉴赏尚在形成,富田升先生统计发现,端方藏器在1923年山中举办的首场展销会"古代中国美术展观"上,展出《陶斋吉金录》中登载的古铜器25件,古金石35件,共计60件。第二年,也就是1924年11月"埃及、希腊、波斯、中国古代美术展观"中,端方旧藏的古金石63件也名列其中,部分展品可能与上次有所重复,数量接近翻倍,显然补充了新藏品。不仅如此,在1928年"中国古陶、金石展观"展销会上,展出"端方旧藏"铜器12件,其中9件在1923年的首场展销会上出现过,估计是上次未售出的部分。之后,1932年11月的"世界古美术展览会"上,有端方旧藏"古铜器"1件,1934年5月的"中国、朝鲜古美术展观"上有3件,除1件无法确定外,其余皆为首次出展。由此可知,在相当一段时间内,端方旧藏品在日本一直出售中,总计超过100件次。②

1934年12月山中定次郎在大阪美术俱乐部举办的"日本古陶瓷、中国古美术展览会"中,③首器仍是"周铜祖乙立旗大卣",题记"有铭,高一尺一寸五分"(图八:4)。④ 在这次展销会上,山中定次

---

① 故山中定次郎翁传编纂会:《山中定次郎传》,第26—27页。
② 富田升:《近代日本的中国艺术品流转与鉴赏》,第191页;《流転清朝秘宝》,第281页。
③ 《山中定次郎传》称作"日本古代陶瓷及中国古代艺术展览会"。
④ 山中让监制,金立言编译:《山中商会经手中国艺术品资料汇编》(第三册),第744页。

郎创新了展览形式,"使用日本古代的冠桌、和歌书架、一层、两层、三层的莳绘架以及大家所喜爱的其他有名的置物架来放置以上精美的展品"(图九)。① 当在此时或其后不久,烒祖乙卣被根津嘉一郎收入,1938 年刊行的《青山庄清赏》的第 32 器即为此器。② 1940年,根津嘉一郎去世后,秉承其遗愿,在根津家族的根津青山旧居设立根津美术馆,其所有藏品均入藏展示,烒祖乙卣亦在此馆保存至今。

图九　世界古美术大展览会的器物展览形式

五

流散在海外的中国青铜器到底有多少,迄今没有人能给出准确的数字。清宫旧藏的三代青铜器,绝大部分也后来都流出了宫外,散落民间和海外。《西清四鉴》著录的 1 500 余件铜器,范季融先生"西清古鉴今访"项目《北京故宫博物院卷》收录 104 件,《台北"故

---

① 山中定次郎:《日本古代陶瓷及中国古代艺术展览会序文》,故山中定次郎翁传编纂会:《山中定次郎传》,第 327 页。
② 根津美术馆编:《青山庄清赏》,根津美术馆,1940—1943 年。

宫博物院"卷》收录97件,《宫外卷》60件,共计261件。① 依旧保存在原收藏单位即故宫的,可谓十不存一,还有许多至今仍下落不明。对这些青铜器的调查和整理,是青铜器研究的一项重要课题。汪涛先生曾撰文以周夅壶的著录及流传情况为例进行说明,目的即是讨论进行此类研究的必要性和复杂性。② 它山之石可以攻玉,借流入国文物著录图录、重要人物活动情况以及相关学者的研究,似可另辟蹊径,有助于近代以来文物海外流失情况的调查与研究。以上枞祖乙卣等铜器流传情况的讨论,即借由《山中定次郎传记》、山中商会历次展销图录的著录,可明确其流入日本并最终为根津氏收藏的轨迹。当然其中除了新资料的机缘之外,其中爬梳的工夫仍需要研究者慢慢深入。无论是民族情怀还是器物研究,海外收藏的中国青铜器始终应是我们研究者重点关注的对象。

作者单位：中国社会科学院古代史研究所
大连外国语大学日本语学院

---

① 范季融：《西清古鉴今访·序》,《西清古鉴今访·北京故宫博物院卷》,第2页。
② 汪涛：《〈周夅壶〉的流传及其著录》,《出土文献与古文字研究(第六辑)》,第156页。

延续与转型：近代景德镇制瓷业与市镇状况再考察

胡 宸

摘 要：景德镇市镇变迁与瓷业发展息息相关。之前学者多认为随着近代制瓷业的衰败，景德镇走向了衰落。这种观点有待商榷。清末景德镇瓷业产值虽一度因战乱降至鼎盛时期的约四分之一，但之后逐渐上升，至民国时年产值甚至达到近三千万元。制瓷业者针对欧美市场变化所做出的策略性调整，虽然降低了瓷器质量，但保证了景德镇瓷器在国内市场的优势。近代景德镇瓷业组织的运作一方面表现出浓厚的道义经济特征，但另一方面这种组织形式在面对近代市场冲击时又能演化出良好的社会协调模式，足以应对新环境带来的挑战。面对新的社会经济环境，景德镇制瓷业在延续过去辉煌的同时也积极尝试转型。重新认识近代景德镇瓷业的发展，是重新认识近代景德镇市镇变迁的重要一环。

关键词：景德镇 制瓷业 产值 组织形式 近代化

明清时期全国范围内出现了一大批商业市镇。这些市镇之崛起,除得交通之便外,很多也得益于传统手工业的发展。① 传统手工业,指区别于机器生产的近代工业,带有家庭作坊性质的手工业类型。制瓷业便是代表之一,而景德镇无疑是最重要的制瓷中心。之前学者往往认为,与大多数传统手工业一样,景德镇制瓷业在近代无可避免地衰败了,这也导致了景德镇的衰落。② 这种衰败主要体现在几个方面,一是瓷器产量下降。如梁森泰认为,雍乾年间的景德镇瓷器年产值较清末最高值高出 1/3 到 1/2。③ 二是瓷器质量下降。这一点从"时人论说"④与传世实物中皆可获悉,毋庸赘言。三是落后的生产方式。虽然景德镇制瓷业早在明清时期便出现了专业分工现象,但学者们多认为这种分工更多体现出的是专业化的社

---

① 傅衣凌:《明清时代江南市镇经济的分析》,《历史教学》1964 年第 5 期;刘石吉:《明清时代江南市镇研究》,北京:中国社会科学出版社,1987 年;罗一星:《明清佛山经济发展与社会变迁》,广州:广东人民出版社,1994 年;罗威廉著:《汉口:一个中国城市的商业和社会(1796~1889)》,江溶、鲁西奇译,北京:中国人民大学出版社,2016 年;许檀:《明清时期华北的商业城镇与市场层级》,《中国社会科学》2016 年第 11 期。

② 相关观点,参见江西省轻工业厅陶瓷研究所编:《景德镇陶瓷史稿》,北京:生活·读书·新知三联书店,1959 年;隗瀛涛主编:《中国近代不同类型城市综合研究》第二章第三节第二部分"瓷都在近代的停滞与衰落",成都:四川大学出版社,1998 年,第 128—135 页;张弛:《论景德镇瓷业的衰落》,《广西民族学院学报》2003 年第 6 期;罗苏文:《景德镇:中国瓷业的近代印迹——商品瓷与职业化经营的变迁》,《史林》2007 年第 1 期;罗苏文:《近代景德镇瓷业经营环境与瓷都演变》,收入上海中山学社编:《近代中国》第十七辑,上海:上海社会科学院出版社,2007 年,第 279—322 页。何一民主编:《近代中国衰落城市研究》第二章第二节第三部分"城市主导产业的衰落与传统手工业城市衰落",成都:四川出版集团、巴蜀书社,2007 年,第 177—189 页。《中国资本主义发展史》肯定了景德镇在太平天国战后至 20 世纪 20 年代的恢复与发展,但对具体情况则所知甚少。许涤新、吴承明主编:《中国资本主义发展史第二卷:旧民主主义革命时期的中国资本主义》,北京:人民出版社,1985 年,第 951 页。

③ 梁森泰:《明清景德镇城市经济研究》,南昌:江西人民出版社,1991 年,第 226 页。

④ [日]北村弥一郎:《清国窑业视察报告》,东京农商务省商工局,1909 年,第 123—127 页;江思清:《景德镇瓷业史》,中华书局发行所,1936,第 165—167 页。

会分工倾向,而非工厂手工业的内部分工。这种专业化倾向"一方面可提高技术和效率,一方面也使得生产单位分散细小,妨碍资本主义关系的产生"。①

然而,一个我们无法忽略的事实是:景德镇直到民国十几年还维持着井然有序的大规模跨区域贸易。那么,我们究竟应当怎样看待近代景德镇制瓷业,它的生产与销售情况究竟如何,什么因素影响着它的运作机制?景德镇这座市镇是否伴随着制瓷业的衰败而走向衰落?这些问题将引领我们正文的论述。

一、明清景德镇制瓷业发展与市镇变迁

景德镇位于江西东北部,属饶州府浮梁县,它的城镇变迁与制瓷业发展有着直接关联。学者们普遍注意到明中期海外市场的繁荣,加速了景德镇的瓷业发展。② 如熊寰指出,根据荷兰东印度公司的数据,仅1604—1657年之间,他们运往欧洲市场的中国(高级)瓷器便超过三百万件。这一势头至少持续到19世纪初,仅在明清鼎革之时发生暂时性中断。③ 在海外市场的驱动下,景德镇的地方秩序与市镇面貌发生了巨大变化。

---

① 许涤新、吴承明主编:《中国资本主义发展史第一卷:中国资本主义的萌芽》第五章第四节"景德镇制瓷业中的资本主义萌芽",北京:人民出版社,1985年,第585页。
② 刘昌兵:《海外瓷器贸易影响下的景德镇瓷业》,《南方文物》2005年第3期;Robert Finlay, *The Pilgrim Art: Cultures of Porcelain in World History*, Berkeley: University of California Press, 2010。
③ 熊寰:《中日古瓷国际竞市研究——以景德镇和肥前瓷器为例》,《中山大学学报(社会科学版)》2012年第1期。

第一个变化是本地土著与外来人群的权力更替。在明初"里甲制"对人口流动的限制下,地方百姓在承担差役的同时,也参与瓷器贸易,而瓷器贸易则被地方乡绅所垄断。罗玘笔下的浮梁黄氏便是一个很好的例子:

> 黄德恒,讳秉彝,浮梁处士也,家县之景德镇。镇之人以万室陶,天下自景德之陶盛而诸陶废,天下民用日仰于景德……以故互市日繁,货泉流潴,而四方讴歈,戏弄百具,染及盱隶,为楚越交巨镇。然其利之擅皆土,其乡之豪也,黄氏世不酣据之。处士……迹每出镇人以为祥,门之左故有桥,上度马或坠,宣德中割地以为衢,而桥亦广之称是,乡人至今德之,名之曰步云桥,志黄氏之兴也。①

"里甲制"虽制约了商品流通的规模,但依然为商业的发展留下了空间。正统年间连下禁令,限制景德镇所造官样瓷器在全国各地,尤其是在边关地区的流通,②这从侧面反映了此时景德镇瓷器在全国都有着广泛的市场。然而明中期以后,大量非本地户籍的外来人口流入景德镇,"里甲制"逐渐崩坏,"保甲"取代"里甲"成为维护地方秩序的新形式,这可以从景德镇治安情况变化反映出来。景德镇巡捕缉盗事宜原由浮梁县西北部的桃树镇巡检兼管,随着景德镇外来人群不断增加,日常事务增多,桃树镇巡检被移至景德镇。嘉靖四十二年(1563)景德镇设立了"保甲制"以加强地方治安。到了万历十年(1582),又将本府督捕通判改驻景德镇。③

---

① 罗玘:《浮梁黄处士墓表》,《圭峰集》卷19,《文渊阁四库全书》,上海:上海古籍出版社,1987年,第256页。
② 顾炎武著,黄汝成集释:《日知录集释·日知录之余》卷2,上海:上海古籍出版社,2014年,第756页。
③ 万历《江西省大志》卷7,台北:成文出版社有限公司,1989年,第830—831页。

在"保甲体制"内，外来人群去留不再受到明显约束，这极大地压缩了本地居民的生存空间。为争夺利益，双方不断爆发激烈冲突。如嘉靖十九年（1540）佣工于景德镇的乐平县民与当地浮梁百姓"各集党千余互相仇杀"；① 万历三十二年（1604）在景德镇的饶州七县民众与佣工的都昌县民又爆发冲突，"亡赖者乘以抢夺"等。② 这些冲突的背后是地方权力的争夺，在经历了明末的一系列冲突后，外来人群逐渐占据上风，到了清初，景德镇已经形成了都帮（都昌人）、徽帮（徽州人）、杂帮（本地人及其他外地人）三帮鼎立的局面，之前由乡豪垄断瓷业利润的局面一去不复返。新社会秩序的形成，使景德镇变成了我们今天所熟悉的工商业市镇。在这个市镇中，充斥着来自全国乃至世界各地的人群，维系社会秩序与完成赋役任务的不再是里甲编户，而是行帮、会馆；将大家聚在一起的不再是国家制度所带来的人身束缚，而是瓷器所带来的商业利益。

第二个变化是景德镇市镇的拓展。瓷业发展所带来的商业利润增加，以及人口流动所带来的大量廉价劳动力，使景德镇的市镇规模在明中期至清初这段时期内得以不断拓展。其表现之一是市镇面积的扩大。从考古材料看，清代景德镇的前街在明代临河，前街以西基本是清代的窑业与生活遗存。③ 这说明现在景德镇前街以西临河的这部分街道，是明清之际逐渐拓展出来的。相关文献也支持这种观点。景德镇临河洲地在清初并未进行多少开发，但随着市镇经济日益繁荣、市镇人口持续增加，这些洲地成为利益争夺的新焦点。乾隆《浮梁县志》就记载了乾隆年间苏湖会馆与当地百姓争

---

① 《明世宗实录》卷250，北京：中国书店，1983年，第5017—5018页。
② 康熙《浮梁县志》卷2，台北：成文出版社有限公司，1989年，第413—414页。
③ 白光华：《景德镇老城区古瓷窑业地下埋藏情况》，《景德镇陶瓷》2014年第5期。

夺王家洲土地的案件。① 随着开发深入，在这些洲地上逐渐形成了新街道。这一点可以从地名中看出端倪，今天的景德镇，前街以西的地名，是前街以东地名的延伸，如前街以东是彭家弄，以西就是彭家下弄。徽州会馆契约文书令我们得以窥见这些洲地不断得到开发的过程。徽州会馆购置地产的契约文书中有许多购买浮屋、浮店的契约，如康熙五十一年购入哲四巷浮楼店一间半、乾隆五十九年购入石狮埠下河巷浮店六间、嘉庆元年购入江家巷下河打船厂浮店屋一间等。② 这里的"下河巷"即"下弄"；浮店、浮屋当指沿河搭建的简易房屋。下弄的街道正是由这些简易的浮屋、浮店组成、拓展而来。

景德镇不断向外拓展规模的同时，也经历了内部肌理细密化的过程，即随着建筑与公共设施的增加，市镇空间内部的空隙不断被填补，城镇内的社交网络日益细密，城镇功能也日趋完善与成熟的过程。据方志记载，明正德至清乾隆年间，景德镇市区增加了大量公共设施，如桥梁、庙宇与渡口等（见表1），同时商人还陆续建立起大量会馆，③为满足大量涌入人口的需要，旅馆、饭店、成衣店等服务行业也愈益增多，形成新的商业街区。市镇空间外延的拓展与内涵的丰富，共同促进着城市化的发展。

景德镇的市镇变迁与瓷业发展息息相关，而海外市场的兴衰与景德镇瓷业又有莫大的联系。17—18世纪欧洲巨大的瓷器需求无疑促成了景德镇市镇经济在明末清初的飞速发展，也塑造了景德镇

---

① 乾隆《浮梁县志》卷十二，江西省图书馆藏，1960油印本，第10—11页。
② 郑乃章编：《景德镇新安书院契录》，南昌：江西人民出版社，2012年，第236—237、35、120页。
③ 具体会馆名称与位置，参见汪维培：《景德镇的会馆》，景德镇文史资料研究委员会编：《景德镇文史资料第四辑》，内部资料，1987年，第190页。

表1　正德至乾隆年间景德镇桥梁、庙宇、渡口情况

桥梁	正德饶州府志	弥陀桥
	康熙浮梁县志	弥陀桥、通津桥、十八间桥、青云桥、金花桥、拱宸桥、落马桥
	道光浮梁县志（新增）	赛金桥（康熙间建,乾隆重建）、十八间桥
庙宇	正德饶州府志	崇宁庙
	康熙浮梁县志	师主庙、五王庙、杨副使庙、晹府寺、祝禧寺、云隐庵、新兴教院、诸堂教院、五龙庵、白云庵、观音阁、翠云寺、圣寿观、义合教院、安宝教院、景德禅寺
	道光浮梁县志（新增）	福慧寺（康熙间建）、万福庵、普济庵（康熙间建,乾隆增建）、祇陀林（顺治间建,康熙增建）
渡口	正德饶州府志	明山渡、市埠渡、小河沙土渡、锺秀渡、建阳渡
	康熙浮梁县志	老鸦渡、建阳渡、李施渡、明山渡、中秀渡、崇建渡、小港渡、宝山渡

注：康熙《浮梁县志》中所载庙宇,有少部分其实创建于正德之前,由于正德府志失载无法考证,但这并不影响对于整体趋势的判断。

资料来源：正德《饶州府志》卷3,《天一阁藏明代方志选刊续编》(44),上海：上海书店出版社,1990年,第425、429、471页；康熙《浮梁县志》卷3,台北：成文出版社有限公司,1989年,第272、275—276、290、292、304页；道光《浮梁县志》,国家图书馆藏,1832年,卷3,第41页；卷10,第13页。

瓷业生产的高峰。18世纪后,英国逐渐开始主导中欧海上贸易,1791年,英国政府下令停止进口中国瓷器,次年春,英国东印度公司正式结束与中国的瓷器贸易。[①] 是年为乾隆五十七年(1792),这也正是学者们普遍认为的景德镇制瓷业走向衰落的时间节点。

[①] 彭明翰：《明清景德镇外销瓷与制瓷技术外传》,北京：文物出版社,2017年,第95页。

之后太平天国的动乱更使景德镇瓷业雪上加霜,景德镇这座城镇也随之一蹶不振。然而事实是否如此?我们有必要重新审视太平天国之后的景德镇瓷业。

二、被误读的数据:近代景德镇瓷业产值重估

太平天国的战火给景德镇带来了巨大打击,也被认为是加速景德镇走向衰落的"最后一根稻草"。若想了解近代景德镇的瓷业,这无疑是一个好的切入点。同治九年(1870)六月,江西巡抚刘坤一上疏言及太平天国战后景镇窑业状况:

> 查景德镇地方迭遭兵燹,官、民窑厂停歇十有余年。同治四年(1865),始经前署监督蔡锦青开厂烧造,老匠、良工散亡殆尽,配制、颜料多半失传。新匠不惟技艺远逊前人,即人数亦较前减少。①

战乱对景德镇的影响可谓灾难性。金武祥的日记有助我们进一步了解战后的景德镇。金武祥于同治四年十二月初八,即重开御窑厂的同一年,经过景德镇,他记录道:

> 景镇离浮梁县城二十里,城内自经兵燹,止居民百余家,衙署无存,守土官均住景镇。镇产瓷器计八十余窑,每窑须五百余人。街道绵亘十余里,为天下四大镇之一……(同治五年正月)十一日阴,出街玩瓷器,遇江济生,同行。景镇街道纷歧以

---

① 刘坤一:《刘坤一遗集》奏疏卷之六,北京:中华书局,1959年,第220页。

一百零八条巷,虽生长是镇者,路多未熟。①

乾隆时全镇民窑有"二三百区",②此时仅八十余,由此看来战乱确实破坏了景德镇瓷业生产,但破坏程度并没有数字显示的那样严重。由于此时瓷窑的容量为乾隆时的两倍多,③换算一下,可知此时的民窑产量大概比乾隆时减少了四分之一。从金武祥的描述中我们亦可以看到,景德镇城镇本身受战争影响也远较浮梁县城为小,依然保有本地人都"路多未熟"的纷歧街道,以至"守土官均住景镇"。同时,日记中多处出现购瓷及瓷行之记载,④可见此时景德镇的瓷业生产已趋于活跃。

刘坤一之上疏实欲减轻地方负担,难免有夸大困难之嫌。相较而言,金武祥的亲眼所见当更值得信赖。景德镇在战争中虽受重创,但其恢复能力似乎比学者们普遍估计的要高不少。了解此时景德镇陶瓷产值究竟有多少,有助于我们更深入地认识这一问题。梁淼泰曾对清代景德镇民窑瓷器产值有过估计,指出:"不论晚清还是民国年间景瓷最盛之年,其产值都未达到银500万两。"⑤我们注意到有一些材料与他的说法并不相符:

---

① 金武祥:《金湜生日记》,《晚清四部丛刊第六编》59,台北:文听阁图书有限公司,2011年,第105—106、110页。
② 唐英:《陶冶图编次》,道光《浮梁县志》卷8,国家图书馆藏,第43页。
③ 熊寥:《中国古代制瓷工程技术史》,太原:山西教育出版社,2014年,第632、683页。
④ 如同治四年十二月廿四日至财神巷悦东号瓷行;同治五年正月十七日阴至东司岭、江家巷、黄家洲等处买瓷器;同治五年正月二十日阴微雨至塘塝塸熊和泰瓷行;同治五年正月廿一日阴至老巷口买瓷。参见金武祥:《金湜生日记》,《晚清四部丛刊第六编》59,第107、111页。
⑤ 梁淼泰:《明清景德镇城市经济研究》,南昌:江西人民出版社,1991年,第157—158页。梁先生取北村弥一郎所记光绪末年银钱比例,即1两约折合1.5元,进行换算。为便于比较,本文其他数据亦皆取此比例进行换算。

> 景德镇瓷器年产约二十万公担,往昔盛时,瓷品输出远及欧美,每年总值常在千万两以上,清同光以后,历年由九江关输出最高额为民国十八年(1929),亦达一二七,〇〇〇公担,约值五百六十万元……兹据瓷业中人估计,每年瓷器出省,约在七,五〇〇,〇〇〇元左右。①
>
> 景德镇之营业,繁盛之时,年达千余万元。②
>
> 景德镇之瓷,名闻世界,欧战以后,(1918年)出口最高额至二千七八百万元。③

如果以上三则材料数据可信的话,则晚清民国景德镇瓷业产值要远高于梁先生的估计。若想解释这种抵牾,还需重新考察各项数据的来源。上引《江西省贸易概况》中提到了"总值"与"九江输出额"这两种数据,其中"九江关输出额"正与梁先生所引文献数据相合。事实上,正是由于将九江关输出额误为景德镇瓷器总产值,才造成了数据的差异与混乱。

1935年出版的《江西之瓷业》所载《七十年来江西瓷器输出数量及指数表》是梁先生引用的重要材料之一,他注意到其中一个令人费解的现象,即同治三年景镇瓷器出口一度达到66 178担,而此后除光绪二十二年(1896)至二十五年(1899)曾达到5万担左右外,其余年份均约二三万担,光绪五年更是低至5 046担。他将这一现象同柯逢时、黄炎培之说法相互印证,得出"光绪二十年以前,景镇瓷业似仍处恢复阶段"的结论。④ 然而,这并不能完全解释为什么同治三年战火尚未完全平息之时瓷器出口数量反而远高于战乱平息

---

① 江西省政府建设厅编:《江西省贸易概况》,1938年,第16页。
② 黎浩亭:《景德镇陶瓷概况》,南京:正中书局,1937年,第6页。
③ 《战时的江西经济》,《江西统计月刊》1938年第1卷第12期,第73—74页。
④ 梁淼泰:《明清景德镇城市经济研究》,第157页。

之后,而出口最低值又出现在光绪五年? 其实,这些数据反映的并非景镇瓷业产值之变化,而是九江海关管理状况之变化。《九江港史》利用招商局档案,对九江关的瓷器出口进行了考察:

> 19世纪70年代,九江海关税务司对瓷器出口稽查很严,手续苛繁,征税无度……故经营瓷器的商人视为畏途,改从陆路外运,致使"九江关出口瓷器日形短少"。1878年、1879年下降至5~6千担。后来,九江关道洪绪禀报南洋通商大臣,请求对瓷器出口"不必拆开细验",不论粗细瓷器,统一征税,被批准。1880年九江港遂取消对瓷器拆开细验的规定,瓷器出口量趋于回升。①

九江关税务司严苛稽查的年份恰可与表中这一看似令人费解之现象相印证,充分说明并非景德镇瓷业在这一时期十分衰落,而是九江关数据难以反映真实的景德镇瓷业销售状况。时人十分清楚瓷器贸易中存在大量不经过九江关而"取道内地"的货物,②即使经过九江关的瓷器,也并非全部为海关所统计。因为"瓷器由帆船运输出省者,为数不少",③而海关仅统计轮船而不统计帆船。由此我们可以确知,绝不能将九江关之数据等同为晚清民国景德镇瓷业之产值,后者要远高于前者。那么,景德镇瓷业之产值"年达千余万元"的相关数据又是否可靠呢? 我们可以《江西省贸易概况》的数据来源为例。此书于1938年由江西省政府建设厅编印,其统计采取了

---

① 孙述诚主编:《九江港史》,北京:人民交通出版社,1991年,第97—98页。
② 如柯逢时奏章中曾言及此事:"至于征榷,则税重而厘轻。江西瓷厘不及原价十分之一而洋关纳税则权其轻重,别其精粗,辨其花色,几逾十倍。故商人办运皆取道内地,绕越海关,独与他货异辙。"刘锦藻:《清朝续文献通考》卷383,杭州:浙江古籍出版社,2000年,第11302页。
③ 江西省政府建设厅编:《江西省贸易概况》,第16页。

"向各同业公会中人或熟习各业情形者分别商讨,大概估计一个输出或输入之数字,并就近四年来九江关每年输出输入之平均数相核对"①的办法,所列数据既有总产值,亦有九江海关输出值,还有对出省产值之估计,可谓十分全面。因此,其数据虽未必为一确数,但应当相对可靠。材料中所说年产千万两以上的具体时间点虽无法确定,但综合来看,清末民初景德镇瓷器的平均年产值约在800万两。

总之,咸、同年间景德镇瓷业生产因战争原因有所下降,但远非衰落,一旦战事结束,瓷业生产便重新活跃起来。遇到特别的机遇,比如欧战爆发,年产甚至能够达到将近3 000万元。若单纯以产值论,近代景德镇瓷业实难言衰落。

三、市场选择:近代景德镇瓷器质量下降原因的再解释

如果说近代景德镇的瓷业产值在以往研究中由于对数据的误读确实被低估了,那么近代景德镇出产瓷器的质量下降则是无法回避的事实。这是否依然足以证明景德镇的落后呢?我们以为,景德镇瓷器质量的下降,是生产者针对市场变化而主动做出的策略性调整,并不能由此判断近代景德镇瓷业的衰落与否。

毫无疑问,欧美市场的丧失对景德镇瓷业是一个沉痛打击,但将市场丧失的原因完全归结于景德镇瓷业的自闭守旧、技术落后则是超历史的。面对市场的波动,景德镇制瓷业者并未坐以待毙,而是积极调整生产策略以适应这一变化。欧洲市场的丧失令景德镇

---

① 江西省政府建设厅编:《江西省贸易概况》,第15页。

制瓷业者将目光转向了国内市场,而这一市场对于中高端瓷器的需求量十分有限,比起艺术性与工艺性,消费者更追求实用与廉价。这使得景德镇制瓷业不断扩大瓷窑容量以提高产量,因而导致了瓷器质量的下降。若我们深入考察近代国内的陶瓷市场,研究景德镇瓷器在国内市场的表现,以及与进口瓷器的竞争,便可以看到这一生产策略所起到的效果。

(一)景德镇瓷器与其他国产瓷器的比较

景德镇瓷器相比国内其他地区瓷器,占有最大的市场份额,且其优势明显。其他主要产瓷地区,如福建与广东的产品,往往可以在本地及周边地区拥有较大的市场占有率,但真正能覆盖全国市场的,只有景德镇瓷。下面以天津、上海、广州三地为例进行说明。

天津是北方最大的陶瓷器集散中心,整个北方的陶瓷器供应,除少量自产自销外,最主要皆来自天津。而这些瓷器,除部分产自直隶省大名府磁州等地外,一半以上来自景德镇。① 1896—1916 年天津海关瓷器贸易情况如表 2 所示,此 20 年间天津海关进口国产瓷器价值除部分年份受战争影响有所下降外,基本呈平稳上升态势,最后稳定在 90 万—100 万两左右,可见北方陶瓷市场需求量之大。另一方面,据日本农商务省技师北村弥一郎 1907 年对天津瓷器行的访问,景德镇瓷器 1906 年输入额为 80 万圆左右(约合海关两 52 万两),②

---

① 其中中高档瓷更是基本为景德镇瓷所垄断。外务省通商局:《通商汇纂》第 49 卷 141 号、第 142 卷 5 号,东京不二出版社,1996 年,第 257、364—365 页;外务省通商局:《通商公报》第 36 卷 299 号、第 57 卷 481 号,东京不二出版社,1997 年,第 694、1102 页。

② [日]北村弥一郎:《清国窑业视察报告》,东京农商务省商工局,1909 年,第 122 页。

占当年津海关瓷器贸易的六成左右。即使考虑钞关输入额,[1]景德镇瓷器亦当占天津输入国产瓷器总额的一半以上,由此亦可见景德镇瓷器在中国北方市场的地位。

表2 1896—1916年天津海关国产瓷器进口额

单位:海关两

年份	精瓷	粗瓷	合计	年份	精瓷	粗瓷	合计
1896	267 854	237 456	505 310	1906	474 450	446 970	921 420
1897	306 194	245 733	551 927	1907	602 450	549 585	1 152 035
1898	303 503	249 510	553 013	1908	577 200	363 375	940 575
1900	157 006	128 062	285 068	1909	509 940	414 135	924 075
1901	79 495	128 184	207 679	1910	628 950	425 640	1 054 590
1902	487 433	418 592	906 025	1911	549 949	337 836	887 785
1903	481 435	421 860	903 295	1913	529 162	367 268	896 430
1904	224 575	280 740	505 315	1914	505 018	355 951	860 969
1905	280 563	275 760	556 323	1916	581 280	385 195	966 475

注:1896—1898年数据原单位为日圆,按1银元兑换1.54日圆换算。
资料来源:外务省通商局:《通商汇纂》第49卷141号、第142卷5号,东京不二出版社,1996年,第257、364—365页;外务省通商局:《通商公报》第36卷299号、第57卷481号,东京不二出版社,1997年,第694、1102页。

上海在近代中国之商业地位之重要毋庸赘言,也是陶瓷器的重要集散地之一。据北村弥一郎的调查,景德镇瓷器在上海市场上亦

---

[1] 1916年报告另外记载了天津钞关的陶瓷器输入金额为259 795两,两者相加总计1 226 270两。

占有最大份额,年销售额约 123 万圆(海关两 80 余万两),①这一数字要明显大于 1902—1907 年上海海关每年进口的国产瓷器金额,与 1908 年相当(见表3)。而海关进口额中应包含部分景德镇之外的国产瓷器,可见其所统计的景德镇瓷器进口额比北村氏调查的销售额要低。这一数据差异可能是由于有大量瓷器并未经由海关进入上海市场,或海关的进口额更接近成本价而北村氏调查的销售额更接近市场价造成的。

表3 1902—1911 年上海海关国产瓷器进口额

单位:海关两

年份	瓷器	粗品	合计	年份	瓷器	粗品	合计
1902	184 743	28 519	213 262	1907	301 999	10 602	312 601
1904	242 194	27 894	270 088	1908	806 481	7 625	814 106
1905	190 520	5 206	195 726	1910	920 310	582 872	1 503 182
1906	284 524	10 679	295 203	1911	878 901	546 686	1 425 587

资料来源:外务省通商局:《通商汇纂》第 144 卷 13 号、第 183 卷 4 号,东京不二出版社,1996 年,第 28—29、314 页。

最后是广州,在景德镇有许多以地缘为纽带从事瓷器贸易的商帮,其中"以广东帮之销路为最大"。② 虽然广东有汕头、佛山等本地制瓷中心,但景德镇瓷器在广州的年销售额亦约有百万圆。据北村氏观察,在佛山瓷器店中所陈列的八九成都是景德镇瓷器。③ 总之,通过

---

① [日]北村弥一郎:《清国窑业视察报告》,第 117 页。
② 《景德镇瓷业调查报告》,江西省政府统计处,1948 年,第 55 页。
③ [日]北村弥一郎:《清国窑业视察报告》,第 113 页。

对近代国内三个重要陶瓷市场状况的考察,我们可以明确,在与国内其他陶瓷器产地的竞争中,景德镇始终能够保持自己的优势地位。

(二)景德镇瓷器与洋瓷的比较

若将景德镇瓷器与国外进口瓷器进行比较,其优势依然明显,为时人所担忧、后世学者所诟病的洋瓷倾销远没有想象中那么严重。表4是1900至1916年中国进口瓷器输入情况,洋瓷的进口额确实在提升,但这并不能说明国产瓷器市场的衰弱。

表4　1900—1916年洋瓷进口额　　单位:海关两

年　份	总　计	年　份	总　计
1900	285 068	1908	940 575
1901	207 679	1909	486 938
1902	906 025	1910	686 546
1903	903 295	1911	772 012
1904	505 315	1914	1 051 159
1905	556 323	1915	784 739
1906	921 420	1916	971 802
1907	1 152 035		

资料来源:外务省通商局:《通商汇纂》第142卷5号、第183卷4号,第364—365、313—314页;外务省通商局:《通商公报》第61卷513号,第337—338页。

首先,进口瓷器的总量不大,很多年份甚至不如天津或上海一港的国产陶瓷器输入量。具体到个别港口,这一差距则更为明显。

上海是输入洋瓷最多的口岸之一,若以 1902—1911 年间上海输入外国陶瓷器数额(表 5)与表 3 进行对比可以看出,洋瓷占比浮动非常大,1905—1907 年间,洋瓷进口数额一度可与国货数额分庭抗礼,但在此段时间之外,则只能占到 5%—7%。我们已经知道 1907 年左右上海海关统计的国产陶瓷器数额要远低于实际数额。再结合表 4 数据,我们估计洋瓷在中国市场上的市场占有率大概不会高过 5%—7%。

表 5　1902—1916 年上海海关洋瓷进口额*

单位:海关两

年份	瓷器 (China- ware)	食器 (Crockery)	粗品 (Pottery & Earthen ware)	合计	年份	合计
1902	7 026	84 496	2 236	93 758	1910	108 413
1904	12 225	73 111	9 126	94 462	1911	104 701
1905	9 837	111 295	17 508	138 640	1912	163 788
1906	4 268	141 765	18 793	164 826	1913	357 642
1907	1 137	130 879	24 832	156 848	1914	304 685
1908	338	82 994	34 142	117 474	1915	185 254
1909				79 416	1916	230 558

*1912、1913 两年所用数据为进口额,其他年份皆为进口额减出口额。

资料来源:外务省通商局:《通商汇纂》第 144 卷 13 号、第 183 卷 4 号,第 28—29、313—314 页;外务省通商局:《通商公报》第 36 卷 299 号、第 61 卷 513 号,第 694、337—338 页。

其次,洋瓷的消费者人群有限,据日人调查,这些输入上海的洋瓷,80% 在上海被消费掉,剩下 20% 主要输出江苏、浙江及长江沿岸和内地。但这些地方还未开风气,对于以咖啡杯、红茶杯、西式餐具等为主,面向特定人群的外国瓷器的需求量不大,因此进口瓷器事实上并未成功进入广阔的中国腹地,主要面向的是极个别的大城市和通商口岸。①

最后,这些洋瓷在质量上相较景德镇瓷器亦未见有过人之处。日本瓷器在进口洋瓷中所占比例最大,为进一步扩大中国市场,日本商务部进行了许多细致的市场调查。在这些市场调查中,往往坦承日本瓷器相较中国瓷器有许多不足之处,其一是售价高。调查皆指出,中国市场上最大的需求是质量好又便宜的餐具,而质量较好的日本瓷器往往被商人视为奇货可居的洋货而抬高价格,使大多数消费者望而却步。② 其二是质量差。质量较好的日本瓷器在价格竞争上不占优势,而较为廉价的日本瓷器则往往存在质量问题。1907年针对在广东省销售的日本陶瓷器的调查指出,日本瓷器往往品质脆弱,容易损坏;即使外表华丽,却容易漏水。③ 其三是不符合中国人的审美需求。综上,在面对洋瓷竞争时,包括景德镇瓷器在内的本土瓷器也并没有丧失其优势。

四、近代景德镇瓷业组织的运作逻辑与协调机制

我们既然已经知道不能简单由产值和产品质量推导出近代景德镇的衰落,便再来重新审视景德镇瓷业生产与销售的组织形式,

---

① 《通商汇纂》第 183 卷 4 号,第 313—314 页。
② 《通商汇纂》第 89 卷 20 号,第 203 页。
③ 《通商汇纂》第 114 卷 52 号,第 479 页。

探讨它为前人所诟病的高度垄断性与社会分工。

　　景德镇瓷业的组织形式与当时的社会经济结构相符。在传统中国乡村社会,大部分农民挣扎在生存线边缘。斯科特指出,这种生存状态下传统乡村社会中的农民,拥有一套不同于市场经济下"理性人"的逻辑与观念:比起追求更高的利润,他们往往趋向于选择更低的风险。在他们看来,行动的准则是"在村民们所控制的资源允许的范围内,将保证所有的村民家庭都得到起码的生存条件"。① 这种选择使农民在陷入经济危机时十分依赖邻里亲族的帮助,而互帮互助的生活方式也形塑了他们的公平、权利与互惠观念。会馆、行帮,正是在这种需求的基础上建立起来的。景德镇的窑户、工人与商户,多来自周边人多田少的地区,如瓷业工人多来自都昌县东乡,这里"平均每人分不到一分地",并且"常遭鄱阳湖水浸"。②在这种条件下艰难求生的人们在组成行帮、会馆后,便会愈发注重维护这一套传统观念。

　　一方面,社会救济是所有行帮、会馆最重要的功能之一。如新安书院的同仁局、都昌会馆的福缘社,都是专门施助棺木、负责义冢、义醮的慈善组织。③ 另一方面,由于行帮内部的互惠纽带十分强大,使其具有了某种垄断性。在景德镇,这种垄断性最为极端的表现就是"宾主制",即将交易关系世袭化、固定化。《中国资本主义发展史》将这种较强的垄断性的出现视为清中后期商业竞争日益激烈

---

① [美]斯科特:《农民的道义经济学》,陈立显等译,南京:译林出版社,2001年,第51页。
② 梁淼泰:《明清景德镇城市经济研究》,第377页。
③ 新安书院同仁局参见王振忠:《商帮、产业分布与城市空间——17世纪以来景德镇徽州会馆之管理与运作》,《历史地理》第33辑,2016年第1期,第175—221页。都昌会馆福缘社参见《古南福缘社重建碑》,江西省历史学会景德镇制瓷业历史调查组编:《景德镇制瓷业历史调查资料选辑》(内部资料),1963年,第20—21页。

的结果,①这一看法十分准确,但我们也同样应当认识到,这种"宾主制"实际上是农民公平、互惠观念在市场因素冲击之下的一种变体。波兰尼指出:"现代人看来是短视做法的排除竞争性,在当时的情况下却是保障市场运作的手段。"②瓷业生产本身风险极大,烧制失败的情况时有发生,而小窑主往往成本低微,抗风险能力差,故瓷窑易主的情况十分普遍。窑主尚且如此,普通工人处境则更为艰难。"宾主制"的实施,在当时情况下本质上是对瓷业共同体的一种特殊保护形式。欧洲市场的丧失加剧了竞争的激烈程度,这也使整个瓷业组织自觉发生变化,以尽可能保障所有人的生存条件,而不是在竞争中不断扩大不平等。

当然,在这种乡村平等主义下总会有人致富,但这些富人受社会观念的制约,也需要承担更多的社会责任。民国时期景德镇出现了"三尊大佛""四大金刚""十八罗汉"等对镇中富户的排位,这种排位来自政府摊派捐款的层级,③展现了财富数量与社会责任的对应关系。景德镇人的选择基于他们的生存状态以及所处的社会环境,与其对其"落后"进行批判,不如更多关注其中传统乡村社会的运作逻辑,并考察其在面对新环境时的变化。正如希克斯所说:"一个完善的非市场体制,正像一个完善的市场一样,是不现实的。"④我们不能用纯市场化的标准去评价景德镇的瓷业组织,但它也绝非与

---

① 许涤新、吴承明主编:《中国资本主义发展史第一卷:中国资本主义的萌芽》,北京:人民出版社,1985年,第584页。
② [英]卡尔·波兰尼:《巨变:当代政治与经济的起源》,黄树民译,北京:社会科学文献出版社,2017年,第121页。
③ 谭克镛口述,程霍然整理:《三尊大佛四大金刚十八罗汉的由来》,景德镇文史资料研究委员会编:《景德镇文史资料第四辑》,内部资料,1987年,第100—103页。
④ [英]约翰·希克斯:《经济史理论》,厉以平译,北京:商务印书馆,2009年,第11页。

市场体制格格不入。景德镇瓷业组织在大规模跨区域贸易中运转良好,对于商品质量的及时调整也显示出它们在面对市场变化时并非不知变通。当行帮间出现纠纷与冲突时,也存在着一套行之有效的调解机制。我们通过一个例子来看景德镇行帮之间,当遇到纠纷时怎样进行协调。

道光十九年(1839),湖北马口帮瓷商吴千和等人与茭草行(负责瓷器运输的包装)冯善发等人就瓷器包装费用重新订立了合同并刻碑为证。事情的起因,是有人想破坏双方早已结成的"宾主"关系,强揽马口帮的瓷器包装业务。针对此种现象,碑文指出"非客帮被害,即草头(即茭草行首领)受害情弊深为可悯"。[1] 可见"宾主制"在当时的社会环境下确实能够维护交易双方的利益,故任何一方皆不愿现有的"宾主"关系被破坏。此碑于同治四年(1865)重刻,是双方在此时进一步确认了合同的有效性。这种互利的关系中并非没有冲突。宣统元年(1909),湖北瓷商组织同庆社便与茭草行围绕包装费用的上涨发生了诸多争执,从刊刻在湖北书院的碑文中我们可以看出纠纷调解展开的程序。首先是当事双方进行协商,协商无果则呈请商会裁定,最后由浮梁县令发布命令,刻石为证。从碑文中我们可以明显看出县令对于双方的平衡,首先,茭草行涨价的要求得到了满足,可谓赢家。但碑文中充满了县令警告性的话语,先是指责茭草行"不明大义,惟知利己,欲翻旧章加价",在同意加价之后又反复申说:"嗣后尔等工资,务须遵照此次商会议定章程办理,不得稍有违背争竞。倘敢故违……定即拘按严惩。"[2] 并明确对

---

[1] 江西省历史学会景德镇制瓷业历史调查组编:《景德镇制瓷业历史调查资料选辑》(内部资料),第8页。
[2] 江西省历史学会景德镇制瓷业历史调查组编:《景德镇制瓷业历史调查资料选辑》(内部资料),第9页。

茭草行在日常经营中可能存在的作弊行为进行严禁。县令的这些言论无疑保护了瓷商,将其损失尽可能减小,并对类似事件的再次发生做出了预防,从中也体现出传统社会的公平观念。

我国虽然早有针对市场的法律规范,但涉及具体的商业事务纠纷,则往往需要借助民间自发形成的商业管理,即"旧章"。这使得"旧章"在一定程度上具有法律效力,因此格外为人们所重视。当合同被刻之于碑,成为"旧章"时,往往伴随着"永远恪遵"之类的话语,这使得一些学者会产生传统市场运作十分刻板,行帮组织垄断、守旧的误解。事实上通过同庆社与茭草行的纠纷与调解我们可以发现,所谓"旧章"可以随着市场环境的变化不断更新。"新章"诞生时会遭到旧章支持者的强烈反对;新章诞生后,出于维护市场与社会秩序的考虑,地方官员可能也会强调变乱旧章不可取,下不为例。但这些行为并不会阻止新章的出现,而是不断将"新章"变成"旧章",赋予它们"旧章"所拥有的合法性地位。

总之,近代景德镇瓷业组织的运作逻辑并未脱离传统乡村社会的影响,表现出浓厚的道义经济特征,学者们所总结的垄断性与分工性,正是传统的公平、权利与互惠观念下的产物。但这种植根于传统社会的组织形式在面对近代市场冲击时并非毫无还手之力。我们可以看到,景德镇的瓷业组织拥有良好的社会协调模式,使其可以积极应对新市场环境所带来的挑战。事实上,一直持续到民国十几年的大规模跨区域瓷器贸易,正说明了这种瓷业组织形式所具有的弹性。

五、余　　论

如果一位旅行者在民国初年到达景德镇,他会看到当时在全中国都罕见的奇异景观:镇中遍布高耸的烟囱,烟囱中冲出的黑烟遮蔽天空。① 镇里每一个角落都有大大小小的制瓷作坊,从外面就可以看见工人们在其中忙碌的身影。狭窄的街道上,担着各种原料、柴薪、成品、半成品的挑夫来来往往,络绎不绝。河岸边,上千只帆船停靠在那里,一眼望不到头。② 这是一座充满活力的城镇,它的活力源自瓷业的持久与繁荣;反过来,城镇的成熟发展,也为制瓷业的活力提供了保障,使之具有强大的变革与转型能力,在海外市场丧失后也并未陷入衰落。直到后来国内长期政治形势的动乱严重影响到贸易的维持,才令这一切发生了改变。

对于传统手工业与代表近代化的机器工业间的关系,学术界历来有两种不同看法,一是肯定二者间的连续性,指出后者在前者基础上发展而来,二者具有互补性;③二是认为前者是后者前进路上的障碍,二者难以和谐共存。④ 出于对两种观点的调和,彭南生提出了"半工业化"的概念。这一概念将商品数量有限、流通范围小、生产水平低的传统手工业与"半工业化"手工业进行了分离,从而有效地搭建出一条由传统手工业向近代机器工业演进的发展脉络,对近代

---

① 光绪十七年(1891),景德镇已有柴窑三十几座,槎窑八十几座,到了民国十几年,柴窑最盛达112座,槎窑7座。柴窑在容量与烧造质量上皆高于槎窑。江西省历史学会景德镇制瓷业历史调查组编:《景德镇制瓷业历史调查资料选辑》(内部资料),第37页。

② 东亚同文会编:《中国省别全志》第11卷,东京:南天书局,1988年,第84页。

③ 樊百川:《中国手工业在外国资本主义侵入后的遭遇和命运》,《历史研究》1962年第3期;戴逸:《中国近代工业和旧式手工业的关系》,《人民日报》1965年8月20日;吴承明:《中国近代经济史若干问题的思考》,《中国经济史研究》1988年第2期;史建云:《从市场看农村手工业与近代民族工业之关系》,《中国经济史研究》1993年第1期;彭南生:《中间经济:传统与现代之间的中国近代手工业(1840~1936)》,北京:高等教育出版社,2002年。

④ 汪敬虞:《中国近代手工业及其在中国资本主义产生中的地位》,《中国经济史研究》1988年第1期;陈庆德:《论中国近代手工业发展的社会基础》,《云南财贸学院学报》1990年第3期;[美] 黄宗智:《华北的小农经济与社会变迁》,北京:中华书局,2000年。

中国手工业研究具有十分重要的借鉴意义。但历史显然还要更为复杂、多样。如本文所论述的景德镇制瓷业,直至1949年依然延续传统手工业生产模式,但从清末至民国很长一段时间内瓷业贸易一直保持良好势头。这提醒我们,自上而下地推行工业化并不一定能达到理想效果,而"不工业化"也并非必然陷入衰败。一方面,我们不应否认工业化确实对一些传统手工业产生了较大冲击,但另一方面我们也应当谨慎注意不同数据、材料来源,与发言者的动机。①

对景德镇制瓷业的研究,一方面提醒我们传统手工业种类众多,区域差异巨大,需要通过更多的个案研究去深化、扩充我们的认识;另一方面也提示我们需要更为细致地去考察传统市镇的近代变迁,从而更好地发掘传统中国城市在近代转型中的多样性与差异性。

作者单位:上海师范大学人文学院

(原刊于《城市史研究》2020年第1期)

---

① 艾约博便指出民国时很多对于传统手工业的贬低是出于精英专家试图将技术由普通手工业者集中到自己手上的宣传手段。参见[德]艾约博:《以竹为生:一个四川手工造纸村的20世纪社会史》,韩巍译,南京:江苏人民出版社,2016年,第103页。

董作宾与历史语言研究所殷墟发掘（1928—1937）

苏晓涵

摘　要：在殷墟发掘中，董作宾作为历史语言研究所中的河南籍学人，虽受制于时代政治与学术制度，却能官方接洽与私人交谊并用，利用其对省情民情之熟悉，在化解中央学术机构与地方、域外学人等矛盾中发挥重要作用，为发掘工作塑造了良好外部环境。董氏参与发掘工作的实践，使得其考古学、史料等相关学术观念发生了转变，同时也保障了该机构之发掘主导权，继而确保了其在20世纪中国古史重建运动中的地位。

关键词：董作宾　殷墟发掘　历史语言研究所

1928—1937年，由"中研院"历史语言研究所领导的殷墟15次大规模考古发掘，发现了大量与殷商研究有关的甲骨、器物等新史料，故在20世纪中国古史重建运动中占有重要位置。在殷墟发掘中，河南政府和地方士人出于区域利益的衡量而反对由中央学术机构主导发掘，机构内发掘人员新旧观念存在差异，域外学人觊觎发掘权等因素均使史语所主导的殷墟发掘面临停顿的危险。而化解各方矛盾，确保史语所工作顺利进行的关键人物，是河南籍的史语所研究人员董作宾。通过回顾董氏受聘史语所主持殷墟调查的经过及史语所殷墟发掘困境中董氏在中央机构学人、河南地方人士、域外学术机构之间的斡旋，在澄清史实基础上探讨现代学术机构建设过程中由于"人的因素"而导致的成败得失，借此对中国现代史学发展中，学术研究与社会实践相互塑造、彼此缠结的现象作一管窥。①

一、殷墟发掘的初步尝试

自晚清甲骨首现河南，即引起学界的瞩目与讨论。1928年傅斯年受命组建史语所，随即通过"中研院"把"殷墟发掘"纳入工作范围。彼时，董作宾因母病，自广州中山大学返回河南南阳，在省立南阳中学兼课，随后便收到傅斯年的邀请，成为史语所通信员，负责殷墟的调查工作。②

傅斯年在致"中研院"的专函中不仅称赞董氏"年少绩学，天资

---

① 就笔者目力所及，目前学术界可能尚无依据"史语所档案"、信札、日记等重回历史现场，直接探讨董作宾在殷墟发掘中重要作用的文章，但在论述董作宾的古史研究、"史语所"的考古活动等方面时，对该主题略有涉及。参见聂玉海：《董作宾与安阳殷商都城的科学发掘》，《殷都学刊》1991年第2期；王学春：《豫籍甲骨学家董作宾》，《开封大学学报》1995年第1期；孙心一：《董作宾先生在开封》，《河南大学学报》1996年第2期；郭新和编：《董作宾与甲骨学研究》，开封：河南大学出版社，2003年；李雪山编：《董作宾与甲骨学研究续编》，北京：中国社会科学出版社，2007年；陈洪波：《中国科学考古学的兴起：1928—1949年历史语言研究所考古史》，桂林：广西师范大学出版社，2011年。而新近发现的材料，可以为考察董作宾在殷墟发掘中的具体活动提供重要参考。
② 杨家骆：《董作宾先生自订年谱节录》，《学粹》（台北）1963年第6卷第1期。

学力俱茂",在提到选择董作宾担任首次发掘的调查人之理由时,一方面:"董君著文亦多创见,如其商正王静安君《唐韵》之作,即可见其从学之方术。"①另一方面:"他是一位河南学者,他的意见对河南省会的教育界及乡镇的人士们有决定性的影响。"②事实上,相较同时期的学人,董作宾的从学之路确实颇具特色。1895 年其生于河南南阳一户寒门之中,无家学背景,1918 年于河南育才馆从时经训学习,始知甲骨文字,同时,结识乡贤张嘉谋,受其举荐,于 1922 年至北京大学旁听同乡学者徐炳昶的课程,以油纸影写《殷墟书契》前编拓本。③ 1923 年成为北大国学门研究生后,不但加入考古学会,与顾颉刚、马衡等共同参与清宫文物点查等活动,④更编校《歌谣周刊》,于早期民俗调查活动着力甚多。

可以看出,加入史语所前,董氏的行学轨迹虽无西学背景,但其确在北平、河南学界诸学人中积累下交谊。加之董氏又知晓甲骨文字,这无疑使得担心发掘活动受到地方阻碍的傅斯年对其十分倚重。

1928 年 6 月,董作宾拟定调查办法大纲三则,时间上以两个月为限,地点上"拟先向安阳调查小屯村及殷墟所在,次向洛阳城东寻求前岁发现三体石经之地",此方法,与傅氏所提倡"第一步想沿京汉路,安阳至易州""第二步是洛阳一带,将来一步一步的西去,到中

---

① 《傅斯年、顾颉刚、杨振声呈"中研院"》(1928 年 6 月 6 日),王汎森等编:《傅斯年遗札》第 1 卷,北京:社会科学文献出版社,2015 年,第 101 页。
② 李济:《南阳董作宾先生与近代考古学》,《传记文学》1964 年第 4 卷第 3 期。
③ 严一萍:《董作宾先生年谱初稿》,《董作宾先生全集》乙编第 7 册,台北:艺文印书馆,1978 年,第 1—36 页。
④ 许凯:《北京大学对故宫博物院早期事业的贡献(1924—1933)——以研究所国学门为中心的探讨》,李文儒编:《故宫学刊》第 8 辑,北京:故宫出版社,2012 年,第 314 页。

央亚细亚各地"之工作步骤十分切合。① 同时,董氏亦希望"须大学院发给'调查河南古迹古物委托状'为凭"。② 傅氏对此甚满意,将大纲列入向"中研院"汇报的专函中。

1928年7月,董作宾正式赴开封与当地接洽考察事宜,寓住于开封北仓女子中学。③ 此校系早年引荐董氏入读北大国学门的张嘉谋所创立。④ 彼时张氏,已是兼跨河南政、学二界的要人。与张氏商议后,董作宾敏锐注意到了与此前设想不同的情况。一方面,董氏向傅斯年建言:"此间学界窘甚,挪借颇不易,弟已请杏佛先生将款汇下,能全由银行汇来更好,不则先汇若干,以供急需。银行不便,商务印书馆亦可代汇也。"当时恰值河南刚结束长期战乱,冯玉祥名义上服从中央时期,地方学界已无力挪借考察费用。另一方面,其言:"弟本拟请研究院给以凭证,以便向地方政要接洽,继思倘一张扬或恐无知土人反对,于调查诸多不便,犹不如私人探访为宜。"并提醒傅氏:"惟将来发掘,则非有中央明令不可。因豫民顽固,故非有政府高压,不易举办也。"⑤ 可以看出,董氏希望先凭借自身在豫省的私人交谊,试探清楚各方态度,再以中央学术机构的名义进行正式交涉。

在以私人探访形式了解清楚各方面情况后,董氏即向傅斯年汇报:"关于派员主办一事,兄与颉刚、金甫三人中能来一人最好!因

---

① 傅斯年:《历史语言研究所工作之旨趣》,《历史语言研究所集刊》第一本第一分,1928年。
② 《傅斯年、顾颉刚、杨振声呈"中研院"》(1928年6月6日),《傅斯年遗札》第1卷,第101页。
③ 《董作宾致函傅孟真》(1928年7月13日),《史语所档案》:元23-41-2。
④ 曾克编:《春华秋实——开封北仓女子中学回忆录》,开封:河南人民出版社,1985年,第2页。
⑤ 《董作宾致函傅孟真》(1928年7月13日),《史语所档案》:元23-41-2。

涉及交涉进行诸多便利,亦足以昭示郑重。"①初次安阳调查时,傅氏虽未亲至,但对董氏在安阳的接洽情况非常关注。

  此外,董氏亦深知与地方协作之必要。其在主持发掘前夕,曾致函傅斯年,商讨发掘团人选。其言:"在汴曾请省委员张统三君吃饭,适李春昱君亦到省,即邀同聚餐。李号赓阳,为北大地质系新毕业同学,人极诚恳,一见如故。赓阳又善摄影,已允担任此项工作。"②可见,有近代地质学背景、河南省籍加上与董氏、傅氏有师生同窗之谊的李春昱,此时成为董氏心中负责发掘、摄影、测绘工作和沟通地方的人选。傅氏对此安排亦十分满意,曾于致董作宾信中直言:"李君报酬似可加若干,如何?"③同时,董氏亦向傅氏汇报在豫接洽的情况,他谈道:"由汴同行者为郭宝钧(子衡),教育厅委员,为弟帮忙者。昨日一面迁居彰德高中,一面由弟与郭子衡君同赴小屯调查。高中校长赵志臣因公赴沪,其教务主任梁枢庭君亦郭君同学(师大),招待甚备,为弟等安置住室五间,与该校教员住宅在一起,即在一起打伙,甚为方便。"④其实,郭氏自1906年起便与董作宾为同学,至其从"北京高等师范(即北京师范大学前身)毕业后,即回南阳师范服务,教数学,董作宾先生尚是他的高年级的学生"。⑤ 彼时,郭氏除了为董氏在安阳的考察提供住宿等便利外,更是动用自身在河南教育厅的政治资源,为董氏引荐了建设厅长张钫等要员。而董氏于郭宝钧,亦多有提携。其在殷墟发掘工作展开之后,致专

---

① 《董作宾致函傅孟真》(1928年8月30日),《史语所档案》:元23-1。
② 《董作宾函傅孟真》(1928年10月9日),《史语所档案》:元23-41-6。
③ 《傅斯年致董作宾》(1928年11月3日),《傅斯年遗札》第1卷,第115页。
④ 《董作宾函傅孟真》(1928年10月9日),《史语所档案》:元23-41-6。按:( )中内容为信函作者所加,下同。
⑤ 石璋如:《殷墟发掘员工传》,"中研院"史语所,2017年,第345页。

函于傅斯年,力荐郭宝钧为史语所助理研究员,其言:"拟邀郭宝钧君为弟等帮忙,郭君上次曾被河南教育厅派往协助,于接洽地方,办理交际乃计划发掘,襄助之处甚多,又喜研究考古及文字学,著有《新法检字书》及《河南故都考》,于田野工作亦极有兴趣。倘能由本所聘为助理员,于发掘前途,当有不少裨益。"①因地方政府动荡交替,任职教育厅秘书的郭宝钧,经济颇为困窘,董氏为此更向傅斯年建言:"今若给以每月百廿元之报酬,彼可辞去汴中一切职务,专从事于田野工作。"②但傅斯年当时未立即任用郭氏。直到1930年,面临发掘受阻的困境,傅氏赴开封协调后,感慨:"多用一位有才学之河南人,兼能对付者。此人以郭宝钧君为相宜。"其更言:"弟此次在汴,见此人颇妥。如早用他,或可免去季如此大战矣。"③

可以看出,董氏为史语所考古组能顺利进入河南安阳,官方层面,建议傅氏以投递公文的方式解释发掘工作的学术意义,并希望以中央名义令饬地方政府给予便利;官方之外,更是利用"河南省籍"身份,以私人交往的方式在地方接洽斡旋,为史语所考古组即将开展的发掘活动营造良好外部环境。

二、于新旧学术观念间的抉择

在得到河南地方政府与士人的许可后,在傅斯年代表的中央学术机构支持下,1928年10月13日到10月30日,董作宾主持了殷墟

---

① 《董作宾致傅孟真》(1928年12月18日),《史语所档案》:元23-41-15。
② 《董作宾致傅孟真》(1928年12月18日),《史语所档案》:元23-41-15。按:信函中提及:"郭君现任教育厅秘书,月薪百八十元,惟实发常不及半数。合计教书薪金亦仅实收百余元。"
③ 《傅斯年致杨铨》(1930年1月28日),《傅斯年遗札》第1卷,第199页。

第一次发掘。

值得注意的是,傅斯年用人颇以新求是,秉持"应找新才,不应多注意浮华得名之士"的方针。① 然而,董氏不通外文,治学取径上,老派的因素却占了大部分。有学者指出:"董作宾的教育背景中并无现代考古学的训练,所以他对殷墟的预期,与前一代史家罗振玉相近。"②事实上,在殷墟发掘期间,董作宾亦曾与罗氏有直接交流。其于自藏的《殷墟书契前编》批注:"民国十九年夏(1930),余偕希白兄东渡,谒罗叔言先生于旅顺,得初印《前编》一部以归。"③一方面,罗振玉对于甲骨文字研究的方法与认知,始终未能得到傅斯年认同。傅氏甚至感叹:"不知罗振玉'大获'时,地下情形如何,当时不知注意及此,损失大矣。"④另一方面,董氏在日后评价罗氏学术成就时,却难掩钦佩之意,其言:

> 《铁云藏龟》问世后,孙仲容作《契文举例》首为考释,而考定小屯为武乙之墟,审释卜辞帝王名号者为先生。至若文字之考释,其所著《殷商贞卜文字考》一书,实上承孙氏未竟之绪,下启文字考释之端。其于殷契材料之流布,则有《殷虚书契前编、后编、续编》及《殷虚书契菁华》等书之印行。⑤

与傅氏迥然相异的评价,其实何止是对罗氏学术的总结,亦是印证

---

① 《傅斯年致蒋梦麟》(1934年5月8日),中国社科院近代史研究所中华民国史组编:《胡适往来书信选》下册,北京:中华书局,1980年,第531页。
② 王汎森:《什么可以成为历史证据——近代中国新旧史料观点的冲突》,《中国近代思想与学术的系谱》(增订版),上海:上海三联书店,2018年,第386页。
③ 张秉权:《记先师董作宾先生手批〈殷墟书契前编〉附论前编的几种版本》,《历史语言研究所集刊》第五十四本第二分,1983年。
④ 《傅斯年致董作宾》(1928年11月3日),《傅斯年遗札》第1卷,第157页。
⑤ 董作宾:《罗雪堂先生传略》,黄爱梅编《雪堂自述》,南京:江苏人民出版社,1999年,第7页。

董作宾心中学术观念的夫子自道。

董氏在早期的调查大纲中，虽有"随时参考故籍，测量地形，画成各时代图，以便多得可供发掘之点"的测绘地形等计划，但终究不过是为了"访问安阳、洛阳人士，以前发见甲骨及石经情形"。① 至安阳调查期间，更以罗振玉之前的调查为参考，其言："小屯之行，已确定发掘点较之弟前此所知者范围更大，即在前云沙丘之西棉花地，及其北之谷地。又于地中捡得有字骨片一枚，足为证。"② 可见，使得董作宾认为值得发掘一试的，是于罗氏未记录的地方拾得"有字骨片"。说明其初期参与发掘时仍采取"旧眼光"，即重视有字甲骨或铜器，并以此作为继续进行发掘工作与否的判断标准。

有现代考古学背景的吴金鼎在回忆此次发掘时，谈到董氏对于近代测绘、拍摄仪器等并不十分熟悉的情况："照相用Kodak（科达）的Rollfilm Camera（胶卷照相机），一卷8张，拍了十来张后，看看还有两三张没有拍完，原来有好几次拍后忘记转过底片。"更谈道："掘到墓葬，以为一定是和尚墓，因为头上没有头发，头发是千古不坏的，这头颅上没有头发，可见本来便没有的。"③吴氏言论虽激，却从侧面佐证了受过西方人类学、心理学训练的李济对于此次发掘的印象："晏堂此次发掘，虽较罗振玉略高一筹，而对于地层一无记载，除甲骨文外，概视为副品，其所谓副品者，有唐瓷，有汉简，有商周铜石器，有冲积期之牛角，有三门纪之蚌壳，观之令人眼忙。"④

---

① 《傅斯年、顾颉刚、杨振声呈"中研院"》(1928年6月6日)，《傅斯年遗札》第1卷，第101页。
② 《董作宾致函傅孟真》(1928年10月9日)，《史语所档案》：元23-41-6。
③ 《夏鼐日记》卷2，上海：华东师范大学出版社，2011年，1937年5月15日，第109页。
④ 《李济致傅斯年》(1929年1月23日)，李光谟：《清华园到史语所：李济治学生涯琐记》，北京：清华大学出版社，2004年，第302页。

可以看出，董氏此次发掘与傅氏"要把历史学、语言学建设得和生物学、地质学等同样"之目标，①确有不小差距。傅斯年在收到董氏第一次发掘的情况时，即敏锐注意到此点。其言："我等此次工作目的，求文字其次，求得地下知识其上也。盖文字固极可贵，然文字未必包新知识。"②除了含蓄地劝董氏以近代考古学眼光去看待发掘工作的价值外，傅氏更言"李济之先生今日过此""盼与商之，他是中国此时于近代考古学上惟一有训练之人也"。③ 可见，在彼时史语所中，傅斯年、李济代表着新眼光，而董氏则代表了旧方法。

董作宾在面对史语所内部新旧学术观点之争时，亦感受到其与李济调查关注点之不同，其言"李先生谓高楼庄后，洹河岸，铁道旁甚可做，田地面瓦片甚多，据谓做去甚有把握也"，他认为，由甲骨到瓦片，这种关注点之差异反映出："弟之目的在于得甲骨文字，而李先生则考古学之眼光视之，故一片瓦砾，皆为甚极有趣味之材料，而可供专门研究者也。"④

在随后的报告中，董氏即开始尝试扩充治学于甲骨文之外的关注点。其言："现纵沟了一部分，已有大发现，弟所监视之坑为商人冶金之厂。"继而谈道："最奇者为治炉之红土，铜炉（如绿石），炼渣，铜屑，铸铜器之范，嵌铜器之绿松石，且有错金之金块，金叶子（薄如纸，工极精）凡此皆冶金厂之证也。"⑤可见曾被董氏在报告中认为是"副产"之物品，此时亦开始进入其关注范围。此前调查中，因有字

---

① 傅斯年：《历史语言研究所工作之旨趣》，《历史语言研究所集刊》第一本第一分，1928年。
② 《傅斯年致董作宾》(1928年11月3日)，《傅斯年遗札》第1卷，第115页。
③ 《傅斯年致董作宾》(1928年11月3日)，《傅斯年遗札》第1卷，第116页。
④ 《董作宾致函傅孟真》(1928年12月18日)，《史语所档案》：元23-41-15。
⑤ 《董作宾致函傅孟真》(日期缺)，《史语所档案》：元23-8。

甲骨未能大获曾让董氏感叹"买得残片无几,成绩犹远不如前次"。①此时面对松石、铜屑之属,董氏则言"此次工作仅六日,而重要之品已超越前次""此可喜之消息,可转告丁徐二公及所中诸友人也"。②

这种考古学观念的转变,更集中地体现在董作宾于1930年所作《新获卜辞写本后记》中。其言"地下知识,为吾人此次发掘之创获",董氏除了将殷墟地形情况、发掘地层问题等纳入考察视野,还认为"同时出土之古器物研究"至为重要。③傅斯年针对此曾谈道:

> 所中同人看了大高兴,以为彦堂这次发掘虽然依旧是继续十七年夏之调查,不拘于发掘的本身,然而若干考古学的基本问题,已在这实验的发掘中列出。例如,河道与殷墟的问题,甲骨之地下情形由于冲势,商代历法之设想,卜辞工具之举例,一个字体之"发生式"的演化等。④

可见,在学术上,董氏容纳了与自己"旧方法"不同的"新眼光",在观念上由只寻找有字甲骨转变为渐注意到发掘工作本身。对于学术之外的人事,董氏更用"此后筹备事宜,完全由济之先生负责,弟可专力于契文之编纂整理,对发掘负一部分责务而已",⑤化解了史语所内部学术观点之争。

同时,董氏对于李济主导下的殷墟发掘,亦多有辅助。在面对如何组织发掘次序时,他曾向傅斯年谈道:"惟棉花地未收割,约须月余之后,然谷地多空白,亦正可做。弟常为济之策划,先作白地,

---

① 《董作宾致函傅孟真》(1928年10月9日),《史语所档案》:元23-41-6。
② 《董作宾致函傅孟真》(日期缺),《史语所档案》:元23-8。
③ 董作宾:《新获卜辞写本后记》,《安阳发掘报告》1929年第1期。
④ 傅斯年:《〈新获卜辞写本后记〉跋》,《安阳发掘报告》1930年第2期。
⑤ 《董作宾致函傅孟真》(1929年1月12日),《史语所档案》:元23-41-16。

一来不偿钱,二来少毁人禾稼,免得估人怨也。"①从中可见董氏对河南民情地况的熟悉。诚如李济事后感叹:"惟晏堂人极细心,且亦虚心,略加训练,可成一把手,并极愿与济合作,斯诚一幸事。"②

三、在中央、地方矛盾中的斡旋

殷墟发掘时,因地方动荡而导致对发掘出的甲骨、瓦片等古物的担忧,始终萦绕在董氏心头。其在首次发掘时即言:"惟现在所可虑者为土匪而已。急待进城。"③至李济主持第二次发掘后,安阳局势持续动荡。1929年5月,冯玉祥因军队编遣问题与南京政府矛盾激化。所谓:"军事突兴,驻军忽不知去向,县长亦逃。土匪并起。"④董作宾与李济遂携部分甲骨及仪器图书等运至北平。此举无疑使得原本就对中央机构主持发掘心存戒备的河南地方政府更加警惕。曾受命与董作宾同时办理"以掘出古物留存开封古物陈列所"的河南图书馆馆长何日章,率先发难。其采用省政府名义,于1929年10月至安阳禁止李济、董作宾等工作。第三次发掘遂中止,李、董二人返回北平。

何氏一方面禁止史语所发掘工作,另一方面安排河南省教育厅之《河南教育日报》进行宣传。10月8日,其言:"何馆长因中研院不顾信义,违反协定,又且克期赴安阳继行开掘。乃复呈请省府,一面

---

① 《董作宾致函傅孟真》(日期缺),《史语所档案》:元23-8。
② 《李济致傅斯年》(1929年1月23日),《清华园到史语所:李济治学生涯琐记》,第302页。
③ 《董作宾致函傅孟真》(1928年10月9日),《史语所档案》:元23-41-6。
④ 傅斯年:《本所发掘安阳殷墟之经过》,《安阳发掘报告》1930年第2期。

向中研院据理交涉,一面设法自行开掘。"①至10月21日,其在头版刊出"河南图书馆馆长何日章奉令拟定自掘办法十二条",更言:"安阳甲骨从此不外运矣!"②彼时何氏所代表的地方政府态度之强硬,可窥一斑。

面对如此情况,董氏在北平先于10月29日以"古物保管委员会"的名义,召集会中委员商议对策,了解情况。后于10月30日致电傅氏,言:"查何存心破坏,非解除伊职无以善后,请速办。"③11月1日,又致长函于傅氏详细说明委员会各方面之态度。会中,因同与何日章供职于图书馆系统的袁同礼"颇替何说话",董氏随即"托其向何说,令停工",但"何态度倔强"。董氏遂与徐炳昶共拟一电致河南省政府及教育厅,但董氏亦对此电文无甚信心,彼时政局动荡,中央政令难达河南,其言:"此次发电后,未必有大效力,然亦可使豫政府知反对此事者之大有人也。"公开通电传达态度之外,董氏更注意人事上的斡旋。其建议由徐炳昶出面,在徐宅中召集李时灿等河南省籍人士商议对策。令董氏颇意外的是,局面并不顺利,其函云:"除徐先生主持严厉对付外,别人多持调停态度。嘱弟作稿函豫当局,然其中命意太平庸,且多无聊条件,如以'省政府工作人员参与吾人工作'等等。"董氏本希望借河南省籍学人意见压制何日章的发掘,而诸如"省政府工作人员参与工作"等条款皆非董氏原意。故其最终断定:"此事可暂缓,候京方主涉及时局转变再谈。吾人本意请豫人说公道话,若因此而添许多麻烦,反不如不请其说话为妙。"④

---

① 《安阳龟骨文字将自动发掘》,《河南教育日报》1928年10月8日。
② 《河南图书馆馆长何日章奉令拟定自掘办法十二条》,《河南教育日报》1928年10月21日。
③ 《董作宾致函傅孟真》(1929年10月30日),《史语所档案》:元141-3b。
④ 《董作宾致函傅孟真》(1929年11月1日),《史语所档案》:元151-9b。

先持"看来此事易解"的傅氏,①在 11 月 3 日亦回函董氏言:"军兴中,国府令达县不能速。"②并希望通过吴稚晖等国民政府委员,电令时河南省政府主席韩复榘"务办到发掘由院负责,不受限制掣肘",③均未果。彼时,何氏"称已得甲骨三百余片",并"乘此机会,日雇数十人,大施其破坏"。④ 傅斯年遂只能亲赴河南协调,董氏此时为傅氏引荐诸如张嘉谋、张钫等一批河南地方人士。最终协调成《解决安阳殷墟发掘办法》,详细列举了中央与地方合作的具体方式及文物发掘权、处置方法各条款。

傅氏离汴后,地方势力反对之声又起,何日章以两次散发传单之举博得地方舆论的支持,并"自(1930 年)二月七日起,在彰日用工人七八十人"。⑤ 面对困局,傅斯年在董作宾的影响下,强硬态度亦发生转变,主张"对何日章以后采取怀柔态度",⑥不仅马上聘任董氏此前专函推荐的、曾任河南教育厅秘书的郭宝钧,更上调了郭氏的薪资待遇。傅斯年更言"拉拢上几个河南有力量之人,特别是张伯英(钫)"。张氏因董作宾引荐而与傅氏相熟,彼时正需筹措赈款,故傅氏在信中又云:"目前接到张伯英电,既以赈款为名,自不能拒绝。""捐第一、二期报告各五百份于赈款,如此真表示吾等对河南人之好意,且又是张伯英事也,好在此报告销路必不错,稍定贵点亦不妨。"⑦

此时董氏为谋求与地方的合作,曾致专函于郭宝钧言:"本所开

---

① 《傅斯年致李济、董作宾》(1929 年 11 月 2 日),《傅斯年遗札》第 1 卷,第 115 页。
② 《傅斯年致李济、董作宾》(1929 年 11 月 3 日),《傅斯年遗札》第 1 卷,第 116 页。
③ 《傅斯年致杨铨》,(1929 年 11 月 7 日),《傅斯年遗札》第 1 卷,第 120 页。
④ 《董作宾致函傅孟真》(1929 年 11 月 1 日),《史语所档案》: 元 151-9b。
⑤ 傅斯年:《本所发掘安阳殷墟之经过》,《安阳发掘报告》1930 年第 2 期。
⑥ 《傅斯年致杨铨》(1930 年 1 月 28 日),《傅斯年遗札》第 1 卷,第 199 页。
⑦ 《傅斯年致杨铨》(1930 年 1 月 28 日),《傅斯年遗札》第 1 卷,第 200 页。

工时期,拟展缓几日,故对日章方面接洽,亦拟从长计议。"其亦敏锐注意到何氏背后的地方舆论动向,指出:"因此时日章倘仍以破坏安阳工作为目的,则前途实不堪设想。"除了与何日章书面磋商外,董作宾更是从实际发掘工作出发,针对河南省内其他两处发掘工作,提出:"辉县、洛阳发掘工作,以豫方为主体,本所派人协助,并予以经济上的协助。"除在经济上、学术上支持河南保持自身发掘权之外,董氏对于文物的处置权的观念亦发生转变,提出:"辉县、洛阳出土古物,由豫方保管存放。但本所得派人随时至古物所在地研究。"可见,董作宾更多是出于对确保史语所拥有安阳殷墟发掘权及文物处置权的衡量,故在安阳之外,另择两处为河南发展本省考古事业。董氏向郭宝钧言:"如此办去,似是一举两得之事,一则不致与省府成案冲突,二则豫人亦有发展。"①

至1931年,河南地方形势稳定后,史语所发掘工作得继续以进行。处于中央、地方矛盾间的殷墟发掘工作,虽体现出学术活动受制于社会变动层面的影响,然学术之外的人事互动,亦是理解学术活动发展轨迹的一个因素。董作宾在河南地方人士与中央机构学人的斡旋,是史语所可以独立于安阳殷墟进行发掘、研究出土资料的重要环节。

四、对涉足发掘工作的域外学人之态度

20世纪30年代,中外学界文化交流日渐频繁。东亚渐成国际学术界关注的重心,殷墟发掘也不例外。在1929年史语所发掘工作

---

① 《董作宾函郭宝钧》(1930年2月18日),《史语所档案》:元141-21b。

受阻时,董氏一方面斡旋于中央与地方之间,确保了该机构在河南的独立发掘权,另一方面,更在阻止域外人士涉足发掘的过程中扮演了重要角色。

"东方考古学协会"为中日合作建设的组织,殷墟发掘工作亦在其关注的范围内。① 1925年10月,日本学人滨田耕作和原田淑人到安阳进行了首次实地考察。②

同时,原田淑人等更希望联络"协会"中的原北大国学门考古学会成员。其乘发掘朝鲜乐浪汉墓的机会,邀请马衡赴朝参观,更在信中详言发掘情况:"椁及其他之发掘状态之相片,已摄有三百以上,但以洗印少暇,致无供呈清览之机会,行将期致他日。现先将平壤附近地图,小泉君单摄中之略图,及拓影数页,寄奉。"③可能在某种程度上,日本学人希望通过马氏来联络通晓甲骨文字的董氏。要因是马衡本与董氏交谊较笃,甚至董作宾与傅斯年之相识,亦有马衡的因素在其中。1927年间,"张作霖派刘哲为教育总长,并国立九校",受此影响,原任"北京大学研究所国学门干事"的董作宾,颇有去意。④ 此时正逢旅欧归来的傅斯年受命建设中山大学语言历史研究所,原拟聘任的容庚未能南下,而彼时恰是因马衡举荐,董氏接到了中大聘书。6月10日,董氏致函容庚,谈道:"前闻叔平先生言广州中大拟请兄归去任课,兄不欲离京,叔平

---

① 桑兵:《东方考古学协会论述》,《历史研究》2000年第5期。
② 吉开将人:《近代日本学者与殷墟考古》,李永迪编:《纪念殷墟发掘八十周年学术研讨会论文集》,"中研院"史语所,2015年,第25—50页。
③ 原田淑人:《日本原田淑人先生自朝鲜平壤汉乐浪古墓发掘地致马叔平先生书》,《北京大学研究所国学门月刊》1926年第1卷第1期。
④ 严一萍编:《董作宾先生年谱初稿》,《董作宾先生全集》乙编第7册,第1—36页。

先生拟荐弟前往,弟恐难胜任,故一时犹豫不决。"①以董氏于学术领域尚未有突破性成果的境况观之,函中"恐难胜任""犹豫不决"等语或不全是谦辞。然犹豫之后,由于马氏的鼎力相荐,董氏终于南下,并结识傅斯年,得以参与史语所殷墟发掘。②

1929年9月,马衡曾透过傅氏试探董作宾参加"东方考古学协会"活动的意向。彼时恰值安阳局势动荡,面临史语所发掘受阻困境的傅氏旋以"若以董先生个人名义参加,可由其自便,斯年个人不便转以为请"推辞,③但马衡坚持要求傅斯年致函董氏,至再至三,傅氏遂将相关内容函董氏,并另附一信,言明缘由。在安阳的董氏接函,即向傅斯年汇报相关情况,其言:"弟决不参与。其理由:一、为此间工作正忙,不克分身,又发掘之处,与殷墟遗迹关系至深,弟兴致所在,不愿中间隔断。二、弟个人与此会毫无关系,无列席之必要,此事若马再询及,请为代答。(顷接马叔平先生函云弟是北大考古会会员,但亦决不往。)"④董氏一方面不愿因此离开史语所发掘团队,失去开辟学术新天地的机会;另一方面,也含蓄点明了对"协会"是中日合作建立组织的顾虑。但值得注意的是,即使在"东方考古学协会"中,中方人员对日本学人关于考古发掘主导权等问题的处理方法,往往多有警觉戒备。作为"协会"的中方重要学者,马衡亦是如此。虽然日本学人可能希望透过马衡与董作宾的关系参与史语所殷墟发掘,而马氏的积极态度似体现了其对于自身学术发展的

---

① 《董作宾致容庚书》,广东省立中山图书馆编:《广东省立中山图书馆馆藏名人手札选萃》,北京:商务印书馆,2002年,第15页。
② 严一萍编:《董作宾先生年谱初稿》,《董作宾先生全集》乙编第7册,第1—36页。
③ 《傅斯年致沈兼士、马衡》(1929年10月22日),《傅斯年遗札》第1卷,第234—235页。
④ 《董作宾致函傅孟真》(日期缺),《史语所档案》:元23-8。

规划,至于其邀请董作宾入会而被婉拒,更大程度上可能与傅氏对章门弟子的排斥有关。①

事实上,董氏在民族情感问题上,所持观点与傅斯年亦颇多相近。1933年,董氏在接到郭沫若关于日本考古界活动情况的专函时,曾致函傅斯年言:"日人大举入满洲考古,有大规模地发掘渤海国东京城之举,水野、原田诸人已先入满矣。"其后于函中长叹:"痛心之至!"②当时中日学界交流已渐趋紧张。原田淑人曾于1937年致函李济:"东京人类学会日本民族学会在东京开一联合大会,热望先生之来临,万一不能来时,望董作宾、梁思永两先生之中,任来一位。"③梁思永立即回函婉拒,其言:"承邀往参加东京人类学会日本民族学会之联合大会,惟李济先生现正在英国讲学,而董作宾先生及敝人奉派出发河南等处从事田野工作,届时均不能前往参与大会,尚祈见谅。"④其防范之严,可窥一斑。直至20世纪50年代,董氏随史语所迁台,彼时对日态度,才有所改善。为拓展史语所的学术活动,董氏曾与日本学界互赠书刊等。如住友吉左卫门、北海道大学的板野长八、京都大学文学部等,均向董氏回函致谢与交流。⑤

同时,董氏在致傅斯年函中亦谈道:"承示欧游之意,弟所至感,行当勉力学习西文,不负兄之雅意。"⑥可见傅斯年为使董氏安心史语所工作,于加入"东方考古学协会"之外,为董氏提供了另一选择,

---

① 周文玖:《朱希祖与"中研院"史语所》,《史学史研究》2013年第4期。
② 《董作宾致函傅孟真》(1933年6月10日),《史语所档案》:元23-5。
③ 《原田淑人函李济》(1937年2月11日),《史语所档案》:考12-4-37。
④ 《梁思永函原田淑人》(1937年2月17日),《史语所档案》:考12-4-38。
⑤ 参见《住友吉左门致董作宾》(1953年12月29日),《史语所档案》:杨7-1b。
《北海道大学武田信一板野长八函董作宾》(1952年3月31日),《史语所档案》:杨3-11b等函。
⑥ 《董作宾致函傅孟真》(日期缺),《史语所档案》:元23-8。

即出国赴欧开拓学术视野。董氏对此亦甚感兴趣,并时常勉励新入史语所的年轻研究人员学习外语。① 事实上,面对殷墟发掘中涉及的国际面孔,董氏并不是全部回避。1930年,早年醉心甲骨收集,又在华交游广泛的加拿大人明义士(James Mellon Menzies)再赴安阳参观发掘。10月22日,董氏致函李济,言:"只明义士两来参观,弟与谈甚畅,此人似尚忠实,于中国古学亦极有兴趣,颇能寻问题研究,新在犹太参加发掘古城工作,据谈甚有经验,彼拟近三两天即赴彰德,仍主办该地教会,将来吾等到彰,更多一熟人也。"②早在五个月前,针对明义士的工作问题,董氏就积极为其谋划,其曾致函闻宥言:"闻明义士有来华之说,齐大尚能客纳否?"③为其日后受聘齐鲁大学开辟道路。由此可见,董氏一方面看重的是明义士之科学考古学发掘经验与其早年收集之甲骨资料,另一方面,则是明氏"尚忠实",即明氏对史语所在殷墟的发掘权及古物处理权并无威胁。

可见,殷墟发掘工作的主导权,始终是董氏和傅斯年在殷墟发掘初期与域外协会及学人商议合作时的重要因素。类似的矛盾,可能不独存在于"东方考古学协会"、日本学人与董氏之间,在美国弗利尔艺术馆(Freer Gallery of Art)与傅斯年、李济之间亦如是。史语所亦因傅氏、董氏等学人的坚持而在1931年河南政府受制于中央后,能独掌殷墟发掘的主导权。

在20世纪早期中国史学发展中,面对疑古思潮激荡,学界将古

---

① 《董作宾由香港写给李霖灿信函(局部)》(1946年10月2日),李霖灿:《悲欣交错黄叶中——董作宾与李霖灿的师生之情》,文史哲出版社,2013年,第97页。按:董氏信中云:"霖灿可以把美国情形告诉他们,使他们往远景的前途瞻望,以免消极。"
② 《董作宾函李济》(1930年10月22日),《史语所档案》:元25-9。
③ 《董作宾函闻宥》(1930年5月21日),闻广编《落照堂集存国人信札手迹》下册,"中研院"文哲所,2013年,第620页。

史重建事业留待考古学的发展。渐次兴起的现代学术机构,为建设史学的科学化及发现新材料,亦对具有跨学科治学取向的考古发掘活动多有着力。史语所主持的殷墟十五次发掘为其中重要部分。事实上,诸如"殷墟发掘"等史学活动,并不只是单纯的学术问题,更牵涉到社会诸多面相,而其主体依然是参与入其中的史家。董作宾面对发掘工作困境,一方面,把保障史语所发掘主导权与古物研究权作为处理争议的首要目标。其以官方接洽与私人交谊的方式并用,利用对省情民情之熟悉,为史语所在河南的研究工作构筑了良好外部环境;另一方面,针对史语所内部新旧观念差异,强调对不同治学观点的容纳与沟通,保障了机构的稳定。这种努力与实践,既确保了史语所在20世纪中国古史重建运动的重要位置,又能为当下认识中国现代史学发展中学术研究与社会现实间的互渗共生等现象提供有益参考。

作者单位:上海师范大学人文学院
(原刊于《史学理论与史学史学刊》2018年第2期)

《精忠录》初刻本的发现及其编纂与流传

张延和

摘　要：《精忠录》是明朝人编纂的有关岳飞事迹、著述和身后历朝褒典、凭吊诗文的纪念集，是岳飞祭祀史、事迹编纂史及其爱国精神弘扬史上的一部重要文献。早前在国内和日本仅发现了该书的后期版本，初刻本的发现有助于我们厘清该书的编纂和流传过程。《精忠录》由河南汤阴县教谕袁纯初编于明景泰、天顺年间，编成后未刊刻。成化五年由汤阴知县尚玼在初编本基础上增补后初次刊刻，其中所载岳飞《满江红》词是纸本文献中首次出现。该本此后历经多次递编重刊，在杭州府官员主持下先后产生成化八年后刻本、弘治十四年刻本和正德五年刻本三个刻本，弘治十四年刻本流入朝鲜后产生宣祖印本、肃宗印本和英祖印本三个铜活字印本。《精忠录》所见版刻插图等亦有较为重要的文献价值。

关键词：《精忠录》　《褒忠录》　岳飞　《满江红》　版刻插图

《精忠录》是明朝人编纂的有关岳飞生平事迹、著述，以及身后历朝褒典,文人凭吊诗文等的纪念集,是岳飞祭祀及其事迹编纂史上一部重要的著作。1998年石昌渝撰文,介绍了在日本宫城县图书馆和东京尊经阁发现的朝鲜古铜活字本《精忠录》。据序文指出,分别为残本和全本的二本属同一版本,底本为弘治十四年(1501)刊印的《精忠录》。① 2008年大塚秀高教授撰文,介绍了日本埼玉大学等处藏朝鲜铜活字印本《(会纂宋岳鄂武穆王)精忠录》(以下简称"铜活字本")。② 2014年涂秀虹撰文,介绍了安徽省图书馆藏《精忠录》(以下简称"安图本"),梳理了该书见存版本及其流传情况。③ 同年,《精忠录》点校本出版,以日本埼玉大学图书馆藏朝鲜铜活字印本为底本,以东京大学图书馆藏本补配,安徽省图书馆所藏本亦作为附录出版。④

自此,《精忠录》渐为学界所知,但由于该书在国内所藏不多,且未见其较早版本,因此编纂过程及流传版本等尚不明晰。近日,笔者在日本国会图书馆发现一本明成化五年(1469)刻本《精忠录》(以下简称"国会图书馆本"),经研究可确知是明代所刊《精忠录》的最早版本。复在日本内阁文库发现一本《精忠录》抄本,书后跋曰:"宽政乙卯夏六月写,原本养安院所藏。""宽政乙卯"即日本光格天皇宽政七年(1795,清乾隆六十年),"养安院"印见诸日本国会图书馆藏

---

① 石昌渝:《朝鲜古铜活字本〈精忠録〉與嘉靖本〈大宋中興通俗演義〉》,《東北アジア研究》第2号,1998年3月,第263—271页。
② 大塚秀高撰,林桂如译:《关于李氏朝鲜出版的〈(会纂宋岳鄂武穆王)精忠录〉》,复旦大学中国古代文学研究中心编:《中国文学研究》第11辑,北京:中国文联出版社,2008年,第34—35页。
③ 涂秀虹:《〈精忠录〉:岳飞故事流传过程中一部重要的资料选编》,《文献》2014年第3期。
④ 涂秀虹点校:《精忠录》"前言",上海:上海古籍出版社,2014年,第18页。前引《〈精忠录〉:岳飞故事流传过程中一部重要的资料选编》一文亦收入《精忠录》"前言"中,以下引用以该书为准,特此说明。

本,该写本乃据之抄成。《精忠录》初刻本的发现,有助于我们厘清《精忠录》一书的编撰成书,及其版本流传过程,亦有助于了解明代的岳飞事迹编纂史和祭祀史。故笔者不揣浅陋,特撰此文,以求正于方家。

一、《精忠录》初编本的编纂过程

日本国会图书馆藏《精忠录》,一册,淡黄色书衣,墨书题签"精忠录 全",开本高 26.0 cm,宽 15.0 cm,板框高 20.0 cm,宽 14.5 cm,大黑口、双鱼尾、四周双边,属于典型的明初本。[①] 全书除第四叶下部的两半叶略有残损外,其余品相完好。卷首钤有印章数枚,有"杉峘籙珍藏记"朱方印、"养安院藏书"朱长方印、"帝国图书馆藏"方印等。所谓"养安院藏书",乃日本幕府时期曲直濑氏家族藏书,其中的一部分,来自幕府权臣丰臣秀吉及其养子宇喜多秀家侵略朝鲜时所得的掠夺本,其后有流入帝国图书馆而现藏于国会图书馆者。[②] 据国会图书馆本所钤印章推测其来源,很有可能是由明朝传入朝鲜后,日本从朝鲜掠夺所得。

全书构成如下:卷首为《精忠录序》,序文半叶 7 行,每行 11 字,后署景泰七年(1456)九月兵部左侍郎兼翰林学士商辂序。正文四卷,半叶 10 行,每行 17 字。卷一首题"精忠录卷之一",为《宋史本传》,附岳飞著述,有《跋》《檄》《题记》《律诗》《词》,及《飞御军之术大端有六》,版心题"卷一";卷二首题"精忠录卷之二",下署"东安

[①] "明初本"一般指明朝前期洪武至弘治年间的刻本,对其概念和版刻特点的说明,参黄永年:《古文献学讲义》,上海:中西书局,2014 年,第 160—162 页。

[②] 陈瑜:《日本养安院藏书考》,《晋图学刊》2018 年第 3 期。

袁纯编辑、会稽陈贽校正"，有《创庙原行》《募缘文疏》《致祭事实》《祭文》《祭祀品物》《敕建精忠庙碑》《碑阴记》《又》《武穆王尽忠报国碑记》等，版心亦题"卷一"；卷三首题"精忠录卷之三"，下署"东安袁纯编辑、会稽陈贽校正"，为《七言律诗》，版心无字；卷四首题"精忠录卷之四"，下署"东安袁纯编辑、会稽陈贽校正"，有《七言律诗》《五言古诗》《七言古诗》，版心部分叶无字，部分叶题"卷一"；卷后为《题精忠录后》，后署"太常寺少卿会稽陈贽书"。卷末为《精忠录后序》，序文半叶 7 行，每行 11 字，后署"成化五年岁己丑春二月上浣，汤阴县儒学训导三山叶蕴廷玉序"。

《精忠录》一书的编纂情况，涂秀虹据安图本和铜活字本所见陈贽的《题精忠庙序文》和传世文献所见商辂的《精忠录序》指出：正统十四年（1449）徐有贞倡议修建汤阴岳王庙，景泰二年（1451）赐庙额"精忠之庙"，时任汤阴县教谕的袁纯在《褒忠录》的基础上，辑录时人题咏新庙之作，至景泰六、七年间编成《精忠录》，但是否锓梓，则未能确定。又指出：安图本在袁纯景泰编本的基础上增补了新的题咏诗作，时间不早于成化八年（1472），无法确定是否由袁纯完成。① 国会图书馆本的发现，为我们准确认识该书的编纂过程提供了契机。笔者根据新见文献，在涂秀虹等人先行研究基础上，对相关问题作进一步的研究。

国会图书馆本除保存有商辂《精忠录序》和陈贽《题精忠录后》二序文外，书末另有汤阴县儒学训导叶蕴所撰《精忠录后序》一文，交代了该本的编辑刊刻情况：

> 予少习举子业时，尝阅《宋史》，每悲王之死于无辜，赖有《褒忠录》而发扬之，抑又不知有《精忠录》之继作。后数载，幸

---

① 涂秀虹点校：《精忠录》"前言"，第 3—4 页。

领乡荐,试礼部,中乙榜,贰汤庠教,祇谒王祠,闻是《录》,欲一览之,莫可获,恒阙于怀。至天顺癸未冬十月,邑大夫陕右同州尚侯玑来官,亦语是,欲捐俸刻板,恨无《录》以遂厥意。越成化戊子,侯述职京师,拜求于袁先生家,先生慨而与之,及下车,遂命匠锓梓,请予文以叙其末。予观是《录》,辑于袁先生手,而校正于陈先生之巨笔,又况翰林名先生以叙其始末,其间若诗,若文,若碑记,凡悼暴于王者之词语,皆古淡淳厚,铿金戛玉,有肖于李、杜,有庄、骚、史、西汉诸儒风……成化五年岁己丑春二月上浣,汤阴县儒学训导三山叶蕴廷玉序。

该序亦见于明万历时任彰德府推官张应登所辑《汤阴精忠庙志》卷8《艺文志上》,[1]惜前人所未措意。据序文,该本《精忠录》刊刻于成化五年(1469),主持者为汤阴县知县尚玑,时任汤阴县儒学训导的叶蕴作序,刊刻地当为本地。成化戊子岁,即成化四年(1468),汤阴知县尚玑赴京师述职,于袁纯家中求得经袁纯编辑、陈赟校正的《精忠录》一书。按文意推论,袁纯编辑的《精忠录》成书后似未刊刻,成化五年时始由尚玑主持刊刻,是为《精忠录》的初刻本,此后其书才得以流传。

《精忠录》在袁纯编成后长达十余年未能刊梓,其中必有缘由,此处对其试作解析。概而言之,此当与当时的政治形势,以及着力推动其事的徐有贞有关。徐有贞,初名珵,苏州府吴县人(今江苏苏州),宣德八年(1433)进士,后授翰林院侍讲。正统十四年,明英宗亲统大军与瓦剌作战,在土木堡被俘,史称"土木之变"。其后英宗

---

[1] 张应登辑:《汤阴精忠庙志》卷8《艺文志上·精忠录后序》,中国国家图书馆编:《原国立北平图书馆甲库善本丛书》第408册,据明万历十五年刻本影印,北京:国家图书馆出版社,2013年,第236—237页。

弟朱祁钰即位,是为景泰帝,当年八月,徐有贞以行监察御史身份被景泰帝派往河南召募民壮,道经岳飞生地汤阴县周流社,遂上疏建庙祭祀。景泰二年朝廷赐庙额"精忠之庙",时任汤阴县教谕的袁纯遂着手编辑《精忠录》以记其事,其中收录徐有贞立庙始末的文字。可以说,徐有贞是景泰初瓦剌寇边背景下,推动在汤阴县创立岳飞精忠庙,以及编集《精忠录》最有力之人。也正因为如此,《精忠录》此后的命运便与景泰天顺政局和徐有贞本人的政治命运交织在一起。

　　景泰八年(1457)正月,时任都察院左副都御史的徐有贞,联合总兵石亨、太监曹吉祥等趁景泰帝不豫,迎上皇英宗复辟,史称"夺门之变"。其后徐有贞因拥戴功升翰林院学士,入内阁参预机务,并诬杀于谦,权倾一时。但徐有贞随即在六月因与石亨、曹吉祥争权失败被下锦衣卫狱,未几黜为民,自此以一介民夫终老。[①] 而袁纯本人,则在景泰六年(1455)八月,由汤阴县教谕擢为试监察御史,七年八月实授监察御史,天顺三年(1459)四月丁忧服除后,复除监察御史。[②]《精忠录》一书所记,乃景泰年间创庙始末,且与徐有贞有深度纠葛,在英宗复辟,徐有贞被黜的天顺年间,自然不宜刊梓宣扬。此外,该书还牵扯到当时一个重要的政治禁忌,那就是英宗复辟后,徐有贞诬杀主持抗击瓦剌的兵部尚书于谦,很容易令人联想到历来凭吊岳飞诗作中,宋高宗杀岳飞"自毁长城"的评价。因此于谦不被平反,《精忠录》便不宜刊刻,以免触犯朝政禁忌。待英宗去世,宪宗即

[①] 张廷玉等撰:《明史》卷171《徐有贞传》,北京:中华书局,1974年,第4561—4564页。《明英宗实录》卷188《废帝郕戾王附录》第六,景泰元年闰正月丁未,"中研院"历史语言研究所校印:《明实录》,1962年,第3807—3808页。
[②]《明英宗实录》卷257《废帝郕戾王附录》第七五,景泰六年八月甲寅,第5531页。《明英宗实录》卷269《废帝郕戾王附录》第八七,景泰七年八月戊戌,第5695页。《明英宗实录》卷302,天顺三年四月丙子,第6405页。

位次年便为于谦昭雪，前朝纠葛成为往事，《精忠录》也终于迎来刊梓时机，这也是成化五年尚玘刊刻此书的时机所在。

尚玘刊刻的《精忠录》，以袁纯所编本为底本，此即叶蕴《精忠录后序》所谓"辑于袁先生手，而校正于陈先生之巨笔"的《精忠录》原书，完整地保存于国会图书馆本中。据前述该书内容构成可知，由袁纯编辑的《精忠录》共有三卷内容，即在卷二、卷三、卷四首页下题有"东安袁纯编辑、会稽陈赟校正"的三卷，主要内容即本书卷首商辂《精忠录序》所谓"庙祀事始末，及士夫悼王所为诗文"，其中，"庙祀事始末"一卷，"士夫悼王所为诗文"两卷。这三卷版心或题"卷一"，或无字，则袁纯所编初编本当为一卷，或不分卷。

"袁纯编辑"的《精忠录》卷二即"庙祀事始末"。其中，《创庙原行》由翰林院侍讲徐珵（有贞）撰，记述向朝廷请示在岳飞生地汤阴立庙的奏文，及朝廷的答复文书；《募缘文疏》记述为建造岳庙向官民募捐之事，文中未提及由何人所撰，估计出自负责此事的袁纯之手；《致祭事实》记载明廷批复同意立庙的官方文书，《祭文》《祭祀品物》为礼部按祀典颁下的祭文格式和祭品规格；《敕建精忠庙碑》《碑阴记》为徐有贞记请立庙始末，碑末题"景泰甲戌春三月甲寅朏，东安袁纯立石"，景泰甲戌即景泰五年（1454）。《又》一篇，乃袁纯记创庙始末，文中有"今年景泰甲戌春，先生升任都宪"一语，可知亦在景泰五年。景泰五年是本卷所见由袁纯编辑内容的年代下限。

但收录在"袁纯编辑"名下的，并非皆出自袁纯之手。该卷末有"东鲁孙珂"撰文的《武穆王尽忠报国碑记》一篇，文曰"丙戌仲春哉生明，越五日庚辰，同总兵抚宁伯朱永道出王祠下"，因书"尽忠报国"四字，而令"知县尚玘"刻石。后题"成化丙戌岁春三月吉日，同州尚玑立石"。据此,成化丙戌岁即成化二年(1466)时,抚宁伯朱永在岳飞祠书"尽忠报国"四字,时任汤阴知县尚玑刻石,此时袁纯已离任汤阴,居于京师。这说明,成化五年尚玑刊刻《精忠录》时,在袁纯编辑的底本基础上有增补,且循原书体例,冠于"袁纯编辑"的名下。

"袁纯编辑"的《精忠录》卷三、卷四即"士夫悼王所为诗文",分析所收诗作,可知其编纂过程。卷三为《七言律诗》,作者有赵子昂(翰林学士)、叶世翁、胡邦衡(龙图博士)、柯敬仲(秘书博士)、达兼善(南台经历)、段吉甫、班彦功(浙江提学)、高则成、林清源、霍宾阳、施则夫、王彦琬、陈刚中、唐子华(休宁县尹)、张安国、杨子寿、高若凤、柯履道、苏大年、张光弼(浙省员外郎)、李希颜、陈秀民、姚子章等人。

其中首录赵子昂诗,此即咏杭州鄂王墓诗作中,鼎鼎有名的赵孟𫖯《岳鄂王墓》,诗曰:"岳王坟上草离离,秋日荒凉石兽危。南渡君臣轻社稷,中原父老望旌旗。英雄已死嗟何及,天下中分遂不支。莫向西湖歌此曲,水光山色不胜悲。"其次为叶世翁,诗有云:"万古知心只老天,英雄堪恨复堪怜。"此诗见于岳飞孙岳珂所编《鄂国金佗续编》,作者为叶绍翁。① 可知此处"叶世翁"为"叶绍翁"之误。次为胡邦衡"匹马吴江谁着鞭,惟公攘臂独争先"诗,此即胡铨《题岳忠武王庙》诗。该卷所收诗人诗作,除叶绍翁、胡铨为南宋人外,其余皆为元朝人,且大多为浙江一带人士或曾于浙江地区为官者。如柯敬仲即柯九思,台州仙居人,元文宗时任鉴书博士;达兼善即泰不华,西域人,入中原后定居台州,曾任南台经历;段吉甫即段天祐,曾

---

① 岳珂编,王曾瑜校注:《鄂国金佗续编》卷第28《百氏昭忠录》卷12《建安叶绍翁题西湖岳鄂王庙(新添)》,《鄂国金佗稡编续编校注》,北京:中华书局,2018年,第1747页。

任江浙行省儒学提举,①余皆为此类。这一现象提示我们,收录于该卷的诗作,或许有另外的史源。

考如上所见元代人咏杭州岳飞鄂王墓诗作,皆见于元顺帝时杭州褒忠衍福寺住持可观所编《岳忠武王庙名贤诗》。该书现藏上海博物馆,傅增湘在其《藏园群书经眼录》著录有"岳飞传一卷附岳忠武王庙名贤诗",文曰"此《传》乃就元刊《宋史》抽印一卷,后附刊祠庙诗文……附卷题'岳忠武王庙名贤诗',下题'住山僧可观录'",并将诗文目列于其下。如上所见诗人皆列其中,但尚有一半诗人不见于袁纯编辑《精忠录》卷三。其后曰:"卷末标云'岳鄂王庙名贤诗',下题曰'岁在己卯菊月住山僧高会重集'。"②可知《岳忠武王庙名贤诗》由杭州褒忠衍福寺僧人可观初录,高会重集,是袁纯编辑《精忠录》卷三《七言律诗》的史源。

对此,涂秀虹认为,袁纯在《褒忠录》基础上编成《精忠录》,而《褒忠录》可能是在可观初录、高会重集《岳忠武王庙名贤诗》的基础上编辑的。③ 这一看法是敏锐的。这里需要补充说明的是,商辂《精忠录序》曰"精忠之《录》又继《褒忠录》以传",孙珂《武穆王尽忠报国碑记》亦谓"余尝阅宋武穆王《褒忠录》,每羡王之忠义",显示明人亦可见到《褒忠录》,且其成书早于《精忠录》。袁纯在编辑《精忠录》时,卷三所收《七言律诗》的最初源头是《岳忠武王庙名贤诗》,其书在明代亦有流传,则《精忠录》未必是在《褒忠录》基础上编成。《岳忠武王庙名贤诗》与《褒忠录》及《精忠录》的关系是否为前后因

---

① 杨镰主编:《全元诗》,北京:中华书局,2013 年,第 36 册第 1 页,第 37 册第 376 页,第 45 册第 170 页。
② 傅增湘:《藏园群书经眼录》卷 4《史部二·传记类》,北京:中华书局,2009 年,第 361—362 页。
③ 涂秀虹点校:《精忠录》"前言",第 12 页。

袭,则需进一步研究。

"袁纯编辑"的《精忠录》卷四,内容为《七言律诗》《五言古诗》《七言古诗》,由两部分构成。《七言律诗》下首录彬阳高信(河南参议)诗作四首,分题作《咏精忠庙》《读王传》《又》《过朱仙镇》。高信任河南布政司左参议,是在正统十年(1445)三月至景泰六年七月。①其次为"羊城尹颢次高信韵(训导)"四首,次之为孟城黄谏(翰林编修)四首,丰城孙曰让(礼部主事)《和高信韵》二首。以下则皆为一首,多数和高信韵,作者分别为三衢何永芳(河南按察使)、吉水刘清(河南佥事)、进贤万祥(行人)、庆阳王锐(彰德知府)、钱塘赵王(彰德府同知)、汤阴元亮(监察御史)、吉水李周冕(训导)、沂阳刘瑗(清丰训导)、荆台李茂(武安教谕)、吉水徐鼎(教谕)、华亭姚冕、丰城罗魋、吉水周绍亚(内黄训导)、金华祀珪(临潼教谕)、慈水陈□(林县训导)、莆阳翁森(河南教授)、西江孔惠(彰德府通判)、会稽赵永(枣强教谕)、姑苏周尚文(彰德府经历)、姚江魏瑶(封监察御史)、嘉禾周鼎(明经)、梁邹管敬(汤阴训导)、茶陵周镛(汤阴训导)、爵林麦副(彰德教授)、临川黎公颖(柳州府教授)、彬阳曹琏(陕西按察副使)、会稽何瑄(广西布政)、江阴任漾(广州训导)、瀛海马伟(处州知府)、赵恭(彰德知府)、四川晏辂(进士)。以下,空18行,近一叶。

"四川晏辂"以上的部分,为景泰、天顺年间士大夫"咏精忠庙"的诗作,其中大多数任职于河南及下属彰德府和汤阴县。如黄谏,正统七年(1442)三月至天顺元年正月,任翰林院编修。② 孙曰让,景泰二

---

① 《明英宗实录》卷127,正统十年三月癸卯,第2548页。《明英宗实录》卷256,《废帝郕戾王附录》第七四,景泰六年七月丙戌,第5519页。
② 《明英宗实录》卷90,正统七年三月乙酉,第1824页。《明英宗实录》卷274,天顺元年正月庚寅,第5818页。

年十月至天顺四年闰十一月,任礼部主事。① 马伟,天顺三年七月,由杭州府同知升为处州府知府。② 收录时间最晚的诗人为处州知府马伟,可知袁纯辑录"咏精忠庙"诗作的时间下限不早于天顺三年七月。

该卷《七言律诗》部分,自"四川晏铬"以下,则属于尚玑在成化年间的增补。如空白之后收录淮阳吏敏(河南参政)、泰和欧阳熙(按察副使)、河东樊冕(河南参政)三人的诗作。吏敏由河南布政司右参议升任右参政,是在成化二年(1466)六月;③欧阳熙任河南按察司副使,是在天顺八年(1464)四月至成化五年九月;④樊冕任河南布政司右参政,是在成化三年三月。⑤ 这三人诗作以下,又空17行,近一叶。这部分为河南省布政使司、按察使司等布按二司高官的诗作,留空是待补充。其下,则为彰德府周边及属下汤阴等县的官员的诗作。如大阳邢表(彰德知府)、河间陈愉(彰德同知)、关辅雷霖(长史)、云阳傅汝霖(彰德通判)、云阳蒲俨(彰德推官)、安仁于淮(卫辉通判)、冯翊尚玑(汤阴知县)、均州王瑶(汤阴县丞)、泰和王恒(审理正)、陇州梁济(汤阴县丞)等人。叶蕴(汤阴县训导)、王熙(汤阴举人)、张昇(汤阴举人)、胡溥(汤阴县学生)的诗作亦列其中,其下空14行。以上多为成化年间的彰德府和汤阴县官员及有科举功名的士人,其姓名多见于《汤阴县志》。⑥ 尚玑成化年间增补诗

---

① 《明英宗实录》卷209《废帝郕戾王附录》第二七,景泰二年十月辛未,第4489页。《明英宗实录》卷322,天顺四年闰十一月丁未,第6693页。
② 《明英宗实录》卷305,天顺三年七月辛巳,第6433页。
③ 《明宪宗实录》卷31,成化二年六月癸卯,第613页。
④ 《明宪宗实录》卷4,天顺八年四月己丑,第97页。《明宪宗实录》卷71,成化五年九月甲午,第1398页。
⑤ 《明宪宗实录》卷40,成化三年三月壬辰,第14页。
⑥ 沙蕴金修,苏育纂:《[崇祯]汤阴县志》卷8《官师》,国家图书馆地方志和家谱文献中心编:《明代孤本方志选》第9册,据明崇祯十年刻本影印,中华全国图书馆文献缩微复制中心,2000年,第157—202页。

作的排列顺序,则遵循袁纯的排法,官衔自高而低,地域自内而外排列。

该卷《五言古诗》部分,仅收录三人诗作,分别为余姚柴兰(江西参政)、姚江邵仁(审理副)、临川傅鼎(河南教谕)。其中,柴兰任江西布政司左参政在正统十一年(1446)十月至景泰四年三月。① 傅鼎诗作后空8行,另叶起为《七言古诗》部分,仅收录两人诗作,分别为姑苏吴骥(清丰教谕)和四明邵玉(河间教授)。吴骥早在宣德十年(1435)时已任清丰县儒学教谕,邵玉则在天顺初由顺天府学教授升云南提学佥事。②《五言古诗》和《七言古诗》两部分所收录诗作士大夫的活动年代为英宗时期,当出于袁纯之手。卷末为陈贽所作《题精忠录后》序文,交代了袁纯编辑《精忠录》的本末,称"袁君又搜集诸荐绅题咏新庙之作,缮写成帙,题曰《精忠录》"。序中又应袁纯征求诗作之请,附有七言长律一首。

如上,便是日本国会图书馆藏《精忠录》所见,经"袁纯编辑,陈贽校正"而成的《精忠录》一书初编本的全部面貌。总结来说,袁纯编辑《精忠录》是在景泰、天顺年间,编成的时间下限不早于天顺三年七月,这也是《精忠录》初编本可以确知的编成年代。《精忠录》共有三卷,其中出自袁纯之手的有两卷,内容包括在汤阴县创立岳飞精忠庙之事实始末,以及河南本地士大夫歌咏悼念岳飞的诗作。另一卷收录宋元时人咏悼杭州岳飞鄂王庙的《七言律诗》,则节录自元顺帝时杭州褒忠衍福寺住持可观所编《岳忠武王庙名贤诗》。《精忠

---

① 《明英宗实录》卷146,正统十一年十月甲子,第2882页。《明英宗实录》卷227《废帝郕戾王附录》第四五,景泰四年三月甲申,第4970页。
② 石禄编:《[正德]大名府志》卷五《公宇志》,《天一阁藏明代方志选刊》(三),据明正德刻本影印,上海:上海古籍书店,1981年,第13叶。沈德符《万历野获编》卷22《司道·藩臬官兼两省》,北京:中华书局,1959年,第569页。

录》是否在《褒忠录》基础上编成,则需进一步研究。袁纯编成《精忠录》后,因受英宗复辟,和着力推动此事的徐有贞被黜,以及被诬杀的于谦尚未平反的影响,未能及时刊梓。成化四年,时任汤阴知县的尚玑从袁纯处求得已编成的《精忠录》,以其为基础增补后,于成化五年首次刊刻,这便是《精忠录》的初刻本。① 《精忠录》一书在其后也经历了多次递编重刊,得以广泛流传,甚至流向海外。这即本文下节讨论的主题。

二、《精忠录》的刊刻流传

《精忠录》在成化年间刊印之后,历经多次递编重刊,形成诸多版本。对此,前人如石昌渝、大塚秀高、涂秀虹等已有较细致的研究和梳理,基本廓清了《精忠录》一书的版本和流传情况,并揭示了该书在岳飞事迹编纂史上的承上启下作用。② 此节在前人研究基础上,通过分析、对照新发现的《精忠录》初刻本,对相关问题再做补充论述,以期有所推进。

---

① 笔者按:拙文发表后,蒙人民文学出版社董岑仕老师赐教,指出藤本幸夫先生对该书版本有所研究,认为日本国会图书馆此本属朝鲜中宗时期庆尚道咸阳刻本,翻刻自成化五年刻本。参藤本幸夫:《日本现存朝鲜本研究 史部》,首尔:韩国东国大学校出版部,2018年,第785—786页。此处从藤本幸夫先生的结论。需要说明的是,因该朝鲜覆刻本《精忠录》,翻刻底本为明成化五年刻本,故拙文对该本《精忠录》文本内容的讨论依然成立。
② 相关研究除前文所引外,另参石昌渝:《从〈精忠录〉到〈大宋中兴通俗演义〉——小说商品生产之一例》,《文学遗产》2012年第1期。涂秀虹:《〈大宋中兴通俗演义〉与〈精忠录〉的关系》,徐兴无、王彬彬主编:《文学研究》第1卷第1期,南京:南京大学出版社,2015年,第141—154页。

（一）成化五年增补与初次刊刻

成化五年尚玘主持刊刻的《精忠录》，是《精忠录》一书首次刊刻，是在袁纯初编本基础上增补而成，针对袁纯编辑部分的增补已如上所述。具体而言，卷二在卷末增《武穆王尽忠报国碑记》一篇，卷四在《七言律诗》部分的"四川晏辂"以下，增补成化年间河南及彰德府、汤阴县士大夫的诗作若干首。但最重要的增补，是卷一《宋史本传》及其附属岳飞著述，这应当是受《岳忠武王庙名贤诗》与《宋史·岳飞传》一并刊行的影响。

成化五年刊刻《精忠录》时增补的《宋史·岳飞传》，有一定的文献价值。众所周知，今天学界常用的中华书局点校本《宋史》，是以百衲本为工作本，而百衲本是由元至正六年（1346）杭州路刻印的至正本，和明成化十六年（1480）以元刻本的抄本刻印而成的成化本配补影印而成。① 刊刻于成化五年的《宋史·岳飞传》，介于至正本和成化本之间，文献价值是显而易见的。如前所述，《岳飞传》从元刊《宋史》中单独抽印出来，与可观所编《岳忠武王庙名贤诗》一并流传，明初可见到该书。因此成化五年增补时，《宋史·岳飞传》的文献来源或即此，但也可能史源即《宋史》本身。

比对国会图书馆本与中华书局点校本《宋史》所用工作本百衲本的《岳飞传》，有数处不同。国会图书馆本在"二年，战胙城"前有"建炎"二字，且与"二年"并为小字书写，百衲本无之；国会图书馆本在"三年，贼王善"处作"王善"，百衲本作"黄善"，《宋史·高宗纪》作"王善"；②国会图书馆本建炎三年（1129）记事"兀术趋临安"之

---

① 脱脱等：《宋史》"出版说明"，北京：中华书局，1977年，第7—8页。
② 脱脱等：《宋史》卷25《高宗纪二》、卷365《岳飞传》，第459页、第11397页"校勘记〔二〕"。

"临安",百衲本作"杭州"。按,杭州改为临安府,在建炎三年十一月,此时当称"临安";①绍兴五年(1135)平杨么时招降黄钦事,国会图书馆本"钦说全琮、刘诜等降"之"全琮",百衲本作"余端",《宋史·高宗纪》作"全琮"。②《宋史》"本纪"部分的史源为宋修《国史》,史料价值较高。以上诸处,国会图书馆本《宋史·岳飞传》正确,而百衲本误,体现了国会图书馆本的文献价值。国会图书馆本亦有与百衲本皆误的,如绍兴六年(1136)九月,记"刘豫遣子麟、猊分道寇淮西"之"猊"上漏"侄"字;绍兴七年(1137)时"金人所以立刘豫于江南"之"江南"为"河南"之误;绍兴十一年(1141),"会世忠军吏景著与总领胡纺言"之"景著"为"耿著"之误,皆相同。③《岳飞传》后附有岳飞五子,及史官"论曰",以上皆出自《宋史·岳飞传附岳云传》。

国会图书馆本在出自《宋史》的《岳飞传》后附有岳飞著述,史源则为《金陀粹编》。其小序云:"靖康初,二圣蒙尘,中原之地多为金人所据。鄂武穆王以忠义自许,屡见于词翰之间,惜乎未遂恢复,而卒为权奸所诬,使人千载之下,三复其词,未尝不击节叹恨。因采其著述大概,附于史传之末云。"具体内容包括:《跋》一,《御书屯田三事跋》;《檄》一,《奉诏移伪齐檄》;《题记》四,《五岳祠盟记》《广德军金沙寺壁题记》《东松寺题记》《永州祁阳县大营驿题记》;《律诗》二首,《题翠岩》《寄浮图慧海》;《词》二首,《满江红》《小重山》;最后为《飞御军之术大端有六》。如上内容除《满江红》词外,皆见于岳珂所

---

① 脱脱等:《宋史》卷365《岳飞传》,第 11378 页。李埴撰,燕永成校正:《皇宋十朝纲要校正》卷21,建炎三年十一月丁未,北京:中华书局,2013年,第617页。脱脱等:《宋史》卷26《高宗纪三》,建炎四年二月丙戌条亦载"金人自临安退兵",第476页。
② 脱脱等:《宋史》卷365《岳飞传》、卷28《高宗纪五》,第 11384、520 页。
③ 脱脱等:《宋史》卷365《岳飞传》,第 11392、11397—11398 页"校勘记〔五〕〔六〕〔八〕"。

编《金陀粹编》,《跋》出自《经进鄂王家集》卷之一,《檄》《题记》《律诗》《词》出自《经进鄂王家集》卷之十,《飞御军之术大端有六》节录自《经进鄂王行实编年》卷之六《遗事》。①

尤其值得注意的是所载《满江红》词,这是文献中最早记载岳飞《满江红》者,词曰:

> 怒发冲冠,凭栏处、潇潇雨歇。抬望眼、仰天长啸,壮怀激烈。三十功名尘与土,八千里路云和月。莫等闲、白了少年头,空悲切。
>
> 靖康耻,犹未雪。臣子恨,何时灭?驾长车踏破、贺兰山缺。壮志饥餐胡虏肉,笑谈渴饮匈奴血。待从头、收拾旧山河,朝金阙!

其中,"饥餐"二字异体写作"飢湌","金阙"二字另起行顶格书写。这牵扯到岳飞《满江红》词的创作年代和真伪问题。早在1958年,余嘉锡在其《四库提要辨证》一书中指出,岳飞《满江红》词最早见于明嘉靖十五年(1536)徐阶所编《岳武穆遗文》,是据弘治年间浙江提学副使赵宽所书杭州岳庙词碑收入。余先生认为该词"来历不明,深为可疑"。② 从而引起对岳飞《满江红》词真伪的讨论,众多学者介入其中。③ 对此,邓广铭指出,岳飞《满江红》词见于1769年朝鲜铜活字本《精忠录》,并据该书所载商辂《精忠录序》等序跋认为,该

---

① 岳珂编,王曾瑜校注:《鄂国金佗粹编》卷第10《经进鄂王家集》卷1、卷第19《经进鄂王家集》卷10、卷第9《经进鄂王行实编年》卷6,《鄂国金佗粹编续编校注》,第919—920、1074—1084、835—837页。

② 余嘉锡:《四库提要辨证》卷23《集部四·别集类十一·岳武穆遗文一卷》,北京:中华书局,1980年,第1447—1453页。

③ 参见杨佐义:《八三年以来岳飞〈满江红〉词真伪问题研究综述》,《长春师院学报》1995年第2期;郭红欣:《半个世纪来岳飞〈满江红〉词争鸣综述》,《东南大学学报》2015年第5期。此外,尚有不少辨析该词真伪的研究,恕不一一征引。

书由袁纯编辑于景泰二、三年间,付刻于景泰六年(1455),是岳飞《满江红》词出现的最早年代。而在汤阴岳庙发现的岳飞《满江红》词石碑,由庠生王熙书写于天顺二年(1458),皆早于余嘉锡所提出的年代,因而认定该词非伪作。① 这里需要指出的是,受限于所见版本,邓先生对《精忠录》成书及刊刻年代的判断有误。如前所述,袁纯初编《精忠录》的时间下限,不早于天顺三年七月,初编本并未收录岳飞《满江红》词,亦未见刊刻。《精忠录》初次刊刻,是在成化五年,该初刻本收录有岳飞《满江红》词,这是纸本文献所见岳飞《满江红》词的最早出处。至于其史源,或为立于汤阴岳庙,由庠生王熙书写于天顺二年的石刻。

考天顺二年庠生王熙书写的岳飞《满江红》词碑,由汤阴本地人发现于1981年,现存于汤阴县岳庙。② 岳庙《满江红》词碑文字与"国会图书馆本"所录《满江红》词相同,只是个别字的写法不同,"凭栏"的"栏"字异体写作"闌","饥餐"二字异体写作"饑飡",而"朝金阙"则相同,但未顶格刻写。书写者"庠生王熙",据《汤阴县志》,王熙为汤阴人,元侍御公王辅五世孙,成化四年(1468)举人,后于成化年间任山东泗水知县。③ 按明代科举制度,科举取士与学校教育同步,参加乡试者一般为地方各府州县学的学校生员,王熙于成化四年中举,则其天顺二年时为汤阴县学庠生的身份是可信的。前文介绍成化五年汤阴知县尚玘增补刊刻《精忠录》时,在卷四《七言律诗》部分,便增补有署衔汤阴举人王熙的一首诗作。那么,尚玘在成化五年为刊刻《精忠录》而增补岳飞著述时,将立于本县岳庙、

---

① 邓广铭:《再论岳飞的〈满江红〉词不是伪作》,《文史哲》1982年第1期。
② 基多:《关于汤阴岳庙〈满江红〉词碑》,《河南师大学报》1982年第2期。王波清、司丙午:《岳飞〈满江红〉词考的一个重要例证》,《河南师大学报》1982年第2期。
③ 沙蕴金修,苏育纂:《[崇祯]汤阴县志》卷9《选举·国朝举人》,第217页。

由王熙书于石刻的岳飞《满江红》词收入,也是顺理成章的。

综此,本文对岳飞《满江红》词的出现年代可作新的结论如下:立于汤阴县岳庙、由县学庠生王熙书写于天顺二年(1458)的岳飞《满江红》词石刻,是目前石刻及文献资料所见岳飞《满江红》词出现的最早年代;成化五年(1469)尚玘初次刊刻的《精忠录》,是纸本文献记载岳飞《满江红》词的最早出处,其史源或许为汤阴岳庙王熙所书写的石刻,袁纯在景泰、天顺年间编辑《精忠录》时未收录该词。至于王熙书于石碑的岳飞《满江红》词的来源为何,尚需进一步研究,进而,《满江红》词的创作者是否确为岳飞,由于没有直接的证据,同样需要进一步研究。

如上,讨论了成化五年汤阴知县尚玘首次刊刻《精忠录》时,在袁纯初编本基础上的增补情况。总结来说,增补的内容有两部分,一是《宋史本传》及岳飞著述,史源为《宋史》及岳珂所编《金陀粹编》的《经进鄂王家集》和《经进鄂王行实编年》部分。其中新增的《满江红》词是纸本文献中首次出现,史源或为立于汤阴县岳庙、由庠生王熙写于天顺二年的岳飞《满江红》词石碑;二是祭悼岳飞的诗文,作者为成化初年(成化五年前)任职于河南省布政使司、按察使司,及彰德府与汤阴县及其周边府县的官员士人。

(二)成化五年以后的递编重刊

《精忠录》在成化五年由汤阴知县尚玘初次刊刻后,历经多次递编重刊,形成多个版本的《精忠录》。目前所知的版本,有成化八年(1472)后刊本、弘治十四年刊本、正德五年刊本,和以弘治刊本为底本的李氏朝鲜铜活字印本等几种。① 现针对前人研究之不足,就

---

① 涂秀虹点校:《精忠录》"前言",第2页。

其递编与流传考述如下。

《精忠录》在成化年间有两次刊刻,除在成化五年初次刊刻外,还有一次,就是藏于安徽省图书馆的《精忠录》本。对于其刊刻者和刊刻时间,涂秀虹据书中所收诗作有署衔浙江按察使朱绅者指出,朱绅由浙江按察副使升为按察使是在成化八年四月,认为该本《精忠录》的刊刻时间不早于成化八年,且谓无法确定此本的增补和刊刻是否由袁纯完成,同时分析了该本的编纂过程。① 对于刊刻时间,由于没有更多的证据来论证,涂秀虹的说法可从。可以确知的是,此本的增补和刊刻并非出自袁纯,欲探明刊刻者及准确的编纂过程,需对其内容结构进行分析。

安图本《精忠录》的内容构成为图一卷、正文三卷,各卷与成化五年刻本相比皆有变化,其中变化较大的,是新增的图,这也是该本价值最高的部分。图为满叶全幅大图,图上角有方框图题,共25幅,描绘岳飞的生平事迹。其中第1幅为半叶残图,未见图题,第24幅作"原无题目",余23幅为满叶全图,图题依次为:两战常州、战太行山、战竹芦渡、战南熏门、战承州、次洪州、蓬岭大战、渡江誓众、次虔州、襄阳鏖战、复郢州、战庐州、湖襄招降、战刘复雄、屯襄汉、破杨么、都府议事、拐子马、复邓州、大举伐金、归庐复请、遣云援王贵、原无题目、伪诏班师。②

以上诸图的图题位置并不一律,个别处有明显错误。自"两战常州"至"蓬岭大战",图题排布一律,在上半叶左上方,且字体较大;"蓬岭大战"以下,图题字体较小,其排布不规律,在下半叶右上方、下半叶左上方、上半叶右上方、上半叶左上方间变动。"蓬岭大战"

---

① 涂秀虹点校:《精忠录》"前言",第2—5页。
② 涂秀虹点校:《精忠录》附录一《安徽省图书馆藏明刊本〈精忠录〉》,第129—177页。

次一幅,无图题,其下一幅,上半叶右上方图题为"渡江誓众",下半叶右上方图题为"次虔州",显然有误。观察该幅图上、下半叶所绘内容,为岳飞与将士乘船渡江,显然为"渡江誓众",则"蓬岭大战"与"渡江誓众"之间无图题者,当为"次虔州",这也与岳飞行迹相合,"安图本"在版刻时弄错了位置。又,第24幅图题写作"原无题目",介于"遣云援王贵"和"伪诏班师"之间,画面上半叶诸人作推车载物、牵牛及作揖状,比对朝鲜铜活字本图,内容与"战朱仙镇"类似,亦与《宋史·岳飞传》的记载相合:"飞进军朱仙镇,距汴京四十五里……父老百姓争挽车牵牛,载糇粮以馈义军,顶盆焚香迎候者,充满道路。"①综上,该"原无题目"的图题,当为"战朱仙镇"。循此思路,也可确定首幅半叶残图的图题,该图画面为士兵持兵器排列站立,比对朝鲜铜活字本图"战太行山"之前几幅图的内容,与"张所问计"上半叶图类似,此图当定名为"张所问计"。另外,以上诸图的排列顺序有误,致误原因大概是装订时顺序颠倒,发生错误,详见下文。

卷一题作《会纂南宋岳鄂武穆王传略一》,涂秀虹指出《传略》是对旧本《宋史本传》的节略。② 实际上,本卷内容除了对《宋史·岳飞传》有省略、改写外,依据岳珂所编《金佗稡编》之《经进鄂王行实编年》有新添写的内容。也即本卷的史源以《宋史·岳飞传》为纲,补充了《经进鄂王行实编年》中的相关内容。而这正是《会纂南宋岳鄂武穆王传略》中"会纂"二字的缘由所在。此处可举前三段内容为例比勘说明。

卷首"岳飞字鹏举,相州汤阴人"这句之后,对《宋史·岳飞传》

---

① 脱脱等撰:《宋史》卷365《岳飞传》,第11390页。
② 涂秀虹点校:《精忠录》"前言",第4页。

介绍其家庭出身的文字悉数省略,后紧接"少负气节,沉厚寡言"句。将《宋史·岳飞传》"学射于周同,尽其术,能左右射"一句,改写为"学射于乡豪周同,能尽其术";第二段,增写"杀贼首张超",将《宋史·岳飞传》"以铁骑三百往李固渡尝敌,败之"一句,改写为"靖康初,以铁骑三百往李园渡当虏军,战于侍御林,败之,杀其枭将,转成忠郎"。第三段,将《宋史·岳飞传》"战开德"一句,改写为"建炎二年,战开德、殪金人,夺甲马弓刀以献"。以上不见于《宋史·岳飞传》,而新添写的内容皆见于《经进鄂王行实编年》。① 尤其对《经进鄂王行实编年》中的错误也照袭,如"李园渡"乃"李固渡"之误,本卷袭《经进鄂王行实编年》之误,亦作"李园渡",这是一个史料同源明显的例子。另外需要附带指出的是,《宋史·岳飞传》有"尝敌"一语,明显不通,实乃在改编其原始史源《经进鄂王行实编年》时,将"当虏军"之"当"(繁体作"當")误作"尝"(繁体作"嘗")所致。

该卷内容对《宋史·岳飞传》删减较多,总体篇幅较小,这也是称为"传略"的原因所在。由于改写较为粗糙,又造成新的错误。如上举第三段中,将"战开德"系年于"建炎二年",但其下第四段叙事又曰"康王即位",其次第五段则为"建炎二年",则第三段的"建炎二年"显误,这个错误是怎么造成的呢?让我们回到《经进鄂王行实编年》的文本,"战开德"前,文曰"靖康二年,是年改元建炎"。② 这样,致误原因便明白无疑,"建炎二年"乃"靖康二年"之误,《传略》

---

① 涂秀虹点校:《精忠录》附录一《安徽省图书馆藏明刊本〈精忠录〉》,第179页。脱脱等撰:《宋史》卷365《岳飞传》,第11375—11376页。岳珂编、王曾瑜校注:《鄂国金佗稡编》卷第4《经进鄂王行实编年》卷1"崇宁二年,癸未岁""宣和六年,甲辰岁,年二十二""靖康元年,丙午岁,年二十四""靖康二年,丁未岁,年二十五"条,《鄂国金佗稡编续编校注》,第70页、第75页、第82—83页、第85页。
② 岳珂编、王曾瑜校注:《鄂国金佗稡编》卷第4《经进鄂王行实编年》卷1"靖康二年,丁未岁,年二十五"条,《鄂国金佗稡编续编校注》,第85页。

作者在抄写时不细心造成错误。

卷二题作《会纂南宋岳武穆精忠事实二》,其编纂方式与卷一相同,同样在《宋史·岳飞传》的基础上,因袭改写《经进鄂王行实编年》的相关记载而成,个别处参考了《宋史》相关列传的内容。如建炎元年记事:"秉义郎岳飞犯法将刑,留守宗泽一见奇之,曰:'此将材也。'会金人攻氾水,泽以五百骑授飞,使立功赎罪。飞大败金人而还。升飞为统制。"悉数抄自《宋史·宗泽传》。[1] 由于编纂不精,一些叙述在涉及较复杂的时间、人物、事件时,往往出现混乱,令人无所适从。如卷首第一段的记载,文曰"靖康丙午元年,飞居汤阴",接下来有"刘韐宣抚真定,募敢战士,飞与焉",但此事据《宋史·岳飞传》在宣和四年(1122)。又,接下来写"至是以见王,补承信郎",没有交代"王"者何人。据《宋史·岳飞传》,在"补承信郎"前有"康王至相"一句,此处的"王"即康王,[2]但文中没有明确交代。甚至将岳飞绍兴十一年事迹系于绍兴十二年(1142),而岳飞被杀是在绍兴十一年十二月,此尤疏漏。

值得注意的是,该书正文前的图,正是以本卷内容为蓝本绘制。如前所述,图的排列顺序有误,可根据本卷内容重新排定。原图"两战常州"在"战太行山"前,据岳飞行迹,"战太行山"在建炎元年,"战南薰门"在建炎三年,"两战常州"在建炎四年初,因功迁通泰镇抚使,并于九月往援楚州,战于承州,当置"两战常州"于"战南薰门"后;原图"渡江誓众"后,为"襄阳鏖战、复郢州、战庐州"等。岳飞在平定江西内乱后,于绍兴四年率军渡江,前往京西收复由伪齐等占

---

[1] 涂秀虹点校:《精忠录》附录一《安徽省图书馆藏明刊本〈精忠录〉》,第184页。脱脱等撰:《宋史》卷360《宗泽传》,第11281页。
[2] 涂秀虹点校:《精忠录》附录一《安徽省图书馆藏明刊本〈精忠录〉》,第184页。脱脱等撰:《宋史》卷365《岳飞传》,第11375—11376页。

据的襄汉六郡,进军方向自南而北,先后收复郢州、随州,大战于襄阳,收复邓州、唐州、信阳军等诸郡,一举平定襄汉,遂使长江上下游形势相接,因功拜节度使。九月金齐围庐州,岳飞率兵解围。则"渡江誓众"之后当为"复郢州、襄阳鏖战、复邓州、战庐州"。

又,原图"湖襄招降"后为"战刘复雄、屯襄汉、破杨么"。绍兴五年(1135),岳飞转向湖湘,平定杨么后,还军鄂州。绍兴六年(1136)张浚谋北伐,命飞屯襄阳,除京西、湖北路宣抚副使,成为京湖防区最高军政长官。九月刘豫侵淮西,飞遣将与伪五大王刘复战。但图题却作"战刘复雄",本卷载"有伪五大王刘复雄迎敌",乃其致误之源。考《经进鄂王行实编年》,作"有伪五大王刘复拥兵出城迎敌",①则"刘复雄"的"雄"乃"拥"字繁体"擁"字之误。五大王名刘复而非刘复雄,乃伪齐皇帝刘豫之弟,②且本卷下文亦有"李成率刘复等"之语。需要指出的是,岳珂在编写时亦有误,所谓"有伪五大王刘复拥兵出城迎敌",所迎击者乃岳飞军,称"迎敌"则是以我为敌,尤为不训。如此,则图的排序当为"湖襄招降、破杨么、屯襄汉、战刘复(雄)"。

又,原图"都府议事"后,为"拐子马、复邓州、大举伐金、归庐复请、遣云援王贵、战朱仙镇、伪诏班师"。绍兴七年(1137)张浚谋北伐,岳飞上书请伐金以恢复中原,得到高宗支持,一度决定将淮西军划归岳飞统帅。但高宗很快变卦,张浚召岳飞于都督府讨论淮西军的归属,岳飞见无法合归并淮西军,遂弃军上庐山,经属官死请复还军。绍兴十年(1140)金军南侵,岳飞率军北伐,郾城之战大破金军

---

① 岳珂编,王曾瑜校注:《鄂国金佗稡编》卷第7《经进鄂王行实编年》卷4"绍兴六年,丙辰岁,年三十四"条,《鄂国金佗稡编续编校注》,第445页。
② 徐梦莘撰:《三朝北盟会编》卷181,绍兴七年十一月十八日条,据清光绪三十四年许涵度刻本影印,上海:上海古籍出版社,1987年,第1307页。

拐子马；颍昌之战遣子岳云援王贵，进军朱仙镇，后奉诏班师。则图的排序当为"大举伐金、都府议事、归庐复请、拐子马、遣云援王贵、战朱仙镇、伪诏班师"。

《会纂南宋岳鄂武穆王传略》与《会纂南宋岳武穆精忠事实》二文，因其"会纂"性质，全文以岳飞事迹为线索编纂，但凡与岳飞直接有关的皆录，而与岳飞无直接关系的则不录，导致某事的线索不连贯，甚至前后事件捏合，造成失真，如前述几事。而且注重岳飞的武功，凡战事浓墨重彩，但未能将其置于南宋初期的军事和国家重建形势中，来观察岳飞的功绩。比如岳飞官衔的变化，意味着岳飞所负责防区的开拓和变动，以及在南宋初边防中的作用。本书对岳飞任官履历则较少提及，只见战事不见战功，不能很好地表现岳飞的功绩。如岳飞生涯中最为重要的职官如通泰镇抚使、京湖宣抚使的名称以及拜节度使均漏写，总体而言价值不高。

卷二附有岳飞著述，其序文和岳飞著述皆抄自成化五年刻本。所不同者，是在岳飞著述后又附有岳珂诗叙二篇，题曰《附孙岳珂诗叙》，分别为：《排律》，《经进百韵诗》一首；《叙》，《吁天辩诬通叙》一篇。史源为《金佗稡编》，《吁天辩诬通叙》为节录。[①] 文末曰："若夫辩冤之说，《金佗稡编》编之详矣，不欲复赘。"出自编者之手，也说明了其史源为《金佗稡编》。

卷三题作《集古今诰文诗歌》，为历朝追封、祭祀、凭吊岳飞的文字。对此涂秀虹已做过较为细致的研究，涂先生认为，从卷首宋元之文的诰、谥、评论、序文，到标明"国朝"的祭文、御制《孝顺事实》，以及赞、词、古诗、律诗、歌行、绝句等，"是相对完整的一部著作的规

---

① 岳珂编，王曾瑜校注：《鄂国金佗稡编》卷第27《天定录》卷中《经进百韵诗》、卷第20《吁天辩诬通叙》，《鄂国金佗稡编续编校注》，第1201—1203、1121—1128页。

模和架构,是卷三所因袭的'旧本'最早的规模"。① 所谓"旧本",据原文当指"袁纯搜集旧版"的袁纯据以编辑的原始本子。比对成化五年初刻本可知,"诰、谥、评论、序文,到标明'国朝'的祭文、御制《孝顺事实》,以及赞、词"皆为此次新增。其直接史源或许是所因袭的"旧本",但也有可能是此次刊刻才首次增加的。由于未能确定其"旧本"的面貌,尚需进一步研究。这里仅就新增部分最初的史源作一分析。

其中,宋宁宗嘉泰四年(1204)六月《追封鄂王》诰、宋孝宗淳熙四年(1177)赐《谥》、《金佗稡编序》及戴洙《金佗稡编后序》皆出自《金佗稡编》。②《评论》部分的"吕东莱曰",出自吕中《大事记》,但吕东莱为吕祖谦,而非吕中。又"不置之死地不止"下,有"'莫须有'三字以傅会,欲加之罪,其无辞乎?千载而下,每念岳武穆之冤,直欲呼天而无从也"。则出自何俌《龟鉴》。③ 大概是因为该句中"'莫须有'三字",与吕中"附会其事,无所不至,而'莫须有'三字"的"'莫须有'三字"相同,导致抄写时串行抄错了。"史臣脱脱论曰"则出自《宋史·岳飞传》。《序文》部分的谢起岩作《纪事实录本末》,和吴安朝作《又》一篇,则出自谢起岩的《忠文王纪事实录》。④

---

① 涂秀虹点校:《精忠录》"前言",第5页。
② 岳珂编,王曾瑜校注:《鄂国金佗稡编》卷第27《天定录》卷中《追封鄂王告》、卷第9《经进鄂王行实编年》卷9《昭雪庙谥》《金佗稡编序》《金佗稡编后序》,《鄂国金佗稡编续编校注》,第1211—1212页、第893—895、5—6、1235—1236页。
③ 涂秀虹点校:《精忠录》附录一《安徽省图书馆藏明刊本〈精忠录〉》,第212页。李心传撰、胡坤点校:《建炎以来系年要录》卷143,绍兴十一年十二月癸巳"岳飞赐死于大理寺"条注文,北京:中华书局,2013年,第2701页。
④ 谢起岩撰:《忠文王纪事实录》卷首《忠显庙忠文王纪事实录本末序》及跋文,《续修四库全书》编纂委员会编:《续修四库全书》第550册,据国家图书馆藏宋咸淳七年吴安朝等刻明洪武公文纸印本影印,上海:上海古籍出版社,2002年,第286—287、358—359页。

以上,皆为抄撮自宋人书增入的。

《国朝》以下,《祭文》有"维某年某月,浙江杭州府某官等,敢昭告于宋少保鄂国武穆王之神"。① 这一句尤为重要,说明重编此书的主事者为杭州官员,可明证安图本《精忠录》的编纂、刊刻并非出自袁纯之手。这也意味着,该本《精忠录》是代表杭州府官员及浙江地方士人对岳飞的祭悼之作。《精忠录》一书承载的祭悼岳飞的地区重心,从河南汤阴县转移到浙江杭州府。关于这一点,其新增的诗文多为杭州府官员,且对河南官员诗作的删减亦可证明。《御制孝顺事实》为永乐帝所作,其后附七言绝句两首。其下,为署名王柏的《赞》,王柏为南宋后期时人,曾于浙东讲学。这两篇为从他处摘录而增入的。

《词》部分仅收刘改之的一首;《古诗》部分,作者为姚黼、陈政德、吴子华、翟宗仁、孔天碧、韩中村等六人;《律诗》作者自赵子昂到径山僧康元翁;《歌行》作者为方秋崖、郑明德、霍惟肃、程正辅、周越道、朱希颜、宇文子贞、张思廉等八人;《绝句》仅收杨廉夫一人诗作。以上诸人,除张思廉、张光弼二人外,皆见于可观编集《岳忠武王庙名贤诗》,其中姚黼为钱黼之误。② 但张光弼见于初刻本《精忠录》,张思廉即张宪,明初曾寓居杭州。需要指出的是,尽管该部分所见诗人与成化五年初刻本所见诗人相同,但所选诗作却有不同,如柯敬仲、潘子素、苏大年等的诗作。这说明,杭州府官员在编集该本《精忠录》时,同样见到了可观所编集的《岳忠武王庙名贤诗》,并据此选材。但为了与之前汤阴县官员主导编辑的《精忠录》相区别,在遇到《岳忠武王庙名贤诗》收录某诗人两首以上诗作时,往往选不见

---

① 涂秀虹点校:《精忠录》附录一《安徽省图书馆藏明刊本〈精忠录〉》,第216页。
② 傅增湘撰:《藏园群书经眼录》卷4《史部二·传记类》,第362页。

于前本《精忠录》的诗作,而自有其特色。

《国朝名贤诗歌》以下,涂秀虹分为四个组成部分,关于所收录诗作作者的年代,及其成书过程的判断,其说可从。总结而言,自《律诗》以下至《歌行》,作者为明初到成化年间任职浙江的士大夫,为此次增补的内容;另起一页刊刻的《读鄂王传》到卷末的部分,出自袁纯所编的旧本,此次编集时得以保留。

以上为"安图本"的增补递编情况,以成化五年"初刻本"为底本增补而成,刊刻时间为成化八年后,主持刊刻者为杭州府官员。该本《精忠录》具有浓郁的杭州特色,这集中反映在与据以重编的底本的区别上。相较于成书于汤阴地方官之手的"初刻本",杭州府官员主持刊刻的"安图本"不仅增加了图,对原本卷一的"《宋史·岳飞传》"加以删添改写,形成两卷《会纂南宋岳鄂武穆王传略》和《会纂南宋岳武穆精忠事实》,更在所收《古今诰文诗歌》部分,删减了汤阴因素,而增加了杭州因素的比重。如杭州府官员重编时,所增加的南宋朝廷对岳飞封诰、赐谥的公文,南宋文人之评论,所体现的是建都于杭州的南宋朝廷对岳飞的尊崇。在选编元代杭州路及其周边文人对杭州岳飞鄂王墓和岳忠武王庙的悼咏之作时,为与汤阴官员主持编辑的《精忠录》相区别,尽管所选作者有重合,但所选诗作却多有不同。对进入明朝后的相关内容,则大幅削删汤阴地方创庙、祭祀之文,及其河南文人悼咏之作,而代之以杭州本地祭祀之文,和浙江士大夫的诗歌。杭州府官员在此次重编时,着力突出的一条主线,便是自宋元明一脉相承的杭州印记,以与杭州地域相匹配。随着"安图本"在此后不断递编重刊,其所带杭州印记愈发凸显,在一定程度上改变了《精忠录》"初刻本"原有的面貌,使《精忠录》和岳飞与杭州的关系愈加紧密。

杭州府官员对《精忠录》的再一次递编重刊,是在弘治十四年。弘治十四年本《精忠录》(以下简称"弘治十四年本")国内未见收藏,其书面貌见于以该本为底本所刊的朝鲜铜活字本。关于"弘治十四年本"的内容,石昌渝、涂秀虹已有详细研究,涂秀虹指出是以安图本《精忠录》为底本增补而成,此处仅就其编纂过程略作补充。

见于"铜活字本"的"弘治十四年本",保留了弘治十四年巡按浙江监察御史陈铨所作《精忠录序》。据序文,镇守浙江太监麦秀,"间尝阅是《录》而慨然有感,因取而表章之,序其战功,列图三十有四,增集古今诗文,凡若干篇,刻而传之"。又赵宽《精忠录后序》曰:太监麦秀"即旧板行《精忠录》,躬为校正而翻刻之"。[①] 该本共有图一卷,正文六卷。

卷一《宋史本传》,与今本《宋史·岳飞传》及《宋史·岳飞传附岳云传》同。卷二《武穆事实》,是对"安图本"的"会纂南宋岳武穆精忠事实"删减而成,后附《武穆御军六术》《武穆诸子》;卷三《武穆著述》,《律诗》部分,增加《送紫岩张先生北伐》诗,但该诗已被清代学者王昶证明系明人伪作。[②]《满江红》词最后一句由"朝金阙",改为"朝天阙",与今日常见版本同。推测其中缘由,"金"字容易令人联想起"金朝","朝金阙"易犯朝拜北族政权的忌讳,改字当与此有关;卷四《古今褒典》部分,增《皇朝敕赐忠烈庙公移》,是天顺元年九月明廷颁下杭州府祭祀岳飞"忠烈庙"的公文及祭文;《古今论述》部分,增元儒虞集《跋宋高宗亲札赐岳飞》《题岳飞墨迹》,元人陶宗仪《叙岳武穆王墓》,及明人瞿佑《叙岳鄂王墓》、徐有贞《汤阴鄂王庙碑》和屠滽《重修忠烈庙记》。其中屠滽《重修忠烈庙记》一文,记述

---

① 涂秀虹点校:《精忠录》,第7、124页。
② 王昶撰:《金石萃编》卷148《岳飞送张紫岩诗》,上海:上海古籍出版社,2020年,第2700页。

了弘治十三年(1500)至弘治十四年御马监太监李某等与杭州府官员重修"忠烈庙"的始末;卷五《古今赋咏》,增明初刘基、张羽二人诗赋,和弘治年间任职或出身浙江的官员李旻、邱濬、江澜、杨峻四人诗作;卷六《律诗》,增弘治十三、十四年间重修杭州"忠烈庙"时,任职于浙江及杭州府的官员陈铨等三十人的诗作。①

"弘治十四年本"价值最高的部分,是书前的图。相较于成化八年后杭州府官员主持刊刻的"安图本"图,该本图的数量从25幅增加到34幅,风格上一改此前拙朴粗放的构图刀法,变得细腻秀丽。需要注意的是,由于我们所见到的是万历十二年时才传入朝鲜的活字本,插图风格符合万历时代的,②并不意味着代表弘治时期的特色。其中最重要的变化,是此前的图仅有图题而无说明文字,而该本的图分为两栏,在上方框内写有说明文字释图,下方为图,亦有图题。这种上文下图的表现形式,更接近于版刻插图,反映了明后期版刻插图技艺的成熟。图文并茂的刊刻形式,在一定程度上促进了该书和岳飞故事的传播。

图画内容的来源,石昌渝认为大多根据《宋史》岳飞本传,少数采自野史稗官。③ 实际上,图画内容及图上栏的说明文字,其史源大部分为"安图本"的《会纂南宋岳鄂武穆王传略》和《会纂南宋岳武穆精忠事实》,另有少部分来自《宋史·岳飞传》,并无另外来自野史的内容。如首幅"祀周同墓"史源为"安图本"的《会纂南宋岳鄂武穆王传略》,第二、三、四幅"战氾水关""张所问计""战太行山"史源为《会纂南宋岳武穆精忠事实》,第五幅"战竹芦渡"史源为《宋史·岳飞传》。图所引说明文字除了将"岳飞"改称"王"外,其余一仍其

---

① 涂秀虹点校:《精忠录》,第1—126页。
② 对插图本风格的简要说明,参黄永年:《古文献学讲义》,第175—176页。
③ 石昌渝:《朝鲜古铜活字本〈精忠录〉与嘉靖本〈大宋中兴通俗演义〉》,第266页。

旧。这一情况说明，弘治十四年增补重刊《精忠录》时，图与正文是分别增补的，图据底本成化八年后本《精忠录》增补重绘，而非等正文编纂完成后据以重绘。

由于底本的图排列顺序有误，该本图的排序亦受到影响而产生错误。其中，该本图"蓬岭大战"与"大举伐金"之间的排序为："次虔州、复邓州、复郢州、渡江誓众、襄阳鏖战、战庐州、湖湘招降、复蔡州、归庐复请、屯襄汉、破杨么、破刘复（雄）。"据前文所述，正确的排序当为："次虔州、渡江誓众、复郢州、襄阳鏖战、复邓州、战庐州、湖湘招降、破杨么、归庐复请、屯襄汉、复蔡州、破刘复（雄）。"特殊之处在于"归庐复请"。据"安图本"，该事发生于绍兴七年"都府议事"后。但据弘治十四年本说明文字，为"王丁周国夫人姚氏忧，扶亲还庐山"，时在绍兴六年四月。说明文字显然与原图不符，当按原图置于"都府议事"后。如此，弘治十四年图的顺序当为：祀周同墓、战氾水关、张所问计、战太行山、战竹芦渡、战南薰门、战广德、两战常州、战承州、次洪州、战南康、次金牛、蓬岭大战、次虔州、渡江誓众、复郢州、襄阳鏖战、复邓州、战庐州、湖湘招降、破杨么、屯襄汉、复蔡州、破刘复（雄）、大举伐金、都府议事、归庐复请、贷谍反间、战郾城、拐子马、遣云援王贵、战卫州、战朱仙镇、伪诏班师。以上对"安图本"和"弘治十四年本"所见版刻插图的内容和说明文字来源、排列顺序，以及存在的讹误做了说明，希望引起研究版刻插图学人的注意，做进一步深入研究。

"弘治十四年本"其后流传至朝鲜，先后有三个版本。据李氏朝鲜铜活字本《精忠录》序跋，"弘治十四年本"于"万历甲申"，即万历十二年（1584）传入朝鲜，万历十三年（1585）李朝宣祖令词臣李山海作序、柳成龙作跋，以铜活字"命芸阁印出"增入"首尾俱有序跋文"的《精忠录》，是为宣祖印本；126年后，李朝肃宗在宣祖印本基础上，

"图绘阙像""又别幅作赞""题诗卷首",亲制序文并"作为四卷",于己丑岁(李朝肃宗李焞己丑岁,1709)印出,此即肃宗印本;60年后,英祖又增入《御制后序》,及分别为诸葛亮、岳飞、文天祥三位忠臣所作《御制永柔县卧龙祠致祭祭文》三篇印出,时为"皇朝崇祯戊辰纪元后三己丑孟夏丁丑",即清乾隆三十四年(1769),此即英祖印本。①大塚秀高认为,增入"武穆像"及"精忠录图"是在1769年,②则是误读记载此事的《肃庙御制序》。该序文写作时间为"岁在己丑春正月辛巳序",为肃宗己丑岁;而于"当宁己丑孟夏"书,即于英祖己丑岁重新缮写,之间相差一甲子,1769年是重新缮写时间而非增入刊刻时间,故其结论有误。朝鲜铜活字本后流入日本和国内,国内国家图书馆及复旦大学图书馆有藏,为图与序跋完整的英祖印本。

此后,《精忠录》再次重刊。正德五年(1510),镇守浙江太监刘璟重修杭州岳飞墓与庙,据李春芳《重刊精忠录后序》,刘璟在"弘治十四年本"基础上增入新的凭吊岳飞的诗作,"躬为厘正而翻刻之",③是为正德五年本《精忠录》(以下简称"正德五年本")。该本未见,嘉靖年间刊刻的小说《大宋中兴通俗演义》后附有《会纂宋岳鄂武穆王精忠录后集》,保存了"正德五年本"的后半部内容,增补的诗文见点校本《精忠录》附录三。④

"弘治十四年本"和"正德五年本",是目前所见《精忠录》在明

---

① 涂秀虹点校:《精忠录肃庙御制序》《当宁御制后序》《御制永柔县卧龙祠致祭祭文》《精忠录序》《精忠录跋》,《精忠录》,第1—11、125—126页。
② 大塚秀高撰、林桂如译:《关于李氏朝鲜出版的〈(会纂宋岳鄂武穆王)精忠录〉》,第35页。
③ 涂秀虹点校:《精忠录》附录二〈《精忠录》相关序跋辑录〉,第260—263页。
④ 涂秀虹点校:《精忠录》"前言"、附录三《明正德刊本〈精忠录〉诗文辑录》,第2、264—272页。

代最后两次递编重刊,国内未见收藏。这里对其中的缘由稍作解析。众所周知,岳飞故事的广为流传,有赖于其文本的集大成者《说岳全传》,该书由清朝时杭州仁和人钱彩编著,全称《精忠演义说本岳王全传》,主要由明人熊大木《大宋中兴通俗演义》、无名氏《新镌全像武穆精忠传》、邹元标编订的《岳武穆精忠传》演变而来,而《精忠录》一书是最初的源头。据朱希祖《郦亭藏书题跋记》载:"乾隆《禁书总目》仅列钱本为禁书,则在乾隆时李、邹二本已鲜流传。"①说明在清中期,载有岳飞故事的书籍已成禁书,鲜有流传。这是"弘治十四年本"和"正德五年本"在国内未见收藏的原因所在。需要附加说明的是,在清朝,清廷对岳飞祭祀和岳飞相关书籍的流传也并非一味禁止。乾隆十五年(1750)九月,乾隆帝经过汤阴时,"中巡临幸岳忠武鄂王庙,遣官致祭,御制祭文"并作"御制诗"一首。② 汤阴本地官员并因此趁机重刻了《汤阴精忠庙志》。

这两次刊刻的《精忠录》虽在国内未见收藏,但由于在明中期以后流传较广,被吸收编入不同种类的书。如嘉靖时,李濂辑《朱仙镇岳庙集》十二卷,徐阶辑《岳集》五卷,万历时李桢辑《岳武穆集》六卷,张应登辑《汤阴精忠庙志》十卷,徐缙芳辑《宋忠武岳鄂王精忠类编》八卷等。清后期又有黄邦宁编《岳忠武王文集》十卷,冯培辑《岳庙志略》十卷,钱汝雯辑《宋岳鄂王文集》三卷、《宋岳鄂王年谱》八卷等。成书于明晚期及清代的这些和岳飞有关的书籍,不同程度地吸收了众多版本《精忠录》的体例和内容,在促进岳飞事迹和爱国精

---

① 朱希祖撰:《郦亭藏书题跋记》之《武穆精忠传跋》,《明季史料题跋(外二种)》,北京:中华书局,2012年,第127页。
② 张应登辑,杨世达续辑:《恭纪褒宠锡》,《汤阴精忠庙志》,国家图书馆藏清乾隆十五年刻本。

神广泛传播的同时,也部分保存了《精忠录》的内容。

结　　语

《精忠录》是岳飞祭祀史、事迹编纂史和爱国精神弘扬史上的一部重要文献,日本国会图书馆藏初刻本的发现,有助于我们厘清该书的编纂和流传过程。《精忠录》一书由河南汤阴县教谕袁纯初编于明景泰、天顺年间,编成时间下限不早于天顺三年七月,编成后受英宗朝政治形势的影响而未刊刻。初编本共有三卷内容,其中出自袁纯之手的有两卷,内容包括在汤阴县创立岳飞精忠庙之事实始末,以及河南本地士大夫歌咏悼念岳飞的诗作。另一卷收录宋元时人咏悼杭州岳飞鄂王墓及庙的诗作,则节录自元顺帝时杭州褒忠衍福寺住持可观所编《岳忠武王庙名贤诗》,其书与抽印自《宋史》的《岳飞传》一并刊行,影响了此后《褒忠录》及《精忠录》的产生。

成化五年,由汤阴知县尚玑在袁纯初编本基础上,增补岳飞传记著述,和河南本地官员祭悼岳飞的诗作后初次刊刻,是为《精忠录》的初刻本。书中所载岳飞《满江红》词是该词在纸本文献中首次出现,其史源或为立于汤阴岳庙、由庠生王熙天顺二年所书写的石刻。此后《精忠录》在杭州府官员主持下,以成化五年初刻本为基础,增补浙江本地官员诗作并版刻插图,历经多次递编重刊,先后产生成化八年后刻本、弘治十四年刻本和正德五年刻本三个刻本。弘治十四年刻本在万历十二年流入朝鲜,产生宣祖印本、肃宗印本和英祖印本三个铜活字印本。铜活字本之后又流入日本,而国内仅见成化八年后刻本,和复流回国内的铜活字英祖印本,未见收藏成化五年初刻本和弘治十四年刻本及正德五年刻本。

《精忠录》的多次递编重刊,对主持其事的士大夫来说,通过祭祀岳飞、营建祠庙、赋诗撰文,加强了官员交际,彰显了地方文化。明代主持递编《精忠录》的主体,其中心经历了从汤阴到杭州,再到朝鲜的转移,而最早的源头同样是在杭州。在此过程中,汤阴、杭州成为国家礼典认可的岳飞祭祀中心,在宋代以来岳飞祭祀的鄂州、朱仙镇、杭州、汤阴四地格局中,取得核心地位,本地也打上岳飞的深刻印记,其遗风至今犹存。万历时《精忠录》传入明朝的附属国李氏朝鲜,增入朝鲜国王御制序文、词臣序跋,再次以铜活字印出,体现了朝鲜王朝的宗明意识,甚至在明亡后再次刊刻《精忠录》,表现了强烈的思明和中华意识。

《精忠录》内容以岳飞行迹、著述,和身后历朝的褒典、凭吊诗文为主,着力弘扬的是岳飞的爱国精神。岳飞坚决抗金和矢志收复失地的事迹,体现了维护国家统一的强烈爱国精神,这在其身后成为一笔宝贵的文化财富。南宋时对岳飞的追封和祭祀,直接起因是孝宗时金朝的再度南侵,和南宋后期面临的来自蒙古的边防压力,宋庭希望通过尊崇岳飞凝聚人心,以抵御外敌。明代在汤阴立庙和编纂《精忠录》的直接动因,同样是当时明庭面临的来自瓦剌的边防压力。其中也内涵着华夷之别的意识,如吴讷《褒忠录序略》所谓"愤夷狄猾夏之祸,志欲殄灭以雪其耻"。[①] 这对由少数民族入主的政权和统治者而言,有着内在张力,岳飞祭祀和相关书籍在元朝和清朝受压制都是明显的例子。但元顺帝时一改元初以来漠视岳飞祭祀的传统,加封岳飞"保义"之号,[②]以及乾隆帝亲至汤阴岳飞庙并御制

---

① 涂秀虹点校:《精忠录》附录二《〈精忠录〉相关序跋辑录》,第259页。
② 陶宗仪撰:《南村辍耕录》卷3《岳鄂王》,北京:中华书局,1959年,第40—42页。

祭文，也说明元、清的统治者同样肯定岳飞的爱国精神。对他们而言，其统治下的"中国"已超越一族一姓之私，是代表中华民族整体利益的中国。这也从侧面生动地诠释了多元一体中国的形成。

作者单位：华东师范大学历史学系

（原刊于《文献》2022年第6期，第135—158页）

附：日本国会图书馆藏明成化五年刻本《精忠录》书影

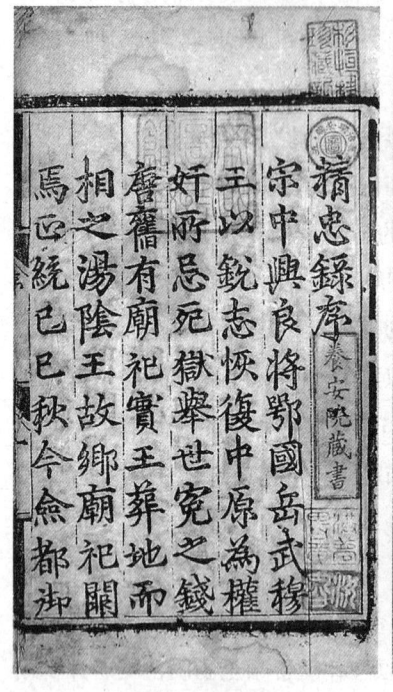

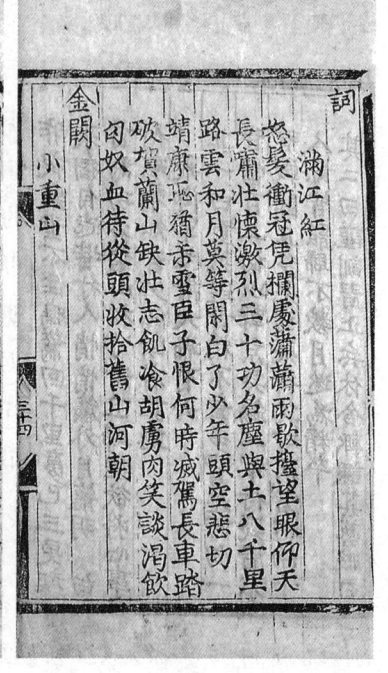

《精忠录序》首叶　　　　《精忠录》卷一《满江红》词

古书成书类型学：中国早期文献形成与流传模式略论

赵 争

摘 要：基于史料生成的视角可以发现，册命文档包括周王现场发言记录的"命官之辞"，册命仪式上预先写就的实物"命册"，以及在此基础上增加更多信息的"命书"以及册命仪式综合记录。其中富含思想性的文档被选为教材，并被后世研习、阐释从而由先王政典转而成为载道之书。这种基于官方政教体制的经典生成模式与基于民间知识生态的成书模式差异明显。

关键词：册命文档 "书"类文献 古书成书 类型学

中国早期古书的生成及流传问题自20世纪二三十年代以来渐为学界所重，无论是古书辨伪活动，还是对疑伪过勇的回应，其所关注的核心问题其实都属中国早期古书的生成及流传问题。当时一些学者即以对早期古书生成及流传真实情形的探寻为进路，对疑伪过勇现象及相关的理论及方法提出了批评；不仅如此，积极参与辨伪活动的核心学者，如胡适、傅斯年，对于疑古辨伪活动的态度后期均有所转变,尤其是傅斯年,从古书成书和流传的整体情况出发对辨伪活动进行了反思,发展出一些"足以破解疑古思想的论述",①对早期古书形成与流传真实情形的探寻无疑是反思古书的有效进路,至今仍有其学术意义。② 20 世纪后半叶,尤其是 70 年代以来,大批早期古书实物的再现为我们深入讨论早期古书的形成与流传提供了不可多得的条件。学界在以往研究的基础上,对早期古书的形成与流传规律进行了更为细致的总结,更有学者尝试对中国早期古书形成与流传情形进行整体概括,其中美国学者艾兰对中国文献的起源及早期发展进行的模型概括值得关注。③

一、中国文献的起源和早期发展:艾兰模型

艾兰认为《老子》的成书模式可以用来解释更广泛的早期中国文献的生成:

1. 单个章节被口头或者书面传播。
2. 几个包含相似文字或内容的独立章节被连缀起来,并作为一个联系片段文本被抄录。这个过程会反复出现,抄录的方

---

① 王汎森:《傅斯年对胡适文史观点的影响》,《中国近代思想与学术的系谱》,石家庄:河北教育出版社,2001 年,第 289 页。
② 对此可参赵争:《辨伪与求真:百年来的古书反思》,《国学学刊》2022 年第 2 期,更详细的讨论可参赵争:《辨伪与存真:百年来的古书体例研究》,上海:中西书局,2021 年,第一至三章。
③ 艾兰:《从楚简发掘看中国文献的起源和早期发展》,收入陈致主编:《简帛·经典·古史》,上海:上海古籍出版社,2013 年,第 59—66 页。若无特别说明艾兰意见均据此。

式不同,文本顺序也不同。换句话说,不同的人所编撰的文体或诸子语录,内容可能有部分重叠,顺序排列也会有差异,所以文本不善。

3. 由片段和更短的章节连缀起来的一个比较长的文本,被按明确的次序书写出来。

4. 文献被进一步编辑,用隶书书写,拥有一个标准的格式,并被写于帛卷。这些被编辑的文献被存放在皇家图书馆,而皇家版本对于中国古代文献获得既有的形式具有决定性作用。

艾兰对这一模型的适用范围进行了说明,指出除了《周易》及《春秋》这种有内在逻辑秩序的文献不适用于上述模型外,其他中国早期文献均大致符合这一成书模式。实际上,对于与《老子》类似的基本单位为短章且相互之间缺乏严密逻辑关系的古书(如《论语》《孔子家语》《晏子春秋》《说苑》《新序》,甚至《系辞》等),艾兰的成书模型自有其解释力。艾兰对中国早期文献最初形态的讨论同样也基于西周册命文书及《尚书》成书的例证,认为中国早期的文献最初是以竹木为书写载体的短章的方式流传,后世的《尚书》便是基于这些文稿的汇编。① 不过有关《书》篇形成及"书"类文献成书或有需要深入讨论之处,《书》的形成与艾兰基于《老子》成书的中国早期文献形成模式或有不同。

实际上,近年来艾兰所讨论的《书》的形成在某种程度上突破了其所提出的上述模型。艾兰认为《书》起源于为君主讲话而事先准备的讲话稿,而其事先被写就,在被宣读后进行归档时增加了时间、

---

① 艾兰:《从楚简发掘看中国文献的起源和早期发展》,收入陈致主编:《简帛·经典·古史》,第60—61页。

地点及环境信息,后来《书》变成以这种古文献的方式虚构而成的作品从而成为一种体裁。① 这实际上意味着作为《书》之构成单位的"书"篇是基于君主发言这一特定场合和特定用途而形成的,这种"一次成形"的成书方式显然与以《老子》为代表的由短章聚合成较大文本进而连缀成书的方式不同。当然,有关西周文档与"书"篇形成的问题仍有进一步廓清的空间,这对于我们讨论中国早期文献形成而言具有重要的基础性意义。

二、基于政教体制的经典生成:
由册命文档到"书"类文献

近些年来,新出的铜器、竹书等为西周册命文及册命制度的研究提供了宝贵的材料,这不仅表现在新材料对原有史料的扩充,更表现在新材料所引发的思考和讨论上。典型如清华简中的"书"类文献引发了学界对"何为'书'"这一问题的重新思考,② 尤其是清华简中的《封许之命》《摄命》引发了学界对西周册命文及册命制度研

---

① 艾兰:《论〈书〉与〈尚书〉的起源——基于新近出土竹简的视角》,《出土文献与古文字研究(第六辑)——复旦大学出土文献与古文字研究中心成立十周年纪念文集》,上海:上海古籍出版社,2015年。
② 略如[美]艾兰:《何为〈书〉》,《光明日报》2010年12月20日,第12版。及《论〈书〉与〈尚书〉的起源——基于新近出土竹简的视角》,《出土文献与古文字研究(第六辑)——复旦大学出土文献与古文字研究中心成立十周年纪念文集》,上海:上海古籍出版社,2015年,第643—652页;程浩:《"书"类文献辨析》,清华大学出土文献研究与保护中心编:《出土文献》第8辑,上海:中西书局,2016年,第139—145页;《从出土文献看〈尚书〉的体裁与分类》,《文艺评论》2017年第3期;章宁:《"书"类文献刍议》,《史学史研究》2019年第1期。

究的深入思考和讨论。① 以下我们尝试从史料生成的视角来观察西周册命文档的形成、流变及成书过程。

（一）周王之言："王若曰"性质问题证补

对于册命文中的"王若曰"内容，主流意见均将其视为册命仪式上的"命书"内容。张怀通先生分析了"王若曰"内容的口语化特点，认为"王若曰"内容是周王在册命仪式上所发表"命官之辞"的现场记录，而非"命书"。② "王若曰"内容除了这些口语化特点外，其中还多有语气词，如册命铭文中习见的"戲""繇""已""乌虖"，传世文献《尚书》中的"呜呼""俞""吁""嗟""噫"等，这些语气词的使用也与"王若曰"内容口语化的特点相吻合，这无疑有助于说明"王若曰"内容的性质。

册命铭文中不乏可补正"王若曰"为周王发言现场记录的例子。典型如逑盘（《商周青铜器铭文暨图像集成》14543，以下简称为"《铭图》"）铭文，第一部分为铸器者"逑"追述祖先辅佐周王的内容，其后所接"王若曰"的内容是一段非常典型的册命文，其中周王发言"则繇唯乃先圣祖考，夹绍先王，闻勤大命"论及"逑"的先祖辅佐先世周王的事迹，呼应了"逑"对其祖先事迹的追述，故逑盘铭文所记

---

① 例如张怀通：《"王若曰"新释》，《历史研究》2008年第2期；及《大盂鼎与〈康诰〉体例》，《青铜器与金文（第二辑）》，2008年，第100—110页；与《蠡方彝、〈祭公〉与〈厚父〉诸篇体例》，收入宁镇疆、赵争编：《"出土文献与诸子学研究新境——第四届诸子学学术研讨会"论文集》，上海：上海大学，2017年，第160—164页；彭裕商：《"王若曰"新考》，《四川大学学报（哲学社会科学版）》2014年第6期；李冠兰：《西周册命文体的文本生成》，《中山大学学报（社会科学版）》2019年第6期；及《清华简〈封许之命〉年代再议——兼及〈书〉类文献在两周的整编与流传》，《学术研究》2020年第7期；王浩：《论西周文章文献的书面传播》，《西北师范大学学报（社会科学版）》2020年第2期。

② 张怀通：《"王若曰"新释》，《历史研究》2008年第2期。

当为"逨"与周王的对话。① 这对于说明册命仪式上的"王若曰"内容为周王发言记录而非事先写就的材料,无疑是极有帮助的。

对于"王若曰"的具体意涵前贤的讨论已经非常充分了。较为晚近的讨论如张怀通认为"王若曰"只是史官记录时标明周王开始发言的文本标记,并无实际意义;彭裕商认为"若"字不好准确地训释为何词,具有一定的语气词性质但又不是纯粹的语气词,有表示庄严的意思。② 复公仲簋盖(《集成》04128)铭文有"复公仲若我曰",在"若"与"曰"之间加了宾语,罗泰认为这可以作为"若"字表示天子对诸侯恩宠和赞同的例证,不为无理。据此,综合学界的意见,"王若曰"的"若"字虽然并不具有明确的词义,但其作为语气词当有表示郑重及赞同之意。

另需注意的是,篇幅较大的册命文中往往包含多个"王若曰"及"王曰",而不同"王若曰"及"王曰"领起的内容往往在规模上差别较大,多则数十上百字,少则一句。对此,张怀通先生基于对史官记录制度(交替记录)的讨论认为这是史官的记录标记,不过这似乎无法很好地解释为何不同"王曰"内容在规模上差异明显且有些"王曰"字数较少的情形。这种现象应该与王的发言节奏变化、思路转换有关,③不过更主要的原因或在于周王发言以及周王与受册命者

---

① 此处有关对话体铭文的讨论参罗泰:《西周铜器铭文的性质》,《考古学研究(六)》,2006年,第357—359页。罗泰还讨论了省略周王答语的癲甬钟、癲簋的情形。若不特别标明,本文所引罗泰意见均据此,恕不烦注。再当注意者为猃簋(《铭图》05315—05318)及猃盨铭文(《铭图》05676),在做器者谈论右者后,是王的赏赐及回答,虽然王的大部分答语被省略而仅留"用事"二字,此二器也应是对话式的册命文。
② 彭裕商:《"王若曰"新考》,《四川大学学报(哲学社会科学版)》2014年第6期。
③ 张怀通以毛公鼎为例已指出"王曰"内容与王的思路转换有关,张怀通:《"王若曰"新释》,《历史研究》2008年第2期,第183页。

的对话之间有时还夹杂有册命仪式的某些动作及程序。如《康诰》中最后一句的"王若曰"内容当对应了相应的册封仪式,这种依据典礼仪式程序来选择材料、安排结构、制作文章的情况其实并不鲜见,①盠方彝的文本结构也有可能反映了册命仪式的节奏或程序。②若此推论大致不误,这意味着虽然周王是临场发言,但周王发言并不是一气呵成不加间断的,而应该是与册命仪式过程相配合的,只是在书面记录中相应的动作与程序未被反映。

综上所论,西周册命铭文的"王若曰"内容当为周王发言的现场记录,性质为册命礼上的"命官之辞",其中"若"字无实际语义,不过应当表达了郑重、赞赏这类语气。"命官之辞"中包含多个"王若曰"以及"王曰"的情形,除了可能反映周王发言的节奏变化、思路转换外,最重要的原因当在于"命官之辞"的作成方式:周王发言当并非一气呵成地连续进行,而应当与相应的册命仪式相配合。

(二)"命官之辞"与"命册":现场记录与预制文本

理解了册命铭文中"王若曰"内容的性质对于我们认识册命铭文其实有较大影响。因为"王若曰"(以及"王曰")内容是周王现场发言的话,那么它便不会是册命仪式上事先写就的"命书"了,因而以往将"命官之辞"当作"命书"的意见便应重新思考了。后世将两者笼统视之的原因当在于两者均为周王所布之"命",且口头的"命官之辞"被记录后与书面的"命书"在形态上没有差别,两者也就不

---

① 张怀通:《大盂鼎与〈康诰〉体例》,《青铜器与金文(第二辑)》,2008年,第100—110页。
② 张怀通:《盠方彝、〈祭公〉与〈厚父〉诸篇体例》,宁镇疆、赵争编:《"出土文献与诸子学研究新境——第四届诸子学学术研讨会"论文集》,上海:上海大学,2017年,第160—161页。

易严格区分了。① 实际上"命书"这一称谓包含了广义和狭义两层概念：狭义的"命书"单指作为实物的任命文本，亦被称为"命册"；而广义的"命书"则包括"命官之辞"及"命册"，即被统而视之的"王命"。为更加准确及便于讨论计，下文将狭义的"命书"称为"命册"，而仅在广义的概念层面使用"命书"一词。

目前虽然可以推定册命仪式中的"王若曰"（以及"王曰"）是周王口头发言的现场记录，然而需要注意的是，周王的口头发言实际上也应参考了某种预先写成的讲稿。理由主要有二：

首先，"命官之辞"的内容不太可能全出于临场发挥而应该是有所参考的。这种内容主要有二类，一类是"命官之辞"中的忆昔内容，尤其是袭命、重命以及增命的情况，均涉及对受命者先辈或受命者本人以往任职情形的回顾，这无疑当有所参考；另一类是周王所命的职官、职事以及赏赐物品，尤其是所涉职事繁多及所赐物品繁杂的情况。②

其次，"命官之辞"在内容结构上呈现出程式化的情形。有论者将"命官之辞"的这种结构概括为"述祖""赞善"和"封赏"。③ 略可补充的是，在命官之辞中伴随述祖内容还经常会出现周王的自谦之辞，这种谦辞往往充满忧患意识，内容多为周王对自己德行及能力

---

① 张怀通先生亦有此论，参张怀通：《大盂鼎与〈康诰〉体例》，《青铜器与金文（第二辑）》，2008年，第106—107页。
② 如询簋（《集成》04321）所记职事中涉及多种人群的管理，毛公鼎（《集成》02841）铭文所记赏赐物品种类较多，大盂鼎（《集成》02837）铭文记载受命者在获赐种类丰富的物品外还获赏了不同种类的官员及劳动力，而大克鼎（《集成》02836）铭文中受命者的赏赐内容除了种类可观的物品、人员外，还涉及若干土地赏赐，地块界划情况尤为繁杂，这众多赏赐内容若非事先有文书参考是无法想象的。有关册命赏赐情形可参李春艳：《西周金文中的天子礼仪研究》，陕西师范大学博士学位论文，2016年，第329—341页附录二"册命铭文一览表"。
③ 程浩：《〈封许之命〉与册命"书"》，《中国典籍与文化》2016年第1期。

不足而造成政局危困的自责。① 这种"命官之辞"中周王的谦辞似乎也是程式化的结构性内容之一。实际上，一篇"命官之辞"的完整结构当包含述祖、谦辞、赞善、命赏（即任命和赏赐）、训诫这几部分。当然，册命铭文中往往省略了某些部分，但即便如此，还是可以很轻易地发现"命官之辞"在结构上的程式化现象。②

"命官之辞"在结构上所呈现的程式化现象以及其中普遍使用某些套语、习语的情形无疑都指向某一群体的体制性创作——周代史官群体及与册命相关的文书生成制度。有鉴于此，有论者甚至将"命官之辞"作为一种特定的文体进行讨论，③可见程式化的"命官之辞"在某种程度上已经具备了作为一种独立文体的资质。

综上所论可知，周王在册命仪式上口头发表的"命官之辞"无疑是参考了某种预制讲稿的。④ 周王发表"命官之辞"所参考的预制讲稿是否与"命册"有关呢？我们认为这是很有可能的，甚至可以大胆推断两者就是"二而一"的关系：从形式上看两者都是册命仪式开

---

① 如师询簋（《集成》04342）铭文的"今日天疾威降丧，首德不克义，故无承于先王享"；毛公鼎（《集成》02841）铭文"旻天疾威，嗣余小子弗伋，邦将曷吉，䰙䰙四方，大纵不静"；《摄命》开篇的"无承朕飨，余弗造民康，余亦曼窜亡可使。余一人无昼夕勤恤，湛图在忧。余亦惶于四方宏肇无赦湛余"；以及《尚书·文侯之命》"闵予小子嗣，造天丕愆。殄资泽于下民，侵戎我国家纯。即我御事，罔或耆寿俊在厥服，予则罔克"均为周王的自谦之辞。

② 此外，值得注意的是"命官之辞"中常见的一些套语，如"（敬）夙夜""勿废朕命""用事"。其实上述毛公鼎（《集成》2841）铭文"昊天疾威"也是当时的习语，禹鼎（《集成》02833）的"用天降大丧于下国"也当为某种习语，《逸周书·祭公》与《诗经·小雅·雨无正》有"昊天疾威"，《诗经·大雅·召旻》有"旻天疾威，天笃降丧"等。

③ 李冠兰：《西周册命文体的文本生成》，《中山大学学报（社会科学版）》2019年第6期。

④ 这种预制讲稿的内容与周王现场发表的"命官之辞"的区别应主要在于："命官之辞"作为现场发言具有口头特性及相应的文本表现（如语气词、对谈话对象的称呼等）以及周王的即兴内容，而预制的讲稿应该没有口头特征以及周王发言时的即兴内容。

始之前预先制成的文本,从内涵上两者均包含了相同的王命内容。除了理论上的推测外,部分册命铭文也提供了一些线索。如盠方彝(《集成》09899—09900)铭文先记王命史官赐物,然后以"曰"及"王令盠曰"分别领起了所命职事;与此相类,旨簋(《铭图》05217)铭文同样先记赏赐然后以"曰"领起任命内容,这为我们展示了史官赏赐与周王命事分开进行的可能情形。这种情形在传世文献中也有反映。① 在史官赏赐与王言内容分离的情形下,史官对受册命者的赏赐所依据的便只能是预先写就的"命册"了。讨论及此,则周王发表"命官之辞"的赏赐内容所参考的预制文本便也指向"命册"了。

此外,有一类铭文省略了"王若曰"以及"王曰"甚至"曰"这类周王发言标志而径记王呼史官册命(以及册赐),即"王呼/命××册命/赐××"格式,②这种格式的铭文中由史官代王册命及赏赐,在此情形之下,史官册命及赏赐所依据的也只能是预制的"命册"了。③综上所论,周王发言所参考的预制讲稿很可能就是"命册",这或许才是后世将"命官之辞"与"命册"统而视之的根本原因吧。④

---

① 如《左传·僖公二十八年》所记:王命尹氏及王子虎内史叔兴父策命晋侯为侯伯,锡之大辂之服,戎辂之服,彤弓一、彤矢百,玈弓矢千,秬鬯一卣,虎贲三百人,曰:"王谓叔父:'敬服王命,以绥四国,纠逖王慝。'"
② 典型如师晨鼎(《集成》02817)、师俞簋盖(《集成》04277)、趞觯(《集成》06516)、楚簋(《集成》04246—04249)、吴方彝盖(《集成》09898)、师𡙕父鼎(《集成》02813)、走马休盘(《集成》10170)、瘭盨(《集成》04462—04463)、十三年瘭壶(《集成》09723—09724)、裛盘(《集成》10172)、免卣(《集成》05418)诸器。
③ 尤其值得注意的是师毛父簋(《集成》04196),其铭文所记为"内史册命,赐赤市",甚至缺少了"王呼/命"这一动作而径由史官进行册命及赏赐,这种情形下史官所依据的无疑只能"册命"了。
④ 需要说明的是,册命仪式上的"命官之辞"可能最初确实只是周王的口头发言而没有预制文稿,只是随着册命仪式的发展及体制化,周王在册命仪式上发表的"命官之辞"才逐渐需要参考预制讲稿,进而两者日渐趋于程式化。换句话说,上述情形可能并非自始至终都是目前被观察到的较为整齐均一的状态,而更可能是一个逐渐演变的过程。

（三）由先王政典到载道之书："书"篇生成与流传

在厘清了"命官之辞"与"命册"的大致情形之后，我们可以尝试统观西周册命仪式整体的文档情境了。作为最基本的文书层次，"命册"为事先写就的书面文书，"命官之辞"为册命仪式上周王现场发言的记录；伴随册命仪式或在册命仪式结束之后，在"命官之辞"或"命册"的基础上，添加册命仪式的时间、地点、人物以及相关的动作与程序诸内容后便形成"命书"。①

除了"命书"外，可能还存在更为全面的、记录册命仪式整体过程及详细仪节的综合记录，如《尚书·顾命》所记相关周王受命礼仪，再如何尊记载成王迁于成周时"复禀武王礼"，《左传》僖公二十八年记载晋文公向周襄王献捷时"用平礼"，有论者认为周王重大事件的典礼仪节会被记录而作为后来的参考，②这是非常有道理的，传世礼书所记相关仪式的详细仪节无疑当参考了这类典礼综合记录。

在上述这些基于册命仪式而直接产生的文档外，还有作为"次生文本"的册命铭文。册命铭文的生成无疑是以"命官之辞""命

---

① 之所以说部分"命书"有可能是在册命典礼事后写成的，是因为有些西周册命铭文中册命信息的位置或杂于铭文之内或置于末尾，而并非常规性地位于篇首。册命铭文是基于原始册命文档编辑而来的，若所据文档的册命仪式信息位置固定，那么铭文似乎没有理由打乱原始顺序，这说明铭文所依据的原始文献中册命信息的位置便不固定。若"命书"是与册命仪式同时记录的则不太可能出现这种情形，只有事后添补才会出现这种结构。另，有论者认为册命仪式上的册命辞先书于简册再在典礼上进行宣读，事后史官在编纂时进行了剪裁加工从而处理成现场讲话或问答的形式（见王浩：《论西周文章文献的书面传播》，《西北师范大学学报（社会科学版）》2020年第2期），这一推论不仅不合乎情理，似也混淆了口头的"命官之辞"和书面的"命册"的区别。

② 张怀通：《大盂鼎与〈康诰〉体例》，《青铜器与金文（第二辑）》，2008年，第103页。当然，这也意味着包括完整仪节的册命仪式综合记录可能并非常态，而只是有重要意义的典礼才会被记录。

册"以及"命书"等原始文档为依据的。与册命铭文的生成类似,后世的"书"类文献无疑也是源于相关的原始文献,只是不同于册命铭文受特定的使用情境、文体格式以及书写材质的限制,"书"类文献的选取主要基于文本内容的思想性及重要程度,所以两者在以下方面可能存在差别:册命铭文注重册命过程的仪式性情境,所以多记时间、地点,尤其是周王、右者等重要人物,以及所获命赏内容;而"书"类文献主要关注思想性内涵,周王对受命者的为政训诫是其最看重的核心内容。由于周王发言,尤其是相关为政训诫饱含思想性,足当资政之鉴,所以此中一些重要文档便被编选用作贵族学习的教材,从而由作为官方档案的"先王政典"转而成为"王教王学"的教材。后世(典型如诸子)对这些"典册"的选编、研习及阐释无疑也是看重其中所蕴含的丰富的治政之道等思想内涵。这些记载先王言行的"政事之纪"经知识团体重订新释便转而成为"德义之所府聚"的"载道之书"了。

三、"整篇汇编"与"模块聚合":中国早期文献形成的两种主要模式

(一)"书""礼""诗":基于官方政教体制的经典生成模式

册命文是"书"类文献中数量较大的一类,除此之外,先秦"书"类文献还有训诰类和誓祷类,[1]不过相较册命类文献仪式性相对较

---

[1] 将先秦"书"类文献划分为训诰类、册命类和誓祷类的分类方案参程浩:《从出土文献看〈尚书〉的体裁与分类》,《文艺评论》2017年第3期。

弱,成书过程也相对简明。训诰类"书"篇如《尚书》的《多士》《多方》《大诰》《康诰》《酒诰》《梓材》《诏诰》《洛诰》以及清华简的《尹诰》《程寤》《厚父》《皇门》等,主体部分均为周王的训诰之辞,祷誓类"书"篇的内容则更简短。这两类文献的形成与流传的大致过程与册命类"书"篇近似而更为简化,无疑也符合上述由官方文档到载道之书的成书模式。

以上大致梳理了"书"类文献的成书方式,尽管聚焦于"书"类文献个案,然而这种成书过程不仅仅具有个案意义,这种由官方文档到王道政典的成书模式还能涵盖更多中国早期经典的生成过程。如上文提到重要场合的完整程序及仪节被详细记录并被作为样板参考,这种综合记录中的王言部分为"书"篇所选用,相关仪式程序及仪节部分为"礼"书所取材,在这种意义上,"书""礼"二种文献是一种"二而一"的关系。这种例子其实并不稀见,如《尚书·顾命》是记录成王发布"顾命"以及次年康王即位的"书"篇,其所记康王即位的过程与仪节详尽完备,《康王之诰》对康王在丧期内接受诸侯觐见的礼仪也有记载,《逸周书》的《大匡解》《世俘解》对相关典礼的记载同样较为详尽,"如果把记载当时具体的人和事去掉,就和礼书几乎是一模一样"。① 这些"书"篇所记仪节均可与《仪礼》相应部分参看,且绝大部分的记述是一致的。

这类例证不仅传世文献中可见,铜器铭文中亦可观察到。典型如上文讨论册命仪节时提及的霸伯盂,其铭文116字详细记录了相关仪节,是目前所见最为完整的关于西周朝聘礼的记录。由上文的讨论我们知道,相较史官记录的原始官档,铜器铭文实际上是一种"次生文本",像霸伯盂铭文所记礼典内容无疑来源于当时有关此次

---

① 沈文倬:《菿闇文存》,北京:商务印书馆,2006年,第17页。

仪式性活动的官方综合记录。基于这种原始的官方记录,出于不同的目的和侧重点,不同的使用者或选取君臣言论(此为"书"篇),或抽取典礼仪节(此为古"礼"篇①),这些篇章同样当进入王教王学系统被讲论,其中一部分文本被后世持续整编、研习与阐释,从而从先王政典转变成载道之书。

"书""礼"文献的生成过程无疑共享了某种模式,这种模式对于理解"诗"的作成亦足适用。溯源而论,"诗""书"关系原本也异常密切,不少《诗》篇内容明显改写自记录周王言论的"书",②亦有铭文内容显为"诗"体者,③而清华简《芮良夫毖》可谓"诗""书"合体者。不仅如此,后世多有"诗""书"混称的情形。④"诗"多与舞、乐配合,作为演礼内容被用于祭祀、册封等重要典礼场合从而被史官记录保存,这种情形史书多载,⑤此外,更典型者为"礼"书中所录典礼用《诗》情形,如《仪礼》《乡饮酒礼》所记仪节中涉及《诗》的奏演:"工歌《鹿鸣》《四牡》《皇皇者华》""乐《南陔》《白华》《华黍》""间歌《鱼丽》,笙《由庚》;歌《南有嘉鱼》,笙《崇丘》;歌《南山有台》,笙《由仪》""合乐《周南·关雎》《葛覃》

---

① 此处古"礼"书篇并非完全对应今传《仪礼》各篇,因为限于文献条件我们对于古"礼"书篇的情形并无从知晓,本文只是在成书的意义上设想这种较为原初的"礼"类文献的状态。一般认为今传《仪礼》各篇作成时间为春秋战国,此前的"礼"当以演作实操的方式存在,然而如此复杂而又高度程式化规范化且应用如此广泛的"礼",其习得及传播若不借助相应的文本简直无法想象。实际上,此处所讨论的原始官档存录的典礼仪节本身反映了某种"礼"的文本化过程,不过就此问题还有待于更多的材料和更深入的讨论。
② 如《大雅》之《崧高》《烝民》《韩奕》《江汉》《常武》及《鲁颂·閟宫》。
③ 典型如虢季子白盘铭文(《集成》10173)。
④ 对此可参于文哲:《论文学视角下的〈诗〉〈书〉关系》,《北方论丛》2014年第5期。
⑤ 详参苏睿:《〈诗经〉用乐文献考索》,四川师范大学硕士学位论文,2016年,第37—54页。

《卷耳》《召南·鹊巢》《采蘩》《采蘋》",这种情形在文献中亦多有。① 可见,从史料生成的角度来看,"诗""书""礼"在很大程度上基于共同的原始资料,在成书上有共同来源,在此意义上,"诗""书""礼"可谓"三位一体"。②

当然,以上所论"诗"的记录及流变情形只是反映了"诗"的某种生成及传播形式,其更本质的意义在于揭示更为基本的"诗"的生成与流传方式,即无论"造篇"还是"诵古",无论来自社会精英集团"制礼作乐"的创制还是采诗、献诗制度,"诗"的生成与流传均离不开制度性的保障——特定的专职群体及基于此上的文本生成制度。同样地,与"书"类似,"诗"文形成后也作为"王教王学"的教材被讲论、研习,实际上"诗"配合礼、乐的一整套使用方式本身便是"王教王学"的应有之义。③ 也就是说,"书""诗""礼"类文献的形成与流传在很大程度上分享了一种相同的模式,这种模式最主要的特点便是其中所蕴含的体制性元素,这种基于官方政教体制的经典生成模式与以《老子》为代表的主要基于民间知识生态的成书模式拥有较为显著的差异。

---

① 详参苏睿:《〈诗经〉用乐文献考索》,四川师范大学硕士学位论文,2016年,第13—28页。
② 这一视角对于我们认识"诗""书"混称现象亦有助益。基于这一视角,结合《左传》《国语》的用《诗》材料,我们可以发现清华简《耆夜》其实是较为典型的包含用《诗》活动的"书"类文献。相较于《耆夜》,清华简《周公之琴舞》缺少用《诗》活动的相关信息而仅重点记录了用《诗》内容,然而这并不影响《周公之琴舞》源于某种更完整的官方文档或"书"类文献。
③ 如《礼记·王制》云:"乐正崇四术,立四教,顺先王《诗》《书》《礼》《乐》以造士。"《礼记·内则》记贵族教育:"十有三年,学乐,诵《诗》,舞《勺》。成童,舞《象》,学射御。二十而冠,始学礼,可以衣裘帛,舞《大夏》。"《礼记·学记》论大学之教:"大学之教也,时教必有正业,退息必有居学。不学操缦,不能安弦;不学博依,不能安诗;不学杂服,不能安礼。"

（二）比较研究："整篇汇编"模式与"模块聚合"模式

上述两种模式的差别首先在于基本文献单位的生成机制与文本状态。"书""诗""礼"类文献基本单位生成均基于特定的专业群体（主要是史官和乐官）及相应的文本生成制度，这些基本文献单位的形成无疑是系统性整理的产物，故而其本身具有比较清晰的逻辑及较高的完整性，①故而这类文献的基本单位的篇幅往往相对较大。以《老子》为代表的古书基本单位的生成没有机制性限制，在逻辑和完整度方面无疑显得更加自由，其基本单位的规模往往较小，尤其是《老子》《论语》这类语录体古书在这方面尤具代表性。

其次，这两种成书模式的差异还表现在后续的结集过程中。"书""诗""礼"类文献的基本单位本身的逻辑较为清楚且完成度较高，后续结集时其基本篇章独立性较强，较少和其他基本单位发生内容上的融合，即便先后被汇编入不同的文本方案，这类文献的基本单位往往变形不大而能保持较为稳定的状态。与此相对，以《老子》为代表的古书基本单位因其自身的内容逻辑不够清晰，故此在结集成较大篇幅时往往易于发生文本整合现象，典型如《老子》分章及章序所体现的由"零散"到"集约"的文本流变情形。② 简言之，大体上来看，"书""诗""礼"类文献的结集是作为基本单位的篇汇编而成，而以《老子》为代表的古书结集则是作为基本单位的章聚合成

---

① 即便如《诗经》，其中最短的《齐风·卢令》也有其自身的节律与意象逻辑，且其以三为数的文本构成应当也符合相应的诗乐形式。有论者讨论周代歌诗"乐本"的情形论及诗歌的章数多涉三、六及九，这对于理解单篇《诗》作的文句构成亦有助益，参李辉：《周代歌诗"乐本"形态探论》，《清华大学学报（哲学社会科学版）》2020年第3期。
② 宁镇疆：《〈老子〉"早期传本"结构及其流变研究》，上海：学林出版社，2006年，第160—164页。

更大的单位然后再结集成书。

第三,两种不同的成书模式对应的古书经典化情形不同。"书""诗""礼"类文献的性质多关涉君主及君臣的政治性活动以及重要的礼仪性活动,且无论是基本单位生成还是此后的结集大体均基于某种制度性机制(官方的政教体制)。以上情形实际上使相应文献完成了某种经典化过程从而具备了经典的意义,这类文献的文本面貌较为稳定也是经典化程度较高的一种体现。以《老子》为代表的古书其权威性更有赖于文本本身的品质以及相关传派传播活动的效果(民间的知识生态),并且这种古书的经典化是伴随文献流变的一个阶段性过程,在此期间,文本变化及阐释的优劣、不同传派的影响力对古书的经典化均会不断产生影响,某种文本结构或某些文本的经典化状态因之也处于变动之中。

基于以上对两种古书成书模式的讨论,我们姑且将"书""诗""礼"类文献所反映的成书方式称为"整篇汇编"模式,将《老子》所反映的成书方式称为"模块聚合"模式。① 尽管这两种模式均各自涵盖了一系列中国早期的文献及古书,这些具体的古书在成书细节上无疑各有特色,然而若从上述所论的三个较为基本的方面(基本文献单位生成与结集方式以及经典化过程)着眼,我们还是可以大致观察到两种不同的古书成书模式的。②

(三) 古书成书类型学:早期文献生成研究的一种进路

上述两种文献生成方式其实反映了中国早期文献生成的两种

---

① 艾兰认同一些论者将《老子》基本文献单位"短章"称为"模块(block)"的意见,故本文将这种成书模式进行目前的命名。
② 后世(如汉代)的古书形成与流传所呈现出的官方与民间的双轨制情形与早期文献生成的二种模式有密切关联,对此可略参赵争:《重思学术史:汉代〈诗经〉流传及〈诗〉学家派问题蠡论》,上海:中西书局,2021年,第 221—225 页。

主要模式，不仅如此，近年来的新出文献促使学界探索和思考早期历史类文献、文学文献以及实用性文献（如数术、方技类）的形成及流传情况。如清华简《系年》使我们见到了某种早期"史书"实物，促使我们对早期历史类文献的形成进行更为深入的思考；①更有论者综合出土文献，从整体上探究战国楚竹书的史料价值，对战国时期的史料特性、史书编纂及历史叙事等问题进行了较为全面的讨论，②这无疑为探究历史类文献形成与流传的类型学研究提供了良好的基础。就实用性文献而言，近年来新发现的成都老官山汉墓竹简医书包含了非常丰富的早期医学文献，结合马王堆帛书、张家山汉简中的早期医学文献，③再综合传世的医书，我们可以对医学文献的形成及流传问题形成一些初步的认识，对早期医学文献的生成、流传、结集及经典化等情形有一定程度的了解，④甚而对早期医学文献生成及流传机制有较为深入的认识。⑤ 当然，鉴于目前的材料条件及

---

① 如杨博：《裁繁御简：〈系年〉所见战国史书的编纂》，《历史研究》2017年第3期；张弛：《从清华简〈系年〉看〈系年〉的编纂》，《古代文明》2017年第4期；许兆昌：《试论〈春秋〉历史叙事的成就——兼论清华简〈系年〉的史料来源问题》，《史学月刊》2019年第1期。此外还有若干学位论文同样涉及相关问题，恕不详列。
② 杨博：《战国楚竹书史学价值探研》，上海：上海古籍出版社，2019年。
③ 除了这些文字资料外，还包括绵阳双包山经脉漆雕木人和老官山人体经穴俑这种实物资料。
④ 赵争：《古书成书与古书年代学问题探研——以出土古脉书〈足臂十一脉灸经〉和〈阴阳十一脉灸经〉为中心》，《中国典籍与文化》2016年第1期；赵争：《古书成书及流传问题研究——以马王堆帛书〈阴阳脉死候〉为中心》，《传统中国研究集刊》第十九辑，2018年，第83—95页；赵争：《从出土文献看早期经脉学说》，张勇安、赵争、张树剑编：《医疗社会史研究》（第2辑），北京：中国社会科学出版社，2016年，第51—74页。
⑤ 如李建民对早期医学中的"禁方传统"及其对文本、流传等方面的影响进行了探讨，参李建民：《发现古脉：中国古典医学与数术身体观》，北京：社会科学文献出版社，2007年，第85—95页，以及赵争：《连续与断裂：中国早期医学的文本与知识》，《医疗社会史研究》（第15辑），待刊。

研究情况,有关历史类文献、实用性文献及文学文献的形成与流传问题研究尚处于起步阶段,还缺乏较为成熟的个案研究,然而基于微观个案讨论的古书成书的类型学研究无疑是非常值得重视的研究进路。

不断涌现的出土文献及相关研究的持续推进要求我们在个案研究的基础上对不同种类的古书进行类型学研究,进而从整体上探究中国早期古书的"通例"。也只有将微观的个案研究、中观的类型学研究和宏观的规律研究有机统合,我们才有可能在整体上对中国早期文献的生成及流传问题形成具有全局意义的合理认知。

作者单位:南通大学国学研究所、上海大学古代文明研究中心
（原刊于氏著:《辨伪与存真:百年来的古书体例研究》第四章第二节内容,上海:中西书局,2021年）

数字史学

环境与社会的互动:从新出简牍看东汉基层社会聚落*

符 奎

摘 要:长沙及其周边地区出土的东汉时期简牍反映,里既是户籍登记单位,也是实际居住地。但随着人口增加,需要开发更多的土地资源,不少丘、渚、州等自然地理单元逐渐形成聚落。其中,丘已经普遍化,成为组织农业生产与征收田租的基本单位。新形成的聚落仍然实行"比地为伍"的社会控制策略,如丘内设有小伍长。在社会治安方面,州内设有例游徼,交通要道置例亭长,以防止奸慝发生。东汉时期基层社会治理大致延续了秦及西汉时期的策略,乡里社会的权力体系和治理结构仍然是一元化的,但环境与社会互动导致的聚落形态多样化,使基层社会人地关系更加复杂,社会治理难度有所增加。

关键词:东汉 聚落 里 丘 五一广场简牍

---

* 本文系国家社会科学基金学术社团项目"新中国秦汉史研究 70 年"(项目编号:21STA019)的阶段性成果。

商鞅变法推行闾里制度，实质是借助闾里的外部形态和里内的什伍组织来加强社会控制。西汉时期基本延续了这一制度，但随着社会经济的发展，人口不断增加，基层社会的聚落形态日益多样化，乡里社会的人地关系日趋复杂。长沙走马楼三国吴简中出现了大量带"丘"的地名，为研究汉代聚落形态发展演变提供了新线索。其中，关于"丘"的性质问题，是学者关注的焦点之一，研究成果颇丰，直接推动了秦汉基层社会与聚落研究的深化。[①] 长沙五一广场东汉简牍中也有不少关于"丘"的资料，王彦辉先生作了具有启发意义的研究，[②]沈刚先生从五一广场简出发重新审视了吴简中的丘，指出东汉时期长沙地区是以亭丘与乡里两套体系实现地方管理的。[③] 可见，围绕吴简的研究，主要着眼点仍是"乡""亭""丘""里"之间的关系。长沙五一广场、东牌楼、尚德街等东汉简牍反映，虽然里仍是当时的主要居住形式之一，但临湘县及其周边地区的地理环境，如丘陵、沙洲等地貌对聚落形态产生了重要的影响，丘已经普遍化，冢间、渚、州等在得到开发后也逐渐形成聚落。本文拟以长沙及其周边地区出土的东汉时期简牍文献为中心，在学界既有研究成果的基础上，从地理环境与聚落形成的关系入手，分析东汉时期长沙郡临湘县及其周边地区聚落形态特征与乡里社会的权力体系结构等问题。

---

① 相关研究成果综述，参见王素：《长沙走马楼三国吴简研究的回顾与展望》，北京吴简研讨班编：《吴简研究》第 1 辑，武汉：崇文书局，2004 年，第 1—39 页；侯旭东：《长沙走马楼三国吴简"里""丘"关系再研究》，武汉大学中国三至九世纪研究所编：《魏晋南北朝隋唐史资料》第 23 辑，武汉：武汉大学文科学报编辑部，2006 年，第 14—26 页。
② 王彦辉：《聚落与交通视阈下的秦汉亭制变迁》，《历史研究》2017 年第 1 期。
③ 沈刚：《再论吴简中的丘——从长沙五一广场东汉简牍谈起》，复旦大学历史学系、《中国中古史研究》编委会编：《中国中古史研究》第 9 卷，上海：中西书局，2021 年，第 281—293 页。

一、东汉时期乡里社会
实际居住地考察

东汉时期延续了秦及西汉时期的基层社会控制策略,里仍然是普通民众主要的居住地之一,但在长沙临湘县及其周边地区,受自然地理环境影响,丘已经发展成为当时基层社会一种重要的聚落形态,并成为乡里社会组织农业生产与征收田租的基本单位。

(一) 传统的居住地——里

长沙五一广场东汉简牍反映,里仍然是当时居民主要的实际居住地之一,例如:

> 入书事,具簿。掾棠书言:作徒济阴成武髡钳庞绥等百六十八人刑竟,谨以本郡致书/校计,应诏书,岁刑遣归田里。范、朗、崇叩头死罪。即日书谨到,辄实占:均所居高迁里。(《长沙五一广场东汉简牍选释》简29)①

> 我。语绝,建直去。番建见建去时着黑帻衣、白布单衣,空手无所赍持(?),不见有吏卒以惠敕呼建者。其/日暮,惠暴得头身塞热,归所治处三门亭中卧。龙从都亭归部,便归家私舍,新道上北入里中。(《长沙五一广场东汉简牍(肆)》简1420)②

《选释》简29"均所居高迁里",指的应该不是其户籍地,而是实际居住地。《肆》简1420"龙从都亭归部,便归家私舍,新道上北入里

---

① 长沙市文物考古研究所等编:《长沙五一广场东汉简牍选释》(以下简称《选释》),上海:中西书局,2015年,第71页。
② 长沙市文物考古研究所等编:《长沙五一广场东汉简牍(肆)》(以下简称《肆》),上海:中西书局,2019年,第113页。

中",案情记录详细记载了涉案人归家进入里中的道路,显示里仍然是当时民众的实际居住地。

秦汉土地制度主要包括田和宅两部分。商鞅变法规定"明尊卑爵秩等级,各以差次名田宅"。① 汉高祖亦实行"以有功劳行田宅"制度。② 张家山汉简《二年律令·户律》有根据爵级授予田宅的法律规定,所授"宅"为营造房屋及其附属设施所需的土地,相当于宅基地。③《论衡·四讳篇》曰:"田,人所饮食;宅,人所居处。"④ "宅"即指房屋。五一广场东汉简牍中有买卖和租赁"宅"的记载:

> 见高出入邑下。到十月不处日,定复僦圣珠宅居。定、汉、世、昌等不见高,不相识知。匡不解止胡/裕宅中,以胡均转相临汉、匡、世、定等,非高入所解民舍平者,以胡均等辞相参验,谨牒别。(《长沙五一广场东汉简牍(贰)》简401)⑤

> 钱十五万。到其十五年中,壬与覆买竹遂里宅一区,直钱四万六千。不处年中,仲昌/买上头缯肆一孔,直钱十二万;复买下头缯肆一孔,直钱八万。有大奴柱、婢益。益产。(《选释》简99)

《周礼·天官·叙官》"掌舍"条,郑玄注:"舍,行所解止之处。"孙诒让正义:"解犹休也,息也,止也……解止者,休止也。"⑥ "解止"即休止、住宿。可见,《贰》简401"定复僦圣珠宅居""匡不解止胡裕宅中"表明"宅"的主要功能就是"人所居处"。区,亦有居处义。《汉

---

① 《史记》卷68《商君列传》,北京:中华书局,1982年,第2230页。
② 《汉书》卷1下《高帝纪下》,北京:中华书局,1962年,第54页。
③ 张家山二四七号汉墓竹简整理小组编著:《张家山汉墓竹简[二四七号墓](释文修订本)》,北京:文物出版社,2006年,第52页。
④ 黄晖:《论衡校释》卷23《四讳篇》,北京:中华书局,1990年,第970页。
⑤ 长沙市文物考古研究所等编:《长沙五一广场东汉简牍(贰)》(以下简称《贰》),上海:中西书局,2018年,第86页。
⑥ 孙诒让:《周礼正义》,王文锦、陈玉霞点校,北京:中华书局,1987年,第38页。

书·食货志》:"商贩贾人坐肆列里区谒舍。"颜师古注引如淳曰:"居处所在为区。"①《选释》简 99"壬与覆买竹遂里宅一区",表明"里"仍然是居民实际的居住地。

长沙东牌楼东汉简牍中亦有相关资料,如牍 70 载:

> 子约,顷不语言,烦内他②为改异。又前通檄,
> 白刘寋忍有北里中宅,意云曹白部,中部贼捕掾考
> 事属右辞曹,传曹史问,令召贼捕掾急,竟其□□
> 见在立可,竟为数催,勿忘大小改易,数告景□□。③

简文"刘寋忍有北里中宅"的"宅",应与五一广场简牍《选释》简 99"竹遂里宅一区"的性质相同,均为实际居住地。

(二) 新兴的居住地——丘

因案情调查的需要,东汉简牍司法文书中,一般会详细登记相关人员的实际居址,例如:

> 死罪,逐捕鯾,未能得。考问知状者男子李纪,节讯少卿妻僑、鯾妻濡、纪妻泽等,辞皆/曰:县民,自有庐舍廪亭部杯丘,与男子胡元、胡卫等相比近知习,各以田作、绩纺为事。(《长沙五一广场东汉简牍(伍)》简 1842)④

---

① 《汉书》卷 24 下《食货志下》,第 1181 页。
② "他"原作"代",长沙东牌楼东汉简牍研读班据图版改。参见长沙东牌楼东汉简牍研读班:《〈长沙东牌楼东汉简牍〉释文校订稿》,《简帛研究二〇〇五》,桂林:广西师范大学出版社,2008 年,第 161 页。
③ 长沙市文物考古研究所等编:《长沙东牌楼东汉简牍》,北京:文物出版社,2006 年,第 103 页。
④ 长沙市文物考古研究所等编:《长沙五一广场东汉简牍(伍)》(以下简称《伍》),上海:中西书局,2020 年,第 86 页。

简文中"辞皆曰：县民,自有庐舍××亭部××丘,与××相比近知习,各以××为事",是固定的格式套语,虽然不同文书的记载详略有差异,但从中可以看出丘是当时居民的实际居住地,例如：

> 诣昭自首。辄考问寿、赐、知状者男子光文,节诤女子光妾等,辞皆曰：文,安成鄱乡；/寿、赐、妾,县民。各有庐舍：文,其县鄱亭；寿、赐,昭亭部巨坂丘。寿与父齐、同产兄会、会。(《长沙五一广场东汉简牍(叁)》简958)①

安成鄱乡光文的庐舍位于鄱亭,但并没有具体记载是否位于某丘。寿、赐、妾等均为临湘民,庐舍位于昭亭部巨坂丘。除了这些格式套语之外,文书其他部分内容对案件相关人员的实际居住地也有反映,例如：

> 从父兄弟福之罗椮溏亭部栂溪丘居,符以十四年九月廿六日之所有田宿,获、游/在家不出,罗贼捕掾、游徼、亭长,皆不处姓名,之符舍掩捕符,不得,捕得游。(《贰》简403+416)

> 充、乐辞则,亡不见。其月不处日,赐、尤捕得充父负,赐送负县。廿五日愈得病。六月/九日,乐于所居丘东北向田旁为愈祠。其日尤将斗、旷,俱掩捕充,行道见乐祠。(《叁》简1081)

简文"之罗椮溏亭部栂溪丘居""于所居丘东北向田旁为愈祠",表明丘确实是实际居住地,而且丘与田相接。因为丘成为实际居住地,在五一广场简牍司法文书中,"〇〇丘+男子+〇〇"这样的固定用语也变得常见,用以表示案件相关人员的居址,例如：

---

① 长沙市文物考古研究所等编：《长沙五一广场东汉简牍(叁)》(以下简称《叁》),上海：中西书局,2019年,第99页。

兼逢门亭长德叩头死罪白：前行居，当会月廿九日旦赍诣曹，德/所部师溏丘男子区抚杀丘(？)晏，德诣发所，以故不赍诣曹。(《长沙五一广场东汉简牍(陆)》简2496A)①

永初二年闰月乙未朔四日戊戌，东部邮亭掾茂叩头死罪敢言之：/廷移府记曰：男子石官自言：同丘男子区伯、伯子男仪以今年四月中。(《长沙五一广场东汉简牍(壹)》简381A)②

简文"师溏丘男子区抚""同丘男子区伯"等用语，反映丘作为居民实际居住地，已经具有一定的普遍性，从而才会出现"自有庐舍××亭部××丘"这样的司法文书套语。长沙东牌楼东汉简牍中亦有"○○丘+男子+○○"的固定语式，例如简100载：

正面：中平三年二月桐丘男子何君公③从临湘伍仲取☐

背面：十月当还。以手书为④信。 同 文 ☐⑤

此外，东牌楼简88正面有"度上丘郭☐"⑥等文，其中"郭"为姓，亦是丘名后接人名，中间虽缺"男子"二字，但性质相同。

另外，在五一广场东汉简牍文献中还出现了"冢间""渚""州"等地名，虽然数量不是很多，但它们和丘一样，也是由特殊的自然地

---

① 长沙市文物考古研究所等编：《长沙五一广场东汉简牍(陆)》(以下简称《陆》)，上海：中西书局，2020年，第112页。
② 长沙市文物考古研究所等编：《长沙五一广场东汉简牍(壹)》(以下简称《壹》)，上海：中西书局，2018年，第176页。
③ "公"原文未释，《长沙东牌楼东汉简牍书法艺术》释为"公"。参见长沙市文物考古研究所等编，刘涛、王素主编：《长沙东牌楼东汉简牍书法艺术》，北京：文物出版社，2010年，第40页。
④ "为"原作"券"，长沙东牌楼东汉简牍研读班据图版改。参见长沙东牌楼东汉简牍研读班：《〈长沙东牌楼东汉简牍〉释文校订稿》，《简帛研究二〇〇五》，第163页。
⑤ 长沙市文物考古研究所等编：《长沙东牌楼东汉简牍》，第112页。
⑥ 长沙市文物考古研究所等编：《长沙东牌楼东汉简牍》，第109页。

理单元经民众开发而形成的新的聚落,可能兼具生产与居住功能。特殊的自然地貌与民众自发的经济生产活动的交互影响在这些新兴聚落中展现得格外清晰,这些情况将在本文第四部分详述。

(三)临时居住点

里和丘是当时民众的主要居住地,但在某些情况下,一些人会主动选择居住于山泽之中,例如,《盐铁论·复古》:"远去乡里,弃坟墓,依倚大家,聚深山穷泽之中。"①《后汉书·党锢列传》:"(李)膺免归乡里,居阳城山中。"②《后汉书·朱晖传》:"自去临淮,屏居野泽,布衣蔬食,不与邑里通。"③为了躲避缉捕,走投无路的罪犯往往会选择藏匿于山中,虽然山中这些临时居住点最终转化为官府正式承认的聚落的当属少数,不过,据五一广场东汉简牍反映,当时的山中可能的确存在一些由临时居住点转化而成的自然聚落:

> 大怒,呼尼归。语绝,斗去。臭、斗未复还视夜。护恚夜将尼去,即持所/有木柃矛一,之山草中追求尼,到旱山中,见尼与夜俱在舍下,未到廿步。(《壹》简 130+131+122)
>
> 旱山中,见尼与□☒。(《伍》简 2017)

简文"到旱山中,见尼与夜俱在舍下",说明"旱山"中修建有供居住的房舍,可能有聚落的存在。此外,五一广场东汉简牍中还出现了"田舍":

> 留宿,积四日,后猪之夜舍,时夜出不在,猪见愈问曰:我前

---

① 王利器校注:《盐铁论校注(定本)》卷1《复古》,北京:中华书局,1992年,第78页。
② 《后汉书》卷67《党锢列传》,北京:中华书局,1965年,第2195页。
③ 《后汉书》卷43《朱晖传》,第1459页。

日怒燕,燕去不知所在,得无来在是。愈/曰:燕前日来。愈即呼燕付猪将去。其月不处日,昏时,猪之夜田舍,谓夜:若何故藏央妇,时昏。(《貳》简 683)

简文中"夜舍""夜田舍"不知是否为同一居址,但是"田舍"表明当时在农田里搭建临时居址的房舍,仍然具有一定的普遍性。前引《貳》简 403+416 记载"筈以十四年九月廿六日之所有田宿",故此贼捕掾、游徼、亭长等人前往筈舍抓捕筈时,未能抓获,而"获、游在家不出",故游被抓获。可见,"苟舍"应指苟家,即家庭常态化的居址,而"田宿"之地,很可能就是"田舍"一类的临时住所。

综上所述,据新出土的东汉时期简牍文献所反映的情况,当时民众的实际居住地应以丘和里为主。例如,在"楮溪例亭长黄详杀不知何一男子"案中,为了确定该男子的身份,《肆》简 1260 载:"表楬道,偏抚告上下丘里、行道过客,无有识有男子者,疑远所奸人。"①"偏抚告上下丘里",表明丘和里作为主要聚落,已经是东汉社会包括官方在内的普遍共识。再如:"与我贷二千钱。波、往曰:今各当用其钱,无有余钱。德谓波、往曰:今乡里从若曹/贷钱,何如不可得者?且用与之。禹即以左手引取波右手中钱八百,持去归。"(《叁》简 983+1183)"乡里"应是"同乡"的代称。"租长督□所部丘民男子陈尊(?)不输租□□□□∠"(《肆》简 1674)"丘民男子陈尊"与"○○丘+男子+○○"的格式化用语均表明,丘居已是当时的主要居住形式。因此,与当时民众的实际居住地相呼应,乡里、丘民也就成为日常生活中民众习以为常的惯用语。

---

① "表楬道"原释作"卷(?)楬道",杨小亮校改。参见杨小亮:《五一广场东汉简牍册书复原研究》,上海:中西书局,2022 年,第 193—194 页。

二、作为实际居住地的里与丘的聚落形态

一般而言,里的形态较为规整,而丘是自然形成的聚落,受地形、地貌的影响,具有一定不规则性。作为人类生产、生活的场所,聚落的营建肯定会以满足人类的需要为第一原则,聚落所在地的环境,必然会被人类加以适当改造。五一广场东汉简牍反映丘主要沿河流及道路分布,但其内部形态仍以聚居形式为主。

秦汉时期,里作为主要的居住区,一般形态较为规整,里门、垣墙等设施齐全。封闭式的居住区,有利于官府的控制,故此为了保护里的基础设施,还制定有专门的保护法律,如张家山汉简《二年律令·杂律》:"越邑里、官市院垣,若故坏决道出入,及盗启门户,皆赎黥。其垣坏高不盈五尺者,除。"① 里门成为出入闾里的必由通道,启闭程序及时间有严格规定,《二年律令·户律》记载:

> 自五大夫以下,比地为伍,以辨券为信,居处相察,出入相司。有为盗贼及亡者,辄谒吏、典。田典更挟里门籥(钥),以时开;伏闭门,止行及作田者;其献酒及乘置乘传,以节使,救水火,追盗贼,皆得行,不从律,罚金二两。②

里包括城邑之里和乡野之里。相对而言,城邑之里应更为规整。由于受到城墙限制,地理空间有限,所以城邑之里的形态更加稳定。五一广场东汉简牍记载:

---

① 张家山二四七号汉墓竹简整理小组编著:《张家山汉墓竹简[二四七号墓](释文修订本)》,第33页。
② 张家山二四七号汉墓竹简整理小组编著:《张家山汉墓竹简[二四七号墓](释文修订本)》,第51页。

> 小刀各一,曲尘长襦一领,算一,盛镜栉蔢刷,并直钱三千四百卌,俱之宜/春县下,解止市南门外道东北入第五不处姓名舍,留二宿。(《陆》简 2556)

简文"宜春县下"的"下"字,用在名词"宜春县"后,表示一定的范围、处所、时间、条件等。所谓"俱之宜春县下",就是全部来到宜春县。城邑内一般设置有市,简文"市南门外道东北入第五不处姓名舍"的"市",应指宜春县城中的市。五一广场简中还出现了"市里"的记载:"贷主汝南吴房都乡市里男子王奉,年卅三,长七尺,赤色,持缲一□☑。"(《贰》简 712)此处的"市里"或许与"市"有关而得名。居延汉简中关于城邑间里内房舍方位的记载,有与此类似者:

> 惊虏隧卒东郡临邑吕里王广　卷上字次君　贳卖八稷布一匹,直二百九十,臡得安定里随方子惠所,舍在上□门第二里三门东入,任者阎少季、薛少卿。(居延 287·13)①

由此可见,受城邑形态的影响,秦汉城邑之里内房舍的布局,整体上较为稳定,具有一定的规整性。

与里相比,位于城邑之外丘内的房舍,受到地形等自然环境的影响,自然会与城邑之里有所区别,例如:

> 官各十余下,无痕痏,宫、宗从英、官请,弩不脱田租,受周长高等钱金,自言以便去,/不诣考所。又长高等家皆在阳马亭部,离散辟远,未得讯问。盛、春、官□□。(《贰》简 432)

---

① 谢桂华、李均明、朱国炤:《居延汉简释文合校》,北京:文物出版社,1987 年,第 485 页;简牍整理小组编:《居延汉简(叁)》,台北:"中研院"历史语言研究所,2016 年,第 235 页。

五一广场简中,丘多与亭部联系,是设于亭部下的一级组织,归亭管辖。① 据此推测,《贰》简 432 中周长高等人家在阳马亭部,但很可能不属于同一丘,且可能距离县廷较远,故简文称之"离散辟远"。五一广场简中有些案件记录了当事人家距离县廷的距离,如《陆》简 2176"南乡逢门亭部玄丘僻子李崇家去县五十里☐"等相关记载。需要指出的是,"离散辟远"并非同一聚落内部房舍分布状况的描述,五一广场简反映丘内仍然执行"比地为伍"政策,这必然会对丘内房舍的分布及丘本身的形态产生影响:

> 得,周亡,逐捕有书。不处周与冯饮酒时,谁皆在旁,有证见者非? 时比伍何不合? 周、/冯各有父兄同者不? 亭长刘柳稽留不? 即言状。阳、范、尊叩头死罪死罪。奉得书。(《伍》简 1853)

周犯罪后逃亡,上级机关(可能是县廷)指示阳、范、尊(职务可能分别是贼捕掾、游徼、亭长)三人对相关细节进行调查,所谓"比伍",即《二年律令·户律》"比地为伍",五一广场简中亦常见伍长一职,如《壹》简 298+299:"……实、迁、宝、鲔叩头:死罪死罪,谨案文书,辄复推辟所部,考问伍长/☐☐重等辞皆曰:不识知傅,所部广大,人民商贾。"如果这里的"部"指亭部,伍长就很有可能是亭部所辖丘的伍长。五一广场简中还出现了丘内设置小伍长的记载:

> 何延等相比近知习,以田作为事。不处年中,妾更嫁为同乡男子楪国妻,产子女愈。/今年五月,斗为其丘小伍长,其月十七日,亭长赐与右仓曹史高尤、功曹书佐文。(《陆》简

---

① 沈刚:《再论吴简中的丘——从长沙五一广场东汉简牍谈起》,复旦大学历史学系、《中国中古史研究》编委会编:《中国中古史研究》第 9 卷,第 283 页。

2202+2636）

与"比地为伍"制度相关,为了案情调查的需要,案件相关人员庐舍相"比近"者会被记载在司法文书中,除前举例证外,又如:

> 罪,辄考问宠、汉、知状宠同产兄凤、逐事伍长马抚,辞皆曰:县民,宠与父武、母臧及凤、汉妻/姬等俱居,各有庐舍监亭部。宠,堤下;汉、抚,松田丘,相比近,皆各以田作为事。(《叁》简880）

五一广场东汉简牍中"俱居"可指"同居",又可指居住在同一亭部。① 前者为学界所熟知,故此不再举例。后者,如《壹》简137:"□武陵酉阳。起,江夏安陆都乡平里,父母前皆物故,斋与妻起、勋/□宛等俱居其县都亭部,与□人(?)等相比近,各以贩鱼鲐行。"简文"俱居其县都亭部",表明相关人员均居住在同一亭部。《叁》简880中的宠、汉与抚共同居住在监亭部。堤下,当为丘名,因下文"松田丘"而省略了"丘"字。此案中汉为当事人,抚为知情者,均与案件相关,他们的庐舍皆在监亭部松田丘,并且"相比近"。

在一些司法文书中,对本身与案件无关(既非当事人又非知情人)但居住地与案件当事人"相比近知习"者,也会加以记载,如《直符右仓曹史豫言考实女子雷旦自言书佐张董取旦夫良钱假期书》中烝愿、雷勒与案情无涉,也不是知情人员,但仍然作为与旦"相比近知习"者被记录下来,如"旦,桥丘,与男子烝愿、雷勒相比近知习",②这说明什伍制度在丘内得到了贯彻。

---

① 杨小亮:《〈五一广场东汉简牍选释〉释文补正》,李学勤主编:《出土文献》第10辑,上海:中西书局,2017年,第265页。
② 文书复原情况,参见杨小亮:《五一广场东汉简牍册书复原研究》,第158—159页。下文涉及该文书的内容,均引自此书,不再一一注出。

关于"比近"的含义，李均明认为是"比邻关系"；①符奎指出"比近"等说明"丘"内仍然是聚居的；②袁延胜、崔林认为长沙五一广场东汉简牍中"相比近""相比近知习"等记载，表明这些人的居住地是相比邻的，很有可能是同伍之人。③《右部劝农贼捕掾悝言盗陈任蘧者不知何人未能得假期书》载："辄询问任、知状女子马亲、陈信、王义等，辞皆曰：县民，各有庐舍御门、都亭部，相比近知习，各自占租、坐卖伞带为事。"杨小亮认为："'相比近'更多的指向应是陈任与马亲、陈信、王义等人的'肆'相比近，而不是指他们居住的'庐舍'相比近。"④此说有理，可从。庐舍分属不同的亭部，彼此之间的社会关系仍然被认定为"相比近知习"，可能是因为他们在市肆中的店铺紧邻的关系。

五一广场简中，"比近"指空间关系的邻近。《贰》简585："□皆相比知习，以田作绩纺为事。危父柱有父古枯田可种三斛所，与□/□檄所有财田相比近，柱贫穷，往不处年中，卖其田与檄，直禾八斛，斛为。"此简"相比近"，作"相比"。"比"本意就是"近"。"与□/□檄所有财田相比近"，应该是两块田地相邻之义。再如《叁》简948："男子不处姓，名麻，放船梃上卧。高船与郴船相比。高妻姬病，时高上归视姬。郴卧，有顷，比船男/子何仲病在船中，见郴转则、隋水中，即出呼成、幼曰：郴隋水中。成、幼即走之船上，各持樁。"何仲在船中能看到"比船"上郴落水的情况，说明这里的"比""相比"是相

---

① 李均明：《长沙五一广场东汉简牍所见身份认定述略》，中国文化遗产研究院编：《出土文献研究》第17辑，上海：中西书局2018年，第332页。
② 符奎：《三杨庄遗址汉代聚落的形态》，《中国农史》2019年第5期。
③ 袁延胜、崔林：《长沙五一广场东汉简牍中的户籍问题》，《简帛研究二〇二〇秋冬卷》，桂林：广西师范大学出版社2021年，第318—319页。
④ 杨小亮：《五一广场东汉简牍册书复原研究》，第144—145页。

邻之义。

丘是与里相对的自然聚落,虽然有编伍组织,但受自然地形、地势影响,每家每户庐舍的"比近",可能并不像里内那么整齐划一,但这并不意味着丘内庐舍的分布完全没有规律。如《壹》简93"废虽送华,道宿庐。华奸时,废得卧,出,不觉",再如《选释》简105"怒殴击柱,柱去,随世居,丑呼柱不还。元兴元年十一月不处日,世令柱持羊一级/之市卖,不雠。柱挈(牵)羊还,道便过建舍,候视顷。须臾,丑将子女繻来,到顷舍与","道宿庐""道便过建舍"表明庐舍分布与道路之间的关系密切。考古发现的三道壕遗址、三杨庄遗址等汉代聚落内房舍也是沿着道路分布,①可与简文互相参证。

聚落是人们为了组织生产与生活而产生的聚居场所,丘内的庐舍分布亦当以聚集形态为主,如《选释》简49:"理讼掾伉、史宝、御门亭长广 叩 头 死罪白……宝问少比舍男子张孙、候卒张尊,辞:少七月廿八日举家辟则。"比舍,《选释》注:"比邻之舍,即邻居。"②这里舍是庐舍的简称,具体负责案件的官吏出现了御门亭长,如前所述,五一简中"占有庐舍××亭部××丘"为惯用套语,据此可以推测,董少、张孙与张尊应居住在御门亭某丘内。《选释》简139禹等人报复王纯案:"到今年二月不处日,纯使之醴陵追逐故市亭长庆睦,不在。同产兄宗、宗弟禹/将二男子不处姓名,各操兵之纯门,司候纯。三月不处日,宗、禹复之纯门。今月十三日,/禹于纯对门李平舍欲徼杀纯。平于道中告语纯,纯使弟子便归家取刀矛自救。/禹瘦平后落去。"王纯与李平对门而居,虽然这里并未明确记载他们的住所是

---

① 参见符奎:《三杨庄遗址汉代聚落的形态》,《中国农史》2019年第5期。
② 长沙市文物考古研究所等编:《长沙五一广场东汉简牍选释》,第159页。

位于城邑还是乡野,但至少说明聚落内宅院庐舍的布局是具有一定规律的。

三、作为基层社会功能单元的里与丘的性质及其相互关系

  学界关于走马楼吴简里丘关系的研究,成果丰硕,但观点不一,莫衷一是。分析五一广场东汉简牍中有关里和丘的记载,有助于弄清楚它们之间的关系,对理解东汉聚落形态的演变、走马楼吴简里丘关系等问题,具有重要价值。

  秦汉时期,户籍是控制编户民的基本工具。作为基本的册籍,户籍是制作征收赋税、征发徭役等籍簿的依据。据五一广场简,虽然东汉时期长沙地区丘作为实际居住地已经普遍化,但户籍登记仍以里为基本单位。此外,诉讼等司法文书中也要登记相关人员的籍贯等身份信息。例如,睡虎地秦简《封诊氏·有鞫》:

> 有鞫 敢告某县主:男子某有鞫,辞曰:"士五(伍),居某里。"可定名事里,所坐论云可(何),可(何)罪赦,或覆问毋(无)有,遣识者以律封守,当腾,腾皆为报,敢告主。①

简文"名事里",《秦律十八种·仓律》作"名事邑里",整理者注:"姓名、身份、籍贯。"②里耶秦简14—18:"廿六年七月庚辰朔乙未,迁陵拔谓学佴:学童拾有鞫,与狱史畸徽执,其亡不得。上奔牒而定名事

---

① 睡虎地秦墓竹简整理小组编:《睡虎地秦墓竹简》,北京:文物出版社,1990年,第148页。
② 睡虎地秦墓竹简整理小组编:《睡虎地秦墓竹简》,第25、26页。

里、它坐、亡年月日、论云何、[何]皋赦,或覆问之毋有。与狱史畸以律封守上牒,以书言,勿留。"①迁陵县关于学童拾逃亡事件的指示,处理程序与睡虎地秦简《封诊氏·有鞫》记载基本一致。所谓"奔牒",陈伟认为就是"奔书"。② 王萍指出"奔牒"是一种调查逃亡情况的司法文书,具体记载逃亡者的姓名、身份、逃亡日期等信息,以准确掌握逃亡时间,确定逃亡罪名。③ 当然,"定名事里"广泛适用于各类司法文书,如里耶秦简 9—756:"八月乙巳朔甲寅,迁陵守丞都告厩主:亟定丞以下当坐者名吏(事)里、它坐、赀,遣诣廷。以书言,署金布发。/欣手。"④

司法文书"定名事里"制度被汉代沿用。如益阳兔子山遗址 J7⑦:307:"四月乙巳,益阳丞梁告泑陵乡主,写下,书到定当坐者名吏里、它坐,遣诣狱,以书致署西曹☐。"⑤居延汉简 239.46:"鞫系书到,定名县爵里年☐。"⑥五一广场东汉简牍《直符右仓曹史豫言考实女子雷旦自言书佐张董取旦夫良钱假期书》载"豫叩头死罪死罪。奉得书,辄考问董及普,即讯旦,辞皆曰:县民、乡吏、里、年、姓名如牒"等,均是明证。传世文献中,亦有相关记载,《汉书·宣帝纪》:"其令郡国岁上系囚以掠笞若瘐死者所坐名、县、爵、里,丞相御史课

---

① 张春龙:《里耶秦简中迁陵县学官和相关记录》,李学勤主编:《出土文献》第 1 辑,上海:中西书局,2010 年,第 232 页。按:本文引用时标点有改动。
② 陈伟:《秦简牍校读及所见制度考察》,武汉:武汉大学出版社,2017 年,第 283 页。
③ 王萍:《岳麓秦简〈尉卒律〉"削爵"考》,《简帛研究二〇二〇秋冬卷》,第 112—113 页。
④ 陈伟主编:《里耶秦简牍校释(第二卷)》,武汉:武汉大学出版社,2018 年,第 198 页。
⑤ 湖南省文物考古研究所、中国人民大学历史系:《湖南益阳兔子山遗址七号井出土简牍述略》,《文物》2021 年第 6 期。
⑥ 谢桂华、李均明、朱国炤:《居延汉简释文合校》,第 395 页;简牍整理小组编:《居延汉简(叁)》,第 94 页。

殿最以闻。"颜师古注:"名,其人名也。县,所属县也。爵,其身之官爵也。里,所居邑里也。"①

"名县爵里"实际上是对案件当事人身份信息的确定。李均明指出,长沙五一广场东汉简牍诉讼文书中屡见有关身份认定的记录,通常位于文件的中前段,有特定的要素,包括当事人的姓名、性别、年龄、爵位、居住地、社会关系、职业、四邻等。② 需要注意的是,在丘作为聚落普遍化之后,司法文书中登记的"里"可能是户籍信息,而不是实际的居住地信息,如《直符右仓曹史豫言考实女子雷旦自言书佐张董取旦夫良钱假期书》记载张董等"辞皆曰:县民、乡吏、里、年、姓名如牒",但他们实际居住地并非"里",而是"董、旦桑乡广亭部。董与父恭、母何、同产兄辅、弟农俱居。旦父、母皆前物故,往不处年嫁为良妻,与良父平、母莫俱居,自有庐舍广亭部。董,上丘。旦,桥丘,与男子悉愿、雷勒相比近知习",也就是说,张董实际居住地在广亭部上丘,雷旦实际居住地在广亭部桥丘。所谓"里、年、姓名如牒"的"里"应该是指他们的户籍登记单位。再如前引《壹》简137"□武陵酉阳。起,江夏安陆都乡平里,父母前物故,斋与妻起、勋/□宛等俱居其县都亭部,与□人(?)等相比近,各以贩鱼鲌行",都乡平里很有可能也是起的户籍登记单位,实际居住地则可能是都亭部某丘,只是交代具体丘名的简牍缺失。

在张雄等人"不以征逯为意不承用诏书"案中,张雄等人名籍登记格式,据《贰》简421记载:

> 临湘耐罪大男都乡利里张雄年卌岁。

---

① 《汉书》卷8《宣帝纪》,第253页。
② 李均明:《长沙五一广场东汉简牍所见身份认定述略》,中国文化遗产研究院编:《出土文献研究》第17辑,第325页。

> 临湘耐罪大男南乡匠里舒俊年卅岁。
>
> 临湘耐罪大男南乡逢门里朱循年卅岁。
>
> 临湘耐罪大男南乡逢门里乐竟年廿六岁。
>
> 临湘耐罪大男中乡泉阳里熊赵年廿五岁。
>
> 皆坐吏不以征遝为意、不承用诏书,发觉,得。
>
> 永初三年正月十二日毄。

简文登记了县乡里的详细信息,没有涉及亭部丘名,与直符户曹史盛的举劾文书登记内容基本一致。举劾文书见《陆》简2187:

> 案:都乡利里大男张雄、南乡匠里舒俊、逢门里朱循、东门里乐竟、中乡泉阳里熊赵皆坐。雄,贼曹掾。俊、循,史。竟,骖驾。赵,驿曹史。驿卒李崇当为屈甫/证。二年十二月廿一日被府都部书,逐召崇,不得。雄、俊、循、竟、赵典主者掾史,知崇当为甫要证,被书召崇,皆不以征遝为意、不承用诏书,/发觉,得。
>
> 永初三年正月壬辰朔十二日壬寅,直符户曹史盛劾,敢言之,谨移狱谒以律令从事,敢言之。

直符户曹史盛举劾张雄等人的日期为永初三年正月十二日,同日张雄等人被系狱,两处关于张雄等人籍贯或实际居住地的记载一致,应是根据张雄等人的口述,尚未得到官方正式确认,这反映在临湘令丹、守丞皓、掾商及狱助史护对张雄等人的判决文书中。《壹》简392:

> 鞠:雄、俊、循、竟、赵,大男,皆坐。雄,贼曹掾;俊、循,史;竟,骖驾;赵,驿曹史。驿卒李崇当为屈甫证。二年十二月廿一日,被府都部书,逐召崇不/得。雄、俊、循、竟、赵典主者掾史,知崇当为甫要证,被书召崇,皆不以征遝为意、不承用诏书,发觉,得。直符户曹史盛劾,辞/如劾。案,辟都、南、中乡未言,雄、俊、循、竟、赵辞,皆有名数,爵公士以上,癸酉赦令后以来,

无他犯坐罪耐以上,不当请。

　　永初三年正月十四日乙巳,临湘令丹、守丞皓、掾商、狱助史护,以劾律爵咸论,雄、俊、循、竟、赵耐为司寇,衣服如法,司空作,计其年。(A面)

　　得平　(B面)

"名数",即户籍。简文"案,辟都、南、中乡未言,雄、俊、循、竟、赵辞,皆有名数,爵公士以上,癸酉赦令后以来,无他犯坐耐罪以上,不当请",可以说明两个问题:第一,张雄等人的名数(即"名事里")、爵位、曾经判过什么刑罚或赦免等身份信息,需要详细审查并记录在案,可见"定名事里"制度,自秦至东汉仍然在严格执行,基本格式没有变动;第二,张雄等人爵里等身份信息均来自他们本人,但这并不是说不需要经过官方核实。

　　秦汉时期,户籍正本在乡,张家山汉简《二年律令·户律》:"恒以八月令乡部啬夫、吏、令史相杂案户,户籍副臧(藏)其廷。"①简文"辟都、南、中乡未言","辟"为法律术语,指调查、案验。可见,县廷曾就张雄等人的"名数"向乡进行调查核实。《陆》简2579"□□毛彤陈□中乡啬夫五贤言:雄、俊、循、竟、赵皆有名数爵",表明中乡啬夫五贤等人确实核查过乡户籍正本,并正式向县廷汇报。县廷之所以在张雄等人身份信息尚未得到乡正式确认的情况下做出判决,应与张雄等人是贼曹、驿曹等机构在职官吏有关,县廷可能通过其他名籍掌握他们的身份信息。

　　张雄等人"不以征逻为意不承用诏书"案中,关于张雄等人"县

---

① 张家山二四七号汉墓竹简整理小组编著:《张家山汉墓竹简[二四七号墓](释文修订本)》,第54页;邬文玲:《张家山汉简〈二年律令〉释文补遗》,《简帛研究二〇〇四》,桂林:广西师范大学出版社,2006年,第166页。

名爵里"的记载,"里"很有可能是指户籍所在地,而非实际居住地。里作为户籍登记单位,长沙东汉简牍中有不少直接例证,如《壹》简36:"永初七年八月乙丑朔十二日丙子,南乡有秩选、佐均、助佐袤,敢言之,逢门里女子路英诣/□□……别为户,谨爰书,听受如椟,选、均、袤叩头死罪敢言之。"户籍正本在乡,副本藏县,南乡在对所辖逢门里居民单独立户之后,需要通过文书向县廷汇报。这里的户籍登记单位显然是里。再如《连道写移奇乡受占临湘南乡民逢定书》记载:

(略)/6587 本县奇乡民,前流客,留占著。以十三年案算后,还归本乡。与男子蔡羽、/石放等相比。当以诏书随人在所占。忠叩头死罪死罪。得闵、丰俓移/369 书,辄逐召定,考问,辞:本县奇乡民,前流客,占属临湘南乡乐成里。今/欲还本乡,埶不复还归临湘,愿以诏书随人在所占。谨听受。占定西/81(略)/5937 叩头死罪死罪敢言之。/479

七月一日庚子,连道长均守丞叩头。移/临湘写移。书御,唯令史白长吏,部其乡吏明消除/384 定名数,无令重。叩头叩头,如诏书律令。/

七月七日开　　　　　　掾虑、助史昆、著/387
已/384B ①

逢定原为连道奇乡民,成为流客(即流动人口)后,曾在临湘县南乡乐成里著录户籍,成为临湘县民。后来又返回本籍,希望将户口迁回,故连道通过文书通告临湘"部其乡吏明消除定名数,无令重",表明户籍登记工作仍然由乡负责,登记单位仍然为里。长沙东汉简牍户籍简中基本登录单位均为里,如《陆》简2173:

---

① 杨小亮:《五一广场东汉简牍册书复原研究》,第111页。

>   凡口一事
> 胡刚　长成里户人公乘刚年十六筭一　中
>   訾二百五十
>   筭一事

长沙东牌楼东汉简牍 79、80、81、82 载：

> 建宁四年☐益☐成里户人公乘其【年】卅九筭卒笃㢋　子☐公☐
> ☐乘☐☐石☐……
> ☐曹☐☐其☐
> 　　……☐卅☐☐七☐☐筭☐☐卒☐☐笃☐☐㢋☐　　　　　　　（79）①
> ☐区☐☐益☐
> 　　☐子☐☐公☐☐乘☐☐朱☐年卅☐☐☐筭☐卒九十复　（80）
> ☐☐年卅筭卒☐　　　　　　　　　　　　　　　　　　　（81）
> ☐　　凡口五事　　　　　　　　☐
> ☐中　　筭三事二②　訾五十
> ☐　　甲卒一人　　　　　　　　☐　（82）③

东牌楼户籍简主要为残简，④尚德街简牍中出现了较为完整的户籍简（简 68+69）：

---

① 释文据长沙东牌楼东汉简牍研读班：《〈长沙东牌楼东汉简牍〉释文校订稿》，参见《简帛研究二〇〇五》，第 162 页。
② "二"，原阙释，凌文超据图版补。凌文超：《秦汉魏晋丁中制衍生史论》，郑州：河南人民出版社，2019 年，第 102 页。
③ 长沙市文物考古研究所等编：《长沙东牌楼东汉简牍》，第 107—108 页。
④ 简 79、80 为户籍简的上半部分，简 82 为户籍简的下半部分，凌文超认为，综合起来看，可以反映东汉户籍简的基本情况。参见凌文超：《秦汉魏晋丁中制衍生史论》，第 102 页。

[□□][□]☐里户人士伍□年□□筭卒,十四年产子复。

☐妻大女姜年十八,筭一,十四年产子复。(第一栏)

子士伍官年一。(第二栏)

新☐户(第三栏)

凡□□(口三)事

筭二复

甲卒一人(第四栏)

訾二千六百(第五栏)①

前文已经论证,东汉时期长沙地区,虽然丘作为实际居住地已经普遍化,但里仍然是实际居住地的主要形式之一。五一广场、东牌楼、尚德街户籍简表明里作为户籍登录的基本单位,从秦以来一直没有发生变化。丘的普遍化导致部分里聚分离,即户籍登记单位与实际居住地分离。丘民的来源主要由两部分组成:一是里内居民自然繁衍、增长,导致人口迁出;二是其他地区人口迁徙至长沙地区,五一广场简中有不少流民、流客的记载。② 二者形成合力,促使长沙地区丘等自然聚落逐渐普遍化。③ 丘作为一种聚落而广泛存

---

① 图版参见长沙市文物考古研究所编《长沙尚德街东汉简牍》,长沙:岳麓书社,2016年,第113、166页;释文据凌文超《秦汉魏晋丁中制衍生史论》,第100—101页。
② 参见蒋丹丹:《五一广场东汉简牍所见流民及客——兼论东汉时期长沙地区流动人口管理》,《简帛研究二○一七秋冬卷》,桂林:广西师范大学出版社,2018年,第229—238页;袁延胜、崔林:《长沙五一广场东汉简牍中的户籍问题》,《简帛研究二○二○秋冬卷》,第316—325页。
③ 王彦辉指出:"丘的形成既有邑居之"外迁的路径,更有移民在国家赋民草田、赋民丘地等安置政策下通过'占垦'而聚居的渠道。"参见王彦辉:《聚落与交通视阈下的秦汉亭制变迁》,《历史研究》2017年第1期。

在，丘民的户籍登录问题成为官府不得不面对的问题。官府延续了以里为户籍登记基本单位的办法，将丘民归入相应的里内登记，可以说是利用成熟的户籍制度解决新出现的社会问题。《直符右仓曹史豫言考实女子雷旦自言书佐张董取旦夫良钱假期书》等司法文书登记相关人员"名县爵里"等身份信息时，先登记县乡里，再登记亭部丘名，实际上就是既录入了户籍所在地信息，又登记了实际居住地，以解决里聚分离后，"比地为伍"制度的贯彻问题。

五一广场简牍中除了户籍简之外，还有一种名籍也以里为基本单位，如

> 零陵湘乡南阳乡新亭里男子伍次，年卅一，长七尺，黑色，持樐船一艘，绢三束，矛一只☑（《贰》简709）

> 贷主颍川昆阳都乡仓里男子陈次，年廿五，长七尺，白色……☑（《贰》简740）

> 武陵临沅都乡☐西里男子何当，年卅，长七尺，黑色，持☐☑（《叁》简839）

李均明认为，"此类名单或与进出关津、入住旅舍相关"。① 五一广场简中有一条简文，可能与此相关："斤，鰜鱼七合。廿一日，王珍持鰜鱼过备例所。寅自占名，属都乡安成里，珍广成乡/阳里。备称寅鱼重卅斤，鰜鱼七合。官平鱼斤直钱三，卅斤并直钱百卅四。"（《贰》简746+569）备为人名。李均明认为"例"当读作"迾"，本意指遮拦阻挡，引申为检查的意思，"例所"指检查站所在。② 这里应指例亭所在地。简文表明寅、王珍二人持鱼通过例亭时，需要"自占名"，即上

---

① 李均明：《长沙五一广场东汉简牍所见身份认定述略》，中国文化遗产研究院编：《出土文献研究》第17辑，第331页。
② 李均明：《五一广场东汉简牍所见"例亭"等解析》，《出土文献》2020年第4期。

报姓名、籍贯等个人身份信息,所携带的鱼也要进行称重、估价。这些信息应该会被详细记录在相关籍簿上。

在"孙诗供辞不实案"①中,涉及"亭、例船刺"。相关简文记载:"府告兼贼曹史汤、临湘:临湘言,攸右尉谢栩与贼捕掾黄忠等别问俀赵明宅者完城旦徒孙诗,住立,诗畏痛自诬南阳新野男子陈育、李昌、董孟陵、赵次公等劫杀明及王得等。推辟谒舍、亭、例船刺,无次公等名。"②李均明认为"例"当为遮拦检查的意思,对实际情况进行登录的文书形式称为"刺",则"例船刺"是检查过往船只的记录。③ 马力认为"亭、例船刺"是指沿行船水道设置的亭与例亭制作的行船登记簿。④ 孙诗被迫自诬与赵次公等人劫杀人,但是临湘县在对谒舍(旅舍)、亭、例亭进行调查时,均没有找到赵次公等人的登记信息。可见,针对过往人员,尤其是从事商业活动等流动性较强人员,例亭一般要详细登录籍贯等相关信息。《贰》简709、《贰》

---

① 相关研究参见赵平安、罗小华:《长沙五一广场出土J1③:285号木牍解读》,《齐鲁学刊》2013年第4期;刘乐贤:《长沙五一广场所出东汉孙诗供辞不实案再考》,中国文化遗产研究院编:《出土文献研究》第12辑,上海:中西书局,2013年,第272—279页;李兰芳:《长沙五一广场出土J1③:285号简牍再释》,西北师范大学历史文化学院等编:《简牍学研究》第7辑,兰州:甘肃人民出版社,2018年,第158—165页;庄小霞:《长沙五一广场东汉简CWJ1:285号木牍文书结构新探》,中国社会科学院历史研究所学刊编委会编:《中国社会科学院历史研究所学刊》第11辑,北京:中国社会科学出版社,2019年,第1—18页;马力:《长沙五一广场东汉简牍"孙诗供辞不实案"考证》,王捷主编:《出土文献与法律史研究》第9辑,北京:法律出版社,2020年,第373—400页。
② "赵次公"的"次公"二字,刘乐贤据后文"无次公等名"补释。参见刘乐贤《长沙五一广场所出东汉孙诗供辞不实案再考》,中国文化遗产研究院编:《出土文献研究》第12辑,第273页。
③ 李均明:《五一广场东汉简牍所见"例亭"等解析》,《出土文献》2020年第4期。
④ 马力:《长沙五一广场东汉简牍"孙诗供辞不实案"考证》,载王捷主编:《出土文献与法律史研究》第9辑,第381页。

简 740、《叁》简 839 等,很有可能就是例亭船刺或与其相似的籍簿。李均明指出:"虽然不能完全肯定它们是'例船刺',但所录事项当相类,需要时可作为办案的书证。"①简文中登记的里,应该是户籍单位。

  人口增长导致丘的普遍化,虽然户口登记延续了以里为单位的办法,但是为了准确确定丘民的位置,司法文书中还需要详载亭、丘等丘民实际居住地信息。除了人口增长这一因素外,丘成为主要居住区,还与自然环境、社会经济发展等因素有关。随着农业的发展,土地开垦量增加,在新垦农田或其周边修建庐舍居住,以方便从事农耕活动,如前引《贰》简 683 出现的"田舍"以及《叁》简 1081"乐于所居丘东北徇田旁为愈祠"等记载。五一广场简牍中还经常出现"以田作为事""以田作、绩纺为事"等记载,除前引外,再如:

  ☐柱、纪伯、纪仲,节讯难,辞皆曰:郁,吏次署视事;干、伯等,县民,庐/☐部粗溲丘,相比近知习,田作、绩纺为事。难不处年中嫁为(《伍》简 2150+1872+1886)

  阶、番武等相比近知习,各以田作、绩纺为事。到永初二年十二月不/处日,敢从同丘男子周楚求狠食鲢严波溏田(《壹》简 303)

《伍》简 2150+1872+1886 有残断,根据相同格式的文书简,可知相关人员的实际居住地是丘,"田作、绩纺为事"的记载,表明他们主要从事农业生产活动。《壹》简 303"波溏"即"陂塘"。② 敢从同丘男子周楚求垦食"波溏田",说明生计模式仍以农业为主,故此丘亦可以看作是组织农业生产的基本单位。丘作为实际居住和农业生产单位

---

① 李均明:《五一广场东汉简牍所见"例亭"等解析》,《出土文献》2020 年第 4 期。
② 长沙市文物考古研究所等编:《长沙五一广场东汉简牍选释》,第 212 页。

的普遍化，势必对田租的征收产生一定的影响。

汉代赋税的征收，主要由乡吏负责。《续汉书·百官志》："（乡）有秩，郡所署，秩百石，掌一乡人；其乡小者，县置啬夫一人。皆主知民善恶，为役先后，知民贫富，为赋多少，平其差品……又有乡佐，属乡，主民收赋税。"①长沙东牌楼简 105 为签牌，正面载"中仓券也"，背面载"南山乡啬夫租券本也"。②徐俊刚指出："中仓租券签牌"正反面字迹不同，"南山乡啬夫租券本也"由乡啬夫将租券编联成册时书写，上交到中仓之后，再由中仓之吏书写"中仓券也"归档，所以"南山乡啬夫租券本也"也就成了"中仓券也"。③这与传世文献记载相符，表明租税的征收工作主要由乡负责。

五一广场东汉简中亦有相关资料，如：

> 长沙大守审上书言，临湘乡故有秩张晧坐正李世责民更口算钱／逋，晧为贯入毕，世辟则，晧遣乡佐李范、小史栂咸将世父勤之乡，械诡。（《肆》简 1506A）

> 小武陵乡助佐佑言所／主租豢墨毕簿书。（《壹》简 305）

《肆》简 1506 反映东汉中晚期"更口算钱"的征收已经形成定制，④其中的"正"指"乡正"，《选释》简 63 有"债代南山乡正，随佐区旴在

---

① 司马彪撰，刘昭注补：《续汉书》志 28《百官五》，北京：中华书局，1965 年，第 3624 页。
② 长沙市文物考古研究所等编：《长沙东牌楼东汉简牍》，第 114 页。
③ 徐俊刚：《〈长沙东牌楼东汉简牍〉集释》，硕士学位论文，吉林大学古籍所，2014 年，第 254 页。
④ 关于五一广场简牍的年代，整理者指出："已经清理的简文中，时代最早者为汉章帝章和四年（实际是汉和帝永元二年，属年号延后现象），时当公元九〇年；最晚者为汉安帝永初六年，时当公元一一二年……根据目前已整理纪年简文分析，初步断定该批简牍的时代主要为东汉中期和帝至安帝时期。"长沙市文物考古研究所等编：《长沙五一广场东汉简牍（壹）》，"前言"，第 2 页。

乡"的记载。① 因为乡正李世征收赋税不力,拖欠"更口算钱",致使乡有秩张晧被连坐。《壹》简305中的"助佐"的"佐"指"乡佐"。助佐佑所主"租豢墨毕簿"与赋税征收相关,具体情形有待更多资料佐证,但已可表明赋税征收工作主要是乡有秩、助佐、乡正、等乡官负责。

"更口算钱"等赋税应当以征收现钱为主,田租征收则为谷物,如:

> 卒任、钉俱在门,桑乡男子番干输租,从仓持米一斛出门,爵、官苟干/代何等米,干便弃米走去,爵、官令钉逐干,不及,钉还徙囗置(?)其。(《贰》简525)

> 戴乡啬夫。其月廿七日,中部督邮掾收充、福敷狱。充、福编失亡国等卷,竟以国外/卷书言县所部租毕。仓曹掾冯京、史宋信以竟所言卷拘校,实官卷无。(《陆》简320+2184)

《贰》简525、《陆》简320+2184表明,田租需要由百姓亲自缴纳至仓,并由仓曹根据相关卷书进行拘校。有些乡地处偏远,为了防止乡民在输租过程中遭遇盗贼,还专门设置例亭长负责禁绝奸人。如:

> 兼左部贼捕掾勤叩头死罪白:案故事横溪深内匨,常恐有小发,置例亭/长禁奸。从间以来,省罢。方今民输租时间,潦阳乡民多解止横溪入县输
>
> 十一月六日开。(《伍》简1792A)
>
> 租,或夜出县归主人,恐奸猾昏夜为非法,奸情难知,愿置

---

① 长沙汉简所见东汉临湘乡部吏情况,参见徐畅:《东汉三国长沙临湘县的辖乡与分部——兼论县下分部的治理方式与县廷属吏构成》,《中国史研究》2022年第4期。

例亭长一人禁绝奸/人,益为便。唯/廷。勤愚戆,职事无状,惶恐叩头死罪死罪

・十一月五日甲申白。(《伍》简 1792B)

横溪位于潭阳乡前往县输租的交通要道上,故此兼左部贼捕掾勤向县廷报告,建议根据"故事"置例亭长一人以禁奸。与长沙走马楼吴简的性质不同,五一广场简多为司法文书,目前尚未见到专门记录租赋征收详情的簿书,因此没有直接材料来证明基层租赋征收的统计单位。但丘已是主要居住地和耕作区,势必对赋税征收产生影响。《伍》简1792A中的"潭阳乡民",应是概括而言,丘很有可能在东汉时期就已经成为田租征收的基本单位。例如:

贼捕掾□、游徼、求盗、亭长,民自言:谛如辞,尊负租不输所□□□□(《叁》简 886)

租长督□所部丘民男子陈尊(?)不输租□□□□☒(《肆》简 1674)

《叁》简886与《肆》简1674可能相关,应是因陈尊不输租而引起的司法案件。"督□所部丘民"表明"租长"可能是为了督促田租缴纳及管理相关工作而专门设置的吏员,并且以"丘"为基本单位。再如:

敢等丐,敢无钱与错,错收缚殴敢等数十下,即次、汝、伯、謦证。错复责冢间民五十钱,/日债少月五百。错责不得钱,收取民鸡、犬。谛如辞。书到亟考实奸诈,明证检验正(《贰》简 561)

钱三千,米五斛;上利丘:钱七百,米二斛,皆以付初。又正月廿七日,初将末收缚船丘女/子谢何,诡责其丘,得钱二千,付初,皆受,非等所当得,为皆共以自给。记到亟爰(《壹》简 382)

因为存在缺简,《贰》简561、《壹》简382所记具体内容,有待进一步证实,但从"收缚""收取民鸡、犬""诡责"等用语看,错、初等人可能具有官方背景。《贰》简561所谓"错复责冢间民五十钱",实际上就是以实际居住地为单位收责钱。《壹》简382"钱三千,米五斛;上利丘:钱七百,米二斛,以付初"前面的缺文应是丘名,虽然所收责钱的性质不明,但以丘为收责钱的基本单位是可以肯定的。

四、自然环境与聚落发展的相互影响

自然地理环境是人类组织生产及生活的客观基础,对人类聚落形态产生着重要的影响。远古时代,人们建造房屋首先要适应当地的自然环境,如北方流行半地穴式建筑,而南方则流行干栏式建筑。长沙及其周边地区,地貌复杂多样,有山地、丘陵、岗地及平原等多种地形。亚热带季风气候又使得这一地区四季分明、水热条件充足,湘水及其支流流经域内,地表水系发达,河网密布,动植物等自然资源十分丰富。这些自然环境特征,无不塑造和影响着东汉时期当地居民的生产与生活。五一广场东汉简牍虽是以司法文书为主,但有不少反映自然地理环境及其对人们生产和生活之影响的资料。

五一广场东汉简牍中,出现了练山、秉山、半山、西北山、龙山、勹山、吴山、平溲山、旱山等山名。[①] 值得注意的是,这些山名并非山系、山脉的名称,而是当地山峰或山丘的名称。例如:

[①] 分别见于《贰》简653、《贰》简478、《肆》简1422、《壹》简228、《壹》简94、《贰》简643+685、《贰》简676、《贰》简589、《壹》简130+131+122、《伍》简2017。

> 君教诺　左贼史颜迁白：府檄曰：乡佐张鲔、小史石竟、少郑平殴杀费栎，/亡入醴陵界。竟，还归临湘不处；鲔，从迹所断绝。案文书，前部/贼捕掾蔡错、游徼石封、亭长唐旷等逐捕鲔、平、竟，迹绝/醴陵楑亭部劣淳丘乾溲山中，前以处言如府书，丞优、掾隗、/议请□却贼捕掾错等白草。(《贰》简427）

张鲔、石竟、郑平等人因殴杀人而逃亡，贼捕掾蔡错、游徼石封、亭长唐旷等人负责追捕，追至乾溲山中踪迹消失。虽然乾溲山存在跨若干丘的可能，但根据地名从大到小的惯例，简文"醴陵楑亭部劣淳丘乾溲山"中的乾溲山应是当地的小地名，而非横跨区域的山脉名。

众多的山峰或山丘有了专名，说明在日常生产与生活中，人们与聚落周围山地之间的关系越来越密切。实际上，随着农业的发展，人们已经将农田开垦至山旁，例如：

> 绝。俱还卧。明日，有复为翕、冉作食，其日中时，冉、翕决去，有送到门外，翕谓有曰：央、人将母弟兄/妻子十一人，在北首田旁山中匿，今往迎之，还当于何所匿？有曰：我有空舍在央西，平往，我。(《壹》简343）

> 随若。盛可。廿日，戊留调田旁山中，盛□。(《伍》简2106）

《壹》简343"北首田旁山中"和简2106"田旁山中"反映的是，在人口增加的情况下，适合耕作的土地资源日益紧张，人们开垦的农田不断向山丘推进。五一广场简牍中有南山乡、南山亭等，①应是设置于

---

① 《选释》简112："南山乡言民马忠自言/不能趣会假期书。八月廿八日发。"《壹》简4："永初四年三月乙酉朔廿五日己酉，书佐修叩头死罪敢言之：/□□廷前受遣赍赦，与南山、高置亭长纯、护逐召证人赦，即日到南山亭，辄与□□逐召赦，人在高/置亭部，护……修与护□□□□，修叩头……"《贰》简483："书一封。/南山乡别治史朱堂叩头死罪言事。/□……"

南山的基层社会组织机构。

如前所述,丘成为实际耕作区、实际居住地以及田租征收单位,与人口增加有关。除了山地、丘陵之外,五一广场东汉简中"冢间"可能也是一类依托地形而自然形成的特殊居住聚落。前引《贰》简561"错复责冢间民五十钱",表明"冢间"有居民存在。"冢"字在五一广场简中,有两种用法。第一种表示坟墓,如《伍》简1774+2160+1758+2191有"男子吴请与番当、番非共发胡叔冢,盗取铜器"的记载。"冢"的第二种含义,与"冢间"一词有关,在五一广场简中多有出现,如"楮溪例亭长黄详杀不知何一男子"案中,《贰》简529:"至赤坑冢间,详从马上见不知何一男子伏在草中,去大道可。"《壹》简359和《肆》简1279+1272:"到赤坑冢间,详从马上见不知何一/男子伏在道旁草中。"① "赤坑冢间"表明"冢间"并非一处,并且具体的某一"冢间"已经具有标示地名与地理位置的作用。再如:

> 时横溪奸匿有小发,前置例亭,并循行冢间,防遏未(《伍》简1798)

> 然,如勤言,可复请□□□选(?)亭长一人以傅(?)例。(《伍》简1801)

> 左胁下一所,衺二寸,广八分,深通中,凡创五所。辅以康辜立物故,康解所依黄衣冠绔絑/履,握道旁草中,走入冢间去亡,常追逐,迹绝不知所首芓,即常等证。案:康吏刃贼杀人。(《叁》简1132)

> 冢间草中有□囗。(《叁》简824)

---

① 参见杨小亮《五一广场东汉简牍册书复原研究》,第199页。

《伍》简 1798 与简 1801 可编联。李均明认为："冢间,指山丘之间。"①杨小亮认为："按惯常理解,'冢'当指坟地,但蒙李均明提示,此'冢'或可指类似于丘陵地貌的山地……长沙地区地形多山地、丘陵、岗地的特点,我们觉得李均明的说法还是很有道理的。"②《说文解字·勹部》:"冢,高坟也。"③《尔雅·释山》:"山顶,冢。"④《诗·小雅·十月之交》:"山冢崒崩。"毛传:"山顶曰冢。"⑤《周礼·春官·叙官》"冢人"条,孙诒让正义:"冢本义为山顶。山顶必高起,凡丘墓封土高起为垅,与山顶相似,故亦通谓之冢也。"⑥可见,冢由山顶引申为坟墓之义,而此二义在五一广场简牍中均有出现。可见,"冢"和"丘"本义均与山地、丘陵、岗地有关,而作为聚落的"冢间"和丘的区别,可能是前者位于山丘之间,而后者位于山丘、岗地之上。从已经公布的五一广场东汉简看,丘已经普遍化,并具有一定的行政特征,而"冢间"一词出现较少,是否已从临时居住点成规模地转化为聚落,仍需结合更多资料来分析。

　　受地形、地势的影响,处于山地、丘陵地带的聚落,就其内部形态而言,不可能十分规整。就聚落的分布而言,当较为分散。但是,丰富的水热条件,密布的河网,便利的水路交通,在聚落与聚落之间可以起到沟通作用。五一广场东汉简牍反映,聚落实际上正是沿着河流与道路延展分布的。

　　东汉时期,长沙郡的主要河流是湘水,临湘及周边地区的水系

---

① 李均明:《五一广场东汉简牍所见"例亭"等解析》,《出土文献》2020 年第 4 期。
② 杨小亮:《五一广场东汉简牍册书复原研究》,第 191 页。
③ 许慎:《说文解字》,徐铉校定,北京:中华书局,1963 年,第 188 页。
④ 《尔雅注疏》卷 6,阮元校刻:《十三经注疏》,北京:中华书局,1980 年,第 2618 页。
⑤ 《毛诗正义》卷 12,阮元校刻:《十三经注疏》,第 446 页。
⑥ 孙诒让:《周礼正义》,王文锦、陈玉霞点校,第 1267 页。

由湘水及其支流构成。五一广场简牍中有不少涉及湘水及其支流的内容。《选释》简24:"后呼谓赣等曰:婢子持央物还。放复射林等一发,不中。赣等其☐/尾、近以桄更掘沙土,貍(埋)臧(赃)物。事已,俱渡湘,弃桄西市渚下,各别☐。"桄,应是一种水上交通工具。作为作案工具,在与本案相关的其他简文中也有提到,如:

  持把刀一、柘弩一张,赦持矛一只、把刀一,李叔持吴镯刀一,俱乘桄之阳马亭界,/至亭可十里所,留止。须臾,林等船到,赣等各以粉粉面,叔敬谓赣等曰:但(?)从。(《肆》简1262)

  ☐☐勿杀之。赣等曰可。赣、赦、叔三人持桄,邀遮林等船前,叔敬、厚止岸/☐上,赦以厚所持弩,与叔敬各以箸箭射林等船前后各二发,皆无所中。(《肆》简1513)

邀遮:拦阻。荀悦《汉纪·孝平皇帝纪》中"如遇险阻,衔尾相随,虏邀遮前后,危殆不测"①即是此义。赣等人乘坐桄至阳马亭约十里的地方,拦截并抢劫林等船上的物资。《选释》简37:"舍辞:十四年五月不处日,俱乘桄船上之沂溪中市鱼,到潘溪……☐。"注曰:"桄,人名。或说'桄船'为一种船的称谓。"②从《选释》简24、《肆》简1262、《肆》简1513来看,桄为一种船的说法是正确的。《说文解字·木部》:"桄,曲木。"③《楚辞·九歌·湘君》:"荪桄兮兰枻。"王逸注:"桄,船小楫也。"④简文应是后一义,即船桨。《选释》简24"事已,俱渡湘,弃桄西市渚下"所提及的"湘",应即湘水。尾、近等人用船桨将赃物埋在沙土中之后,渡过湘水,各自亡匿。

---

① 荀悦:《汉纪》,张烈点校,北京:中华书局,2002年,第538页。
② 长沙市文物考古研究所等编:《长沙五一广场东汉简牍选释》,第150页。
③ 许慎:《说文解字》,徐铉校定,第119页。
④ 洪兴祖:《楚辞补注》,白化文等点校,北京:中华书局,1983年,第61页。

除了湘水之外，人们利用众多的溪水，通过水路交通实现交往的目的。前引《选释》简 37 出现了"沂溪""潘溪"，五一广场简牍目前已经公布的简文中还有漻溪、横溪、楮溪、栩溪、纁溪等溪水名称，相关简文如下：

> 郭亭部，市不处姓名男子鲜鱼以作炙。今年正月不处日，持随漻溪水上解止徐/舍，卖，得米卌四斛。三月不处日，持米下于横溪，糴尽，余米五十斛在徐舍。冯立。（《壹》简 91）

> 间无事，宁可俱行于樊爱丘求债囗小算。请可，即持所有解刀，与当、非俱行。其日昼/时，到樊爱丘，求债不得，即俱前到横溪桥下浴。事已，俱于水旁倨。当谓请、非。（《叁》简 1474+923）

> 廷书曰：故亭长李嵩病，邮亭掾赵竟敕楮溪例亭长黄详次领嵩职，其/夜鸡鸣时，详乘马将子男顺起例之广成，到赤坑冢间，详从马上见不知何一。（《壹》简 359）

> 从父兄弟福之罗椮溏亭部栩溪丘居，笴以十四年九月廿六日之所有田宿，获、游/在家不出，罗贼捕掾、游徼、亭长皆不处姓名，之笴舍掩捕笴，不得，捕得游。（《贰》简 403+416）

> 永元十六年十月丁亥朔廿日戊午，南部游徼栩、柚州例游徼京、纁溪例亭长福，叩头死罪敢言之：/廷前以府唐掾书，阴微起居逐捕杀独栎例亭长、盗发冢者男子区义。（《贰》简 426A）

> 南部游徼张栩名印。

> 　　十月　日邮人以来　　　史　白开。（《贰》简 426B）

《壹》简 91 和《叁》简 1474+923 "横溪"在前引《伍》简 1792 置例亭长白事文书中已经出现，准此，《壹》简 359 "楮溪例亭长"和《贰》简 426 "纁溪例亭长"中的"楮溪""纁溪"亦为溪名。《壹》简 91 "漻溪""横

313

溪",《选释》注:"漻,溪水名。下文'横溪'亦溪水名。今湖南省邵阳市洞口县有漻溪乡(今名高沙镇)和横溪乡,东汉为昭陵县,属长沙郡,疑两水即在附近。"①在《伍》简1792置例亭长白事文书中,兼左部贼捕掾于"十一月五日甲申白",次日,即"十一月六日开",属于临湘县县内文书,所以横溪、漻阳乡应属于临湘县。②《壹》简91中的漻溪和横溪应该相连,从简文"随漻溪水上""下于横溪"可以判断漻溪应该位于横溪的上游,很有可能是横溪的一条支流。《伍》简1792置例亭长白事文书提到从"漻阳乡"前往临湘县输租时,需要经过横溪,亦位于横溪的上游。结合《壹》简91和《伍》简1792,可以判断漻阳乡应是因位于漻溪旁而得名。所以,简文提到的漻溪、横溪实际均归临湘县管辖。《叁》简1474+923提到的樊爰丘,应距横溪不远,所以请、当、非等人在"求债不得"的间隙中,才能来到横溪桥下洗浴。横溪上修建有连通两岸的桥梁,可见此处应当是交通要道。无论是水路还是陆路,樊爰丘的交通均十分便利。《贰》简403+416"栩溪丘"位于罗县,亦属于湘水流域,栩溪丘应是因位于栩溪旁而得名。可见,正是密布的水网将分布于山地、丘陵及岗地的聚落连接了起来。

河溪众多的地理环境对聚落的影响,还表现在形成的一些特殊地貌上,如渚、州等。五一广场简牍有不少渚的记载,如:

> 置、谭各起家,宋、客、根、置醴陵界中,置如波亭部芳渚丘,谭雍亭部帛柤丘,各以田作为/事。干弟梁给元年使正,干代梁

---

① 长沙市文物考古研究所等编:《长沙五一广场东汉简牍选释》,第129页。
② 连先用根据简999+1002"漻阳乡男子黄间自言本事在此中"签牌不写县名,判断漻阳也是临湘所辖之乡。参见连先用:《长沙五一广场简所见东汉临湘属乡考论》,本书编委会编《张旭华教授七十寿辰纪念文集》编委会编:《张旭华教授七十寿辰纪念文集》,郑州:郑州大学出版社,2022年,第223页。

作,与乡佐邓据共殴杀正胡强,亡。会丙戌赎罪诏书。(《贰》简 466)

发赢廋,不能饭食,到监亭部上桐渚,加困物故,失不并结秉罪,讯新/辞实当从今,前失不分别処,唯。(《贰》简 467)

冯、祝、商等问康杀人贼刘宝所在,康曰:昨暮行取薪,见宝在崇渚下洗足,/当在崇舍。延、山将康在前,冯、祝、商、昭等将敌在后,相次属,时乡晨,鸡已一鸣。(《贰》简 517)

枚,下到其亭渚,得兼尉曹史周贲府胡卒史橄,召庞置材亭渚,之漻阳/乡诣卒史。卒史以材留迟,敕丞发民下材。月十九日还,廿日将民下材。其日日入时。(《贰》简 681)

衡屋邸兰不肯。今月十五日,晓复诣县自言:成主人区仲阳从成假致持书一封/于庚亭渚下,求湘乡船寄书与晓母妾,其日餔时,成令致持刺及书于渚。(《肆》简 1490)

渚,本义为水中小块陆地。《说文解字·水部》:"《尔雅》曰:'小洲曰渚。'"①《诗·召南·江有汜》:"江有渚。"毛传:"渚,小洲也。"② 渚,引申为水滨、水涯。《楚辞·九歌·湘君》:"鼌骋骛兮江皋,夕弭节兮北渚。"王逸注:"渚,水涯也。"③前引《选释》简 24 尾、近等人"弃栱西市渚下","下"表示一定的范围、处所等。《肆》简 1490"庚亭渚下"与"西市渚下"的下,均是表示处所。"西市渚"应是临湘县西市旁边的沙洲。尾、近等人渡过湘水之后,将栱船弃置于西市渚。《贰》简 681"亭渚"应是某亭所在地附近的沙洲或岸边,与《肆》简 1490"庚亭渚"含义相同,只是缺少亭名。"西市渚""亭渚"尚不

---

① 许慎:《说文解字》,徐铉校定,第 228 页。
② 《毛诗正义》卷 1,阮元校刻:《十三经注疏》,第 292 页。
③ 洪兴祖:《楚辞补注》,白化文等点校,第 63 页。

是专名,需借助已有地名标示渚的位置。不过,"西市渚"及"庚亭渚"等记载反映,由于水路交通发达,作为商品交易场所的西市及一些负责治安的亭是沿着河流分布的。《叁》简 1136A 还出现了"渚下尉曹史"的记载,由于该木楬残损,释文不全,尚不能理解"渚下"与"尉曹史"之间的真实关系,但是"渚"已经从自然地貌的概念发展为与人类生产、生活关系密切的地理空间。

《贰》简 467"上桐渚"似已为专名。《贰》简 517"宝在崇渚下洗足,当在崇舍",崇为人名,所谓"崇渚""崇舍"表明"渚""舍"的所有关系,从"在崇渚下洗足"可以推断出宝在"崇舍",说明"舍"与"渚"的空间位置关系应该十分接近,很有可能就是舍修建在渚上。实际上,居于渚上应是当时居民的主要居住模式之一,如《礼记·礼运》提到"故圣王所以顺,山者不使居川,不使渚者居中原,而弗敝也",①而渚也正以是否可以居住来获得定义,如《国语·齐语》:"渠弭于有渚。"韦昭注引贾逵:"水中可居者曰渚。"②《淮南子·墬形训》:"东方曰大渚。"高诱注:"水中可居者曰渚。"③《说文解字》引《尔雅》曰"小洲曰渚"是从自然地貌的角度定义,而贾逵、高诱等人则是从是否适合人类居住这一角度加以解释。据此可以推测,《贰》简 466"芎渚丘"应该是芎渚被开发后,形成的以丘为通名的聚落。

除渚之外,五一广场简牍中,表示水中陆地还有州。《说文解字·川部》:"州,水中可居曰州,周绕其旁。"④前引《贰》简 426 有"柚州例游徼京",其中"柚州"为地名。与《贰》简 426 案相关,《贰》

---

① 郑玄注,孔颖达疏:《礼记正义》,阮元校刻:《十三经注疏》,第 1427 页。
② 徐元诰集解:《国语集解》,王树民、沈长云点校,北京:中华书局,2002 年,第 231 页。
③ 何宁:《淮南子集释》,北京:中华书局,1998 年,第 331—332 页。
④ 许慎:《说文解字》,徐铉校定,第 239 页。

简 428 载：

> 兼南部游徼栩言,格杀亭长贼区义。
>
> 十月廿三日开
>
> 同产兄絮与捕者吏格斗,格杀絮解书。

区义身犯杀害独栎例亭长和盗墓等数罪,在追捕区义的过程中,兼南部游徼栩、柚州例游徼京、纆溪例亭长福抓捕了区义同产兄絮、母缥、絮妻狼等,在押解过程中,可能因絮等试图逃亡,从而发生冲突,导致絮被格杀。《壹》简 395 记载：

> 即日人事起居推本义不得,得义兄絮、母缥、絮妻狼,皆收缚,及缥、狼载福船中。福其日铺/时,起柚州,日未入到雍亭东岸,絮求出更衣,絮、缥解,东上岸,得一大木,可长。

更衣,乃大小便的婉辞。押解他们的船,从柚州出发,结合"州"的本义,柚州应是河中沙洲。柚州上设置了负责治安的"例游徼",说明柚州已经得到开发,很有可能有人在上面居住,是否已经形成了一定规模的聚落,有待新资料进一步证实。船沿河行至雍亭东岸,暂停休息,再次证实不少河流的沿岸设置有亭负责治安。

与《肆》简 1262、简 1513 及《选释》简 24 所记赣等抢劫林等船案相关,《贰》简 603+837:"流亡。其月垂竟,不处日,赣等复俱夜之直州,尾入所貍藏,厚得黄缣二束,/绢青六匹,缥八匹七尺,绢练十匹二尺,绢绛二匹,早一匹,青夌一匹,鲜支一。"简文"赣等复俱夜之直州,尾入所貍藏"表明尾埋藏赃物的地点应该在直州。前引《选释》简 24 记载,尾、近等人在将赃物埋藏在沙土中之后,渡湘水亡匿。从这一系列接连的行为判断,尾等人埋藏赃物的地点应该也在湘水旁,则直州应位于湘水中。

五一广场简牍已经公布的资料中,关于州的资料不多,其中有一枚残简可以推测州的性质。《壹》简 205 记载:"死罪死罪,奉得书,辄推□州丘里……"此简有残损,"推"后一字未释。五一广场简牍中,有"推辟"(如《壹》简 298+299、《贰》简 435+434 等)"推起"(如《壹》简 394、《贰》简 520 等)"推本"(如《壹》简 395、《叁》简 922 等)"推处"(如《贰》简 407 等)"推求"(如《贰》简 520、《贰》简 619 等)等词。因残存字迹较少,"推"后究竟为何字,不易判定。但是,根据文书格式及文义,可以判断"推□"应是表示案验、追寻等与案情调查相关的专有名词。那么,"州丘里"表示的就是调查的具体地域范围。州与丘、里并列,说明州与丘、里的性质相同,表示实际居住地。与三杨庄遗址所反映的对河滩地开发类似,汉代社会稳定,经济发展,人口增加,导致耕地相对紧张,人们需要不断地开垦更多土地,而州正是在河流冲积形成的特殊地貌上产生的一种新的聚落形态。渚、州等河流沙洲的开发,反映了自然与社会互动的真实一面。

结　语

据长沙及其周边地区出土的东汉简牍文献反映,除了里之外,丘、冢间、渚及州等均已成为东汉时期居民的实际居住地。里的形态较为规整,丘、冢间、渚与州等是伴随着人口增长与土地资源的开发而自然形成的,应是分散型的聚落。由于冢间、渚及州的资料较少,具体详情有待更多简牍公布后,进一步论证。不过,从聚落是人类聚居地的性质看,自然聚落最终也会随着人口规模的增加,而演变为聚集性聚落。受地理环境的影响,聚落及其内部房舍都具有沿河流分布的特征。

里与丘的关系是学界讨论较多的问题，从长沙东汉简牍看，里是户籍登记单位，但同时也是居民实际居住地，原有的里在人口增加导致聚落规模扩大及新聚落形成的过程中，并没有被废弃。丘成为居住地的原因，就是为了开垦新的土地资源，所以可以把丘看作是组织农业生产的基本单位，也就是耕作区。这必然对赋税征收方式产生影响，长沙东汉简牍反映丘已经是田租征收的基本单位，只是受材料性质所限，目前没有见到以丘为单位的田租征收等方面的籍簿，但是已经出现"租长"等负责征收丘民田租的吏员。

东汉长沙临湘及其周边地区的地貌，主要由山地、丘陵、岗地与平原构成，其间河流与溪水众多，河网密布。受这一地形地貌影响，在土地开发过程中，丘、冢间、渚、州等逐渐形成实际居住聚落。这些新形成的聚落仍然实行"比地为伍"的社会控制策略，如丘内设有小伍长。在社会治安方面，州内设有例游徼，一些交通要道为了防止奸匿发生，还置有例亭长。由此可见，东汉时期基层社会治理仍然大致延续了秦及西汉时期的策略，乡里社会的权力体系与治理结构仍然是一元化的。

作者单位：浙江师范大学人文学院

（原刊于《社会科学》2023 年第 3 期）

吴简中的数值计算与汉、吴社会的数学教育

苏俊林

摘 要：走马楼吴简中的数值计算情况较为复杂，嘉禾吏民田家莂和仓受米牍都有数值正确和数值错误的简例。孙吴时期不乏计算精准之人，但基层吏民的计算能力有整体偏低的倾向。秦汉三国时期数学理论虽已相当发达，但整个社会的计算能力并未因此普遍提高。算术等数学教育不受社会重视，两汉以来轻视算术能力的社会传统是影响算术能力的重要社会因素。自学是基层民众主要的学习途径。吴简中私学比例极低，反映出孙吴基层吏民文化素养整体偏低的状况。

关键词：吴简 吏民 数值计算 基层社会 数学教育 自学

传世文献中缺乏关于孙吴的史料，直接导致学界对孙吴历史的研究较少。走马楼吴简的出土，为研究孙吴历史提供了新的契机。二十年来，中日学者对吴简进行了细致、深入的研究，在孙吴政治史、制度史、社会史、经济史等诸多领域都有很大进展，也极大推动

了秦汉三国史研究走向深入,成果丰硕。① 即便如此,仍有一些值得继续研究的空间。本文试图以走马楼吴简为中心,分析吴简中的数值计算状况,进而对汉、吴时期基层社会的数学教育等问题进行考察,以期能推进对汉、吴基层社会的研究。

一、问题的提出

走马楼吴简的内容十分丰富,其中的《嘉禾吏民田家莂》(后略称为"田家莂")和仓的出入米记录,都是十分重要的涉及数值计算的档案资料。田家莂为大木简,一支简上完整记录了某户人家的田亩数额,米、布、钱的交纳数额,交纳时间及收税吏员等。仓的出入米记录则多为单简构成的簿籍,②但也有记录在牍上的完整的领受

---

① 截至 2022 年 12 月,走马楼吴简研究成果有学术专著 19 部,论文集 10 余部,论文数百篇。研究状况可参见长沙简牍博物馆编:《嘉禾一井传天下:走马楼吴简的发现保护整理研究与利用》第 5 章"研究综述篇",长沙:岳麓书社,2016 年,第 221—316 页。此后仍有不少吴简研究成果发表。
② 邓玮光先生发表多篇文章,对仓的出入米记录进行了富有创见性的复原研究,参见邓玮光:《走马楼吴简三州仓出米简的复原与研究——兼论"横向比较复原法"的可行性》,《文史》2013 年第 1 辑,第 231—254 页;邓玮光:《对三州仓"月旦簿"的复原尝试——兼论"纵向比较复原法"的可行性》,《文史》2014 年第 2 辑,第 5—35 页;邓玮光:《对中仓黄龙三年十月旦簿的复原尝试》,楼劲主编:《魏晋南北朝史的新探索:中国魏晋南北朝史学会第十一届年会暨国际学术研讨会论文集》,北京:中国社会科学出版社,2015 年,第 645—677 页;邓玮光:《走马楼吴简"出米简"的复原与研究》,杨振红、邬文玲主编:《简帛研究 2015》(春夏卷),桂林:广西师范大学出版社,2015 年,第 201—217 页;邓玮光:《对中仓黄龙三年十一月旦簿的复原尝试》,杨振红、邬文玲主编:《简帛研究 2015》(秋冬卷),桂林:广西师范大学出版社,2015 年,第 182—214 页;邓玮光:《对中仓十二月出米简[肆]4012 组的复原尝试》,苏州博物馆编:《苏州文博论丛》(总第 6 辑),北京:文物出版社,2015 年,第 45—55 页。

米记录,称之为"仓受米牍"。① 纳入本文讨论的,正是这些在一枚简或牍上记录完整的数值资料,即田家莂和仓受米牍,最大限度地确保了资料的原始性和可靠性。

学者早已注意到田家莂中存在不少错误,②并对其中的数值错误进行了校正。③ 在此基础上,我们曾对嘉禾四年、五年吏民田家莂中的数值错误进行统计,发现不少田家莂都存在数值错误。④ 仓受米牍中的数值也存在计算正确和计算错误的情况。走马楼吴简中既有数值正确的简例,也有数值错误的简例,数值计算状况复杂。

关于田家莂中数值错误的形成,胡平生先生进行过详细分析,

---

① 徐畅先生称之为"仓人受米记录",参见徐畅:《走马楼吴简竹木牍的刊布及相关研究述评》,武汉大学中国三至九世纪研究所编:《魏晋南北朝隋唐史资料》(第31辑),上海:上海古籍出版社,2015年,第25—74页。本文取简文中"受""米"二字,加上所属单位"仓",以及记录的材质"牍",暂称其为"仓受米牍"。
② 日本学者伊藤敏雄先生很早就注意到嘉禾吏民田家莂中存在亩数和纳入数的计算不合、换算错误等计算错误,详见伊藤敏雄:《三国吴の帳簿の計算ミス》,《東アジア研究》37,2003年,第1—2页。
③ 先后对田家莂进行校正的成果有:胡平生:《〈嘉禾四年吏民田家莂〉统计错误例解析》,《胡平生简牍文物论稿》,上海:中西书局,2012年,第367—395页;高敏:《〈长沙走马楼三国吴简·嘉禾吏民田家莂〉释文注释补正——读长沙走马楼简牍札记之八》,《长沙走马楼简牍研究》,桂林:广西师范大学出版社,2008年,第67—80页;黎石生:《〈嘉禾吏民田家莂〉释文补正》,《中国文物报》2002年10月18日第7版;凌文超:《〈长沙走马楼三国吴简·嘉禾吏民田家莂〉数值释文订补》,卜宪群、杨振红主编:《简帛研究2008》,桂林:广西师范大学出版社,2010年,第286—295页;长沙吴简研究会编(伊藤敏雄·阿部幸信主编):《〈長沙走馬樓三國吳簡 嘉禾吏民田家莂〉釋文補正》,長沙吳簡研究会編:《長沙吳簡研究報告》(第2集),東京,2004年,第95—106页;长沙吴简研究会编(伊藤敏雄·阿部幸信主編):《〈長沙走馬樓三國吳簡 嘉禾吏民田家莂〉釋文補注》,長沙吳簡研究会編:《長沙吳簡研究報告》(第3集),東京,2007年,第111—124页;陈荣杰:《〈嘉禾吏民田家莂〉校注》,重庆:西南师范大学出版社,2018年。
④ 嘉禾四年田家莂的错误率为57.66%(44.35%),嘉禾五年田家莂的错误率为18.83%(12.58%),详见苏俊林:《嘉禾吏民田家莂与孙吴身份等级体系》,《文史》2015年第3辑,第25—29页。

其指出:"以错误的形式分,有:数字形近而误,斛斗升合或丈尺寸分单位错位而误,运算错误,遗漏旱熟项目,遗漏余力田,尾数的省略或进位,等等。"并认为某些田家莂有徇私舞弊的嫌疑。① 我们曾对田家莂中的舞弊行为进行专门讨论,总结出"账目上明目张胆地多收或少收""混淆田地性质以少交租税""'明多实少'的账簿造假手法""通过准米来舞弊"等4种舞弊手法。② 大量存在的数值错误,一方面存在徇私舞弊的可能,另一方面可能也与吏民的计算能力有关。胡文及苏俊林曾对此有所涉及,但并未深入,也未讨论这背后的基层社会教育问题。因此,有对此进行专门研究的必要。需要事先说明的是,虽然本文中主要涉及计算能力与数值计算的内在关系问题,但这并不代表我们忽略数值计算中存在的徇私舞弊行为。此方面已有相当成果可以参看,本文不再赘述。

另外,出土简牍中陆续公布的《算数书》《数》等数学文献显示,到孙吴时期,数学理论已经相当发达。在此背景之下,为何还会出现如此多低级的数值计算错误?孙吴时期簿籍文书的数值计算状况,反映出怎样的基层社会教育?本文试图对此进行分析。不当之处,敬请指正。

二、吴简中关于数值计算的例证

《三国志·吴书·顾雍传附顾谭传》载:"赤乌中,(顾谭)代恪

---

① 胡平生:《〈嘉禾四年吏民田莂〉统计错误例解析》,《胡平生简牍文物论稿》,第389、392页。
② 苏俊林:《〈嘉禾吏民田莂〉所见孙吴基层吏员的舞弊手法》,陈建明主编:《湖南省博物馆馆刊》(第11辑),长沙:岳麓书社,2015年,第395—402页。

为左节度。每省簿书,未尝下筹,徒屈指心计,尽发疑谬,下吏以此服之。"①由此可见,官府的某些簿书中存在着数值计算错误。孙吴时期吏民数值计算的整体情况如何,需要更多的实例证据。在此,我们以走马楼吴简中的田家莂和仓受米莂这两种记录完整的数值资料为依据,先对孙吴时期的数值计算状况进行例证分析。

(一) 田家莂中的数值计算

我们曾注意到,田家莂中的某些计算已经达到非常精准的程度,同时,我们也特别提到田家莂中存在 1 亩田地也计算错误的简例。② 这两种极端化的数值计算情况都存在于田家莂之中。关于田家莂中的数值错误,诚如《嘉禾四年吏民田家莂解题》所说:"仅从文书所提供的数字加以核算,就可以看到统计中有许多问题。如,总亩数与常限田、余力田、旱田、熟田等分类的亩数不合,按照佃田亩数与规定的收米、布、钱的定额算,合计数字有出入,或者多,或者少。"③田家莂中的数值计算情况颇为复杂。

1. 整数计算错误

田家莂中有不少整数计算的简例,有的计算正确,有的计算错误。此处先分析整数计算错误的情况。先看下面这枚田家莂:

> 下 伍丘男子五常,田一町,凡三亩,皆二年常限。旱败不

---

① 陈寿:《三国志》卷 52《吴书·顾雍传附顾谭传》,北京:中华书局,1982 年,第 1230 页。
② 苏俊林:《〈嘉禾吏民田家莂〉所见孙吴基层吏员的舞弊手法》,第 401—402、396 页。
③ 长沙市文物考古研究所、中国文物研究所、北京大学历史学系走马楼简牍整理组编:《长沙走马楼三国吴简 嘉禾吏民田家莂》(上),北京:文物出版社,1999 年,第 72 页。

收,亩收布六寸六分。凡为布二尺三寸二分,四年十一月三日付库吏潘有。亩收钱卅七,凡为钱一百廿九钱,四年十一月十日付库吏潘有。嘉禾五年三月十日,田户曹史赵野、张㑦、陈通校。(4·6)①

整理者注释,按照田亩数与亩租额计算,应收布 19.8 寸,应收钱 111 钱。② 但是简文所记的收布、钱为：收布 23.2 寸,收钱 129 钱。实际多收 3.4 寸,多收 18 钱。五常家只有常限旱田 3 亩,属于数额较小的整数计算。如此程度的计算竟然也数值有误。

田家莂 4·6 中田地类型单一,只有旱田。再看下面这枚田地类型较多的田家莂：

> 下伍丘县吏张㑦,田廿五町,凡五十七亩。其六十六亩,皆二年常限。其五十六亩旱,亩收布六寸六分。定收十亩,收米一斛二斗,为米十二斛。亩收布二尺。其廿一亩余力田。其七亩旱败不收,亩收布六寸六分。定收十四亩,收米四斗五升六合,为米六斛三斗八升四合。亩收布二尺。其米十八斛三斗八升四合,四年十一月十五日付仓吏郑黑。凡为布二匹四尺三寸六分,四年十一月廿日付库吏潘有。其旱田亩收钱卅七,其熟田亩收钱七十。凡为钱五千二钱,四年十一月廿日付库吏潘有。嘉禾五年三月十日,田户经用曹史赵野、张㑦、陈通校。(4.21)

---

① 本文所引田家莂,皆出自走马楼简牍整理组所编：《长沙走马楼三国吴简 嘉禾吏民田家莂》,文中标明简号,不一一注释页码。
② 长沙市文物考古研究所、中国文物研究所、北京大学历史学系走马楼简牍整理组编：《长沙走马楼三国吴简 嘉禾吏民田家莂》(上),第 73 页。另,本文所用单位,米统一为"斗",布统一为"寸"。

整理者已注意到田亩总数记载有误,简中记载为 57 亩,但实际应为 87 亩。① 此外,收布、钱数也有误。张惕家的田地类型较为复杂,分别为常限熟田 10 亩,常限旱田 56 亩,余力熟田 14 亩,余力旱田 7 亩。此田家莂中的收米数无误,但收布、钱数有误。整理者计算结果为:应收布 895.8 寸,钱 4 011 钱。② 但实际收布 843.6 寸,钱 5 002 钱。意即:实际少收布 52.2 寸,多收钱 991 钱。此田家莂中有 4 种田地,种类较多,数额相对较大,存在整数计算错误的情况。

整数计算中的数值错误简例,恕不一一例举。田家莂中的田亩,有的记载到亩单位,有的记载到步单位。记载到亩单位的田家莂,应交数额为各种田地的田亩数×每亩应交米、布、钱的定额,然后将米、布、钱各项分别相加。就计算程度而言,都属于整数的乘、加运算。这种计算的"复杂性",主要在于不同性质田地的征纳标准不同。田家莂中的田地类型大致有二年常限田、余力田、余力火种田、租田、税田等,又有熟田、旱田之别。各种田地征收标准不同,且受交纳者身份的影响。③ 有些土地如"余力火种田"中的熟田,可能还要执行"斛加五升"的规定。④ 有鉴于此,多种田地的数值计算可能略显复杂,单一性质田地的数值计算则很简单。但是,不论是单一性质的田地,还是多种性质的田地,不过是整数的乘法、加法运算而

---

① 长沙市文物考古研究所、中国文物研究所、北京大学历史学系走马楼简牍整理组编:《长沙走马楼三国吴简 嘉禾吏民田家莂》(上),第 75 页。
② 长沙市文物考古研究所、中国文物研究所、北京大学历史学系走马楼简牍整理组编:《长沙走马楼三国吴简 嘉禾吏民田家莂》(上),第 75 页。
③ 学者对此多有论述,亦可参见苏俊林:《嘉禾吏民田家莂与孙吴身份等级体系》,第 35—45 页。
④ 关于"斛加五升"问题,蒋福亚先生有过专门研究,参见蒋福亚:《走马楼吴简经济文书研究》第 1 章第 4 节《〈嘉禾吏民田家莂〉中的"斛加五升"》,北京:国家图书馆出版社,2012 年,第 96—112 页。

已。对于专门负责租税收纳的基层吏员而言,这种程度的数值计算尚难说有多么复杂。

2. 分数计算错误

分数计算的产生是因为某些田家莂有步单位。就田家莂所见,孙吴时期长沙地区执行的是 240 步 = 1 亩的大亩制。① 因此,记载步单位的田家莂可能会出现分数计算的情况。嘉禾四年记有步单位的田家莂较少,只有 2 件;嘉禾五年记有步单位的田家莂较多,共 359 件。② 其中不少涉及分数计算,部分有计算错误。先看下简:

> 三州丘男子唐端,佃田五町,凡廿八亩七步,皆二年常限。其十五亩旱败不收布。定十三亩七十步,为米十五斛九斗,亩收布二尺。其米十五斛九斗,五年十二月九日付仓吏张曼、周栋。凡为布二丈六尺,准入米一斛六斗一升,五年十二月十八日付吏孙仪。其旱田不收钱。其熟田亩收钱八十,凡为钱一千卌,五年十二月十八日付库吏潘慎、潘宗毕。嘉禾六年二月廿日,田户曹史张惕、赵野校。(5·1)

关于此定收田(熟田)的田亩数,整理者认为:"按收米数及收布数计,定收亩数应为'十三亩七步',简文衍'十'字。"③"旱败不收布""旱田不收钱",实际上嘉禾五年的旱田也不收米。简文收米数为 159 斗,按熟田每亩收米 12 斗的标准反算,熟田应为 13 亩 60 步($13\frac{1}{4}$亩),与简文所记的 13 亩 70 步($13\frac{7}{24}$亩)接近。可视为

---

① 孙继民:《走马楼〈嘉禾吏民田家莂〉所见孙吴的亩制》,《中国农史》2002 年第 2 期。
② 记有步单位的田家莂的数量统计,详见苏俊林:《嘉禾吏民田家莂与孙吴身份等级体系》,第 26 页。
③ 长沙市文物考古研究所、中国文物研究所、北京大学历史学系走马楼简牍整理组编:《长沙走马楼三国吴简 嘉禾吏民田家莂》(上),第 166 页。

按 13 亩 70 步计算后进行了尾数整数化(舍弃了斗以后的数据 0.49 斗)。① 简文所记收布数为 260 寸,按照"亩收布二尺"反算熟田为 13 亩。收钱数为 1 040 钱,按照"熟田亩收钱八十"反算熟田为 13 亩。② 意即收布、钱的原始数据上都没有计算步数。

又如下简:

> 下伍丘男文毛,佃田十二町,凡廿三亩二百卅步,皆二年常限。其十一亩八十步旱败不收布。定收十二亩百五十步,为米十五斛一斗五升,亩收布二尺。其米十五斛一斗五升,五年十一月七日付仓吏张曼、周栋。凡为二丈五尺,准一斛五斗,五年十一月廿日付仓吏张曼、周栋。其旱田不收钱。熟田收钱亩八十,凡为钱一千,五年十二月三日付库吏潘慎。嘉禾六年二月廿日,田户曹史张惕校。(5·11)

简中收米数按熟田 $12\frac{5}{8}$ 亩计算,但收布、钱数额则可能是按熟田 $12\frac{1}{2}$ 亩计算。③ 意即计算布、钱的时候,为了计算方便,少算了 30

---

① "尾数整数化"指运用"四舍五入"对应交税额的较小单位(如布的"分"单位,米的"升"单位等)的数据处理。凌文超先生认为"尾数整数化"当时可能允许存在,参见凌文超:《〈长沙走马楼三国吴简·嘉禾吏民田家莂〉数值释文订补》,第 287 页。
② 高敏先生也注意到此田家莂中田亩数上的谬误,参见高敏:《〈长沙走马楼三国吴简·嘉禾吏民田家莂〉释文注释补正——读长沙走马楼简牍札记之八》,第 72 页。
③ 熟田若按 $12\frac{5}{8}$ 亩计算,收布数应为 252.5 寸,收钱数应为 1 010 钱,与简文所记不合。2.5 寸布或许有被尾数整数化的可能,但 10 钱应该没有尾数整数化的必要。若按 $12\frac{1}{2}$ 亩计算,则收布、钱数与简文所记完全吻合。由此推测,5·11 中收布、钱数极可能是按熟田 $12\frac{1}{2}$ 亩计算的。

步。$\frac{5}{8}$亩与$\frac{1}{2}$亩正好相差30步。

甚至,步数为120步的田家莂也有计算错误的情况。如下简:

> 平乐丘男子黄欠,佃田七町,凡十五亩一百廿步,皆二年常限。其二亩旱不收布。定收十三亩一百廿步,为米十五斛二斗,亩收布二尺。其米十五斛二斗,五年十二月十日付仓吏孙仪毕。凡为布二丈六尺,准入米一斛五斗,五年十二月九日付吏孙仪毕。其旱田不收钱。其熟田亩收钱八十,凡为钱一千八十,准入米八斗二升,五年十月卅日付吏孙仪毕。嘉禾六年二月廿日,田户曹史张惕、赵野校。(5·166)

按定收田 13$\frac{1}{2}$亩计算,应交米 162 斗、布 270 寸、[①]钱 1 080 钱。但实际交米 152 斗、布 260 寸、钱 1 080 钱。实少交米 10 斗、布 10 寸。5·166 中虽然是分数计算,但 120 步 = $\frac{1}{2}$亩,计算程度并不复杂,却也存在计算错误。

3. 整数计算无误

田家莂中错误的简例不少,但计算无误的简例也很多。整数计算无误的简例,如:

> 下伍丘州吏严追,田三町,凡十亩,皆二年常限。旱败不收,亩收布六寸六分。凡为布六尺六寸,四年十一月九日付库吏番有。亩收钱卅七,凡为钱三百七十,四年十一月九日付库吏番有。嘉禾五年三月十日,田户经用曹史赵野、张惕、陈通校。(4·28)

[①] 凌文超先生对该简的米、布数值也有核算,参见凌文超:《〈长沙走马楼三国吴简·嘉禾吏民田家莂〉数值释文订补》,第 290 页。

329

此简中常限旱田 10 亩,应收布 66 寸、钱 370 钱,与实际所收布、钱数相吻合。

田家莂 4·28 中只有常限旱田,计算简单。再列 1 枚有多种田地的田家莂。如下:

> 利丘男子黄(?)喜(?),佃田卌町,凡一顷一十亩。其九十亩,皆二年常限。其八十亩旱,亩收布六寸六分。定收十亩,亩收米一斛二斗,为米十二斛。亩收布二尺。其廿亩余力田,亩收米四斗五升六合,为米九斛一斗二升。亩收布二尺。其米廿一斛一斗二升,四年□月一日付仓吏郑黑。凡为布二匹三丈二尺八寸,准米五斛六斗四升,四年十一月廿日付仓吏郑黑。其旱田亩收钱卅七,其熟田亩收钱七十。凡为钱五千六十钱,准米三斛一斗五合,四年十一月卅日付仓吏郑黑。嘉禾五年三月十日,田户曹史张惕、赵野、陈通校。(4·225)

黄喜家有常限熟田 10 亩、常限旱田 80 亩、余力田(实际上为余力熟田)20 亩,3 种田共 110 亩。按照各种田地应交租税的标准合算,其应交米 211.2 斗、布 1 128 寸、钱 5 060 钱。应交米、布、钱数与实际所交米、布、钱数相吻合,原始数据计算无误。布、米换算率为 1 斗米 = 2 尺布,与嘉禾四年常见的布、米换算率相同。钱、米换算率约为 1 斗米 ≈ 149 钱,与嘉禾四年常见的钱、米换算率 1 斗米 = 160 钱有一定差距。胡平生先生曾多次提及算筹错位的可能。① 按此思路,钱准米数中的"五合"可能是"五升"的错位。意即实际的钱准米数可能是 31.5 斗。若按此计算,钱米换算率则为 1 斗米 ≈ 160.6 钱,与嘉禾四年常见的钱米换算率非常接近。此简有常限熟田、常限旱

---

① 胡平生:《〈嘉禾四年吏民田家莂〉统计错误例解析》。

田、余力熟田3种性质的田地,计算较4·28复杂得多,但原始数据计算无误。即便考虑布、钱的准米情况,此简亦可视为整数计算无误的简例。

4. 分数计算无误

田家莂中定收田有步单位的都涉及分数计算。某些田家莂定收田为"X亩百廿步",这种情况一般计算无误。如下面这枚简:

> 三州丘男子谢奴,佃田十三町,凡卌三亩,皆二年常限。其廿三亩百廿步旱不收布。定收十九亩一百廿步,为米廿三斛四斗,亩收布二尺。其米廿三斛四斗,五年十二月十日付仓吏张曼、周栋。凡为布三丈九尺,准入米二斛四斗四升,五年十二月十日付吏孙仪。其旱田不收钱。其熟田亩收钱八十,凡为钱一千五百六十,五年十二月十一日付库吏潘慎、潘宗。嘉禾六年二月廿日,田户曹史张惕、赵野校。(5·9)

谢奴家田亩总数为43亩,都是二年常限田。其中旱田$23\frac{1}{2}$亩,定收田(熟田)$19\frac{1}{2}$亩。嘉禾五年旱田不收米、布、钱,只对熟田收取租税。按照熟田$19\frac{1}{2}$亩计算,谢奴家应交米234斗、布390寸、钱1 560钱。实际交米、布、钱数与此吻合。

定收田为"X亩百廿步"虽然也属于分数计算,但因$X\frac{1}{2}$的计算相对简单,所以大多没有错误。此外,也存在无法除尽的分数计算基本无误的情况。如下面这枚简:

> 下伍丘男子严追,佃田八町,凡廿一亩百卌步,皆二年常限。其十亩百六十步旱败不收布。定收十亩二百廿步,为米十

三斛一斗,亩收布二尺。其米十三斛一斗,五年十一月七日付仓吏张曼、周栋。凡为布二丈二尺,准入米一斛二斗六升,五年十一月廿日付仓吏张曼、周栋。其旱田不收钱。熟田收钱亩八十,凡为钱八百七十,五年十一月廿日付库吏潘慎。嘉禾六年二月廿日,田户曹史张惕校。(5·16)

严追家田亩总数为 $21\frac{7}{12}$ 亩,其中旱田 $10\frac{2}{3}$ 亩,定收田(熟田)$10\frac{11}{12}$ 亩。按此计算,应交米约 131 斗,布约 218.3 寸,钱约 873 钱。与实收数额相比,收米数相合,收布数多 1.7 寸,钱少 3 钱。考虑到当时可能允许存在的尾数整数化,实际收布数收整到尺单位,收钱数则去掉了尾数。若此,则此简可视为分数计算无误。需要特别注意的是,应交米数精算应为 130.999……斗,收整为 131 斗,与实际交米数吻合。可见其计算能力的精准程度。①

(二) 仓受米牍的数值计算

田家莂之外,仓受米牍中也存在数值正确和数值错误的简例。

1. 数值错误的简例

先看数值错误的简例。如下:

　　州中仓吏郭勋、马钦、张曼、周栋起正月廿一日讫廿三日受杂米九百五斛二斗四升

　　其二百九十斛二斗 四 升 税米 其三斛三斗五升 租 米 其一百九十四斛五斗四升八亿钱 米

---

① 我们曾注意到田家莂 5·661 的收米数也体现了吏员十分精准的计算能力,参见苏俊林:《〈嘉禾吏民田家莂〉所见孙吴基层吏员的舞弊手法》,第 401—402 页,注释 10。

其九十二斛九斗六升余力租米　　其六十二斛三斗田亩布贾米

其一百五十一斛六斗吏帅客限米　其卅二斛二升田亩钱准入米

其六十一斛八斗司马黄松限米

其六斛一斗五升佃帅限米

其十二斛四斗五升四六佃吏限米

其四斗私学限米

其一斛新吏限米　　　　正月廿三日故仓吏潘虑 白

（牍369）①

按各项"其"米数值合计，总米数应为908.81斛，较简文所记总数多出3.57斛。又如：

州 中 仓吏郭勋、马钦、张曼、周栋起十二月廿六日讫廿九日受五年杂米合一千七百廿七斛三斗三升

其九百八十五斛二斗税米　　其七斛佃卒限米

其 卅 四 斛私学限米

其七斛四六佃吏限米　　其一百六十四斛七斗三升田亩布米

其廿五斛佃帅限米　　其七斛四斗田亩钱准米

其十斛邮卒限米

其十一斛新吏限米　　十二月廿九日故仓吏潘虑白

（牍99+35）

---

① 本文中仓受米牍的释文及编号，俱转引自徐畅先生的《走马楼吴简竹木牍的刊布及相关研究述评》一文。

按各项"其"米的数值合计,总米数应为1 251.33斛,较简文所记总数少476斛。①

2. 数值正确的简例

仓受米牍中也有数值正确的简例。此仅举1例,如下:

  州中仓吏郭勋、马钦、张曼、周栋起正月廿三日讫廿六日受杂米三百卌八斛五斗八升
   其十七斛九斗税米   其十二斛私学限米
   其廿一斛五斗二升租米 其三斛四六佃吏限米
   其廿二斛五斗余力租米 其廿斛三斗五升田亩布米
   其二百卅二斛一斗一升八亿钱米 其十五斛七斗田亩钱米
   其三斛五斗金民限米   正月廿六日仓吏番虑白

(牍370)

按各项"其"米的数值合计,总米数应为348.58斛,与简文所记总数相吻合。

  上文所引3枚仓受米牍中的数值计算,只涉及加法运算。即便是如此简单的计算,也有数值错误的简例。简中的"白"是报告之意,报告人是故仓吏/仓吏番虑。可能牍370中漏写了"故"字,实际也是"故仓吏"。此"故吏"与史籍中的"故吏"不同,不是指某人过去的属吏,而是指曾经为国家正式吏员的意思。《居延令移甲渠迁补牒》中就有"故吏",永田英正先生认为是指"曾经做过吏,除此之外并没有任何其他意思"。② 吴简中的"故吏"与此意思相同。"故

---

① 此牍为缀合而成。分项合计总数与简文所记总数差距太大,这是否与缀合有关,有待图版公布后确认。
② 永田英正:《居延汉简研究》,张学锋译,桂林:广西师范大学出版社,2007年,第399—400页。

仓吏潘虑白",应该是故仓吏核验仓中藏米情况后进行报告。利用"故仓吏"来执行此项工作,当与故仓吏熟悉仓米的情况有关。值得注意的,3枚牍中的受米者都是州中仓吏郭勋、马钦、张曼、周栋4人,报告者都是故仓吏番虑。这就意味着,在受米者相同、核验者相同的情况下,有的数值计算错误,有的数值计算正确。

通过对田家莂和仓受米牍的例证分析可知,不论是田家莂还是仓受米牍,都有数值正确和数值错误的简例;不论是整数计算还是分数计算,都存在数值正确和数值错误的简例。某些田家莂如5·16的交米数,数值计算非常精准,说明某些吏员已经具备极高的计算能力。但就走马楼吴简数值计算的整体情况看,当时某些吏民可能确实存在计算能力欠缺的问题。此外,田家莂中不少定收田是"X亩百廿步"。粗略统计,定收田步数为120步的田家莂,嘉禾四年1件,嘉禾五年85件。① 此类田家莂中除极少数如简5·166有数值错误外,大多是数值正确,米、布、钱3项都数值无误。嘉禾五年的一些田家莂,田亩总数中有步数但定收田没有步数,步数都在旱田中。嘉禾五年旱田不交租税。即便总田亩数记有步数,但步数都划到旱田之后,纳入实际计算的田地没有步数,属于整数计算。将定收田步数定为120步,以及将田亩总数中的步数划到旱田而将定收田保留为整亩数,应有计算便利的考虑。

田家莂的收纳者和校核者都是基层吏员,缴纳者中有基层吏员(包括州吏、郡吏、县吏,以及军吏),还有州卒、郡卒、县卒,甚至还有士和复民,但主体是普通民众。仓受米牍涉及的都是基层吏员。意即,田家莂和仓受米牍涉及的对象都是基层社会中的吏民。就田

---

① 其中包含了简文中定收田亩数残缺、但依据所记米、布、钱数计算可得出定收田步数为120步的简例。如5·1 157,简文田亩数残缺,《〈長沙走馬樓三國吳簡 嘉禾吏民田家莂〉释文補正》(第104页)依据交米数补正为:"定收六亩百廿步。"

家莿和仓受米牍中的数值计算情况看,孙吴时期虽不乏计算精准者,但基层吏民的数值计算能力有整体偏低的倾向。当然,吴简中复杂的数值计算情况,不全是吏民计算能力的问题,也掺杂着基层吏员的舞弊行为。

三、数学理论的发达与数学教育的欠缺

数值计算涉及吏民的计算能力。前引《三国志》中,顾谭"每省簿书,未尝下筹,徒屈指心计",凭心算就能发现其中的错误,可见他的计算能力很高。孙吴时期基层吏民的计算能力如何,值得我们关注。就社会层面而言,基层吏民的计算能力,既与当时数学理论的发展状况有关,更与社会中的数学教育有关。

(一)高度发达的数学理论

作为中国早期的数学文献,广为人知的当属《九章算术》(刘徽注本《九章算术注》)。《九章算术》虽成书于1世纪前后,①但据刘徽《九章算术注序》可知,西汉张苍、耿寿昌等都曾对《九章算术》进行过"删补"。② 不过,《九章算术》并未见于《汉书·艺文志》。《汉书·艺文志》中载有两种以"算术"命名的文献,分别为《许商算

---

① 杜石然先生认为《九章算术》"大约成书于公元后一世纪",郭书春先生认为"成书于东汉初年"。分别参见:杜石然:《传统数学和中国社会》,《自然辩证法通讯》1984年第5期;郭书春:《中国古代数学与封建社会刍议》,《科学、技术与辩证法》1985年第2期。
② 李继闵:《刘徽〈九章算术注〉原序》,《九章算术校证》,西安:陕西科学技术出版社,1993年,第125—126页。

术》,二十六卷;《杜忠算术》,十六卷。① 汉代不多的数学文献中,流传最广的应是刘徽所注的《九章算术》。关于《九章算术》的学术地位,学者曾给予高度评价,认为"它所确立的数学框架,它的数学成就、体例和特点影响了中国和东方传统数学的始终""它的主体部分和主要成就是在先秦完成的,超前其他文化传统的数学几个世纪甚至上千年"。② 对于《九章算术》的数学成就,人们应无多大异议。《九章算术》的存在,表明我国数学在两汉之际已经达到非常高的理论水平。

传世文献之外,出土简牍中也出现了数种数学文献,如北京大学藏秦简《算书》、③岳麓书院藏秦简《数》、④张家山汉简《算数书》、⑤睡虎地汉简《算术》、⑥阜阳双古堆汉简《算数书》。⑦ 这几种数学文献大多以问题集的形式,记载与实际生活相关的算题。岳麓书院藏秦简《数》、张家山汉简《算数书》等数学文献的内容,与《九章算术》极为相似。

从先秦、秦汉到三国,中国传统数学中出现了多种版本的数学文献。这些数学文献以算题等形式,记载了丰富的数学理论和算术

---

① 《汉书》卷30《艺文志》,北京:中华书局,1962年,第1766页。
② 郭书春:《汇校九章算术·增补版前言》,沈阳:辽宁教育出版社,2004年,第3页。
③ 北京大学出土文献研究所(朱凤瀚、韩巍、陈侃理执笔):《北京大学藏秦简牍概述》,《文物》2012年第6期。
④ 朱汉民、陈松长主编:《岳麓书院藏秦简(贰)》,上海:上海辞书出版社,2011年。另,肖灿先生对《数》有专门研究,参见肖灿:《岳麓书院藏秦简〈数〉研究》,北京:中国社会科学出版社,2015年。
⑤ 张家山二四七号汉墓竹简整理小组:《张家山汉墓竹简[二四七号墓]》(释文修订本),北京:文物出版社,2006年,第129—157页。
⑥ 湖北省文物考古研究所、云梦县博物馆:《湖北云梦睡虎地M77发掘简报》,《江汉考古》2008年第4期。
⑦ 胡平生:《阜阳双古堆汉简数术书简论》,中国文物研究所编:《出土文献研究》(第4辑),北京:中华书局,1998年,第12—30页。

知识。据这些数学文献的内容可知,到三国时期,数学理论已经高度发达,处于非常高的水平。

(二)极为欠缺的(算术)数学教育

先秦时期,受教育是贵族享有的特权。此时教育的主要内容是"六艺"。《周礼·地官·司徒》载:"保氏掌谏王恶。而养国子以道:乃教之六艺,一曰五礼,二曰六乐,三曰五射,四曰五驭,五曰六书,六曰九数。"①"六艺"即礼、乐、射、御、书、数。② 数虽为"六艺"之一,但并不受重视。有学者指出,大约从孔子时代开始,教授内容从六艺变为六经,从"技能的教授变为经典的教授",数等实用科目"在孔子的新定课程中便不居重要(或不可少)的地位了"。③ 教育虽然走向民间,但教育内容已发生很大变化。先秦时期,学术以诸子学说为主。《论六家要旨》曾言:"《易大传》:'天下一致而百虑,同归而殊途。'夫阴阳、儒、墨、名、法、道德,此务为治者也,直所从言之异路,有省不省耳。"④诸子学说虽杂,但多以"为治"为立论宗旨,主要为国家和社会理论,甚少涉及数学教育。

到了汉代,数学教育的状况并未得到多大改善。汉武帝在中央设太学,地方设郡国学,立博士官与郡文学来教授。关于太学,董仲舒曾上书言:

> 夫不素养士而欲求贤,譬犹不琢玉而求文采也。故养士之

---

① 孙诒让撰,王文锦、陈玉霞点校:《周礼正义》,北京:中华书局,1987年,第1010页。
② 也有说法认为"六艺"即指六经,为《易》《书》《诗》《礼》《乐》《春秋》这六种儒家经典。参见《汉书·艺文志》相关内容及颜师古的注。但现在一般认为,教育领域的"六艺"指礼、乐、射、御、书、数。
③ 张东荪:《思想与社会》,沈阳:辽宁教育出版社,1998年,第112页。
④ 司马迁:《史记》卷130《太史公自序》,北京:中华书局,1982年,第3288—3289页。

> 大者,莫大乎太学;太学者,贤士之所关也,教化之本原也。今以一郡一国之众,对亡应书者,是王道往往而绝也。臣愿陛下兴太学,置明师,以养天下之士,数考问以尽其材,则英俊宜可得矣。①

太学的职责主要在于教化和养贤。有学者指出:"太学实际上是一所儒学专门学校,所传授的知识是单一的儒学经典。"②此说或有武断之嫌,但数学教育不是太学的职责所在亦很明显。两汉博士以经学博士为主,没有算术或数学方面的博士。已有学者注意到:"因为其(郡文学)职为教授学生,故皆以明经者为之。"③严耕望先生考察"郡县学官",认为学官多文学、祭酒,"至于教学科目,郡文学既明经,而掾师或有五经之别,则五经自为学官中之主要科目"。④郡的学官以五经为主要教授科目,县的学官亦应如此。太学、郡县学官的教授者多为儒学之士,教授内容也以儒学为主。

官学中数学教育不受重视,私学中的数学教育可能也只占极小部分。有学者专门对中国古代私学中的数学教育进行考察,认为:"数学教育成为(汉代)经学教育的内容,得到延续和发展,这时,私学中的数学教育,一是私家传授历算,如张苍就曾私授历算学;二是传授卜筮者,也都传授一些数学知识;三是授经者,一般是名儒、经学大师才能办授经的私学,同时讲授有关的数学知识;四是启蒙的小学,应有'算术'的内容。"⑤虽然不能完全否定这种推论,但此类

---

① 班固:《汉书》卷65《董仲舒传》,第2512页。
② 孙培青主编:《中国教育史》,上海:华东师范大学出版社,2008年,第110页。
③ 安作璋、熊铁基:《秦汉官制史稿》,济南:齐鲁书社,2007年,第627页。
④ 严耕望:《中国地方行政制度史 秦汉地方行政制度》,上海:上海古籍出版社,2007年,第252—256页。
⑤ 付海伦:《论中国古代私学中的数学教育》,《湖南师范大学社会科学学报》1994年第4期。

教授的程度如何让人怀疑。历算确实要求非常高水平的计算能力，历算学中传授算术应当可信。① 但张家山汉简《二年律令·史律》的相关规定中，卜学童的考课并不涉及算术（详后）。卜筮、儒学特别是讲究"义利之辨"的儒学，能教授多少算术之学颇让人怀疑。

不仅如此，学算术者也很难为官。秦汉入仕途径多样，三国时期多有沿袭。虽然仕进途径多样，但学界大致认为，秦重军功，汉则重察举和征辟。察举的科目，主要有孝廉、茂才、贤良方正、贤良文学、明经、明法、至孝、有道、敦厚、尤异、治剧、勇猛知兵法、明阴阳灾异等。② 这些科目与算术几乎毫不相干。被征辟者多是地方有声望的人。他们中或许不乏善算之人，但个人声望的建立以德行、学识为主，没有人因善算而成为名士，进而被征召为官。无论秦汉还是三国，算术都不是入仕的重要途径。至于如桑弘羊、梁丘贺等以"心计"入仕者，③在两汉三国时期都是极为少见的特例。尹湾汉简中有"用筹佐"，④是非常少见的与算术有关的职官。但仅设于太守府和都尉府，各1人，县、乡未见设置。秦汉时候有负责数据计算事务的官吏，从西汉后期开始这些官吏逐步专职化，东汉三国有所扩大。⑤但整体上负责计算的官吏数量有限，也未见将算术作为明确的入仕

---

① 《汉书》卷21上《律历志上》载："夫推历生律制器，规圜矩方，权重衡平，准绳嘉量，探赜索隐，钩深致远，莫不用焉。度长短者不失豪厘，量多少者不失圭撮，权轻重者不失黍絫。纪于一，协于十，长于百，大于千，衍于万，其法在算术。"（第956页）
② 黄留珠：《秦汉仕进制度》，西安：西北大学出版社，1985年，第81—199页。
③ 《汉书》卷24下《食货志下》："（桑）弘羊，洛阳贾人之子，以心计，年十三侍中。"（第1164页）《汉书》卷88《儒林传》："梁丘贺字长翁，琅邪诸人也。以能心计，为武骑。"（第3600页）颜师古注桑弘羊"心计"条曰："不用算筹。"即今日的心算。
④ 连云港市博物馆、东海县博物馆、中国社会科学院简帛研究中心、中国文物研究所编：《尹湾汉墓简牍》，北京：中华书局，1997年，第79页。
⑤ 详见苏俊林：《国家政务的数据化记载与秦汉基层官吏的选任》，待刊稿。

途径。学习算术者难以凭此入仕为官,也就难以改变自己的社会地位。① 此种情况也将影响算术等数学教育的发展。

秦汉三国时期数学理论已经取得很高的成就,但这并不表示整个社会的计算能力会因此得到普遍提高。发达的数学理论转化为个人的计算能力,需要社会教育的普及以及个人学习的努力。秦汉时期,(算术)数学教育可能曾是官学甚至可能也是私学的教育内容之一,但只是其中极小部分,甚至是历算等其他教育的"副产品"。在两汉教育日渐经学化、儒学化,整个社会日渐道德化的背景之下,(算术)数学教育可能会日渐衰落。对于普通民众而言,出于生计压力等原因,能识字已是万幸,遑论更为复杂的算术学习了。汉灵帝光和七年(184)黄巾事起后,社会长期陷于动荡,基层吏民逃乱、保命尚且不及,更妄论算术学习了。到了三国孙吴时期,尚处乱世的基层吏民欠缺计算能力,也就可想而知。

四、两汉以来轻视算术的社会传统

吴简中的数值计算状况,除了与社会轻视(算术)数学教育、吏民缺乏计算能力有关外,可能还与两汉以来轻视算术能力的社会传统密切相关。

东汉杨终曾言:"礼制,人君之子年八岁,为置少傅,教之书计,以开其明;十五置太傅,教之经典,以道其志。"②注引《礼记·内则

---

① 唐朝科举制中曾设有明字科、明算科,虽并不受重视,但应较秦汉三国时期要好许多。
② 范晔:《后汉书》卷48《杨终列传》,北京:中华书局点校本,1965年,第1599—1600页。

篇》言:"十年出就外傅,居宿于外学书计。"到了一定年龄的学童都应接受算术教育。西汉董偃曾养于馆陶公主家,"因留第中,教书计相马御射,颇读传记"。① 颜师古注曰:"计谓用算也。"董偃曾受算术教育。《后汉书·皇后纪》载:"太后自入宫掖,从曹大家受经书,兼天文、算数。"②宫女接受算术教育。三国时期蜀国李譔也曾接受算术教育。③ 秦汉三国时期,不仅有受过算术教育的人,还有一些善算之人。《汉书·沟洫志》载:"(许)商、(乘马)延年皆明计算,能商功利。"④此外,善算之人还有耿寿昌、⑤冯勤"八岁善计",⑥马续"善《九章算术》",⑦郑玄"善算",⑧王粲"性善算",⑨历算者李修、夏显、刘洪等也都善于计算,⑩等等。甚至善算如何只者,"使人投算,(何)只听其读而心计之,不差升合,其精如此"。⑪ 至于如"能书会计"的王美人,⑫"能计算"的陈炽等,⑬两汉时期应有不少。

---

① 班固:《汉书》卷65《东方朔传》,第2853页。
② 范晔:《后汉书》卷10《皇后纪》,第424页。
③ 陈寿:《三国志》卷42《蜀书·李譔传》,第1026—1027页。
④ 班固:《汉书》卷29《沟洫志》,第1689页。《汉书·艺文志》载有《许商算术》,此两许商或为同一人。
⑤《汉书》卷24上《食货志上》:"时大司农中丞耿寿昌以善为算能商功利得幸于上。"(第1141页)
⑥ 范晔:《后汉书》卷26《冯勤列传》,第909页。
⑦ 范晔:《后汉书》卷24《马援列传》,第862页。
⑧ 范晔:《后汉书》卷35《郑玄列传》,第1207页。
⑨ 陈寿:《三国志》卷21《魏书·王粲传》,第599页。
⑩《后汉书》志2《律历中》注引杜预《长历》载:"余为《历论》之后,至咸宁中,善算李修、夏显,依论体为术,名《乾度历》,表上朝廷。"(第3032页)同《志》注引《袁山松书》载:"(刘)洪善算。"(第3043页)
⑪ 陈寿:《三国志》卷41《蜀书·杨洪传》注引《益部耆旧传·杂记》,第1015页。
⑫《后汉书》卷10上《皇后纪上》:"(王)美人丰姿色,聪敏有才明,能书会计,以良家子应法相选入掖庭。"(第450页)"会计"者,注曰"总会其数而算"。
⑬《三国志》卷47《吴书·吴主传》注引《吴书》:"(陈化)长子炽,字公熙,少有志操,能计算。"(第1132页)

秦汉三国时期，虽有不少人接受过算术教育，也有不少"能计算""善算"之人，但在拥有数千万人口的时代，他们只是极少数的存在。管见所及，秦汉三国时期，某人学习算术或者关于某人算术能力的史料并不多见。就更大范围看，轻视算术能力可能是整个社会的传统。轻视算术社会传统的表现之一，是学童考课不考算术。《汉书·艺文志》载：

> 汉兴，萧何草律，亦著其法，曰："太史试学童，能讽书九千字以上，乃得为史。又以六体试之，课最者以为尚书御史史书令史。吏民上书，字或不正，辄举劾。"①

张家山汉简也有类似规定，见于《二年律令·史律》。② 具体内容如下：

> 史、卜子年十七岁学。史、卜、祝学童学三岁，学佴将诣大史、大卜、大祝，郡史学童诣其守，皆会八月朔日试之。
>
> 试史学童以十五篇，能风（讽）书五千字以上，乃得为史。有（又）以膽（体）试之，郡移其八膽（体）课大史，大史诵课，取寂（最）一人以为其县令史，殿者勿以为史。三岁壹并课，取寂（最）一人以为尚书卒史。
>
> 卜学童能风（讽）书史书三千字，诵卜书三千字，卜六发中一以上，乃得为卜，以为官□。其能诵三万以上者，以为卜上计六更。缺，试修法，以六发中三以上者补之。
>
> 以祝十四章试祝学童，能诵七千言以上者，乃得为祝，五

---

① 班固：《汉书》卷30《艺文志》，第1720—1721页。
② 广濑熏雄先生认为此律不是《史律》，而应是《尉律》。杨振红先生也赞成此说法。二人观点可参见杨振红：《出土简牍与秦汉社会》（续编），桂林：广西师范大学出版社，2015年，第111页。

更。大祝试祝,善祝、明祠事者,以为冗祝,冗之。不入史、卜、祝者,罚金四两,学佴二两。①

史学童、卜学童和祝学童的考课内容并不完全相同,诵书是三者的共同要求,即都要求识字。史学童还要求"以八体试之",即要求具备一定的书写能力。《汉书·艺文志》和《二年律令·史律》关于史学童的要求,前者为"能讽书九千字以上",后者为"能风(讽)书五千字以上",差距悬殊。但前者是"以六体试之",后者是"以八体试之",要求掌握的字体增多了。到了东汉中期,识字数量和字体要求又有变化。《说文解字·叙》载:

> 尉律:"学僮十七以上始试。讽[籀]②书九千字,乃得为吏〈史〉。又以八体试之。郡移太史并课。最者以为尚书史。书或不正,辄举劾之。"③

东汉中期,官府对学童的学习要求,综合了《艺文志》的识字数量要求和《二年律令》的字体数量要求,整体要求有所增加。更为值得注意的是,不论是《艺文志》还是《二年律令·史律》,不论是西汉初年还是东汉中期,学童的考课内容主要在于识字和字体书写,都未对算术能力提出要求。虽然不能据此断定这些学童算术能力都很差,但不将算术列为学童的考课内容,至少表明当时存在轻视算术能力的社会现象。

　　轻视算术的社会传统,还表现在算术能力在选官要求中的消

---

① 张家山二四七号汉墓竹简整理小组编:《张家山汉墓竹简[二四七号墓]》(释文修订本),第80—81页。
② 日本学者籾山明先生认为,此"籀"字为衍文,可从。参见籾山明:《漢帝国と辺境社会——長城の風景(増補新版)》,千叶:志学社,2021年,第242页。
③ 许慎:《说文解字(附检字)》,北京:中华书局影印清陈昌治刻本,1963年,第315页上。

退。"计会"曾是选官的重要要求,但这种要求似乎不具有普遍性,甚至后来从官吏选任要求中消失。居延新简《苍颉篇》中言:"苍颉作书,以教后嗣。幼子承昭(诏),谨慎敬戒。勉力风诵,昼夜勿置。苟务成史,计会辨治。超等轶群,出尤别异。(E.PT50:1A)"①依其所言,"计会"是对那些希望成为"史"的人的要求。对于那些不想成为"史"的人,"计会"可能并非必不可少的能力要求。到了三国时期,"会计"似乎不再是选官标准的要求。吴简记载:

> 私学弟子攸县广阳乡区小年廿五,能书画。(牍·197)
> 模乡劝农掾钼霸叩头死罪白:被辛丑书曰:发遣州所举私学陈风……风本乡常领正户民,岁岁随官调役,又不晓书画,愿曹列言府,留风复民役。(牍·223)②

对于这些堪称"官吏后备军"的私学和私学弟子,能否"书画"是重要的能力要求,但都没有提到"会计"的要求。秦汉时期"能书会计"的官吏选任要求,可能已经被"能书画"的能力要求所取代。③ 选官要求的这种变化,既是社会轻视算术能力的表现,也会推动轻视算术的社会传统向前发展。

轻视算术社会传统的又一表现,是某些史书中也有数值错误。尚新丽先生在对西汉人口问题进行研究时,已经注意到《汉书·地理志》所记户口数值有抵牾现象,其说道:

---

① 甘肃省文物考古研究所、甘肃省博物馆、文化部古文献研究室、中国社会科学院历史研究所编:《居延新简——甲渠候官与第四燧》,北京:文物出版社,1990年,第151页。
② 释文引自王素:《长沙走马楼三国吴简时代特征新论》,《文物》2015年第12期,第70页注释50。
③ 选官标准的变化,详见苏俊林:《国家政务的数据化记载与秦汉基层官吏的选任》,待刊稿。

《汉书·地理志》所记载的总户数是 12 233 062，总口数是 59 594 978，史称汉之极盛。但这个数字与《地理志》所载 103 个郡国户口逐一相加所得数出入较大。经重新合计，户数是 12 356 470，口数是 57 671 402，比原书所载总数多 123 408 户，少 1 923 576 口。为什么会出现这种现象呢？可能是原书合计错误或抄写错误。①

错误原因尚且不论，但《汉书·地理志》中的户口数值记载有误则是肯定的。其实，不仅《汉书·地理志》的户口数值有误，《续汉书·郡国志》的户口数值也可能有误。有学者注意到《续汉书·郡国志》所记东汉户口数目存有谬误，玄菟郡户数记载错误的可能性很大，辽东郡的口数、户数存在记载失实的可能性。② 即便不考虑没有登录户口的情况，两汉史书所载的户口数值也存在错误。

还有一种文献的数值也值得注意。《汉书·艺文志》详细记载了书籍的种类、家数、篇（卷）数等，班固曾分种、略进行分类合计，最后对六略的数目进行了总计。有学者对各项统计数字重新核算。就核算结果看，不论是分类合计还是最后的总计，都与《汉书·艺文志》的统计数字不尽相同，各种文献在家数、篇（卷）数上统计数字不合的情况并不少。③ 此外，书目统计数字存在问题的现象，《隋书·经籍志》中也有存在。已有学者注意到《隋书·经籍志》的统计数字

---

① 尚新丽：《西汉人口问题研究》，北京：线装书局，2008 年，第 39 页。
② 王海：《〈续汉书·郡国志〉户口数谬误辨析》，《湖南科技学院学报》2008 年第 7 期。另外，陶元珍先生认为《续汉书·郡国志》注引的《帝王世纪》中户均人口过低，故而不可信；高敏先生则认为是有错字。二者观点可参见高敏：《关于东汉魏晋南北朝时期人口数字的几个疑问及试解》，《魏晋南北朝社会经济史探讨》，北京：人民出版社，1987 年，第 351—353 页。该文中高氏对魏晋南北朝时期的人口数字也有考察，亦可参阅。
③ 施丁主编：《汉书新注》，西安：三秦出版社，1994 年，第 1247—1308 页。

与实际著录的数目不符,对其进行了重新统计。①

社会教育不重视算术等数学教育,学童考课也不考算术,选官要求中算术能力要求的消退,史书中的数值统计错误等,都足以说明当时社会上广泛存在着轻视算术能力的现象。这种现象会逐渐形成一种轻视算术能力的社会传统,并随着社会教育的儒学化、经学化和社会的道德化而日渐强固。日渐强固的轻视算术能力的社会传统,将极大阻碍整个社会算术水平的提高,进而影响日常生活中计算的准确性。班固等史家的著述中都存在计算错误。有学识的史家尚且如此,更毋论基层社会的吏民了。② 由此可以想象,在此社会传统之下,淡薄的算术意识和薄弱的算术能力到了何种地步。

五、自学:基层社会的教育途径

秦汉三国时期并不重视算术等数学教育,存在着轻视算术能力

---

① 顾宏义:《〈隋书经籍志〉究竟收录多少书》,《江苏图书馆学报》1988 年第 4—5 期;王炜民:《〈隋书·经籍志〉著录书目考》,《阴山学刊》(社科版)1991 年第 1 期;黄槐能:《〈隋书·经籍志〉著录数量旧说指误》,《江苏图书馆学报》1997 年第 6 期。

② 松柏汉墓第 47 号木牍"南郡卒更簿"中记有南郡各县的卒、更数目以及总数,但学者发现其中存在数字错误现象,或是各县数字有误,或是合算数字有误,不一而足。分别参见:彭浩:《读松柏出土的四枚西汉木牍》,武汉大学简帛研究中心主办:《简帛》(第 4 辑),上海:上海古籍出版社,2009 年,第 333—344 页;广濑熏雄:《论松柏 1 号墓出土的记更数的木牍》,复旦大学出土文献与古文字研究中心网站,2009 年 10 月 7 日;陈伟:《简牍资料所见西汉前期的"卒更"》,《中国史研究》2010 年第 3 期,第 23—35 页;杨振红:《松柏西汉墓簿籍牍考释》,《南都学坛》2010 年第 5 期,该文后收入氏著《出土简牍与秦汉社会(续编)》,第 223—242 页;张金光:《说秦汉徭役制度中的"更"——汉牍〈南郡卒编更簿〉小记》,《鲁东大学学报》(哲学社科版)2011 年第 2 期。其他簿籍已有数据错误情况,不一一列举。

的社会传统。不过,也确实存在一些善算之人。甚至,算术还作为一种能力而写入官吏的考课文书。居延汉简的考课文书中有"能书会计"的记载,如下:

> 肩水候官并山燧长公乘司马成,中劳二岁八月十四日。能书会计,治官民颇知律令,武,年卅二岁长七尺五寸。觻得成汉里,家去官六百里。(合校 13·7)①

有学者认为,"能书会计"是基层吏员重要的考课标准。②"能书会计"包括"能书""能会计"两项能力。③"能书"指能书写,书写内容不限于写字,可能还包括书写文书。"能书会计"成为吏员的考课内容,正好与《苍颉篇》中"苟务成史,计会辨治"的记载相吻合。但是,前言官学几乎不教授算术,史学童等的应试也对算术不作要求,此时却将"会计"作为考课内容。张家山汉简《二年律令·史律》中有史、卜、祝三种学童,但学童的来源有规定。睡虎地秦简《秦律十八种·内史杂》载:"非史子殹(也),毋敢学学室,犯令者有罪。"④《二年律令·史律》也载:"史、卜子年十七岁学。"⑤社会普通民众难以通过此途径入学。那么,这些基层吏员在哪儿学的算术?

我们认为,基层民众的算术能力可能主要来自自学。出土简牍中已

---

① 谢桂华、李均明、朱国炤编:《居延汉简释文合校》,北京:文物出版社,1987年,第21页。
② 王春淑:《居延简候燧会计文书考论》,《四川师范大学学报》(社会科学版)2003年第6期。
③ 此处的断读承蒙凌文超先生提示。
④ 睡虎地秦墓竹简整理小组编:《睡虎地秦墓竹简》,北京:文物出版社,1990年,第63页。
⑤ 张家山二四七号汉墓竹简整理小组编:《张家山汉墓竹简[二四七号墓]》(释文修订本),第80页。

经发现了清华大学藏战国简《算表》、①里耶秦简"九九表"、②北京大学藏秦简牍"九九表"、③张家界汉简"九九表"、④以及西北汉简"九九表"等。⑤ 这些实用的运算工具,可能正是基层吏员平日学习算术所用之物。"九九表"这种较为简单的运算工具似乎流传更广,而相对"高级"的《算表》则较为少见。这可能与基层吏员的计算需求有关。若要学习更多的数学知识,则需要使用北大秦简《算书》、岳麓秦简《数》、张家山汉简《算数书》、睡虎地汉简《算术》,以及《九章算术》等数学书。

对于基层吏民而言,不仅算术多为自学,可能识字和书写也多为自学。敦煌汉简、尼雅汉文木简、居延汉简、居延新简、玉门花海汉简、敦煌马圈湾汉简、阜阳汉简、永昌水泉子汉简、北大西汉简等出土的《苍颉篇》《急就篇》等字书,⑥当为基层吏员平日识字所用。另外,里耶秦简、⑦居延汉简、⑧长沙五一广场东汉简、⑨长沙东牌楼

---

① 清华大学出土文献研究与保护中心编、李学勤主编:《清华大学藏战国竹简(肆)》,上海:中西书局,2013年,第135—148页。
② 陈伟主编:《里耶秦简牍校释》(第1卷),武汉:武汉大学出版社,2012年,第17页。
③ 北京大学出土文献研究所(朱凤瀚、韩巍、陈侃理执笔):《北京大学藏秦简牍概述》。
④ 湖南省文物考古研究所、中国文物研究所:《湖南张家界古人堤遗址与出土简牍概述》,《中国历史文物》2003年第2期。
⑤ 原出自王国维先生的《流沙坠简》、劳干先生的《居延汉简考释》《居延汉简甲编》等。本文转引自:王焕林:《里耶秦简九九表初探》,《吉首大学学报》(社科版)2006年第1期。
⑥ 出土情况参考了郭海燕先生的《汉代考古发现中的〈苍颉篇〉、〈急就篇〉表》。参见郭海燕:《汉代平民教育研究》,山东大学博士学位论文,2011年,第92页。
⑦ 里耶秦简某些简或简背为习字所用,如简6-1背,详见陈伟主编:《里耶秦简牍校释》(第1卷),武第17页。
⑧ 沈刚先生对居延汉简中的"习字简"有过专门研究,参见沈刚:《居延汉简中的习字简述略》,《古籍整理研究学刊》2006年第1期。
⑨ 整理者认为长沙五一广场东汉简牍中的封检CWJ1③:206-1"为用于习字的废件"。参见长沙市文物考古研究所等编:《长沙五一广场东汉简牍选释》,上海:中西书局,2015年,第182页。

东汉简、①郴州苏仙桥吴简等出土简牍中,②都出土有习字简。它们应是基层吏员平日练习写字所用。甚至有学者认为,简牍中的"觚"就是习字用的书写材料。③字书和习字简的出土,说明当时不乏通过自学来提高自己识字和书写能力的基层吏员。

《汉书·食货志》载:"八岁入小学,学六甲五方书计之事,始知室家长幼之节。十五入大学,学先圣礼乐,而知朝廷君臣之礼。"④"计"为计算之意。即8岁开始学习算术。但是,这条记录是"先王制土处民富而教之之大略",⑤汉代是否依然如此难以断定。即便汉代仍然存在这样的规定,执行起来可能也差强人意。或者所学极为肤浅。试想,如果8岁开始能学到较多的算术知识,何至于在十余年甚至数十年之后,还将九九表随身带至官署,甚至死后也用其陪葬?王子今先生对居延汉简中的字书和九九表进行分析后认为:"这些成年士卒确实在应用蒙学课本在提高自己的文化素质。""当时在戍守西北边防的军队中,这些教材承担了成人扫盲和进行初级文化培训的作用。"⑥出土于私人墓穴(多为郡县属吏)和官署遗址的字书、习字简、九九表和数学书等,正说明当时基层吏民的识字、书写和计算能力普遍低下,所以才有经常使用它们进行自学的需要。

---

① 王素先生曾说:"第四大类为习字。共一九件,约占全部简牍的十一分之一。"参见王素:《长沙东牌楼东汉简牍概述》,长沙市文物考古研究所、中国文物研究所编:《长沙东牌楼东汉简牍》,北京:文物出版社,2006年,第74页。
② 湖南省文物考古研究所、郴州市文物处:《湖南郴州苏仙桥J4 三国吴简》,中国文物研究所编:《出土文献研究》(第7辑),上海:上海古籍出版社,2005年,第152—168页。
③ 王伦信:《"觚"与简牍时代的习字材料》,《基础教育》2011年第6期;籾山明:《漢帝国と辺境社会——長城の風景(増補新版)》,第234—239页。
④ 班固:《汉书》卷24上《食货志》上,第1122页。
⑤ 班固:《汉书》卷24上《食货志》上,第1123页。
⑥ 王子今:《两汉童蒙教育》,《史学集刊》2007年第3期。

走马楼吴简中尚未见到九九表、数学书,也尚未见到字书和习字简。不过,郴州苏仙桥吴简中有习字简。同批简中出现了"赤乌"年号,赤乌为孙权时期"嘉禾"之后的年号。苏仙桥吴简的年代与走马楼吴简的年代接近。这就意味着,在离长沙郡不远的桂阳郡,在时间接近于走马楼吴简的时代里,仍有官府吏员在练习书写能力。考虑到走马楼吴简所反映出的数值计算情况,说孙吴时期基层吏民的识字、书写与计算等文化素养较为低下,应能成立。

六、余 论

走马楼吴简中的数值计算问题较多,这与数学教育极为欠缺有很大关联。轻视算术能力的社会传统,也会对此产生影响。对于基层社会的吏民而言,自学是他们接受识字、书写与计算等文化教育的主要途径。秦汉孙吴时期,基层社会的文化程度整体偏低。

走马楼吴简中有"私学"。学界关于"私学"身份的研究较多,凌文超先生认为私学是国家承认的、在服役的同时跟随私人学习知识技能、将来可能被选任为吏的人。① 可能较为切合实情。于振波先生曾对私学的籍贯进行统计,能确定籍贯的 21 例私学中,标明"长沙"的有 13 例,"临湘"3 例,"罗"1 例,武陵郡、南郡、南阳郡、汝南郡各 1 例。② 孙吴治下的长沙等郡县,虽然有吏民在学习各种文化知识,但人数并不多。另外,我们也不能对私学在算术能力方面抱有

---

① 凌文超:《走马楼吴简举私学簿整理与研究——兼论孙吴的占募》,《文史》2014 年第 2 期,第 37—71 页。
② 于振波:《走马楼吴简所见临湘县流动人口》,杨振红、邬文玲主编:《简帛研究 2015》(秋冬卷),桂林:广西师范大学出版社,2015 年,第 163—181 页。此时尚未出版的吴简[捌]也有私学资料,但不影响整体判断。

过多期望,如前所述,他们的学习内容主要在于识字、书写,算术并不是他们学习的重点。

孙吴为了维护自己的统治,曾设有负责校核文书的专职吏员。不过,这些吏员并没有发挥其应有的功效,田家莂的数值记录依然错误百出。这反映出孙吴时期基层吏治弊端丛生的现状。① 但是,即便田家莂中错误百出,某些错误很不可思议(如 1 亩也有数值错误),吏民依然选择了如数缴纳。此种状况的出现,除了考虑当时基层吏民计算能力低下的因素外,也应考虑他们在乱世中选择暂时容忍以换取安定生活的可能性。专制政权之下,即便面对官吏的腐败,民众也没有更多选择的余地。孙吴时期的民众,除了少数人叛逃之外,②绝大多数都选择了忍耐。当然,身处乱世的孙吴民众,即便想学习识字、书写与计算,不少人可能也没有这样的条件。

作者单位:西南大学历史文化学院

附记:本文曾提交"湖南简——古代中国研究青年学者研习会(十二)"(湖南大学,2016 年 6 月 25—26 日)和"纪念长沙走马楼三国吴简出土 20 周年长沙简帛研究国际学术研讨会"(长沙简牍博物馆承办,2016 年 8 月 26—29 日),先后承蒙与会学者邹水杰先生、

---

① 关于孙吴前期基层吏治的状况,可参见苏俊林:《孙吴政治格局的初步形成——从孙吴前期的文书错误现象说起》,徐希平主编:《长江流域区域文化的交融与发展(第二届巴蜀湖湘文化论坛论文集)》,成都:四川大学出版社,2014 年,第 445—457 页。

② 走马楼吴简中有很多叛逃记录,学者已有论述,详见:黎石生:《长沙市走马楼出土"叛走"简探讨》,《考古》2003 年第 5 期;沈刚:《长沙走马楼三国竹简研究》,北京:社会科学文献出版社,2013 年,第 31—39 页;凌文超:《走马楼吴简采集簿书整理与研究》,桂林:广西师范大学出版社,2015 年,第 154—169 页;周俊能:《走马楼吴简"叛走"考释》,《南京晓庄学院学报》2012 年第 2 期。

王勇先生、杨芬先生、熊曲先生、罗小华先生、李斯先生、游逸飞先生、李洪财先生、欧扬先生、周海锋先生以及王子今先生、高凯先生及业师于振波先生和卜宪群先生等提出宝贵意见。参考诸位先生的意见，对文章进行了修改。特此感谢。然文责自负。

  补记：本文原题《孙吴吏民的数值计算与基层社会的数学教育——以走马楼吴简为中心》，载于长沙简牍博物馆编：《长沙简帛研究国际学术研讨会论文集》，上海：中西书局，2017年，第327—347页。本次收入时修改了题目，内容也有所增改。文章初次发表后，戴卫红先生发表了《中日韩出土九九表简牍及其基层社会的数学学习》(《简帛研究二〇二一春夏卷》，桂林：广西师范大学出版社，2021年，第343—387页)一文，也涉及基层社会的教育问题，可与本文相互参阅。

均田制下唐代住宅用地的分配
——以敦煌吐鲁番文书为中心*

孙 宁

摘 要：唐代居住园宅属于一种独立的土地类型，敦煌吐鲁番户籍文书集中揭示了唐代住宅用地的分配。"居住园宅"通常包含在编户民的应受田额内，被授予居住园宅者一并计入已受田内，但各户的应受田与未受田并不区分永业、口分与园宅。沙州敦煌县居民享受着法定的1亩（240步）居住园宅，而西州各县居民享有40步或70步。这种差异与各州县的土地资源、居住乡俗息息相关。鉴于宅地的平面型与宅舍的立体型，唐代保护逃户住宅（一般田宅并称）的律令、诏敕不仅仅保护房舍建筑物，也保护宅地不被他人侵占、宅地用途不被篡改。因此，任何形式的土地授受都务必保证"居者有其屋"。

关键词：居住园宅 授受标准 宅地特性 唐代

田、宅并称是古来成规，如《孟子·梁惠王上》谓："五亩之宅，

---

* 国家社科基金青年项目"唐五代户籍编造研究"（15CZS004）阶段性成果。

树之以桑,五十者可以衣帛矣;鸡豚狗彘之畜,无失其时,七十者可以食肉矣;百亩之田,勿夺其时,数口之家,可以无饥矣。"可见,儒家的政治理想十分认可田宅作为编户民生产生活的基本资料,但这与思想流派的关系不大,其毕竟是国家治理所亟须解决的问题。睡虎地秦简《封诊式》所附《户律》明确界定了"田宅"与"立户"的紧密关系。① 张家山汉简《二年律令·户律》也揭示户口的成立离不开田宅因素,同时规定了汉人住宅的标准面积:"宅之大方卅步。"并以二十等爵制为基础分配住宅用地,额度自 105 宅至 1.5 宅不等,而公卒、士伍与庶人享有 1 宅大小的住宅面积,至于司寇、隐官可拥有 0.5 宅。② 作为目前最早的纸本户籍——《前秦建元二十年(384)三月高昌郡高宁县都乡安邑里籍》,其中崔奇与某甲户内清晰记载了"舍一区"。③ 因此,宅舍被国家统计由来已久。而敦煌吐鲁番文书保存了不少关于住宅的史料,涉及户籍中住宅用地的授受,宅舍继承、租赁、买卖、面积测量,等等,研究成果较为丰硕。④ 本文着重探讨住宅用地的分配特征,以加深对均田制下"居住园宅"性质的认识。

---

① 睡虎地秦墓竹简整理小组:《睡虎地秦墓竹简》,北京:文物出版社,1990 年,第 293 页。
② 张家山二四七号汉墓竹简整理小组:《张家山汉墓竹简:二四七号墓》(释文修订本),北京:文物出版社,2006 年,第 52 页。
③ 荣新江等主编:《新获吐鲁番出土文献》,北京:中华书局,2008 年,第 176—179 页。
④ 如土肥义和:《唐代敦煌的居住园宅》,《国学院杂志》1976 年第 3 期;池田温:《中国古代籍帐研究》的概观部分(龚泽铣译,北京:中华书局,2007 年);黄正建:《敦煌文书所见唐宋之际敦煌民众住房面积考略》,中国敦煌吐鲁番学会:《敦煌吐鲁番研究》第 3 卷,北京:北京大学出版社,1998 年,第 209—222 页;盛会莲:《唐五代百姓房舍的分配及相关问题之试析》,《敦煌研究》2002 年第 6 期;张新国:《唐代吐鲁番与敦煌受田差异初探》,《中国历史地理论丛》2014 年第 1 辑;宋翔:《唐宋时期沙州的城市形态与居住空间》,《中国社会经济史研究》2015 年第 1 期;及其《唐五代时期敦煌城外园宅地的空间布局》,《敦煌研究》2017 年第 6 期。等等。

一、均田制下"居住园宅"的法定化

北魏太和九年(485)下诏均平天下民田,涉及住宅用地的规定有:其一,"诸民有新居者,三口给地一亩,以为居室,奴婢五口给一亩。男女十五以上,因其地分,口课种菜五分亩之一"。此即户内良口每三人给住宅用地一亩,贱口每五人亦得受一亩。其二,"诸远流配谪、无子孙及户绝者,墟宅、桑榆尽为公田,以供授受。授受之次,给其所亲;未给之间,亦借其所亲"。① 可见在一些特殊情形下,住宅用地会被剥夺以充作公田。同时,间接承认了绝户者的亲属对当户拟充公的田宅拥有优先占有权。②

西魏末年,权臣宇文泰创制六官,其一为"司均掌田里之政令。凡人口十已上,宅五亩;口九已上(当作下),宅四亩,口五已下,宅三亩"。③ 但宇文泰不久病逝(556),其子宇文觉嗣位后即代魏而立,这一新制应主要实行于北周王朝。④ 从令文看,西魏北周之际的人均住宅用地较太和九年地令宽饶。而敦煌所出西魏大统十三年(547)计账文书的户籍部分,有数户信息的尾部标记了"一段一亩居住园宅",并在分类统计户内授田数量时皆省略为"一亩园"。⑤ 隋朝建立后,杨坚颁布田制:"其丁男、中男永业露田,皆遵后齐之制。并课树以桑榆及枣。其园宅,率三口给一亩,奴婢则五口给一亩。"⑥所谓

---

① (北齐)魏收:《魏书》卷110《食货志》,北京:中华书局,1974年,第2853—2854页。
② 杨际平:《北朝隋唐均田制新探》,长沙:岳麓书社,2003年,第42页。
③ (唐)魏徵:《隋书》卷24《食货志》,北京:中华书局,1973年,第679页,《通典》卷2所见并同。
④ 杨际平:《北朝隋唐均田制新探》,第63页。
⑤ [日]池田温:《中国古代籍帐研究·录文》,第6—22页。
⑥ 《隋书》卷24《食货志》,第680页,《通典》卷2所见并同。

"遵后齐之制",由于当时北魏—东魏—北齐政权延续的合法性,所以隋代住宅给地的数额与太和九年令相同。从北魏太和九年地令、隋开皇之制来看,编户民居住园宅的标准是每三口给一亩,并可随户内人口的增加而增加,但最低限度也是一亩。

"居住园宅"这一专门称谓不仅被唐律所继承,还体现在唐代户籍类文书中,沿用数百年之久。在唐代户部郎中、员外郎的职责中,亦区分了田土类别:"掌户口、土田、赋役、贡献、蠲免、优复、姻婚、继嗣之事,以男女之黄、小、中、丁、老为之帐籍,以永业、口分、园宅均其土田,以租、庸、调敛其物,以九等定天下之户。"[1]律令在限制永业田、口分田与居住园宅买卖时,明确这三者具有相对独立的法定内涵:

> 诸卖口分田者,一亩笞十,二十亩加一等,罪止杖一百;地还本主,财没不追。即应合卖者,不用此律。
>
> 《疏》议曰:"口分田",谓计口受之,非永业及居住园宅。……"即应合卖者",谓永业田家贫卖供葬,及口分田卖充宅及碾硙、邸店之类,狭乡乐迁就宽者,准令并许卖之。其赐田欲卖者,亦不在禁限。其五品以上若勋官,永业地亦并听卖。故云"不用此律"。[2]

既然口分田非永业田及居住园宅,反之,居住园宅亦非永业、口分田。《天圣令》所附唐《田令》第16条亦申明住宅用地不能计入各户永业、口分的授田数量:"诸应给园宅地者,良口三口以下给一亩,每三口加一亩。贱口五口给一亩,每五口加一亩,并不入永业、口分之限。其京城及州县郭下园宅地,不在此例。"[3]"不在此例"是指城

---

[1] (宋)欧阳修、宋祁:《新唐书》卷46《百官志》,北京:中华书局,1975年,第1192—1193页。
[2] (唐)长孙无忌等:《唐律疏议》卷12《户婚律》,北京:中华书局,1983年,第242页。
[3] 天一阁博物馆等:《天一阁藏明钞本天圣令校证(附唐令复原研究)》下册,北京:中华书局,2006年,第386页。

市居民于州县外城的园宅须计入永业口分的应受田数。反之,在广袤的农村地区,这是种既不属永业田、也不计入口分田的单独授给的土地。按前述唐律,出卖口分田才予以处罚,而"永业及居住园宅"不在口分之列,即不在处罚范围。所以,唐制允许出卖"居住园宅"。①

同时,唐律给"园圃"作了定义:"园圃谓莳果实、种菜蔬之所而有篱院者。"②故律令将"居住园宅"省称为"园宅",并未掩盖其本来的"居住"功能。据《令集解·田令》"宅地条",宅地指的是"有舍宅之地也。略举宅地,田园亦同。……穴云:'宅地者犹言宅耳'问:宅地一欤、二欤? 答:二也。宅及田园之地,师不依此之说"。宅地一般指"宅及田园之地"。③ 因此,日令对当时"宅地"便有理解上的细微不同:一是"宅地"虽指"有舍宅之地",但在立法例上,"略举宅地,田园皆同",从而"田园"也应包含在内;另一种就指宅及田园。④据上举唐《田令》第16条"诸应给园宅地者,良口三口以下给一亩,每三口加一亩",可见良口止有一人的民户也可占有园宅地一亩。

唐《杂令》第35条谓:"诸诉田宅、婚姻、债负,起十月一日,至三月三十日检校,以外不合。若先有文案,交相侵夺者,不在此例。"⑤土地收授和民事诉讼的受理放在非农忙季节,充分体现了唐对农业生产的重视。⑥ 参诸《杂令》宋令第22条:"诸诉田宅、婚姻、债负,于

---

① 霍存福:《再论中国古代契约与国家法的关系——以唐代田宅、奴婢卖买契约为中心》,《法制与社会发展》2006年第6期。
② 《唐律疏议》卷13《户婚律》第167条,第246页。
③ [日]黑板胜美主编:新订增补国史大系之《令集解》卷12,吉川弘文馆,1982年,第358—359页。
④ 霍存福:《再论中国古代契约与国家法的关系——以唐代田宅、奴婢卖买契约为中心》,《法制与社会发展》2006年第6期。
⑤ 天一阁博物馆等:《天一阁藏明钞本天圣令校证(附唐令复原研究)》下册,第751页。
⑥ 戴建国:《唐〈开元二十五年令·田令〉研究》,《历史研究》2000年第2期。

法合理者,起十月一日官司受理,至正月三十日住接词状,至三月三十日断毕。停滞者以状闻。若先有文案,及交相侵夺者,随时受理。"①原则上看,关于田地、宅(宅地及宅舍)之类民事纠纷的审理是有具体时间限制的。

又,《天圣令》所附唐《田令》第 17 条谓:"诸庶人有身死家贫无以供葬者,听卖永业田,即流移者亦如之。乐迁就宽乡者,并听卖口分田。(原注:卖充住宅、邸店、碾硙者,虽非乐迁,亦听私卖。)"②此即口分田可以卖给他人充作住宅用地,与前引唐律保持一致。既然如此,那么口分田的一部分亦可充作本户的居住园宅。但在户等评定之际,并非所有的私人宅舍都要计入户内赀产,如开元二十二年(734)五月颁布了"定户之时,百姓非商户郭外居宅及每丁一牛,不得将入赀财数"的诏令。③《天圣令·丧葬令》唐 5 条载:"诸庶人以上在城有宅,将尸柩入者,皆听之。"④可见,是否"有宅"在唐人生活中非常重要。⑤

均田制下居住园宅分配的样板,要从西魏大统十三年(547)瓜州计账说起,彼时敦煌的应受田标准很低:丁男麻田十亩,正田二十亩;丁女麻田五亩,正田十亩;丁牛正田二十亩。⑥各户的受田在各户内已按如此顺序进行户内调整:先尽麻田及园,后及正田。而麻田正田的分配也是先户主,后丁妻,再后则是息男、奴婢、丁牛。各

---

① 天一阁博物馆等:《天一阁藏明钞本天圣令校证(附唐令复原研究)》下册,第 430 页。
② 天一阁博物馆等:《天一阁藏明钞本天圣令校证(附唐令复原研究)》下册,第 387 页。
③ (宋)王溥:《唐会要》卷 83,北京:中华书局,1955 年,第 1533 页。
④ 天一阁博物馆等:《天一阁藏明钞本天圣令校证(附唐令复原研究)》下册,第 426 页。
⑤ 黄正建:《〈天圣令〉所附唐令中有关社会生活的新资料(下)》,《唐史论丛》第 12 辑,2010 年。
⑥ [日]池田温:《中国古代籍帐研究·录文》,第 6—22 页。

段田土不仅落实到户,还落实到户内每一个应受田口。① 该籍共有刘文成等5户家口及受田信息完整,各户已受田的四至中皆含宅舍方位,但并不详列"一段一亩居住园宅"的四至。此点与唐代户籍文书相同。各户受田口徘徊在2—3位丁口之间,与太和九年"良口每三人一亩园宅"的规定较吻合。本件文书的计账部分将民户按实际受田分成足与不足两大类,但33户中32户皆户均1亩居住园宅,无户无宅。或认为,西魏时只要有男子的民户,其园宅地的应受额规定为一亩,且予以足授。② 26户虽然受田不足,不论其程度如何,仍予以园宅地1亩。③ 这种宅地分配的均一化是地方官府恪守法令的结果。

为了传统农业社会生产生活的顺利开展,均田制下的土地授受不仅要保证"耕者有其田",还要保证"居者有其屋"。这是针对编户民的最低保障。④

二、制度与实践——沙州西州居住园宅的分配标准

(一) 户籍文书所见沙州敦煌县居住园宅的分配

入唐以后,敦煌地区居住园宅的分配是否仍从元魏之制呢?有一点要明确的,敦煌户籍所载各户的土地统计部分:应受田额、已受

---

① 杨际平:《北朝隋唐均田制新探》,第136—139页。
② [日]池田温:《中国古代籍帐研究·概观》,第64页。
③ 宋翔:《唐五代时期敦煌城外园宅地的空间布局》(《敦煌研究》2017年第6期)认为这一宅地授予标准可能是一种地方类型。
④ [日]池田温:《中国古代籍帐研究·概观》,第72页。

田额、未受田额、永业田额、口分田额、园宅地,这些部分都是按户总计的,而非按口分计。这与朝廷以按户办理的方式推行均田令相一致。① 根据住宅用地的律令精神,结合敦煌户籍文书的内容,依照账面上保存的各乡宅地信息,今制定表1:

表1

文书	户名	家口（区分良贱）	应受田（亩）	已受田（亩）	已受田分类（亩）		所受居住园宅（亩）	未受田（亩）	备注
					永业	口分			
大足元年（701）效谷乡籍②	邯寿寿	良3	131	44	20	23	1	87	
	索詧才	良2	131	18	17	0	1	113	
先天二年（713）平康乡籍③	未详	/	344	74	60	12	2	270	家口部分残缺
开元四年（716）慈惠乡籍④	未详	/	151	37	20	16	1	114	
	杨法子	良2	131	15	14	0	1	116	
	余善意	良3	161	28	20	7	1	133	
	杜客生	良4	201	40	39	0	1	161	
开元七年（719）龙勒乡籍⑤	未详	/	101	40	20	17	3	61	Дх.476号文书
	未详（妻马）	>3（良3）	>30	30	20	15	1	/	Дх.5937号文书

① 宋家钰:《唐朝户籍法与均田制研究》,郑州:中州古籍出版社,1988年,第282页。
② [日]池田温:《中国古代籍帐研究·录文》,第24—26页。
③ [日]池田温:《中国古代籍帐研究·录文》,第27—29页。
④ [日]池田温:《中国古代籍帐研究·录文》,第30—35页。
⑤ [俄]丘古耶夫斯基:《敦煌汉文文书》,王克孝译,王国勇校,上海:上海古籍出版社,2000年,第70—72页,图版1—3页。

续 表

文书	户名	家口（区分良贱）	应受田（亩）	已受田（亩）	已受田分类（亩）		所受居住园宅（亩）	未受田（亩）	备注
					永业	口分			
开元十年(722)悬泉乡籍	未详	/	162	44	20	23	1	118	家口信息全缺
	氾尚元	良1	51	15	14	0	1	36	户主为寡
	曹仁备	良6	3 182	63	40	22	1	3 119	户主卫士、上柱国，应受田包含勋田数
开元十年(722)莫高乡籍①	王万寿	良2	/	11	10	0	1	/	受田信息较缺
开元年代(?)敦煌县籍②	未详	/	102	20	19	0	1	82	S.5950号文书
天宝三载(744)神沙乡籍	张奴奴	良4	82	22	20	0	2	60	户主为老男，无丁口
天宝六载(747)效谷乡籍	□仁明	良9	3 133	39	20	18	1	3 094	未受田额今纠正，仁明为上柱国

① 这两件开元十年籍出自［日］池田温：《中国古代籍帐研究·录文》，分别第36—43、44页。
② ［日］池田温：《中国古代籍帐研究·录文》，第46—47页。

续 表

文书	户名	家口（区分良贱）	应受田（亩）	已受田（亩）	已受田分类（亩）		所受居住园宅（亩）	未受田（亩）	备注
					永业	口分			
天宝六载（747）龙勒乡都乡里籍①	郑恩养	良12	234	101	40	47	2	133	已受田含买田12亩,下中户,户主为白丁,止有一中男,余为女口
	曹思礼	良15	364	62	60	1	1	302	户主为队副,一弟白丁,一亡兄男为上柱国子
	刘智新	良7	163	68	20	47	1	95	户主为唯一丁男
	阴承光	良6	262	49	40	7	2	213	户内两白丁、一丁妻
	徐庭芝	良6	112	30	20	10	0	82	户主为小男,无丁口,余皆女性

① 这三件天宝籍皆出自［日］池田温:《中国古代籍帐研究·录文》,分别第47、48、49—71页。

续 表

文书	户名	家口（区分良贱）	应受田（亩）	已受田（亩）	已受田分类（亩）		所受居住园宅（亩）	未受田（亩）	备注
					永业	口分			
天宝六载（747）龙勒乡都乡里籍	程思楚	良18	365	79	60	18	1	286	下中户，户主为卫士武骑尉，弟思忠卫士，弟思太白丁
	程大忠	良13	3 104	82	20	61	1	3 022	园宅计入已受田，下中户，户主上柱国
	程大庆	良9	163	68	20	47	1	95	下中户，户主武骑尉
	程智意	良16	186	92	20	71	1	94	下中户，户主飞骑尉
	令狐仙尚	良2	51	8	7	0	1	43	女户，止有两女口
	杜怀奉	良15	3 325	78	60	16	2	3 247	下下户，户主上柱国，亡兄男崇真卫士武骑尉

续　表

文书	户名	家口（区分良贱）	应受田（亩）	已受田（亩）	已受田分类（亩）		所受居住园宅（亩）	未受田（亩）	备注
					永业	口分			
天宝六载（747）龙勒乡都乡里籍	卑二郎	良 12	234	57	40	7	0	177	已受田含勋田10亩，户主白丁，下下户，其父卫士

首先说明的是，由于一些文书中家口或受田数额残缺，一般情况下并不统计户均或人均所得园宅面积。表1中的田宅信息多来自唐玄宗时期的户籍文书，每户1亩园宅地的比例偏高，可以说与开元令的标准相一致。同时，各户总人数、白丁数或户等也未明显影响居住园宅面积。唐前期还有一件俄藏《开元二十三年（735）张掖县□□乡籍》，其中残存两段勋田四至的某户，被授予"一段□亩居住园宅"。① 从地域上看，唐代的沙州、甘州地区同样执行"居住园宅"的授受，所涉敦煌县、张掖县的宅地规格保持一致。显然，敦煌县下辖各乡的宅地资料最为丰富。

而各品级的勋官所受永业田的事实在敦煌吐鲁番文书中都有具体表现，尤其六品以下勋官受永业田在文献及出土文书中都有记录。② 不管具体品级如何，上表中均为勋官的曹仁备、程大忠、程智

---

① ［俄］丘古耶夫斯基：《敦煌汉文文书》，第72—74页，图版第三。
② 卢向前、熊伟：《〈天圣令〉所附〈唐令〉为建中令辩》，载袁行霈主编：《国学研究》第22卷，北京：北京大学出版社，2008年，第1—28页。

意、程大庆、程思楚诸位身上的勋田、永业田数额并未实际影响其户内的居住园宅面积。

宅地面积虽未表现出等级差别,但宅舍规模有显著的等级性,如"三品以上不得过九架,五品以上不得过七架,并厅厦两头。六品以下不得过五架。其门舍,三品以上不得过五架三间,五品以上不得过三间两厦,六品以下及庶人不得过一间两厦。五品以上仍通作乌头大门。父、祖舍宅,及门子孙虽荫尽,仍听依旧居住"。同时规定"其士庶公私第宅,皆不得起楼阁临视人家"。① 可见,唐宋之际庶民阶层的住宅建筑止有一间两厦。对于高官子孙而言,即使恩荫已尽,但祖宅仍可继承居住。

编定于大历四年的《沙州敦煌县悬泉乡宜禾里手实》,是天宝以后敦煌地区稀少而完整的籍账文书,其基本内容、书式与开元天宝以前的户籍相似,但多数民户的已受田严重不足。② 从田亩构成来看,口分田多于永业田,但各户已受田与未受田的比例没有明显规律性。手实账面上仅存22户,但各户所受宅地信息比较完整;除去绝户与户口信息残缺的4户,尚有18户。在这18户中有4户应受田而未受,可见均田制已然具文。除了令狐进尧、索思礼、李大娘三户外,其他各户若非绝户的话,都无田可退。③ 已受的永业田占应受永业田的83.1%,而已受口分田则占应受口分田额的30.2%。可见永业田不足,照例没有口分田。该手实还表明当时的田土多为户内调整、继承。④ 在这样的受田情况下,宜禾里9户名下仍占有园宅

---

① 天一阁博物馆等:《天一阁藏明钞本天圣令校证(附唐令复原研究)》营缮令部分,第672页。
② [日]池田温:《中国古代籍帐研究·录文》,第72—90页。
③ 杨际平:《北朝隋唐均田制新探》,第250—252页。
④ 杨际平:《北朝隋唐均田制新探》,第250、254页。

地,比例为50%。可以说,官府在执行律令时,确保各户永业田与园宅地的优先分配。

以上敦煌田宅信息共统计了42户,有35户被授予了居住园宅,占比83.3%;其中占有1亩宅地的民户计29户,占比69%。另有9户,属于口分田未受而仍占有宅地的民户;有7户户内的居住园宅额为零,应属于造籍中的疏失。若敦煌地区的一户人家确可拥有一亩园宅地的话,除去200平方米左右的住宅院落外,还能有300多平方米的园地。① 从各户已受田的分配看,无论是按丁计还是按户计,皆极为不均。② 并且,各户居住园宅的标准面积与人口、户等、官爵等因素也无直接关系,可见像西魏大统十三年那样园宅地授受的均衡性,已经踪影难觅。

(二) 户籍文书所见西州居住园宅标准

如上所论,民户宅地的标准和授予是唐代"田令"的重要组成。虽然西州实际的受田标准与唐令相去甚远,但学界仍以为唐前期的西州田制具有全国性的普遍意义。其中一点便体现在田地授受的额度上:丁男及十八岁以上的中男10亩,老男、小男、寡、大女当户5亩。③ 而西州居住园宅授受的实际情况是否遵守法令,值得探讨。由于大部分文书的户口及受田等信息不完整,受田较敦煌零散,谨择取居住园宅比较明确者,制成下表:

---

① 黄正建:《敦煌文书所见唐宋之际敦煌民众住房面积考略》,中国敦煌吐鲁番学会编:《敦煌吐鲁番研究》第3卷,北京:北京大学出版社1998年,第209—222页。
② 杨际平:《北朝隋唐均田制新探》,第236页。
③ 卢向前:《唐代西州土地关系述论》,上海:上海古籍出版社,2001年,第348页。

表2 天宝年代以前西州户籍文书所见园宅信息

序号	户名	家口（区分良贱）	应受田（亩）	已受田（亩）	所受居住园宅（步）	未受田（亩）	备注
1	未详	/	61	10亩70步	70	50亩170步	《贞观年间(640—649)西州高昌县手实二》
2	未详	/	61	10亩40步	40	50亩200步	园宅及未受田额推算所得,《唐□熹等户籍》,题注以为在贞观永徽间
3	未详	/	/	5亩40步	40	/	《咸亨二年高昌县感仁户籍》①
4	小女索定定	/	/	>40步	40	/	芬兰藏大足元年籍
5	未详	/	61亩	8亩70步	70	52亩半50步	旅顺博物馆藏大足元年高昌县籍②
6	未详	/	□顷56亩	55亩200步	70	1顷40步?	《唐西州高昌县手实》,题注以为属于开元以前

① 第1—3号宅地信息出自唐长孺主编：《吐鲁番出土文书》图录本(叁),北京：文物出版社,1996年,第55—57、368—369页。
② 这两件大足元年籍据何亦凡、朱月仁：《武周大足元年西州高昌县籍拾遗复原研究》(《文史》2017年第4辑)一文揭示。

续 表

序号	户名	家口(区分良贱)	应受田(亩)	已受田(亩)	所受居住园宅(步)	未受田(亩)	备注
7	未详	/	121亩	20亩70步	70	1顷170步	《唐西州交河县籍》,题注以为属于开元以前①
8	未详	/	≥1亩79步	≥1亩79步	70	/	《天授三年?西州籍》
9	大女史女辈	良4	≥5亩40步	5亩40步	40	/	《天授三年?西州籍》,所受5亩注为永业
10	未详	存良2	121	10亩40步	40	110亩200步	《七世纪后期高昌县籍》②
11	未详	存良8	/	/	40	47亩180步	《开元二年帐后柳中县康安住等户籍》
12	大女令狐伯香	良1、贱1	0	0	0	0	《开元二年帐后柳中县康安住等户籍》,本户身死户绝,丁奴见卖,未给田宅

---

① 第6、7号宅地信息出自唐长孺主编:《吐鲁番出土文书》(肆),北京:文物出版社,1996年,第1、4页。
② 第8—10号宅地信息出自[日]池田温:《中国古代籍帐研究·录文》,第95、92页。

续 表

序号	户名	家口（区分良贱）	应受田（亩）	已受田（亩）	所受居住园宅（步）	未受田（亩）	备 注
13	郑某	良4	61	12亩40步	40	48亩200步	《开元四年安西乡安乐里籍》
14	未详	良4	76	10亩40步	40	65亩200步	《开元四年安西乡安乐里籍》①
15	江义宣	良6	91	13亩80步	70	77亩160步	《开元四年柳中县高宁乡籍》②
16	王孝顺	良4	51	4亩40步	40	46亩200步	同上
17	索住洛	良3	36	8亩40步	40	27亩200步	同上
18	未详	存贱3	241	29亩190步	40	211亩50步	同上
19	大女阴婆记	良2	/	4亩40步	40	/	同上
20	未详（男惠顺）	良4	76	5亩40步	40	70亩200步	《开元二十九年天山县南平乡籍》③

① 第11—14号宅地信息出自《吐鲁番出土文书》（肆），第128—129、145—148页。
② ［日］池田温：《中国古代籍帐研究·录文》，第100页。
③ 荣新江：《唐开元二十九年西州天山县南平乡籍残卷研究》，《西域研究》1995年第1期。

续表

序号	户名	家口（区分良贱）	应受田（亩）	已受田（亩）	所受居住园宅（步）	未受田（亩）	备注
21	未详（弟游仙）	存良2	106亩	6亩40步	40	99亩200步	《天宝年代交河郡蒲昌县?籍》
22	未详（婢不用）	存良1、贱2	121	8亩70步	70	112亩170步	《天宝年代交河郡籍》①

而武周《载初元年（689）西州高昌县宁和才等户手实》未按照田令统计各户的应受田、已受田，也无永业、口分之名，仅有"合受常部田"名目。② 但各户"合受常部田"没有逾越一丁常田4亩、部田6亩的标准，而且所受部田多数比较分散。这些都属于"官田给百姓"制度的基本特点。③ 与其他文书相比，这件武周手实中的居住园宅虽然单列一项，但既不入合受田，也不计入已受田。女户曹多富合受2亩并足受（常田），仍享有40步居住园宅。研究认为，自贞观十四年以来到武周时期，西州均田农民手实、户籍中的"已受田"基本属于各户原来的私有地。④《神龙三年（707）西州高昌县崇化乡点籍样》是据简点户籍后所作的文簿，各户所见受田额的零头部分比较趋同，或40步，或70步。⑤ 据西州其他户籍文书中的居住园宅数额，

---

① 第21、22号宅地信息出自[日]池田温：《中国古代籍帐研究·录文》，第116、119页。
② 《吐鲁番出土文书》图录本（叁），第498—516页。
③ 杨际平：《北朝隋唐均田制新探》，第319页。
④ 杨际平：《北朝隋唐均田制新探》，第220页。
⑤ 《吐鲁番出土文书》图录本（叁），第533页。康禄山、白胡仁等户的受田额不能显著看出园宅面积。

而推断这些零头为各户潜在的园宅面积,且都计入已受田。这40或70步居住园宅的规格无论是高昌旧制还是唐朝新创,皆与唐代的田令精神相去甚远。

在以上统计的授予居住园宅的60户中,其中明确占有40步宅地的计45户,占比75%;有9户明确占有70步宅地,占比15%。由于面积差异,敦煌居民享受着法定的1亩(240步)居住园宅,而西州则是40步或70步,仅及敦煌居民的1/6或7/24。据开元二十五年令:"田广一步、长二百四十步为亩,百亩为顷。"①宋令的一亩地面积同样如此。②学界认为一唐亩约合522平方米;或认为,若按一尺等于0.31厘米计算,一亩应合576.6平方米。③这些数据将是考察唐人住宅用地分配额度的重要参考。

若按1唐亩约合522平方米,则西州的"居住园宅"一般为87 m^{2}或152 m^2。对于前者,应视作裸宅的大小,即宅舍的实际面积。高昌、柳中、天山与蒲昌四县住宅用地的标准趋于一致。④自唐初到天宝时期,西州领有五县:高昌、柳中、交河、蒲昌、天山,⑤可见这种宅地规格已通行于大部分西州地区。西州户籍文书中存在着合户现象,江义宣、索住洛、康寿感三户比较典型,而合户者并未增加居住园宅面积。⑥从时段上看,自贞观平定高昌国、推行唐制之后到天宝

---

① (唐)杜佑撰、王文锦等点校:《通典》卷2,北京:中华书局,1988年,第29页。
② 天一阁博物馆等:《天一阁藏明钞本天圣令校证(附唐令复原研究)》下册,第385页。
③ 华林甫:《唐亩考》,《农业考古》1991年第3期;黄正建:《唐朝人住房面积小考》,《陕西师范大学学报》1994年第3期。
④ 约为开元初期的西州柳中县承礼乡籍载有某户"一段二十步居住园宅",(池田温《籍帐·录文》第106页)因图版漫漶,暂作为特例附记于此。
⑤ (后唐)刘昫等:《旧唐书》卷40《地理志三》,北京:中华书局,1975年,第1644—1645页。
⑥ 宋翔:《唐五代时期敦煌城外园宅地的空间布局》,《敦煌研究》2017年第6期。

之际,这种规格没有发生变易。

住宅用地的分配是建立在各州县实际可用的土地资源之上的,简言之,受宽乡狭乡的约束。与国家丁中制度的整齐划一相比,田宅授受必须考虑当地的自然环境与居住习俗,需要国法与乡法的调和。高昌国时期的吐鲁番地区存在的城几近30座,大多可以肯定是县级政区。① 因此,西州多城不仅是历史遗产,更与地理条件有关,居民开垦土地,以绿洲为栖息之所,民众聚居以城为中心。鉴于此,城是唐朝治理高昌国旧土可直接利用的土地资源。② 据出土的户籍类文书或田簿,西州的城除州县郭邑外,还有众多乡城和里城,目前得到出土文书证明的乡城有高宁城、武城城、安乐城、南平城、新兴城、酒泉城、洿林城等。

乡城并称也经常出现在西州地区的户口事务中,如《开元廿一年西州蒲昌县定户等案卷》载:"但蒲昌小县,百姓不多,明府对乡城父老等定户,并无屈滞,人无怨词,皆得均平。"③开元年间交河县长官对各乡户口巡查貌阅,曾下帖告知盐城,帖文的开头为"交河县帖盐城":"令今月十七日的入乡巡貌前件色,帖至,仰城主张璟、索言等火急点检排比。"④作为绿洲枢纽的西州地区,在乡城众多的行政建制下,当地百姓城居较为普遍。在西州设立之初,唐朝准许高昌旧制暂时流通。⑤ 那么,西州地区普遍的40步宅地标准可能也是遵循旧制而已。

---

① 郑炳林:《高昌王国行政地理区划初探》,《西北史地》1985年第2期。
② 《唐会要》卷95高昌条,第1701—1702页。
③ 《吐鲁番出土文书》图录本(肆),第311—312页。
④ 中央民族大学博物馆藏吐鲁番文书《十一月十五日交河县帖盐城为入乡巡貌事》,此据张荣强、张慧芬:《新疆吐鲁番出土唐代貌阅文书》,《文物》2016年第6期,图版见该期封二。
⑤ 唐长孺:《唐贞观十四年手实中的受田制度和丁中问题》,据氏著:《山居存稿三编》,北京:中华书局,2011年,第71—94页。

三、宅地特征与唐代宅舍保护的两重性

沙州敦煌县各乡与西州各县户籍文书共同使用了"居住园宅"这一法定名词,并列在每户账面的末尾。居住园宅都包含在编户民的应受田额内,被授予居住园宅者一并计入已受田内,但武周载初元年手实除外。同时,据目前统计,除括附、全家没落等特别情况外,沙州、西州两地编户民的未受田额一律不包括居住园宅的面积。在田地授受的过程中,户籍文书的账面上暗含着永业田与居住园宅被优先授予的情况。所以,"居住园宅"仅指土地的占有而言,各户的应受田与未受田两项并不区分永业、口分与园宅。

唐令要求"具录顷亩四至",其作用在于确定产权关系,防止地产纠纷。[①] 居住园宅没有在账面上显著体现出土地四至,即使一些敦煌编户享有2亩乃至3亩的宅地面积,也都没有登录宅地的方位与四至。而1亩农田的四至皆登记在册。手实与户籍中的"居住园宅"没有四至,一些田簿同样如此,如俄藏 Ф.3666 天宝年间敦煌县田簿,兹举数例如下:

108 敦煌乡张思忠一段玖亩 城东五里忧渠 东渠 西路 南渠 北彭客郎

109 一段玖亩 城东五里忧渠 东张阿奴 西索须 南渠 北渠

110 一段玖亩 城东卅里利子渠 东张须保 西索羊仁 南泽 北路

111 一段贰亩 城东五里忧渠 东渠 西史政 南路 北令狐伏

---

① 杨际平:《北朝隋唐均田制新探》,第167页。

>   112 一段捌亩 城东七里阳开渠 东渠 西渠 南渠 北索怀寿
>   113 一段贰亩宅 ①

本件尚有王守志、张太娘诸户,其户内皆有"一段二亩宅",而名下"一段一亩"的田地皆四至备载。除了集中居住的原因外,住宅用地的法定意义不能忽视。

即使西州受田中的一些零碎地块,其数额接近居住园宅的一般标准,亦不缺四至。如《唐开元二十九年(741)前后西州高昌县退田簿及有关文书》第47片:

>   阴久托一段六十步(菜) 城北廿里宁戎苦具谷(东渠 西道 南荒 北□□)②

当然还存在数额逊于当地居住园宅标准的地块,如开元四年柳中县高宁乡籍所载:

>   一段二十五步永业(常田买附)城南半里 东张太伯 西至渠 南至渠 北还公③

该户内尚有一段30步的永业田,依然出具四至,但仍低于当户40步的宅地额度。

吐鲁番出土的开元二十一年(733)蒲昌县定户案卷,④保存了四户户等为"下上户"的住宅信息,并不登录户内的土地。本件仅统计各户的住宅数量而不登录宅地或房舍面积,韩君行等三户名下注有

---

① [俄]丘古耶夫斯基:《敦煌汉文文书》,第80—88页,图版11。录文参唐耕耦、陆宏基:《敦煌社会经济文献真迹释录》第2辑,全国图书馆文献缩微复制中心1990年,第334—368页。
② [日]池田温:《中国古代籍帐研究·录文》,第268页。
③ [日]池田温:《中国古代籍帐研究·录文》,第100页。
④ 《吐鲁番出土文书》图录本(肆),第311—312页。

"宅一区"。那么,从"一段一亩居住园宅""一亩宅"或"一段40步居住园宅"转变成"宅一区",由户内受田到户内赀产、由住宅用地到房舍建筑物,而文书性质也由手实、户籍或田簿换成了户等评定簿。宅在唐代属于赀财,户籍上并不登载,亦不会要求民户在手实上报告。① 宋家钰是将宅看作宅舍建筑物,而以上各表涉及手实者已显示"宅"——即宅舍所占土地的登录,这二者之间的互相转化都指向一件事实:"居住园宅"的所有权在编户民自己手中。

一般而言,编户民的宅地被收回的情形有两种:绝户与年限已满的逃户,如表2中的大女令狐伯香"身死户绝"、神龙三年点籍样中的逃户康迦卫等。唐《田令》规定:"诸以身死应退永业、口分地者,若户头限二年追,户内口限一年追。如死在春季者,即以死年统入限内,死在夏季以后者,听计后年为始。其绝后无人供祭及女户死者,皆当年追。"② 可见,官府追回绝户的田宅比较迅速。如一件开元十三年(725)的西州残籍显示某户虚挂,"田宅并退还官"。③ 据前引唐《丧葬令》规定:"诸身丧户绝者,所有部曲、客女、奴婢、店宅、资财,并令近亲(亲依本服,不以出降)转易货卖。"遗产处置中的宅确指宅舍无疑,则户绝宅是可以买卖的,这与当户田地于死后还公的性质不同。

作为私有性质的土地,园宅地在政府授与后不再收回,同永业田一样由儿孙世代相继,除非是死绝户的园宅地才收为国有。如朝廷一再下令强调州县有权处置"逃死户"的田宅。大历元年(766)规定,在复业的逃户中,"如有百姓先货卖田宅尽者,宜委本州县取逃

---

① 宋家钰:《唐朝户籍法与均田制研究》,第77页。
② 天一阁博物馆等:《天一阁藏明钞本天圣令校证(附唐令复原研究)》下册,第387页。
③ [日]池田温:《中国古代籍帐研究·录文》,第107页。

死户田宅,量丁口充给"。会昌元年(841)下制要求州县切实掌握逃死户的桑田屋宇,"租佃与人,勿令荒废"①,等等。事实上,园宅地也无法收回重新分配,因为园宅中有农民自己建造的房屋等生活设施。相比之下,这种田比永业田更加稳固,故在均田令还授制度中,没有见到回收园宅地的规定。土地博卖除包括地皮(土地本身)外,还包括土地上面的附属物(如树木、水井、池塘、房舍等),如是宅地还包括房产、墙垣、车道等设施。②

律令、诏敕保护逃户的住宅(多以田宅并称)不仅是保护既有的房舍建筑物,也保护住宅用地不被他人侵占、宅地用途不被窜改。③唐隆元年(710)七月十九日敕曰:"逃人田宅,因被贼(疑为'贱'字)卖,宜令州县招携复业。其逃人田宅,不得辄容卖买。"④乾元三年(760)四月敕:"自今以后,应有逃户田宅,并须官为租赁,取其价值,以充课税,逃人归复,宜并却还,所由亦不得称负欠租赋,别有征索。"大中二年(848)正月制:"所在逃户,见在桑田屋宇等,多是暂时东西,便被邻人与所由等计会。虽云代纳税钱,悉将斫伐毁折。及愿归复,多已荡尽,因致荒废,遂成闲田。……其屋宇桑田树木等权佃人,逃户未归五年内,不得辄有毁除斫伐。如有违犯者,据限日量情以科责,并科所由等不检校之罪。"⑤后周显德二年(955)五月还下令保护佃户的屋宅。⑥ 这些都体现了国家对宅地所有权的认定和维

---

① 《唐会要》卷85 逃户条,第1565—1566页。
② 赵云旗:《唐代土地买卖研究》,北京:中国财政经济出版社,2002年,第356页。
③ 所谓不动产,是指依照其物理性质不能移动或者移动将严重损害其经济价值的有体物,参王利明:《物权法研究》,北京:中国人民大学出版社,2013年第3版,第67页。
④ (宋)宋敏求:《唐大诏令集》卷110《诫励风俗敕》,北京:中华书局,2008年,第571页。
⑤ 《唐会要》卷85《逃户》,第1565—1567页。
⑥ 王溥:《五代会要》卷25《逃户》,上海:上海古籍出版社,2006年,第406页。

护。同时,唐朝对编户民因各种灾害而被损宅舍的积极维护,屡见于诏令。①

这种两重维度在宅舍丈量上表现得更加清晰,如敦煌文书S.4707《马法律堂舍房基帐》载:

(前残)

1　　　　　二百五十二尺七寸三分。
2 马法律堂一口 东西并基一丈九尺九寸,南北并基
3　　　　　一丈二尺七寸。
4　　　　　一百九十一尺三寸六分。
5 东房一口,东西并基一丈四寸,南北并基一丈八尺四寸。
6　　　　　八十八尺四寸。
7 小东房子一口,东西并基一丈四寸,南北并基八尺五寸。
8　　　　　一百四十五尺四寸一分。
9 西房子一口,东西并基一丈三尺一寸,南北并基一丈一尺一寸。
10　　　　一百七十五尺三寸八分。
11 厨舍一口,东西并基一丈一尺一寸,南北并基一丈五尺八寸。②

据录文注释,1 行数字为 2、3 行的合计,4 行为 5 行的合计,6 行为 7 行的合计,8 行为 9 行的合计,10 行为 11 行的合计。又,S.6067 号某舍地基账文书载:"已前计地皮一千八百三十六尺九寸,合着物

---

① (宋)王钦若等:《册府元龟》卷 147《帝王部·恤下》,南京:凤凰出版社,2006 年,第 1639—1645 页。
② 唐耕耦、陆宏基:《敦煌社会经济文献真迹释录》第 3 辑,全国图书馆文献缩微复制中心,1990 年,第 566 页。

五百五十一石七升",①即敦煌当地用粮食作物来表示宅舍价值,此与常见史料中关于房价的计算方式不同。

因此,无论是沙州敦煌各乡居民的1亩住宅用地,还是西州各县居民40步园宅地,对于人口的稳定与掌控的意义非同小可。而史料中往往"田宅"并称,这种孪生特征展现了两者正是农耕时代缺一不可的生产生活资料。

小　　结

"居者有其屋"与"耕者有其田"同是满足民众生活的基本条件,古代政治力求避免"流离失所""居无定所"这样的生存环境。战国秦汉以来便将宅列为户口成立的条件之一,而敦煌吐鲁番户籍文书集中揭示了唐代住宅用地的分配。居住园宅在唐代属于一种独立的土地类型,明确限定了永业田、口分田与居住园宅各有各的法定内涵。为了传统农业社会生产生活的顺利开展,均田制下的土地授受依然要保证"居者有其屋"。据统计,敦煌居民享受着法定的1亩(240步)居住园宅,而西州居民则享有40步或70步,可见住宅用地的分配是建立在各州县实际可用的土地资源之上的,并考虑国法与乡法的调和。沙州敦煌县各乡与西州各县户籍文书都使用了"居住园宅"这一法定名词,并列在每户家口、受田四至之后——即每户账面的末尾。居住园宅包含在编户民的应受田额内,被授予居住园宅者一并计入已受田内。在田地授受的过程中,户籍文书的账面上应当暗含着永业田与居住园宅被优先授予的情况。所以,"居住园

---

① 唐耕耦、陆宏基:《敦煌社会经济文献真迹释录》第3辑,第567页。

宅"仅指土地的占有而言,各户的应受田与未受田两项并不区分永业、口分与园宅。① 自唐朝立国之日起,朝廷就频繁下令保护逃户的田宅,不得随意毁除逃户的宅舍,以等候逃户复业。鉴于住宅用地的平面型与宅舍的三维立体型,律令、诏敕保护逃户的住宅(一般是田宅并称)不仅是保护既有的房舍建筑物,也保护住宅用地不被他人侵占、宅地用途不被篡改。这是私宅保护过程中的两重维度。所以,从宅地的分配到宅舍的保护,唐代国家自是用心良苦。

作者单位:山西师范大学历史与旅游文化学院

---

① 孙宁:《深化研究敦煌经济文书》,《中国社会科学报》2020年4月20日,第六版。

唐前期的差科簿与差科流程：以阿斯塔那61号墓所出役制文书为中心

王 晶

摘 要： 阿斯塔那61号墓所出役制文书属于杂徭的差科簿，可命名为《唐垂拱元年正月至永昌元年正月（685—689）高昌县武城乡等（？）差科簿》。文书中的"终制""侍丁""曲长"等不是直接注记，而是在其他差科簿基础上进行的转录。根据这组差科簿文书可以还原唐前期差科的基本步骤，首先根据已经注记了色役的差科簿确定本次差科范围，其次对差科对象进行整理，最后按时间差科。咸亨元年至长寿二年（670—693），西域战事频繁导致丁男减少，在差科人数不够的情况下，丁中于色役之外还需另服杂徭。色役应当被视为一个独立役种。唐前期正役、色役、杂徭是三种平行共存的力役形式。

关键词： 差科簿 差科 流程 阿斯塔那61号墓

差科簿是县署为了征集管内百姓服劳役的花名册文书。[①] 差科

[①] ［日］池田温著、龚泽铣译：《中国古代籍帐研究》，北京：中华书局，2007年，第146页。

簿的研究取得了不少成果,学者对差科簿中的各种色役、制作流程进行了详细的考察。① 但在一些具体问题上还存在争论,池田温认为"差科簿按原则是每年制作一次的文书","每春编制的差科簿,基本上是在前一年度的差科簿中进行必要的增减而作成的"。② 差科簿不需要重新制作,只需在前簿的基础上进行修改。对于这一观点国内学者的意见略有不同。文欣认为:"差科簿的制作虽然一定会参考'前簿',但本身应该不只是对其的修补,而应是重新制作。"③ 吐鲁番阿斯塔那61号墓所出《郭阿安等白丁名籍》《唐阙洛□等点身丁中名籍》《唐田丰洛等点身丁中名籍》《唐绪欢等课役名籍》《唐阴安师等上番人名籍》与差科簿的制作密切相关。程喜霖注意到《唐绪欢等课役名籍》与《唐田丰洛等点身丁中名籍》存3组互见人名。④ 文欣将这几份文书视为一组役制文书,揭出了21组互见人名,并在此基础上讨论了差科簿的制作程序。⑤ 本文以阿斯塔

---

① 王永兴:《敦煌唐代差科簿考释》,《历史研究》1957年第12期;[日]西村元佑:《通过唐代敦煌差科簿看唐代均田制时代的徭役制度——以大谷探险队携来的敦煌和吐鲁番古文书为参考史料》,中国敦煌吐鲁番学会主编:《敦煌学译文集》,兰州:甘肃人民出版社,1985年,第978—1233页;王永兴:《唐天宝敦煌差科簿研究——兼论唐代色役制和其他问题》,北京大学中国中古史研究中心编:《敦煌吐鲁番文献研究论集》,北京:中华书局,1982年,第63—166页;杨际平:《关于唐天宝敦煌差科簿的几个问题》,韩国磐主编:《敦煌吐鲁番出土经济文书研究》,厦门:厦门大学出版社,1986年,第129—161页;朱雷:《唐代前期的"差科"——吐鲁番敦煌出土"差科簿"的考察》,张国刚主编:《中国中古史论集》,天津:天津古籍出版社,2003年,第39—40页;文欣:《唐代差科簿制作过程——从阿斯塔那61号墓所出役制文书谈起》,《历史研究》2007年第2期。
② [日]池田温著、龚泽铣译:《中国古代籍帐研究》,第150、156页。
③ 文欣:《唐代差科簿制作过程——从阿斯塔那61号墓所出役制文书谈起》,《历史研究》2007年第2期。
④ 程喜霖:《对吐鲁番所出四角蒲役夫文书的考察——唐代西州杂徭研究之一》,《中国史研究》1986年第1期。
⑤ 文欣:《唐代差科簿制作过程——从阿斯塔那61号墓所出役制文书谈起》,《历史研究》2007年第2期。为免重复,本文在征引阿斯塔那61号墓所出役制文书时未做特别说明者均参考文欣先生录文,不再出注。

那61号所出役制文书为中心,对差科簿的相关问题再作讨论,不当之处,敬祈方家指正。

一、阿斯塔那61号墓役制文书的重新粘合及其年代、命名

文欣最早揭出本组文书之间的关系,他据户等高低顺序、正背面关系将这些文书粘合在一起,正面依次为课役名籍(三)、课役名籍(一)、课役名籍(五)、课役名籍(二)、课役名籍(四),背面依次为《白丁名籍》(二)、《白丁名籍》(三)、《白丁名籍》(一)、《白丁名籍》(四)、《田丰洛等名籍》《阚洛□等名籍》《上番名籍》。据文欣的意见,《课役名籍》(三)(一)(五)、《白丁名籍》分别是中男与白丁的名单,这是差科簿制作中的"按身份分类",《田丰洛等名籍》《阚洛□等名籍》《上番名籍》则是"配差役"。文欣的卓越见解为本组文书的研究奠定了重要基础,极大地推进了差科簿等相关籍账类文书的研究,富有相当大的学术价值与意义。值得注意的是,他指出《课役名籍》(二)、《课役名籍》(四)的顺序还不能肯定,"今姑列(二)于(四)之前"。《课役名籍》(二)、(四)的背面分别为《田丰洛等名籍》《阚洛□等名籍》,现对二者关系再作讨论。

《田丰洛等名籍》与《阚洛□等名籍》有7组互见人名,两份文书的紧密关系不容否认。但二者也存在明显不同。首先从内容来看,《田丰洛等名籍》分为两个部分,1—8行的丁中年龄在16至59岁之间,说明它将中男与白丁放在一起编排。《阚洛□等名籍》第8行载"中男",其后所录人名年龄均为中男,而"中男"之前的人,年龄最小者为夏氏曰21岁,《白丁名籍》(三)有"范默奴廿一 白丁",故《阚洛

□等名籍》中男之前为白丁。《阚洛□等名籍》将白丁、中男进行了分类整理,前为白丁,后为中男。其次从书写来看,两组文书诸多人名右侧有墨点,前者较长,后者较短。因此两件文书的书写形态是不同的。最后两者在性质上也存在差异,应该将《阚洛□等名籍》置于《田丰洛等名籍》之前,这一点将在第三小节进行论述。文书的正面关系就变成《课役名籍》(四)置于《课役名籍》(二)之前,这两片文书均为"终制"名单,调整后不影响文书正面的基本内容。本组文书的正面依次为《课役名籍》(三)、《课役名籍》(一)、《课役名籍》(五)、《课役名籍》(四)、《课役名籍》(二),背面依次为《白丁名籍》(二)、《白丁名籍》(三)、《白丁名籍》(一)、《白丁名籍》(四)、《阚洛□等名籍》《田丰洛等名籍》《上番名籍》。

《课役名籍》(五)、《课役名籍》(四)、《课役名籍》(二)所载为"终制"内容,云"廿七终制",共 27 人。《课役名籍》(四)、《课役名籍》(二)存 16 行 15 人,只有一半左右的人数。《课役名籍》书写间隔大体整齐匀称,该处残缺的文书长度当与《课役名籍》(四)+《课役名籍》(二)的长度大致相当。阿斯塔那 61 号墓另存一残片在《吐鲁番出土文书》简装版中没有收录,精装本有收录,编号为 66TAM61∶32/3(a)、66TAM61∶32/3(b),66TAM61∶32/3(a)下边长度约为 13.5 厘米。[①] 该残片与本组役制文书非常相似,正面仅存一"生"字,背面存 4 行,对照图版,可作录文如下。

  1 ▭ 杨
  2 ▭ □

[①] 《吐鲁番出土文书》所示 66TAM61∶32/3(a)的下边图上距离约为 6.2 厘米,此据图版所附比例尺换算。本文所示图版可参唐长孺主编:《吐鲁番出土文书》(叁),北京:文物出版社,1996 年,第 257 页。

3 ☐☐☐ 厶侍

4 ☐☐☐ 见

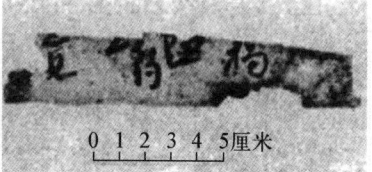

三四　文书残片　66TAM61∶32/3(b)　　三三　文书残片　66TAM61∶32/3(a)

第1行"杨"为残存的人名,第3行"厶侍"为人名旁的色役,第4行为人名残文。从第1行的残存情况来看,本残片人名未书年龄。《阚洛□等名籍》人名旁注有"厶侍""侍",且诸多人名未注年龄,如张隆子等。《阚洛□等名籍》正面为记载"终制"的《课役名籍》(四),"终制"栏中有身份为"生"者,如忽香。《阚洛□等名籍》正背面内容与该残片正背面内容相同。《通典》载:"诸年八十及笃疾,给侍丁一人,九十二人,百岁三人,皆先尽子孙,次取近亲,皆先轻色。无近亲外取白丁者,人取家内中男者,并听。"[①]侍丁的选任多取近亲子孙和中男。《阚洛□等名籍》前为白丁后为中男,故该残片当缀于《阚洛□等名籍》之后。本文据文欣的命名方法,将残片正背面命名为《课役名籍》(六)、《□杨等名籍》。故而我们得到了一组重新粘合后的役制文书,A 与 A 背为文欣所粘合的顺序,B 与 B 背为本文重新粘合的顺序,见表1。

据文书整理者校记,阿斯塔那61号墓有唐咸亨四年(673)海生墓志,所出文书有纪年者为唐麟德二年(665)。[②] 一般来讲,本组文书当不晚于咸亨四年,但也有例外。据《吐鲁番出土文书》"前言"介

---

① 杜佑:《通典》卷7《食货七》,北京:中华书局,1988年,第155页。
② 唐长孺主编:《吐鲁番出土文书》(叁),第236页。

表1　阿斯塔那61号役制文书的粘合顺序

A	课役名籍(三)	课役名籍(一)		课役名籍(五)	课役名籍(二)	课役名籍(四)	
A背	白丁名籍(二)	白丁名籍(三)	白丁名籍(一)	白丁名籍(四)	田丰洛等名籍	阚洛□等名籍	上番名籍
B	课役名籍(三)	课役名籍(一)		课役名籍(五)	课役名籍(四)	课役名籍(六)	课役名籍(二)
B背	白丁名籍(二)	白丁名籍(三)	白丁名籍(一)	白丁名籍(四)	阚洛□等名籍	□杨等名籍	田丰洛等名籍	上番名籍

绍:"同一墓葬出土的文书早于墓葬年代,其下限不晚于该墓墓志的纪年。然而例外的情况并非罕见,这是由于大多数墓葬不止埋葬一人,而墓志又非人各一方。如果同墓所出墓志并非属于该墓最后入葬者,所出文书晚于墓志若干年就不足为怪了。"①本组文书有几处便于断代的标识可帮助我们判断文书的年代,分析如下。《课役名籍》(五)之左君住、张尾达以及《白丁名籍》(二)之张守仁分别见于宁乐美术馆所藏吐鲁番文书《唐蒲昌府终服、没善及现支配诸所等名簿》《唐西州都督府牒为蒲昌府诸烽戍替人事》《唐蒲昌府番上烽、镇人名簿》。②左君住、张守仁在塞亭烽服役,张尾达为替人,蒲昌府这几件文书年代在开元二年(714)二月至八月间。③ 唐府兵拣点之

---

① 唐长孺主编:《吐鲁番出土文书》(壹),北京:文物出版社,1992年,前言第2页。
② 陈国灿、刘永增编:《日本宁乐美术馆藏吐鲁番文书》,北京:文物出版社,1997年,第98、79、105页。本文在查找人名互现关系时参考了李方、王素编《吐鲁番出土文书人名地名索引》(北京:文物出版社,1996年)以及石墨林编《若干部吐鲁番出土文书之间互见的人名地名索引》(武汉大学中国三至九世纪研究所编:《魏晋南北朝隋唐史资料》,2012年第28辑,第309—351页)。
③ 陈国灿:《关于宁乐美术馆藏吐鲁番文书》,陈国灿、刘永增编:《日本宁乐美术馆藏吐鲁番文书》,第14页。

法,"成丁而入,六十而免",①三人年龄最晚在59岁。②左君住、张尾达为中男,其中张尾达17岁,张守仁为白丁27岁,故此件文书在682年之后。陈国灿注意到唐代执衣役分为两个阶段,光宅元年(684)九月前执衣征自白丁,其后只限于中男。③《田丰洛等名籍》20岁赵建贞为"执衣",且《上番名籍》云正月一日、正月十五上番,故本组文书在垂拱元年(685)正月之后。唐朝丁中年龄变化显著,以神龙元年(705)五月为界,16—20岁为中男,21—59岁为丁男,神龙元年五月至景云元年(710)七月间,16—21岁为中男,22—58岁为丁男。④《白丁名籍》(三)白丁张默奴21岁,文书当在705年五月之前。载初元年(689)正月至神龙元年,武周新字流行于写本文献中,是判断年代的又一重要标识。⑤《上番名籍》云"右件人正月一日上番""正月十五番","日""月""正"未出现武周新字。故本组文书在永昌元年(689)正月之前。综合上述分析,本组文书的年代在垂拱元年正月至永昌元年正月(685—689)。《唐天宝年代敦煌郡敦煌县差科簿》悬泉乡、慈惠乡、从化乡、敦煌乡、某

---

① 李林甫等撰、陈仲夫点校:《唐六典》卷5《尚书兵部》,北京:中华书局,1992年,第156页。
② 张国刚:《唐代府兵渊源与番役》(《历史研究》1989年第6期)揭出本组文书《白丁名籍》(二)范寅贞,《上番名籍》翟姚子又见于《唐永隆元年(680)军团牒为记注所属卫士征镇样人及勋官谶符诸色事》,解释为"他们是被雇代役,或为替役",指出"府兵中有白丁服役"的情况。此外,张守仁在本组文书《白丁名籍》(二)中的身份为白丁,非卫士。宁乐11(5)号《蒲昌府番上烽、镇人名簿》(参陈灿、刘永增编:《日本宁乐美术馆藏吐鲁番文书》,第105页)中所见塞亭烽张守仁应是以白丁身份服役,这是白丁在府兵中服役的又一例证。府兵六十而免,府兵中白丁服役的最晚年龄也当不晚于此。
③ 陈国灿:《唐代的"执衣"与执衣钱》,《中华文史论丛》2006年第83辑。
④ 转引自池田温:《中国古代籍帐研究》(第120页)所引铃木俊《唐代丁中制的研究》。
⑤ 张涌泉:《敦煌写本文献学》,兰州:甘肃教育出版社,2013年,第631页。

乡、寿昌乡终制人口分别为 13、16、7、9、0、13，受到文书残缺的影响终制数量可能并不全面。哈拉和卓 39 号墓《唐永徽二年（651）后西州某乡户口帐》记载"□一十一终制"，①与之相比，本组文书的终制人数为 27 人，数值明显偏高，这意味着当地死亡人口偏高。垂拱年间西域战事频繁。②《唐开元二年（714）帐后西州柳中县康安住等户籍》载"□主康安住年柒拾贰岁 老男垂拱贰年疏勒道行□落""弟安定年伍拾肆岁 白丁垂拱元年金山道行没□""弟安义年肆拾玖 白丁垂拱贰年疏勒道□□□"，③康安住兄弟三人可能在垂拱年间战死，年龄均在 45 岁以上，当有子女，那么该户至少有 3 人为终制。本组文书在垂拱元年正月至永昌元年正月，明显偏高的终制人数与这一时期战事频繁而导致的非正常死亡相合。

《唐垂拱二年（686）西州高昌县征钱名籍》与本组文书存 8 组人名互见关系，其中有 4 人可确定为武城乡人，有 4 人疑为武城乡人，据其他相关文书，又可确定文书中张君洛、张埴子为高昌县武城乡人。④ 张君洛、张埴子为武城乡人，那么其他人是否为武城乡人，这是值得再作探讨的一个问题。文书中张尾达、贾力子又见于其他文书。《武周圣历元年（698）四角官萄所役夫名籍》（简称《官萄所役》）载张尾达、樊文行二人，⑤《唐永淳元年（682）西州高昌县下某乡符为差人送油纳仓事》（简称《送油纳仓事》）载贾力子、樊文行二

---

① 唐长孺主编：《吐鲁番出土文书》（叁），第 61 页。
② 黄惠贤：《从西州高昌县征镇名籍看垂拱年间西域政局之变化》，唐长孺主编：《敦煌吐鲁番文书初探》，武汉：武汉大学出版社，1983 年，第 396—438 页。
③ 唐长孺主编：《吐鲁番出土文书》（肆），北京：文物出版社，1996 年，第 127 页。
④ 文欣：《吐鲁番新出唐西州征钱文书与垂拱年间的西域形势》，季羡林、饶宗颐主编：《敦煌吐鲁番研究》第 10 卷，上海：上海古籍出版社，2007 年，第 131—163 页。
⑤ 唐长孺主编：《吐鲁番出土文书》（叁），第 522 页。

人。① 这三份文书的时间相近,且两两相见,故三份文书所载是相同人物。据程喜霖考证,《官萄所役》文书中翟安智可确知为宁昌乡人。② 又据《唐龙朔三年(663)西州高昌县下宁昌乡符为当乡白丁侯□隆充侍事》《送油纳仓事》中王守护为宁昌乡人。③ 若均来自武城乡,即张尾达为武城乡人,则《官萄所役》是从武城乡、宁昌乡中挑选丁中。若《官萄所役》均来自宁昌乡,则文书是从宁昌乡、武城乡中挑选丁中。本组文书与《送油纳仓事》亦是同理。这表明县在差科时可从一个乡挑选丁中,也可从多个乡挑选丁中。除非将所有丁中的乡属逐一核实,否则不能遽断其为武城乡百姓的差科簿。本组文书的丁中可能全部为武城乡,也可能还包括了其他乡的百姓。故按照唐长孺主编《吐鲁番出土文书》时所采用的文书命名方法,可将之命名为《唐垂拱元年正月至永昌元年正月高昌县武城乡等(?)差科簿》(以下简称《武城乡等(?)差科簿》)。

二、色役的记注

本组差科簿涉及了不少色役名目。白直分为公廨白直和官给力役白直,前者服役于官府,后者服务于官员个人。④《唐六典》曰:"凡州县官僚皆有白直,二品四十人,三品三十二人……八品五人,

---

① 唐长孺主编:《吐鲁番出土文书》(叁),第489页。
② 程喜霖:《对吐鲁番所出四角萄役夫文书的考察——唐代西州杂徭研究之一》,《中国史研究》1986年第1期。
③ 唐长孺主编:《吐鲁番出土文书》(叁),第103页。
④ [日]滨口重国:《唐の白直と雜徭と諸々の特定の役務》,《史学雜志》1969年第78编第2号,第1—22页。

九品四人。"①本组文书白直有3人,首次注录还是转录,证据并不明显,暂且不论。现对终制、侍丁、残疾、曲长、卫士的差科注记分析如下。终制,《课役名籍》(五)(二)(四)是与终制相关的差科残片,部分人名前标有"丁",如"丁史啊尸番""丁弟乌破延"等。部分未标"丁",如史浮啊番,为中男。终制以户为单位,将相关的丁中记录在案。阿斯塔那42号墓出土8件与差科簿相关的残片,文书整理者将其命名为《唐郭默子等差科簿》,节录残片(二)(五)录文如下。

(二) 65TAM42:106(a)

1　　　　苐(弟)海□□□□

2　　　　曹阿榄盆年卌四[下残]

3　　　　苐阿知年廿九

4　　　　杨隆海年廿一父亡单身

5　　　　□海德年卌四父亡一丁中

6　　　　□□□□父亡单身

(五) 65TAM42:110(a)

1　　　　□□□母亡二丁　一见充卫士

2　　　　□□□丁苐武骑尉②

该文书与《课役名籍》(五)(二)(四)的相似之处在于均只列男丁,且男丁之间多为兄弟。不同之处在于《唐郭默子等差科簿》更详细地记注了父母身亡以及其他男丁的情况。终制、终服是服丧的意思。③ 因

---

① 李林甫等撰、陈仲夫点校:《唐六典》卷3《尚书户部》,第78页。
② 唐长孺主编:《吐鲁番出土文书》(叁),第114、116页。
③ 王永兴:《敦煌唐代差科簿考释》,《历史研究》1957年第12期;西村元佑:《通过唐代敦煌差科簿看唐代均田制时代的徭役制度——以大谷探险队携来的敦煌和吐鲁番古文书为参考史料》,中国敦煌吐鲁番学会主编:《敦煌学译文集》,第1126—1127页。

此"终制"需要确认死者及其相关亲属。此外,唐代民户的死亡确认手续亦较为复杂,天圣《赋役令》唐10条:"诸户口中男以上及给侍老疾人死者,限十日内,里正与死家注死时日月,连署,经县申记,应附除课役者,即依常式。"①民户死亡在籍账上的处理程序是先由保人与里正连署牒县司户,然后县牒州除名,州除名后告知破除,最后县牒乡确认身死。② 仅有丁中姓名无法完成"终制"的记注,需同时标注死者以及与死者相关的亲属。《唐郭默子等差科簿》每行一丁,残片(五)小字"母亡二丁"是指户内所有男丁,其中一丁因文书残缺不知其姓名,另一男丁充卫士作"弟武骑尉"单行列出。"□海德年卅四 父亡 一丁中","一丁中"当为"一丁一中",丁指"□海德","一中"应该是与"□海德"之父无"终制"直接关系,故未单行列出,终制只列与之相关的丁中。不注明死者、亲属则无法记注终制。终制的记注要确认死者、死亡时间、死者的相关亲属。本组《课役名籍》(五)(二)(四)直接列出"终制"名单,是在已经确认了终制身份基础上所进行的转录。

　　某侍、侍丁。唐朝有严格的请侍制度,首先团貌验定老与疾,然后侍老上牒请侍辞牒,接着县司根据请侍辞牒令里正询问,里正上款充侍者的身份、徭役情况,最后县司下符经勾官录事勾检,给侍过程完成。③《唐龙朔三年西州高昌县下宁戎乡符为当乡次男侯子隆充侍及上烽事》侍者的前侍丁因故不能再充侍,高昌县下符至宁戎乡,将正在"随番上烽"的次男(中男)侯子隆请为侍丁,宁戎乡里正

---

① 天一阁博物馆、中国社会科学院历史研究所天圣令整理课题组校证:《天一阁藏明钞本天圣令校证(附唐令复原研究)》(下册)《赋役令》,北京:中华书局,2006年,第392页。
② 张慧芬:《〈唐开元年间西州交河县帖盐城为令入乡巡貌事〉文书貌阅律令用语研究》,《西域研究》2020年第1期。
③ 李锦绣:《唐代的给侍制度》,《唐代制度史略论稿》,北京:中国政法大学出版社,1998年,第368—369页。

确认侯子隆的中男身份及其色役"上烽"后,高昌县"以状下乡,宜准状,符到奉行"。①《唐龙朔三年西州高昌县下宁昌乡符为当乡白丁侯□隆充侍事》侍丁"去正月内身亡",高昌县向宁昌乡里正王守护"得▢▢▢身亡有实者",且询问可充侍人选"得款愿取宁昌乡侯▢▢▢侍者",并通过里正确认"隆见是白丁",最后下符选任侍丁。② 本组文书中的"侍""某侍"直接注于名侧,这绝非首次注录而是转录。

曲长、执衣。差科簿上的字迹差异是考察文书动态运作的重要途径。西村元佑注意到《唐天宝年代敦煌郡敦煌县差科簿》各乡字迹上的差异,他认为"郡典狱、县典狱、太守执衣、县令执衣这四项,从注记的位置、文字的间隔、文字的大小以及笔迹上看来,和其他的注记有所不同,可以看出是一个人的笔迹。这大概是县令在籍簿制成以后,参照了各乡的各种情况和赋役差科的各项原则,只把这些任务所需要的人数亲自加以注定的。"③池田温也指出"惟有关于典狱和执衣诸项是后来以大字另笔记入,散见在各相异之乡的这些后补的记载可以认为是同一人的笔迹。"④借助文书笔迹,不难推断敦煌天宝差科簿中的某些色役是县统一制作的。《阙洛□等名籍》人名大多载有年龄,唯如下几行颇有不同。

```
7  曲长 范黑 ▢▢▢ 樊相欢 康盲鼠
8        ▢▢▢ 中男
9  曲 范昌辈 憧憧 翟永籍 王住海 莼驴胡(?) 左洪贞
```

---

① 唐长孺主编:《吐鲁番出土文书》(叁),第 102 页。
② 唐长孺主编:《吐鲁番出土文书》(叁),第 103 页。
③ [日]西村元佑:《通过唐代敦煌差科簿看唐代均田制时代的徭役制度——以大谷探险队携来的敦煌和吐鲁番古文书为参考史料》,中国敦煌吐鲁番学会主编:《敦煌学译文集》,第 1190—1191 页。
④ [日]池田温著、龚泽铣译:《中国古代籍帐研究》,第 150 页。

与其他人物不同,第 7 行、第 9 行均未载年龄。范昌辈、王住海又见于《田丰洛等名籍》,且在人名侧旁注"曲""曲长"小字,故《阚洛□等名籍》行前"曲长"小字指该行课丁均为曲长。在《阚洛□等名籍》中,范昌辈等人没有登载年龄,且在行前统一注为"曲长",这与本组文书中的其他名单不同,说明曲长的身份是在确认后转录的结果。又如前所述,敦煌天宝差科簿中的"执衣"是由县令统一注记的,本组文书中的执衣只有一位,即《田丰洛等名籍》中的赵建贞,这也应该是由县令统一记注,而非在本组差科簿中单独记注。

残疾、卫士。《唐六典》载县令"所管之户,量其资产,类其强弱,定为九等。其户皆三年一定,以入籍帐。若五九谓十九、四十九、五十九、七十九、八十九。三疾谓残疾、废疾、笃疾。及中、丁多少,贫富强弱,虫霜旱涝,年收耗实,过貌形状及差科簿,皆亲自注定,务均齐焉"。① "五九""三疾"需要县令通过"过貌形状"亲自注定。卫士。本组文书《白丁名籍》中载□住住父"卫士西行",张守仁父白丁"卫士",范寅贞父"卫士",□僧奴户内有"卫士",这些卫士不是本组差科簿注记而是另有来源。《唐六典》载:"凡卫士各立名簿,具三年已来征防若差遣,仍定优劣为三等,每年正月十日送本府印讫,仍录一通送本卫,若有差、行、上番,折冲府据簿而发之。"② 卫士有专门的"簿"以供征发。残疾、卫士与终制、侍丁、曲长等色役不同,这两种身份在百姓呈报手实文书以及其他籍账类文书中有标注。《周载初元年(690)一月西州高昌县王隆海户手实》载"户主王隆海年伍拾壹岁 笃疾""弟隆住年肆拾壹岁 卫士"。③ 王隆海为笃疾,与残疾同

---

① 李林甫等撰、陈仲夫点校:《唐六典》卷 30《三府都护州县官吏》,第 753 页。
② 李林甫等撰、陈仲夫点校:《唐六典》卷 5《尚书兵部》,第 156 页。
③ "年"为武周新字,本文迳改。参[日]池田温著,龚泽铣译:《中国古代籍帐研究》"录文与插图",第 93 页。

393

为"三疾"。户等簿文书《唐开元二十一年(733)西州蒲昌县定户等案卷》所录户主张君政之身份为卫士。① 本组文书中的残疾、卫士不是首次注录而是转录。

终制、侍丁、曲长、残疾、卫士在制作本组文书之前就已经差注完毕,换言之,本组文书制作之前就存在着一份已经注记过色役的文书。目前所见这样的文书有《唐天宝年代敦煌郡敦煌县差科簿》《唐赵恶奴等户内丁口课役文书》等。以类似敦煌天宝差科簿为底本二次制作的差科簿也见于《唐(开元年代)西州交河县名山乡差科簿》。② 西村元佑认为名山乡差科簿是"以敦煌差科簿那样最初的和全面的记载为基础,第二次制作的差科簿"。③ 池田温所谓差科簿原则上每年制作一次,指的是类似敦煌天宝差科簿的文书。本组文书正是在诸如《唐天宝年代敦煌郡敦煌县差科簿》等这一类文书基础上制作形成的。

三、《唐垂拱元年正月至永昌元年正月高昌县武城乡等(?)差科簿》的性质及杂徭的差科

《武城乡等(?)差科簿》由《课役名籍》《白丁名籍》《阙洛□等名籍》《田丰洛等名籍》《上番名籍》构成。学者认为《阙洛□等名籍》《田丰洛等名籍》是《白丁名籍》"注于户主名下而不写出名字

---

① 唐长孺主编:《吐鲁番出土文书》(肆),第311—312页。
② [日]池田温著、龚泽铣译:《中国古代籍帐研究》"录文与插图",第143—147页。
③ [日]西村元佑:《通过唐代敦煌差科簿看唐代均田制时代的徭役制度——以大谷探险队携来的敦煌和吐鲁番古文书为参考史料》,中国敦煌吐鲁番学会主编:《敦煌学译文集》,第1206页。

的男子"。① 如学者所言,《课役名籍》(三)(一)(五)"见于其他文书的人都是中男,而且全部都属于本文第一节推测的《课役名籍》'终制'之前的一栏,则该栏应该就是中男的记载",②《白丁名籍》中未出现的男子包括卫士、中男、终制,若《阚洛□等名籍》《田丰洛等名籍》记载了《白丁名籍》未出现的男子,那么其所记中男、终制就与《课役名籍》的中男、终制重复了。本文认为《阚洛□等名籍》是将《课役名籍》《白丁名籍》中男、白丁整合后的名单,论述如下。

《课役名籍》(四)上端长约 20.26 厘米,《课役名籍》(二)上端长约 20.5 厘米,存终制 14 人,共 40.76 厘米。③ 除《课役名籍》(三)所录终制 1 人,在总终制 27 人中,残缺的终制人数是 13,残缺的终制人数与现存终制人数相当。又终制名单书写均匀,所缺终制的残文的长度也在 40.76 厘米左右。也就是说其背面《阚洛□等名籍》前后残缺的长度约为 40.76 厘米,其中《□杨等名籍》下边长约 13.5 厘米。而《上番名籍》下边长约 48.1 厘米。④《上番名籍》远长于《阚洛□等名籍》的残缺长度,故《上番名籍》不可能紧随《阚洛□等名籍》,而应当置于《田丰洛等名籍》之后。换言之,《上番名籍》是本组役制文书的终点。

如上所述,色役的注记非常复杂,《武城乡等(?)差科簿》中的色役并非首次注录,而是从类似于《唐天宝年代敦煌郡敦煌县差科簿》

---

① 文欣:《唐代差科簿制作过程——从阿斯塔那 61 号墓所出役制文书谈起》,《历史研究》2007 年第 2 期。
② 文欣:《唐代差科簿制作过程——从阿斯塔那 61 号墓所出役制文书谈起》,《历史研究》2007 年第 2 期。
③《课役名籍》(四)上边的图上距离约为 7.7 厘米,据图版所附比例尺,实际长度约为 20.26 厘米。《课役名籍》(二)上边的图上距离约为 7.8 厘米,据图版所附比例尺,实际长度约为 20.5 厘米。参唐长孺主编:《吐鲁番出土文书》(叁),第 252—253 页。
④《上番名籍》下端图上距离约为 18 厘米,此据图版所附比例尺换算。唐长孺主编:《吐鲁番出土文书》(叁),第 255 页。

等文书中所进行的转录。在制作《武城乡等(?)差科簿》时需以《唐天宝年代敦煌郡敦煌县差科簿》这一类文书为底本,然后进行《上番名籍》的差科活动。这两个环节中间的《课役名籍》《白丁名籍》《阚洛□等名籍》《田丰洛等名籍》是从类似《唐天宝年代敦煌郡敦煌县差科簿》等文书中挑选本次差科时可堪差派的丁中。也正如学者所言,《课役名籍》是中男,《白丁名籍》是白丁。那么《阚洛□等名籍》《田丰洛等名籍》又是何种性质的名籍呢?文欣曾绘有《阿斯塔那61号墓所出役制文书中之互见人名》表,本文在此基础上加入了人名次序这一考察因素,兹再作分析如下。

如表2所示,《课役名籍》《白丁名籍》《阚洛□等名籍》与《上番名籍》存有紧密关系,《上番名籍》是本组文书的终点,这三件文书是《上番名籍》的丁中来源。《白丁名籍》与《上番名籍》虽然有8组互见人名,但人名次序在《上番名籍》中出现了明显的变化,前者并不是《上番名籍》的直接资料来源。《阚洛□等名籍》与《上番名籍》差派丁中次序的一致性,表明《阚洛□等名籍》与《上番名籍》的关系更直接、更密切。也就是说,《上番名籍》直接来源于《阚洛□等名籍》。《课役名籍》《白丁名籍》经过《阚洛□等名籍》的整理后成了《上番名籍》直接来源。

表2 《课役名籍》《白丁名籍》《阚洛□等名籍》《田丰洛等名籍》《上番名籍》互见人名之次序关系

一	《课役名籍》	杨汉贞
	《上番名籍》	杨汉贞
二	《白丁名籍》	张洛丰、范默奴、康延守、张小苟、杨欢德、张酉堆、袁住欢、袁欢庆
	《上番名籍》	张小苟、杨欢德、范默奴、张洛丰、康延守、张酉堆、袁欢庆、袁住欢

续　表

三	《阚洛□等名籍》	张海塠、王安住、白石生、杨汉贞
	《上番名籍》	张海塠、王安住、白石生、杨汉贞
四	《课役名籍》	张才住、张武用、张尾达、范隆海
	《田丰洛等名籍》	张才住、张尾达、范隆海、张武用
五	《阚洛□等名籍》	田丰洛、张进达、范昌辈、王住海、张才住、冯庆住、孙辰住
	《田丰洛等名籍》	田丰洛、张进达、张才住、冯庆住、王住海、孙辰住、范昌辈

注：《课役名籍》（一）载"刘隆达"，《白丁名籍》（三）载"刘隆（？）达"，后者"隆"字图版并不清晰，唐长孺在"隆"字旁注有问号。本文在处理时，将其视为不同的两人。

《课役名籍》《白丁名籍》《阚洛□等名籍》人名在《上番名籍》中均有出现，《田丰洛等名籍》在《上番名籍》中没有出现说明《田丰洛等名籍》是没有上番的人。其次，《田丰洛等名籍》与《阚洛□等名籍》存7组互现人名，与《课役名籍》存4组人名互现，表明《田丰洛等名籍》包括了应堪差科的名单。综合这两点来看《田丰洛等名籍》为未到人名单。《课役名籍》《白丁名籍》《阚洛□等名籍》《田丰洛等名籍》《上番名籍》展现了差科动态的制作过程，《课役名籍》《白丁名籍》是对本次差科对象的清点，《阚洛□等名籍》将本次差科对象整理分类为中男、丁男，《田丰洛等名籍》清点了本次差科时未到的人，《上番名籍》是本组差科簿文书制作的终点，是实际差科的丁中。

《上番名籍》张君洛旁注有小字"终制"，终制是免除徭役的一种身份，唐前期"侍丁孝假，不须差行"，[①] 一般而言，终制是免除徭役的，《唐大诏令集》卷4《改元天宝赦》："侍丁者令其养老，孝假者矜

① 王溥：《唐会要》卷82《休假》，上海：上海古籍出版社，2006年，第1799页。

其在丧。此王政优容,俾申情礼,而官吏不依令式,多杂役使。自今后,不得更然。"①孝假即是指终制,然而唐前期地方政府常征发本应免于徭役的侍丁、终制。杨际平指出在天宝差科簿中董慈恭、张义深本应是终服,却依然注记了主簿执衣、卫士,说明至天宝时将侍丁、孝假"多杂役使"的情况仍无大的变化。② 本组文书的差科对象除了法定的中男白丁,还有"终制""侍丁"。《上番名籍》是一份按番次编排的名籍,有标注"终制"的"张君洛"、标注"侍"的杜阿绪,"终制""侍丁"也被纳入了差科范围。《唐天宝年代敦煌郡敦煌县差科簿》慈惠乡部分见在栏中加入了本应免除徭役的笃疾、废疾,池田温指出敦煌天宝差科簿中各个乡差科的对象不完全相同,这是由于法定的丁中不能满足差科的需求,为确保差科人数而扩大了差科的范围所导致的。③ "无差科注记者得优先被征派杂徭,这样看固属理所当然,但不能否认有差科注记者,也有作为见在者而被充当杂徭的情形,何况遇临时征收的时候,全部见在者自然都得成为对象了。"④《武城乡等(?)差科簿》中"终制""侍丁"被列为差科对象,同样也是因为不能满足一定的差科人数而扩大了差科的范围。《上番名籍》应该解释为以"白直""马夫""侍"的身份服某种徭役,而未标注的则应该解释为以白丁、中男的身份服某种徭役。这样在正役之外,《上番名籍》涉及了两种徭役形式,一种是白直、马夫、侍丁,一种是正月一日、正月十五日所服的"某种徭役"。白直、马夫、侍丁为色役,而"某种徭役"即为杂徭。通过《武城乡等(?)差科簿》这一个案

---

① 宋敏求:《唐大诏令集》卷4《改元天宝赦》,北京:中华书局,2008年,第21页。
② 杨际平:《关于唐天宝敦煌差科簿的几个问题》,韩国磐主编:《敦煌吐鲁番出土经济文书研究》,第151—152页。
③ [日]池田温著、龚泽铣译:《中国古代籍帐研究》,第161页。
④ [日]池田温著、龚泽铣译:《中国古代籍帐研究》,第162页。

分析,本文认为唐前期正役、色役、杂徭是三种平行独立的徭役。

学界对正役、色役、杂徭三者的关系持不同观点,杨际平将之概括为四种意见,加上他本人的观点可分为五种。一、杂徭就是色役。二、正役、杂徭、色役是三种平行共存的徭役形式,这一观点主要来自王永兴、张泽咸、小笠原宣秀、西村元佑等。① 三、色役包括杂徭役,但不等于杂徭役。四、色役属于杂徭,杂徭包括色役。五、色役是正役、杂徭的一种使用形式。② 本文所注目的《武城乡等(?)差科簿》表明在丁中对象不足时,丁中在色役之外还需另服杂徭,这一个案对于王永兴等学者的观点是一种有力的支持。

《白氏六帖事类集》:"户部式:诸正丁充夫,四十日免(役)。七十日免租,百日已上课役俱免。中男充夫,满四十日以上,免户内地租,无他税,折户内一丁,无丁,听旁折近亲户内丁。"③ 又《通典》:"诸丁匠岁役工二十日。有闰之年加二日。须留役者,满十五日免调,三十日租调俱免,从日少者见役日折免。通正役并不过五十日。正役谓二十日庸也。"④ 杨际平认为充夫指杂徭,丁男 40 天杂徭可折免正役,70 天杂徭免正役及调,100 天杂徭免除正役及租调;丁男正役 20 天,35 天时免正役及调,50 天时免正役及租调,因此,杂徭与正

---

① 王永兴:《敦煌唐代差科簿考释》,《历史研究》1957 年第 12 期;张泽咸:《唐五代赋役史草》,北京:中华书局,1986 年,第 324 页;[日] 小笠原宣秀、[日] 西村元佑:《唐代徭役制度考》,中国敦煌吐鲁番学会编:《敦煌学译文集》,第 873—891 页。

② 关于色役、徭役关系的综述可看杨际平:《唐前期的杂徭与色役》,《历史研究》1994 年第 3 期;李锦绣:《敦煌吐鲁番文书与唐史研究》,福州:福建人民出版社,2006 年,第 202—205 页。

③ 参白居易:《白氏六帖事类集》卷 22《征役七》,北京:文物出版社,1987 年;[日] 宫崎市定在《唐代赋役制度新考》(收入刘俊文主编:《日本学者研究中国史论著选译》,北京:中华书局,1992 年,第 383 页)中认为"四十日免"后脱"役",杨际平亦从此说。参杨际平:《唐前期的杂徭与色役》,《历史研究》1994 年第 3 期。

④ 杜佑:《通典》卷 6《食货六》,第 109—110 页。

役、租、调是替代关系,正役与租、调也是替代关系。与此同时,杨际平也指出色役与杂徭役、正役的替代关系。吴树国正确的解释了番期、役期的意义,①使得我们可以估算某些色役的役期,进而将色役与杂徭、正役的替代关系进行更直观的证明。

如表3所示,白直、执衣、门夫、水手等在服役完毕后,可将服役时长折算成正役或调租或杂徭。虽然替代的结果因色役内容的不同而有所区别,但是色役的役期与正役、杂徭是可以替代的。杨际平指出"丁男在正役之外,不应在服杂徭",而"色役始终不是与正役、杂徭(杂役)平行的另一种役",②这不仅否认色役的独立性,也否认了杂徭的独立性。其依据是正役与杂徭的替代关系,色役与杂徭、正役的替代关系。正役可以折租、调,但我们从不否认正役、租、调的独立性;同样的道理,杂徭可折正役、租、调,也不应当否认杂徭的独立性。色役可折杂徭与课役,亦不应当否认色役的独立性。换言之,不能因正役、杂徭、色役等课役之间替代关系的成立而否认各自的独立性。在吐鲁番地区,《武城乡等(?)差科簿》的揭出表明,丁中人数不够时,百姓在色役之外还需要服杂徭的情形的确存在。因此从这个角度来讲,也不应该否认色役作为一个独立役种的地位。

表3 色役的役期及免除范围

色役	番次	役期	免除范围	出处
白直	三番	45天或30天	不详	《通典·职官十七》
执衣	三番	45天或30天	杂徭	《新唐书·食货志五》、天圣《赋役令》唐18条

① 吴树国:《唐前期色役的番期与役期》,《历史研究》2018年第5期。
② 杨际平:《唐前期的杂徭与色役》,《历史研究》1994年第3期。

续 表

色役	番次	役　期	免除范围	出　　处
渔师	四番	40天或60天	课役、杂徭	P.2507《唐开元水部式》
门夫	不详	50天	残疾免课调、中男免杂徭	《通典·职官十七》
水手	四番	40天或60天	课役、杂徭	P.2507《唐开元水部式》

注：月番是官府派役的时间单位，月番的实际时间为10天或15天。参吴树国：《唐前期色役的番期与役期》，《历史研究》2018年第5期。

结　　论

　　阿斯塔那61号墓所出《课役名籍》《白丁名籍》《阚洛□等名籍》《田丰洛等名籍》《上番名籍》以及66TAM61∶32/3(a)《□杨等名籍》、66TAM61∶32/3(b)《课役名籍》(六)存在着紧密联系，可视为一组与差科有关的文书，命名为《唐垂拱元年正月至永昌元年正月高昌县武城乡等(?)差科簿》。咸亨元年至长寿二年(670—693)唐政府与西域各方力量围绕四镇、安西都护府的废置展开了一系列的争夺战。① 频繁的战事导致大量的非正常死亡人口，这也直接导致了丁中数量的减少。若要维持正常的劳役征发，只能将本属"不课""不输"的"终制""侍丁"等纳入差科的对象。《武城乡等(?)差科簿》反映了丁中数量不足的情况下徭役对象的扩大化。借助对这组差科文书的分析我们可以得出以下两个结论。

---

① 黄惠贤：《从西州高昌县征镇名籍看垂拱年间西域政局之变化》，唐长孺主编：《敦煌吐鲁番文书初探》，第396—438页。

一、差科簿的制作流程。色役等各类身份的注记过程较为复杂,差科时需以类似《唐天宝年代敦煌郡敦煌县差科簿》这一类已经注记了色役的差科簿为底本。《武城乡等(?)差科簿》人名旁侧所注小字色役是转录。从本组文书来看,杂徭差科的基本步骤是首先根据已经注记了色役的差科簿确定本次差科对象的范围,其次对差科对象进行整理,最后按时间差科。

二、以往学界对唐代徭役的形式存在颇多争议,注意到了杂徭、色役、正役之间的替代关系,并据此否认色役的独立性。《武城乡等(?)差科簿》正值西域战事频繁之际,丁中的大量减少影响了差科的正常进行,侍丁等本应免除杂徭的丁中也被纳入了差科对象,这表明丁中不够情形下,丁男在色役之外还需另服杂徭的情况是存在的,色役应当被视为一个独立役种。

作者单位:西北大学丝绸之路研究院

(原刊于《中国社会经济史研究》2023年第1期)

卫匡国《中国新图志》滇桂边界误解成因考释

林 宏

摘 要：作为欧洲第一部刊行的西文中国分省地图集，卫匡国《中国新图志》(1655)对此后很长时期的欧洲知识界产生巨大影响，但在其地图与图说文字中却存在对滇桂边界的严重失实图示与描述，误以为在制图年代广西省西部、云南省东南部的大片土地已非中国境土。本文通过文本细读，运用比较地图学方法，指出卫匡国的误解主要来自对一幅已佚失的明代总图"人迹图"的误读，同时卫匡国制图时所倚重的《广舆记》中的一些文字记载可能也对误解起到催化作用。本文的研究有助于更加清晰地认识《中国新图志》的性质，还原17世纪中叶东西方之间地理知识传递、再生产的复杂历史场景。

关键词：卫匡国 《中国新图志》 "人迹图" 边界 制图过程

一、引　　言

耶稣会士卫匡国（Martino Martini）的《中国新图志》（*Novus Atlas Sinensis*，下文简称为《新图志》）1655年在阿姆斯特丹由欧洲重要制图家约安·布劳（Joan Bleau）出版。《新图志》中登载制作精美的中国总图与分省地图，还有长达171页的拉丁文地理图说，后者由长篇前言与分省图说构成，附有一些对中国周边地域的介绍。

作为近代欧洲第一部刊行的西文中国分省地图集，《新图志》被陆续翻译成多种欧洲语言，不断再版，是数代欧洲读者认识中国的要籍。此前欧陆印本地图上的中国图示简略而过时，《新图志》地图取而代之，成为此后数十年间欧洲制图家绘制中国的典范，其图说则是同时代最系统、详细的西文中国地理描述。卫匡国的图、文均在欧陆知识界产生广泛影响，19世纪德国地理学家李希霍芬（F. von Richthofen）将卫匡国比作西方"中国地理知识之父"的赞语并非过誉。[1]

虽然《新图志》在地图史、地理学史、中西文化交流史上占有特别地位，但以今人眼光审视，书中图、文却存在大量不符合实际的内容，对欧洲人中国知识的准确性产生负面影响。今日研究中指出这些错讹的同时，还需考辨其成因，从而深入揭示《新图志》的性质。本文即探讨《新图志》中对滇桂外部边界的严重误解：《新图志》分省图说中，误将广西西部、云南东南部多个府州记作已被东京国占领，[2]在广西、云南分省地图上也有相应注记。

---

[1] F. von Richthofen, *China. Ergebnisse Eigener Reisen und Darauf Gegründeter Studien*, Vol.1, Berlin: 1877, p.676.

[2] 卫匡国将东京国写作"Tungking"、大致对应于安南后黎朝阮、郑对峙时期郑氏控制的北部地区，在其南侧为"Cochinchinam"国，今译交趾支那，大致对应阮氏控制的南部地区。

近现代中外学者对《新图志》的探究已近二百年,成果极为丰硕,①却无先行研究提及此显著错误。20世纪末起,意大利学者白佐良(Giuliano Bertuccioli)在梅文健(Giorgio Melis)早期工作的基础上,花费三年时间对《新图志》拉丁文图说进行意大利文翻译,并添加大量译注,涉及图说的文献来源与历史背景等问题,白佐良去世时尚未全部完成,经其他意大利学者整理后,译本终于在2002年出版,②但译注中仍未对边界误记做任何辨析。③

　　尽管围绕《新图志》已有悠长的研究史,但两份关键史料与《新图志》间的关联性在晚近浮现,可促使研究提升至新层次。卫匡国1643年进入中国内地,1651年返欧,《新图志》在归途中开始制作,因入华时间不长,游踪不广(仅造访东部七个直省的少量地区),制图时大部分地理知识得自中文图志。④ 因此对卫匡国所据中文资料的解读至关重要。

　　第一份史料是卫匡国添加大量批注的晚明地理书凝香阁刻本《广舆记》,现藏于梵蒂冈图书馆,批注与《新图志》制作过程密切相关,故可称此本为"工作本",梵蒂冈图书馆近年已将工作本全书高清扫描公布。⑤ 依据工作本,可知此前许多学者所持卫匡国主要参考《广舆图》的观点并不准确,经细致解读,可将卫匡国制作《新图

---

① 系统性的学术回顾参见林宏:《卫匡国〈中国新图志〉制图方法研究》,博士后出站报告,上海交通大学科学史与科学文化研究院,2018年。
② [意]马西尼(Federico Masini)《第三卷引言》,载张西平等编:《把中国介绍给世界:卫匡国研究》,上海:华东师范大学,2012年,第264页。
③ Martino Martini, *Nous Atlas Sinensis*, *Opera Omina*, Volume Ⅲ, edizione diretta da Franco Demarchi, a cura di Giuliano Bertuccioli, Trento: Universita Degli Studi di Trento, 2002.
④ 卫匡国本人坦承此点。卫匡国:《中国新图志》,1655年拉丁文版(Martino Martini, *Novus Atlas Sinensis*, Amsterdam: 1655),第26页。以下引文均为这部拉丁文初版的页数。本文翻译引文时参考了意大利文译本。
⑤ 梵蒂冈图书馆网站,网址为:http://digi.vatilib.it/view/MSS.Barb.or.135,检索时间:2020年8月3日。

志》的最主要步骤还原出来,笔者已有系列研究。①

第二份史料的关联性最近由比利时学者康言(Mario Cams)揭示。在2019年发表的研究中,他认为卫匡国应曾参考《天下九边分野人迹路程全图》(崇祯十七年/1644由曹君义发行)或同系舆图(下文概称此系舆图为"人迹图"),理由是此图附表中对各省户口数字及各省城间里距的记载同《新图志》图说序言中的数据基本相符,在其他明代地理图志中则无如此高拟合度的数据。② 康言的研究颇具启发性,将"人迹图"首次与《新图志》联系起来。不过,关于卫匡国具体使用的"人迹图"版本可做进一步分析,且康言的研究未对"人迹图"内容丰富的地图本身做具体分析。实际上,卫匡国在诸多方面都深入利用了"人迹图",此图是卫匡国制作《新图志》的重要辅助资料。

本文将主要针对《新图志》及上述两份史料展开分析,一方面,对关键文本做细读比勘,另一方面,倚重比较地图学方法,③在缺少

---

① 白佐良等意大利学者在译注《新图志》时最早利用了《广舆记》工作本,但仅限于《新图志》拉丁文地理图说与《广舆记》正文的部分比对。笔者已发表数篇利用工作本进行研究的论文,参见林宏:《卫匡国〈中国新图志〉的绘制方法——基于梵蒂冈藏卫匡国批注本〈广舆记〉之〈广东省图〉的研究》,载戴龙基、杨迅凌主编:《全球地图中的澳门》,第二卷,北京:社会科学文献出版社,2017年,第347—397页;《〈广舆记〉与卫匡国〈中国新图志〉城址经纬度推定过程研究》,《历史地理研究》2021年第1期;《卫匡国〈中国新图志〉的山川绘制》,《形象史学》2021年秋之卷,第261—291页;《卫匡国〈中国新图志〉经纬度数据的来源》,《中国历史地理论丛》2022年第1期。另可参见林宏:《卫匡国〈中国新图志〉的制图方法》,上海交通大学博士后出站报告,2018年;《晚明清初中西地图交流史专题研究》,上海师范大学博士后出站报告,2020年。
② Mario Cams (2019), De Novus Atlas Sinensis van Martini en Blaeu (1655) en zijn Chinese bronnen. *Caert Thresoor — the Dutch journal for the history of cartography*, 2019 - 4.
③ 国内学界的地图史研究中,钟翀最早明确提出运用"比较地图学"方法,见钟翀:《〈天津城厢形势全图〉与近代早期的天津地图》,《历史地理》2013年第二十七辑,第312—321页。

制图者本人关于制图资料与方法直接叙述的情形下,经由对相关地图上图形、注记的细节比对,尝试揭示制图过程之"黑箱"中的奥秘。进而结合对文本、图像的解读,指出卫匡国滇桂边界误解的根源,推进对《新图志》知识来源、制作过程等问题的认识。

二、《新图志》图、文对滇桂边界的严重误解

在《新图志》分省拉丁文图说之广西总述中,卫匡国称"此省境土并非皆由中国皇帝掌控,部分区域属于东京国。我在地图上用虚线将这种差别表示出来"。① 广西图上确有一道虚线将省境划为两部分,标写"此线以南地区归属东京王国",据之,则约占全省三分之一的土地已沦于"东京王国"(图1)。

《新图志》广西省分节图说中也有系列叙述:

"第七府(Urbs)南宁"节,称"此府南半部从中国人的统治下叛离后归属东京王国"。②

"第八府太平"节,称"此府为全省至关重要之地,位于山地南侧,曾经居民密布、沃野相连,现已归属东京王国,不在中华帝国境内",卫匡国列出府内所辖基层政区名后(此为《新图志》分省图说的常规内容),续称"这些是依据中国官话记下的地名,但我不知东京国属民怎么称呼这些地方。很遗憾我们的神父们没能绘制一幅关于此王国的详细地图或编制一部详细地志,能够将这些地名的东京

---

① 卫匡国:《中国新图志》,1655年拉丁文版,第142页。
② 卫匡国:《中国新图志》,第146页。

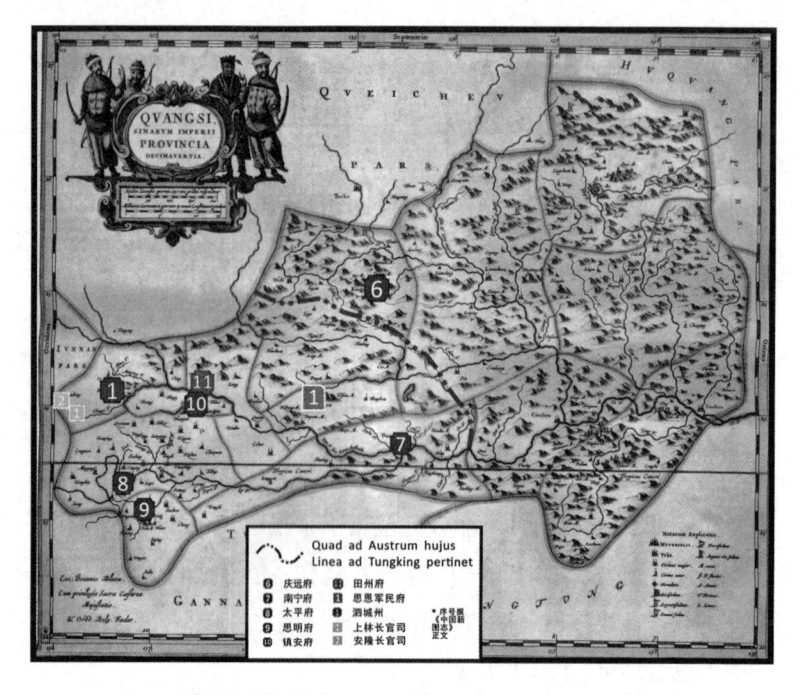

图 1　《新图志》广西图"边界"标注及相关城址位置示意图

语表达都记下来,或者至少转录下它们的读音"。① "我们的神父们"应指在东京活动的西方传教士。卫匡国认为太平府已被东京国占据,还描述道"中国地理学家称此处的居民为野蛮人,因为他们不从属于帝国,并且几乎遗弃了中国的礼俗"。②

"第九府思明"节,称"中国著作中称此城为东京国的都城,东京国亦称安南国。我认为这是确切的,本地居民把此城称作 sinhoa。不过我常听说此王国有南北两个都城。此地原归属于 pegao 的统治者,汉朝时称 kiaochi,唐代首次建立名为思明的政区,明代沿用此

---

① 卫匡国:《中国新图志》,第 147 页。
② 卫匡国:《中国新图志》,第 147 页。

名。当黎朝首领起兵后,此处脱离了中华帝国"。①

"第十府镇安"节,称"此城及此府全境属东京国"。②

"第十一府田州"节,称"此处同样由中华帝国转投东京国"。③

"军事府(Urbs Militaris)思恩"节,称"此处属东京国",又称"此处居民曾经野蛮愚昧,此后当地臣服于明朝,他们学习中国文字、书籍,穿着中国衣冠,甚至当此地很快从中国分离后仍然保有这些文化"。④

"第一州(Civitas Major)泗城"节,称"此州及所辖的程县之地均属东京国"。⑤

章末"要塞(Munimenta)"节,称"此省邻接云南省处,有两个现属东京国的要塞:1. 上林,2. 安隆"。⑥

《新图志》云南省图说的总述中称部分政区"已不再隶属于本省,而是归于东京国或称安南"。⑦ 分节图说中也有相关内容:

"第三府临安"节,记有9处要塞,并阐发说:"此府要塞数量如此之多,是因临近东京王国之故。中国皇帝不得不在此安置大量驻军以抵御来自东京王国的入侵。实际上此府以东的土地均已沦陷。"⑧

"第八府广南"节,称"此府及所辖富州均被东京国占领,脱离了中国。凭借高大雄伟的山脉阻隔抵御来自中国的征讨"。⑨

"第九府广西"节,称"此府之地属东京国"。⑩

---

① 卫匡国:《中国新图志》,第147页。
② 卫匡国:《中国新图志》,第148页。
③ 卫匡国:《中国新图志》,第148页。
④ 卫匡国:《中国新图志》,第148页。
⑤ 卫匡国:《中国新图志》,第148页。
⑥ 卫匡国:《中国新图志》,第148页。
⑦ 卫匡国:《中国新图志》,第155页。
⑧ 卫匡国:《中国新图志》,第158页。
⑨ 卫匡国:《中国新图志》,第160页。
⑩ 卫匡国:《中国新图志》,第160页。

"第一军事府曲靖"节内,阐释军事府的含义为"军与民混居"(对应于中文的"军民府"),称此军民府临近东京国,有效地抵御外侮。①

"第七军事府元江"节,称因为此地"靠近东京与老挝",因此设有一处军事要塞。②

据上述引文,位于云南东南端的广南、广西二府已归属东京国,临安、曲靖、元江三府则与东京国相距不远,其中临安府引文中的"府东之地"即指广南、广西二府与前述广西省西部政区组成的整片连绵"沦陷地带"。在《新图志》云南图上虽无广西图那样的明确线条,但在省境东南端界线边有注文云"此省的这些地方归属东京国",与图说相合。

实际上,稍具明清史常识者便可发觉卫匡国存在严重误解。③卫匡国撰述时正值明清易代,虽时局动荡,但越方从未大举进取南明、清朝相继控制的滇、桂边境。需补充说明的是,此时越南北部势力其实包括两支,除前述郑氏主政下的后黎朝政权外,还有割据的高平莫氏,卫匡国亦不明此节。

卫匡国的认识亦与明代中越边界沿革不符。明初继承元与安南陈朝边界,1400年胡季犛篡位建立胡朝。陈末时曾侵占广西思明府沿边禄州、西平州,胡朝建立后未归还,又于1404年侵夺云南临安府宁远州所辖沿边猛、慢等七寨。永乐四年(1406)起明军攻入安南,胡朝灭亡,永乐五年至宣德二年(1407—1427)为短暂的"属明时期",明廷在安南设置府州县,1427年黎利率起义军驱逐明军,1428

---

① 卫匡国:《中国新图志》,第161页。
② 卫匡国:《中国新图志》,第164页。
③ 当时中越边境东段中方一侧为广东省廉州府,《新图志》对此府的图、文表述中未涉及边界变动问题。

年后黎朝建立。明、黎间时有边界变动,但涉及州县层级者仅宣德二年的两次,一是禄州、西平州再度归属越方,二是宁远州全境被越方占据,明中后期宁远州的部分土地又还属中国。此外另有一些峒、寨、村等基层聚落的改属。① 要之,除"属明时期"外,从明初至清初滇桂两省的中越边界仅有下层政区或县下聚落尺度的局部进退,未发生过如卫匡国误解的那般剧烈变动。

还可分析卫匡国误解滇桂诸地"转投"东京国的时间节点问题。《新图志》图说多数条目中对此并无明确表达,仅在思明府节中称因"黎朝首领(Ly præfectis)"起兵而脱离中国,应指黎利建立后黎朝事,南宁府节中所称叛离中国应也指此时。

在《新图志》书首长篇前言中,卫匡国除了概述中国地理,还在末尾特列诸小节介绍边疆或域外诸地,其中包括安南王国(Regnvm Gannan)一节(此处卫匡国借鉴中文"安南"概念,范围大于西人概念中的东京国,详下文),介绍当地在秦汉唐治下交趾的古代史及明初风云变化的"当代史",明确称1428年起安南再度脱离中国统治。②结合前引思明府节中的表述可判断在卫匡国的误解中上述滇桂诸地在后黎朝建立时改属安南。

三、《广舆记》相关文字的参考性及卫匡国转译时的误读与修改

卫匡国未踏足滇、桂,对二省的知识主要得自中文图志。前引

---

① 参见尤中:《中国西南边疆变迁史》,昆明:云南教育出版社,1987年,第161—164页。李国强:《中越陆路边界源流述略》,《中国边疆史地研究导报》1989年第1期。
② 卫匡国:《中国新图志》,第25页。

《新图志》思明府图说中,卫匡国称依据中国著作此府就是东京国都城,此处显系杜撰,思明府未曾属安南,所谓依据中国著作只是为提升欧洲读者信任度的技巧性表述。后续所谓"本地居民"间的越语称呼"sinhoa"也是凌虚蹈空,翻检当时西文图、书,未见东京国范围内有此地名。①

在《新图志》滇、桂二省篇章中,卫匡国未曾点明创作过程中中文图志的真正作用。本小节先通过细节比对,阐明本文所论区域内,《新图志》与卫匡国所最倚重的凝香阁本《广舆记》间的关系。

《广舆记》最初由陆应阳编撰,1600 年出版,主体文字来自《大明一统志》,但删去了部分栏目,对剩余栏目也做了显著删减,并补充了陆应阳从其他史地文献中搜得的资料,无地图。《广舆记》版本众多,凝香阁本是最早的内容有明显更改的版本,由阎光表改编,最显著差别是补入十六幅地图,包括一幅中国总图与十五幅分省图,此外还对正文做少量添改。凝香阁本的出版时间在 17 世纪前期,不晚于 1626 年。②

《新图志》分省图说的最主要中文资料就是《广舆记》的正文。③仔细分析前小节的滇、桂二省引文,可知其中包含大量卫匡国对《广舆记》的借鉴,但又包含误读。

一些表述明显与《广舆记》原文有直接联系:如前引思明府节中的历史叙述便得自《广舆记》思明府节"建置沿革"门,对应"古百粤地,汉属交趾,唐置思明州,国朝为思明府",思恩府节风俗描述的前半部得自《广舆记》思恩军民府节"形胜"门,对应"其俗瑶僮杂

---

① Sinhoa 或可对应南方阮氏控制的顺化城,有待进一步探讨。
② 对凝香阁刻本年代的分析,参考海野一隆:《地図文化史上の広輿図》,東洋文庫論叢第七十三,東洋文庫,2010 年,第 194—195 頁。
③ 参见林宏:《卫匡国〈中国新图志〉的山川绘制》。

处,不事诗书,本朝建学,粗知礼事"。① 广南府节中的地形分析源自《广舆记》广南府节"形胜"门,对应"山崖高峻,固若金城",②但原文只是对地势的客观描述,《新图志》中"凭借高大雄伟的山脉阻隔抵御来自中国的征讨"云云则是卫匡国基于此地归属安南的误解而做的演绎。

然而,《新图志》中关于滇桂府州陷入安南的失实描述显然不可能在《广舆记》中找到直接对应的一词半句,但仍需经由文本比对,探讨是否可能是出于卫匡国对《广舆记》的误读误译、甚或受到《广舆记》本身某些误记的影响,从而形成《新图志》中的严重误解。

《广舆记》卷二四《外夷》"安南"节"沿革"门记云:

> 古南交地,秦属象郡,汉武帝平南越,置交趾、九真、日南三郡,唐改交州。国朝洪武初归附,赐安南国王印,王姓陈氏,为权臣黎季犛所篡,永乐初发兵进讨,俘获季犛父子,郡县其地。甫定而黎利复叛,宣德间遣使谢罪,因宥而封之。③

《新图志》前言的"安南王国"节中卫匡国的表述可翻译如下:

> 中国人所称的安南由东京王国与交趾(Kiäochi)或称交趾支那(Cochinchinam)构成,安南古称南交(NanKiäo),秦代时此地由象王朝(Siang dynastiæ)统辖,汉朝最穷兵黩武的孝武帝将此地尽数占据,施以中国的治道与法律,首次将此地称作交趾(中略,内容为关于"交趾"名称释义)唐代称之为交州。然而中国人对这片土地的兴趣似乎一直不高,据说是因为当地民俗粗鄙,实际上主要是因为当地人喜爱自主自治,凭借优于中国

---

① (明)陆应阳撰、阎光表增补:《广舆记》卷21,梵蒂冈图书馆藏凝香阁本。
② (明)陆应阳撰、阎光表增补:《广舆记》卷21。
③ (明)陆应阳撰、阎光表增补:《广舆记》卷24。

人的武力与精力,他们易于保有自由。

290年前的明代初年,安南屈服于洪武皇帝,但明帝采用分封方式,将此地封给陈姓国王。不久后国王被三个黎姓官员杀害。他们掌控了王国。永乐皇帝知晓此事后处决了两位叛变者,第三位则逃脱了,安南重新成为帝国一省。安南人刚放下武器不久,那位逃脱者就出现了,安南人再次将中国人赶走,重新掌控这片土地,并且明智地派出了一个使团。当时的宣德皇帝爱好和平与逸乐,而不耽于帝业,鉴于此地人民不断反抗,又无足轻重,就将此地分封给黎氏治理,只需每隔三年带厚礼朝见一次即可。

如此,约在公元1428年这片土地从中华帝国分离。但内部纷争使得此地并不安宁,土地一分为三,第一部分是老挝王国,第二部分是东京王国,第三部分是交趾支那王国,此外还有部分土地留在了广西、云南二省。①

比对可知,卫匡国主要基于《广舆记》而展开铺叙,但又对原文做出不少曲解,显著者包括:① 不知象郡性质,误解为独立王国,相对于《广舆记》表述中的秦代,②卫匡国将安南地域被纳入中原王朝直接统治的时间推后至汉武帝时。②《广舆记》所记汉武帝平南越后所置涉及安南之地的三郡中,卫匡国只译出交趾,可能因"交趾"之名与后世西文"交趾支那"称呼间的密切联系而做特意强调。卫匡国所谓汉武帝时"交趾"首次出现之说亦不确切,实则"交趾"早已

---

① 卫匡国:《中国新图志》,第25页。
② 关于秦象郡南界是否已深入今越南中南部问题,百余年来当代学者有反复辨析,但此前明清学者未做过具体考证,通常受《汉志》自注等文献影响以为秦象郡应包括汉日南郡,亦即深入今越南中部地区,《广舆记》原文即承此说,参见周振鹤:《西汉政区地理》,北京:商务印书馆,2017年,第197—198页。

出现在先秦文献中。③建立后黎朝的黎利并未参与胡季犛父子（原姓黎，故《广舆记》作"黎季犛"）篡陈之事。至于引文末称老挝也属安南则完全出自卫匡国臆想而添写，且与引文文首所述范围矛盾。

为便于深入分析，下文用"**安南地域**"指代卫匡国本人不确切认识中具有历史演变整体性的、与中国分合无定的区域概念，用"**属安政区**"指代《新图志》图说中记载的在明代陷入东京国的滇东桂西政区，"属安政区"包含在"安南地域"范围内，位于后者的北端。据此，卫匡国在"安南王国"节中的表述可概括为："安南地域"在汉武帝至唐代期间直属中国，明代永乐年间一度又短暂直属中国，而洪武至永乐前期及宣德以后则以封王的形式自立（卫匡国不完全理解朝贡体系，将册封制度与欧洲封建制做了不恰当的比附）。

那么，在《广舆记》滇桂二省各节"建置沿革"门内，是否存在一些对应记载，可启发卫匡国据之定出子虚乌有的"属安政区"名单呢？

《广舆记》广西省内的以下词句可能起到作用：南宁府记"周为百粤地"，太平府记"古南粤地，汉属交趾郡"，思明府记"古百粤地，汉属交趾"，镇安府、思恩军民府、泗城州、上林长官司、安隆长官司均记"古百粤地，汉属交趾郡"。①

需指出的是，其中多数条目记当地沿革为汉属交趾郡，皆是《广舆记》误记，因据今人复原，明代广西西部地域在汉代应属郁林郡，而非交趾郡，②但卫匡国显然无法辨出此误，因此《广舆记》的失实表

---

① （明）陆应阳撰、蔡光表增补：《广舆记》卷20。
② 谭其骧主编：《中国历史地图集》，第二册，北京：中国地图出版社，1982年。周振鹤、李晓杰、张莉：《中国行政区划通史·秦汉卷》，上海：复旦大学出版社，2016年，第355—356页。

述可能会加深他对这些地区属"安南地域"的认识。不过,仅依靠"汉属交趾"无法得出《新图志》中的"属安政区"名单,因为多有反例。一方面,《广舆记》南宁府"建置沿革"中记"汉属郁林",①广南府无赵宋前沿革,广西府则记作"汉为益州牂牁地",②三府也被卫匡国认为属"安南地域"。另一方面,庆远府"建置沿革"记作"汉交趾日南二郡界",③却不在"属安政区"之列。

此外,"古南粤地""古百粤地"也无法作为卫匡国的判定标准,因为它们同时出现在两广其他不少非"属安政区"的府州之"建置沿革"叙述中,而被卫匡国识别为"属安政区"的云南省广南、广西两府"建置沿革"记载中也无"南粤""百粤"等语词。

综上,《广舆记》"建置沿革"的部分文字或可起到提示作用,但无法决定卫匡国误解中的"属安政区"名单。事实上,仔细比对《新图志》与《广舆记》文字,还可发现卫匡国在翻译"建置沿革"时似业已心存"属安政区"的名目,而对"建置沿革"文字有所节略、曲解的事例:

《新图志》沿用《广舆记》体例,通常会将各节"建置沿革"所记历代政区名称的演变过程译出(如前引思明府之例),多数节内对此翻译完整,少数地名演变过于复杂者有所节略。然而,总计11处"属安政区"中,在《广舆记》"建置沿革"原文中记有宋元地名者共计6处:南宁府记"宋曰永宁,国朝为南宁府",太平府记"宋平南岭,立五寨,其一曰太平",镇安府记"宋于镇安洞建宣抚司",泗城州记"宋置泗城州",上林长官司记"宋置上林峒",广西府记"元置宣

---

① (明)陆应阳撰、蔡光表增补:《广舆记》卷20。
② (明)陆应阳撰、蔡光表增补:《广舆记》卷21。
③ (明)陆应阳撰、蔡光表增补:《广舆记》卷20。庆远府实际在郁林郡,《广舆记》记载有误。

慰司曰广西"，其中关于太平、镇安、泗城、上林四处的宋元记述在《新图志》的对译里却尽皆省去，且《广舆记》原文中这些政区的地名演变记载并不繁复，故颇疑是卫匡国有意略去的。可推测卫匡国的动机：在其整体叙述中，中国对"安南地域"的统治期只有汉至唐、明前期两段时间，只有将这些"属安政区"在《广舆记》中的宋元地名记载略去，才可不与整体叙述矛盾。果若如此，则《广舆记》"建置沿革"文字并不构成对卫匡国表述的硬性约束，故亦非错误认知的主要源头。南宁府、广西府则分别对宋、元地名有所对译，前者似因只有南半部在"安南地域"内，故保留宋代地名的对译，后者或因译时疏忽、忘记削删所致。

除"建置沿革"门内"汉属交趾"之语外，《广舆记》"形胜"门的描述也具有区域差异，似可启发卫匡国对"属安政区"的认定。《广舆记》《新图志》并记的广西政区中，"形胜"门的描述可分作两类，列为下表：

表1 《广舆记》广西省"形胜"门中的两类条目

政区名	《广舆记》"形胜"门的描述	政区名	《广舆记》"形胜"门的描述
桂林府	襟五岭，控两越，被山带江，西南都会	太平府	峻岭长江，接壤交趾，<u>其俗椎髻蛮音，少事畎亩，多务山园，以强凌弱，一言不顺，父子相仇杀</u>
柳州府	山水清旷，居岭峤之表	思明府	石山峻立，江水萦回，<u>其俗科跣，畏官法，无医药，假贷刻竹，比指为券</u>
庆远府	危峰叠嶂，控扼蛮夷	思恩军民府	山雄水绕，<u>其俗猺獞杂处，不事诗书，本朝建学，粗知礼义</u>

续 表

政区名	《广舆记》"形胜"门的描述	政区名	《广舆记》"形胜"门的描述
平乐府	清湘九疑犬牙相入,滩泷三百六十,至昭而中分	镇安府	高峰峻岭,环带左右,**<u>其俗顽梗,情义乖踈</u>**
梧州府	地总百粤,山连五岭,襟带湖湘,水陆冲要	泗城州	山明水秀,地僻林深,**<u>其俗夷野,近渐礼法</u>**
浔州府	二江限其南北,都峤勾漏为邻,山水奇秀势若游龙	上林长官司	累峰据前,仓岭峙后,其俗科跣带笠,**<u>父子各居,男女混杂</u>**
南宁府	内制广源,外控交趾,南滨海徼,西接溪峒	安隆长官司	群峰耸峙,洞水环流,**<u>趁食为生</u>**,混婚姻早

表中政区可分两类,各 7 处。右栏内政区的"形胜"门中,除地形、区位描写外,均另有对当地风俗的描述(用粗体加下划线表示),基调是突出其相对于中原汉地文化的异质性。左栏内政区则不见风俗描写,提及"蛮夷""溪峒"处,也是位居"控扼""控""接"的他者地位。文本差异构成一种内外有别的圈层结构。右侧栏中 7 个政区均为"属安政区",故可推测《广舆记》"形胜"文字或曾对卫匡国的认识造成一定影响。南宁府"形胜"门的记载属左侧栏中一类,亦可用卫匡国认知中其文化属性的过渡性解释。

但是,仅凭"形胜"门的文字仍无法供卫匡国直接得出"属安政区"的完整名单,一方面,上引文字中对各处风俗的描述并不整齐划一,另一方面,也很难解释卫匡国在云南政区中的择取。云南各地"形胜"门中并无广西那样明确的圈层结构,列入"属安政区"的广南、广西府之"形胜"门中固有对异俗的渲染,然相邻的临安、曲靖等府亦不乏类似描写。因此,《广舆记》"形胜"门文字对卫匡国误解的形成至多也只起参考作用。

四、《新图志》广西图中政区的简化

《新图志》与《广舆记》地图间关系的问题非常复杂,笔者另有专文详解,①此处仅着重概述本文涉及的广西局部区域,作为后文进一步图像分析的基础。此区域恰又是《新图志》与《广舆记》图形差别较显著的局部,故需做特别分析。

凝香阁本《广舆记》总图与分省图源自对嘉靖间《广舆图》某早期版本的摹绘,但转摹不精,略去计里画方网格,线条、定点、注记等的方位发生不同程度改变。《广舆记》地图与正文分省地理叙述中各包含一套聚落名单,二者间存在诸多差异,主要差异及由来包括:① 正文"建置沿革"中的政区名目经过16世纪末的修订,较沿用16世纪中叶旧图示的地图更具时效性。② 地图中标出部分准实土卫所,正文未记。③ 除政区外,地图中还标注多种类型的大量非政区型军事地点及交通地点,正文未记。④ 地图转摹不精,相对于《广舆图》,部分地点或遗漏地名注记,或遗漏符号,或二者皆漏,部分注记文字抄误、或潦草难辨,符号体系发生简化及误用。此外,卫匡国所用《广舆记》工作本中部分地图局部印制模糊,也导致一些地名难以识读。②

卫匡国在制图过程中应曾认真比对《广舆记》图、文,并发现二者存在众多差异,进而决定以《广舆记》图、文的互校互补为主要基础,重新修订出一份中国聚落名单,建构新的聚落体系。卫匡国修订后的聚落体系分别展现在1655年《新图志》分省地图、经纬度表、正文分省图说中,各有细节差异。在《广舆记》工作本上也留有大量

---

① 参见林宏:《〈广舆记〉与卫匡国〈中国新图志〉城址经纬度推定过程研究》。
② 参见林宏:《晚明清初中西地图交流史专题研究》,第9—20页。

与聚落补改工作有关的笔迹,包括对原图漏绘政区的补充、对部分原绘政区定点的移位。卫匡国的新聚落名单总体上较《广舆记》图、文完整,但主要由于《广舆记》本身的缺陷、卫匡国对卫所等行政区划制度了解不足、文本误读乃至主观曲解等原因,新聚落体系多有不合实际之处,与本文直接相关的是他对广西西部政区结构的大幅度简化。

图2是《广舆记》工作本与《新图志》广西图西部线描图的对照,为方便叙述,线描图上利用《新图志》图说原文中的聚落序号标识。左侧《广舆记》图取卫匡国在工作本上补改后的聚落定点,由于所据资料中定位信息的匮乏,卫匡国补改的方位多不确切,但却是《新图志》图上聚落定位的基本依据,《新图志》地图上仅有少量政区的相对方位较补改后的工作本发生二次更改(如镇安府)。左图虚线为工作本原绘的政区界线,可大体展现明代此区域复杂的政区结构。《广舆记》正文中,除各府、军民府、直隶州及其属县外,另以单独条目记载布政司直辖的利州、奉议州、向武州(辖富劳县)、都康州、龙州、江州(辖罗白县)、思陵州等土州,及上林、安隆两个长官司。《广舆记》地图中,它们中多数由黑线勾出各自辖区,个别漏绘,仅少数共居一区(如龙州、江州、罗白县)。

广西本有田州府,经嘉靖七、八年(1528、1529)的系列变动,最终改为直隶州。《广舆记》地图绘出田州直隶州,但《广舆记》正文中漏记田州,卫匡国依据前者,但误读为一府。卫匡国构建的"田州府"下的州县也来自《广舆记》原图,"lung"(3,括号内为图说中的聚落序号,下同)得自原图"上隆"注记,原指上隆州,但误译。《广舆图》初绘时(16世纪中叶),原属旧田州府的上林县已改属思恩军民府,归德州、果化州已改属南宁府,《广舆图》所绘本已过时,经《广舆记》图中介,卫匡国的"田州府"也与实际情况不符。

卫匡国《中国新图志》滇桂边界误解成因考释

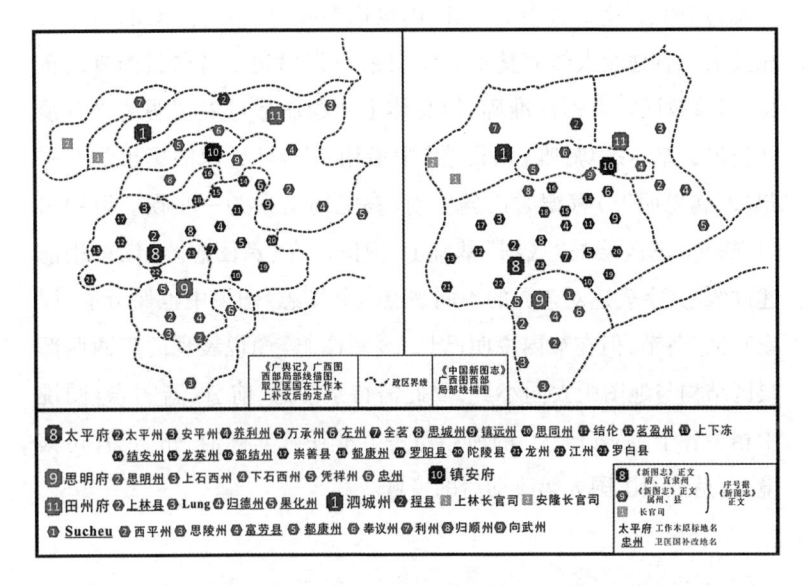

```
⑧太平府 ②太平州 ③安平州 ④养利州 ⑤万永州 ⑥左州 ⑦全茗 ⑫思城州 ⑬镇远州 ⑭思同州 ⑮结伦 ⑯茗盈州 ⑰上下冻
  结安州    龙英州   都结州   崇善县   都康州   罗阳县 陀陵县   龙州   江州   罗白县
⑨思明府 ②思明州 ③上石西州 ④下石西州 ⑤凭祥州 ⑥忠州   ⑩镇安府
⑪田州县 ②上林县 ③Lung ④归德州 ⑤黑化州 ④泗城州 ⑦程县 上林长官司   安隆长官司
① Sucheu ②西平州 ③思陵州 ④富劳县 ⑤都康州 奉议州 ⑦利州 ⑧归顺州 向武州
```

图2 《中国新图志》广西西部政区格局相对于《广舆记》图的简化

《新图志》地图上，卫匡国对政区结构做出大幅改动。相较于《广舆记》地图的主要变化包括：归顺州（8）、向武州（9）、龙州（21）、江州（22）、罗白县（23）归属太平府，思陵州（3）归属思明府，富劳县（4）、都康州（5）、奉议州（6）归属镇安府，利州（7）归属泗城州，上林、安隆两个长官司也无独立辖区，置于泗城州境内。观察方位，卫匡国是依照就近原则将它们分别改划的，造成太平等三府一州的辖境显著扩展。

经过卫匡国的大幅度改动，广西西部政区结构焕然一新，由纷乱变得简明、疏朗许多，却也大大地脱离了实际。在广西中东部及云南省东南部，虽同样经卫匡国在《广舆记》工作本上的补订，但政区结构无显著调整。

《广舆记》地图本无可导致卫匡国形成边界误解的信息。在《新

421

图志》广西、云南二省图上,卫匡国也仍参照《广舆记》原图,将本文相关的二省地域大体完整地转绘出来,①以沿边政区名目为判断依据,尽管政区定点不甚准确,但总体上所绘图形可展现明清之际滇桂边界的基本态势,唯《新图志》中沿用《广舆记》原图标出的西平州(2,属思明府)宣德时已属安南(参见前文),为一小误。沿用由《广舆记》图改绘的"底图"基础上,卫匡国在《新图志》地图中用前述虚线、文字表达对边界的不同观点,《新图志》图说中也保留了"属安政区"各节,但在节内说明己见。《新图志》图说展现的广西西部政区结构与地图中大同小异,因此需特别注意,前引《新图志》图说中相关各个"属安政区"的所指范围并非明代实际府、州、长官司辖境,而是经卫匡国大幅改动后的境域。

五、卫匡国使用的"人迹图"版本问题

据上述分析,《广舆记》正文与地图均非卫匡国对滇桂边界误解的最主要来源,卫匡国的误解其实得自另一种单幅中文舆图。本节将以《新图志》广西图上的一个特殊地名"Sucheu"的来源为线索,先厘清卫匡国所用单幅舆图的版本问题,作为下节具体论证此图作用的基础。

明末清初的商业地图市场上出现多种大型单幅总图,占据图幅主体的中国直省区域绘法在图形、注记等方面高度近似,特别是政

---

① 关于云南西南部疆域范围,《新图志》《广舆记》绘法存在一定差异,需做另文分析。

区建置皆以万历十四年(1586)为断,①因此具有显著的关联性,根据各图图名的共性,笔者将之概称为"人迹图"。

比较现存"人迹图",又可根据地图上的域外绘法分为两个子类,②区分的标准为:第一子类的边疆及域外图形、注记得自明代本土知识,第二子类则融入晚明耶稣会士带来的世界知识,因此域外绘法焕然一新。

下文将概述笔者所知七幅明末清初"人迹图"的基本情况,其中梁辀《乾坤万国全图古今人物事迹》为现存"人迹图"中年代最早者,据龚缨晏新近考订,梁辀图可能制于 1603 年。③但细致比对各图注记,梁辀图上展现的个别年代较晚的政区变动未体现在其余六图上,④因此梁辀图之前应尚有已佚失的"人迹图"祖本甚或多种早期版本。⑤

---

① 参见林宏:《晚明清初中西地图交流史专题研究》,第 88 页。韦胤宗曾考证加拿大藏《九州分野舆图古今人物事迹》,认为此图编刻于万历十一年,参见韦胤宗:《加拿大英属哥伦比亚大学亚洲图书馆藏〈九州分野舆图古今人物事迹〉》,《明代研究》2016 年 12 月,第 195—196 页。此说有误,《九州分野》图与曹君义图的政区名目一致,图上标出的宁远州、定番州等地名的出现均晚于万历十一年。

② 成一农曾以各图所附图说为主要依据对相关地图做过分类,本文的研究对象、分类依据均与此文不同。参见成一农:《"古今形胜之图"系列地图研究——从知识史角度的解读》,《形象史学》2020 年第十五辑,第 256—284 页。

③ 此前学者据《乾坤》图梁辀序言落款认为此图绘制于万历二十一年(1593),龚缨晏新近分析图上具体内容,推测《乾坤》图上"万历癸巳"应是"万历癸卯"(三十一年,1603)之误。龚缨晏《〈坤舆万国全图〉与"郑和发现美洲"——驳李兆良的相关观点兼论历史研究的科学性》,《历史研究》2019 年第 5 期。卜正民(Timothy Brook)也对梁辀图图序做文本分析,指出制图时间应晚于 1602 年,[加]卜正民《全图:中国与欧洲之间的地图学互动》,"中研院"近代史研究所,2020 年,第 166—168 页。

④ 梁辀图是已知现存晚明"人迹图"中唯一展现极个别晚于全图年代断限(1586)政区变动者,笔者目前检得两处:遵义府、汾州府,待见读高清图像后进一步分析。

⑤ 参见林宏:《晚明清初中西地图交流史专题研究》,第 88 页。

第一子类：

①《九州分野舆图古今人物事迹》，印本，藏于加拿大不列颠哥伦比亚大学，①此图有牌记云"癸未仲秋日南京季名台选录梓行"，韦胤宗认为此年代指万历十一年（癸未，1583），称此图具有开创性意义，梁辀图（④）的中国部分仿绘自此图，而⑤、⑦两图又仿绘梁辀之图。② 但此说不确切，实际上，①的成图时间（详下）晚于梁辀之图，此图内容应与"人迹图"的祖本或早期版本基本一致。

②《皇明分野舆图古今人物事迹》，抄本，藏于哈佛燕京图书馆，③全图内容与图①几乎一致，但抄写时多有空缺，应是因所依据的印本模糊难辨所致。此图左下角牌记明确写作"崇祯癸未仲秋日南京季明台选录梓行"，点明图①未标明的刻印年代，应为崇祯癸未（十六年，1643），而非万历。可进而推测季明台原刻图名首二字本为"皇明"，①为入清后的翻刻本，故将图名易作"九州"，同时还将"季明台"改作"季名台"，②则是依据①的某个明末原印本忠实摹绘的。④

③《历代分野舆图古今人物事迹》，刻本，藏于牛津大学鲍德林图书馆，⑤此图有牌记"康熙己未端阳月北京吕君翰选录梓行"，出版

---

① 高清图像见加拿大不列颠哥伦比亚大学图书馆网站：https://open.library.ubc.ca/collections/chineserare/items/1.0216490#p0z-3r0f，检索时间：2020 年 6 月 11 日。
② 韦胤宗：《加拿大英属哥伦比亚大学亚洲图书馆藏〈九州分野舆图古今人物事迹〉》，第 189—219 页。
③ 高清图像见澳门科技大学全球地图中的澳门网站：http://lunamap.must.edu.mo/luna/servlet/detail/MUST~2~2~384~493，检索时间：2020 年 6 月 11 日。
④ 卜正民误将哈佛藏本认定为刻本，据高清图像，此本实为抄本，参见［加］卜正民：《全图：中国与欧洲之间的地图学互动》，第 170—171 页。
⑤ 高清图像见牛津大学鲍德林图书馆网站：https://iiif.bodleian.ox.ac.uk/iiif/viewer/8957301e-2596-4e4e-9337-2ff41a535d22，检索时间：2020 年 6 月 11 日。

于康熙十八年(1679)。为对①的翻刻之作,全图内容基本一致,略有小异。牛津藏本图名栏上半部缺损,但可据横滨市立大学藏宽延庚午(1750)年日本摹刻本准确还原图名。①

第二子类：

④《乾坤万国全图古今人物事迹》,署名无锡儒学训导梁辀刊行,原图下落不明,中国国家图书馆收藏复制本。② 此图印制年代如前述,图上中国绘法得自祖本或早期"人迹图",但注记有所减省,并做极少量添改,又将得自利玛窦世界地图的外国地理知识记录在图幅边缘的抽象群岛图形中。

⑤《天下九边分野人迹路程全图》,印本,藏于大英图书馆,③崇祯十七年(1644)金陵曹君义刊行。此图印制精良。绘有纬度标尺及示意性经度线条,显受西学影响。图上中国部分很可能得自对①的转绘,注记有少量减省,个别地名位移,界线等图形有局部形变。域外部分则在中国四围参照艾儒略(Giulio Aleni)《职方外纪》中的地图增添世界地理图示。④

⑥《天下九边万国人迹路程全图》,印本,藏于哈佛燕京图书馆、⑤横滨市立大学图书馆等处,⑥康熙二年(1663)由姑苏王君甫发

---

① 高清图像见横滨市立图书馆网站：http://www-user.yokohama-cu.ac.jp/~ycu-rare/views/WC-2_14.html?l=1&n=184,检索时间：2020年6月11日。
② 较模糊图片见曹婉如主编：《中国古代地图集》明代卷,图版145,北京：文物出版社,1994年。
③ 大英图书馆藏本清晰复印件见[加]卜正民：《全图：中国与欧洲之间的地图学互动》,套装内附图。
④ 关于曹君义图与艾儒略著作间关系的分析,参见 Zhang Qiong, *Making the New World Their Own*, Leiden/London: Brill, 2015, pp.350-351.
⑤ 高清图像见全球地图中的澳门网站：http://lunamap.must.edu.mo/luna/servlet/detail/MUST~2~2~383~492,检索时间：2020年6月11日。
⑥ 高清图像见横滨市立大学古地图数据库：http://www-user.yokohama-cu.ac.jp/~ycu-rare/views/WC-0_161.html?l=1&n=177,检索时间：2020年6月11日。

行。此图与⑤非常接近,除略去经纬度要素外,总体无显著差别,在主图注记与图说中有个别关于改朝换代的文字添改,还有个别抄误、漏写。

⑦《大明九边万国人迹路程全图》,印本,日本人梅村弥白在京都根据王君甫之图翻刻刊印,将图名中的"天下"改作"大明",刊年不详,约在元禄、宝永间(17、18世纪之交),在日本流传很广,存世亦多,藏于早稻田大学图书馆、①哈佛燕京图书馆等多处。② 梅村弥白翻刻本制作精良,较忠实地保留⑥的原貌。

如前述,康言指出《新图志》图说总序内列表所载各省会间里程数与曹君义图所附路程表基本相符,③现存七种"人迹图"中此路程表仅见于归属第二子类的⑤、⑥、⑦三图中。

笔者另文指出,绘制《新图志》时卫匡国依据对中文文献不尽确切的解读,对中国聚落体系形成独特见解,与实际制度不能完全契合。笔者将卫匡国认知下的聚落归纳为两大类:基本政区与军事点。"基本政区"约计1 300处,包括所有府州县,也包括西南省份的军民府与部分军民指挥使司,其余类型多样的各种聚落均被卫匡国认作"军事点",约计基本政区数量的1/4,包括不少实际归属民政系统的政区。如前述卫匡国在制作《新图志》时将《广舆记》地图、正文互相参合,补订聚落名单,同时,详细绘制中国各级各类聚落的"人

---

① 高清图像见于早稻田大学图书馆网站,http://www.wul.waseda.ac.jp/kotenseki/html/i13/i13_00587/index.html,检索时间:2020年6月11日。
② 高清图像见全球地图中的澳门网站:http://lunamap.must.edu.mo/luna/servlet/detail/MUST~2~2~385~512,检索时间:2020年6月11日。另于日本京都大学、横滨市立图书馆、西尾市岩瀬文库、筑波大学图书馆及加拿大不列颠哥伦比亚大学图书馆等处网站也可见此图高清图像。
③ Mario Cams (2019), "De Novus Atlas Sinensis van Martini en Blaeu (1655) en zijn Chinese bronnen".

迹图"（所绘聚落总量甚至高于《广舆记》分省图）也在卫匡国补订聚落名目的过程中发挥了一定作用，主要体现在卫匡国对"军事点"的补订上，因为"人迹图"上绘出更多相关聚落。① 而关于"基本政区"，通检《新图志》中各幅地图，只有一处不见于《广舆记》图、文中，此地名又恰好位于本文研究区域内：属于思明府的"Sucheu"（图3），根据笔者对《新图志》所有地名来源的查考，中文资料出处仅有《广舆记》与"人迹图"两种，故可知此地名是据"人迹图"补出的。

《广舆记》正文思明府"建置沿革"中记领州五：思明州、上石西州、下石西州、凭祥州、忠州，②无可与"Sucheu"对音者，明代至清初，府内亦从无对应政区。《新图志》图说中，思明府内记有六个政区：1. Suming（即思明府，《新图志》的通例是将府、直隶州名记作辖境内首城之名）、2. Suming（思明州）、3. Xangxe（上石西州）、4. Hiaxe（下石西州）、5. Pingciang（凭祥州）、6. Chung（忠州），与《广舆记》原文对应，亦无"Sucheu"，《新图志》图、文不符。如图2所示，《新图志》广西图中简化政区结构，除上述6城外，另将《广舆记》广西图上有独立辖区的Siping（西平州）、Sulin（思陵州）划入扩大后的"思明府"，再加上"Sucheu"，共计9城。《新图志》经纬度表中的"思明府"也是扩大后的规模，府内先列《新图志》图说前5府，"Sucheu"排列第六，随后是忠州、西平州、思陵州。

1644年曹君义图（⑤）上仍然无法找到"Sucheu"的对应注记，但在1663年王君甫图及其精细日本翻刻本（⑥、⑦）上，思明府内却标有"思州"，恰可同"Sucheu"相应。比对可知，"思州"是由对旧图上

---

① 参见林宏：《晚明清初中西地图交流史专题研究》，第22—54页。
② （明）陆应阳撰、蒋光表增补：《广舆记》卷20。

"忠州"的误抄造成的。不过,王图年代已晚于《新图志》,不可能为卫匡国所用,故推测卫匡国利用的是某种从曹图(⑤)翻刻的"人迹图"(目前尚未发现,或已佚失),卫匡国在1653年返回欧洲前,在中国或东南亚某处获得此图,图上已将"忠"误抄作"思"。

《新图志》地图上,"忠州"(Chung)、"思州"(Sucheu)并立。依据工作本广西图笔迹,可大致推测卫匡国的改动过程。工作本上可见卫匡国手书序号6,因前5序号均与《广舆记》《新图志》图说排序相符,故推测6对应于《广舆记》《新图志》图说中的忠州。可注意,"6"是添写在工作本上原绘州城符号◇边的,但《广舆记》原图遗漏注记,查核《广舆图》,此处确系忠州符号,卫匡国此时添写的序号准确。然而稍晚时卫匡国又据"人迹图"核对思明府聚落名目,因其所用"人迹图"上无"忠"而有"思",且方位偏东,故删去"6"所对应的原图◇符号,另在右侧新绘一个州城符号,将此城东移,此时的"6"已改而对应得自"人迹图"的"思州"。此后,复又据《广舆记》正文重添一忠州,标在更右下方,手写"Chun",即"忠"的拼写(图3)。

六、卫匡国的误解主要得自对"人迹图""土流"注记的严重误读

第二子类"人迹图"虽然吸纳了不少世界地理新知,但仍是基于中国中心天下观绘制的,中国占据全图大部分面积。现存⑤、⑥、⑦三图对东南亚诸国的绘法就很可凸显华夷之别,安南、占城、暹罗、真腊等位于中南半岛的陆地国家均以文本框的形式展现,布设于大陆南侧的浪涛中,与爪哇、渤泥等岛国混处。与此对应,原本全属内

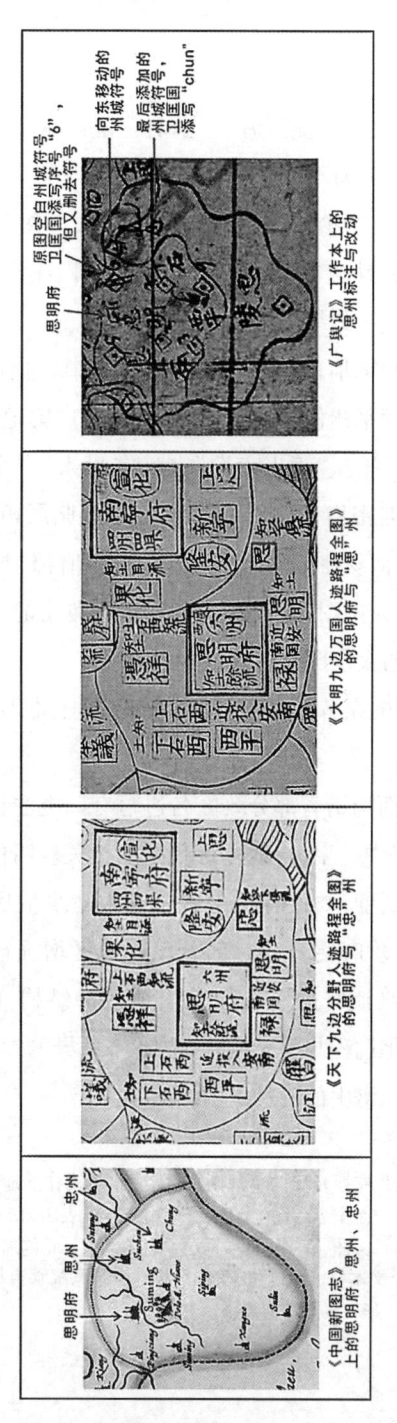

图 3 各图思州、忠州注记对照

陆的广西、云南被绘作南侧滨海。① 这种区隔图示虽属虚幻,却可更明确地展现中国边界所至。

然而,卫匡国虽然参考了"人迹图",但"人迹图"上并无可直接引发《新图志》中特殊边界认识的图示,乃是因卫匡国误读了"人迹图",才曲折地造成了最终的误解。

"人迹图"在思明府内绘有西平州,并准确添加注文"近投入安南",较同样注出西平州但未说明归属变化的《广舆记》之图更确切,同时,还绘有禄州,添注"近安南国",略去"投入"二字。但需注意,因"人迹图"上地名密集,两处本仅与县级政区归属相关的注记均又靠近思明府符号,似易使卫匡国产生整个思明府都"投入安南"的误读(图3)。不过"人迹图"上仅思明府内有此类注记,因此仅凭之不足以形成卫匡国的大范围整体性误解。

其实,卫匡国的误解竟主要得自"人迹图"上本不相干的另一类注记的误读。

"人迹图"在西南诸省部分政区名边写有一类注记(参见图3),至少包含"土、流"中一字,与地方行政制度相关。明代继承、发展了元代创立的土司制度,委任各类土官管理大量少数民族聚居地区,但自明初起,中央政府便开始对部分民族地区增强控制,运用向民族聚居区派设各级流官的手段改变当地政治结构,政策的施行因时、因地而异,变化过程与整个明代相始终,各异的地方行政状态可概括为位于渐变光谱中的五种类型:

---

① 梁辀图上安南国绘作东西延展的不规则形区域,北与滇桂陆地接壤,但其余中南半岛诸国均绘在海中。季名台图(①)上安南用文本框表示,在东北端尚与广西思陵州、江州相连,曹君义图(④)上文本框已总体在海中,北侧局部与广西相接,王君甫图(⑤)上整个文本框已明确位于海中,与广西有宽阔水道相隔。成图年代愈晚,安南局部图示的华夷区隔性似愈强。

A. 政区内各类官员均为世袭土官,自治程度最高。

B. "土流参治"之一,土司政区部分佐贰官、首领官等属官由流官担任,正印官仍是土官。

C. "土流参治"之二,明初为土司政区,后将正印官改为流官,达成"改土归流"、向普通政区转变的关键步骤,但部分主要属官仍由土官担任。甚至还存在少量并设土、流正印官的特例(如云南府安宁县、曲靖军民府霑益州等)。

D. "土流参治"之三,正印官明初即为流官,但部分属官至晚明仍由世袭土官担任。

E. 完成地方政府的"改土归流",正印官及主要属官均改设为流官。

"人迹图"中的"土""流"注记也可对应地做出分类,并可对其字面意思作如下阐释:

① **知土、知土典流、知土余流、知以下俱流、知土同流、知土目流、知土以下流、知土判流、知土通以下流、经以下流官**:均可对应于 B 类型,知府、知州、知县等正印官为土官,典史、同知、吏目、通判、经历等属官部分由流官任职。

② **流、知流、知目流**:表述较为含混,对应于 C、D、E 类型中的某一种。

③ **知典俱流、知目俱流、知同目流**:对应于 E 类型。

"人迹图"中未对保持土官自治的 A 类政区做注记,仅标注其余四类,应是着意展现明代的土、流动态变化,而略去未变者。王君甫图是由曹君义图演化的,基本照录曹图的"土流"标注,唯遗漏曹图广西太平府永康等五州边的标注,另将镇安府上林县边标注由"知流"误抄作"知土"。曹图中国部分改绘自季明台图,"土流"标注也基本相符,仅个别增减。季图又与四十年前的梁辀图同源,皆来自

431

更早版本的"人迹图",尽管二图地名方位略有差别,可导致"土流"标注方位随之改变,但标注内容本身仅有小异。

另可注意,明代土司政区主体由两大类构成:**甲类**:宣慰司、宣抚司、安抚司、长官司、蛮夷长官司等;**乙类**:军民府、土府、土州、土县等。两类土司在下层职官设置上有所差别,但明廷在两类土司中均进行过 B 类的"土流参治",《明史·职官志》概括称"大率宣慰等司经历皆流官,府州县佐贰多流官"。① 在《明实录》等史料中也可检得关于甲类土司"土流参治"的许多记载,明廷设置了"流官吏目""流官同知"等下层职官,但"人迹图"上的"土流"注记仅见于乙类土司符号边,甲类土司符号边则全未注出。此外,明代西北另有一些不属于上述两大类的土官,系于卫所体制下,也存在少量"土流参任"的情形,②对此"人迹图"中亦未加特殊标注。

进一步分析可知,即使将标注对象限定在上文指出的有限范围内,"人迹图"的"土流"标注也欠缺完整性与准确性,主要体现在两个方面:

第一方面,遗漏大量应有标注。明后期有三种全国性著作中对乙类土司动态做较系统记述,且富原创性,分别见于罗洪先《广舆图》的表格式分省图说、张天复《皇舆考》的分省图说、《大明官制》的分省正文中。③ 比较之下,通常又以《大明官制》所记者条目更完整、内容更详细(如广西思明州,《广舆图》作"知土官"、《皇舆考》作"知土"、《大明官制》作"土官知州、流官吏目")。核诸方志等同时

---

① 《明史》卷 76《职官五》,北京:中华书局,1974 年,第 1876 页。
② 参见武沐:《明代"土流参治"再研究》,《中国边疆史地研究》2013 年第 1 期。
③ 《大明一统志》《广舆记》等地理文献中几无对土司土、流动态的记载,《大明会典·州县》中仅记各省土府州县总数,《皇明职方地图》分省职官表中记述袭自《广舆图》。此外,清人修《明史》之《地理志》中无相关记载,《土司传》中的相关记载则仅广西部分较系统,余省零散、缺漏。

代文献,可对《大明官制》做部分验证,知其所记虽难免错漏,但多数属实。一些晚明民间类书的地理部分中也有相关记述,如《事言要玄·地集》等,应是参合《大明官制》《广舆图》等书简编的,另一些民间类书复经进一步简写后几乎将土、流信息损失殆尽(例如有些类书中在思明州下仅记作"吏目")。①

　　王君甫图中共计 36 处此类标注,曹君义图 41 处。以曹图计,广西 30 处、云南 8 处、湖广 1 处、四川 2 处。《大明官制》版本众多,如前述,"人迹图"的政区下限为万历十四年(1586),因此以同年刻印的宝善堂本《大明官制》为参照,②可大体展现"人迹图"中的漏注情形。③《大明官制》中对乙类土司政区动态的分省统计如下:广西 47 处、云南 47 处、湖广 3 处、四川 4 处、贵州 4 处,总计 105 处。相比之下,"人迹图"的标注显然远非完整,且地域分布也不均衡,广西中北部、云南大部、贵州中部、四川北部等地本也应有此类标注,"人迹图"却均遗漏。④

　　第二方面,与《大明官制》及其他史料比对可知,"人迹图"上的一些土、流标注并不准确,举例言之,广西太平府思同州、罗阳县、思城州、茗盈州标作"流",但《大明官制》作"土知州、流吏目"或"土官知县、流官典史",正印官尚未改流。不过,如下文所述,这些标注的不确切性并不会对卫匡国的笼统解读造成影响,故此处不展开

---

① 如《新刊翰苑广记补订四民捷用学海群玉》《新板全补天下便用文林妙锦万宝全书》《新锲全补天下四民利用便观五车拔锦》《新刻全补士民备览便用文林汇锦万书渊海》《新刻天下四民便览三台万用正宗》等。
② (明)陶承庆校正,叶用时增补:《大明一统文武诸司衙门官制》,《四库全书存目丛书》史部第 260 册,济南:齐鲁书社,1996 年。
③ "人迹图"编绘时依据部分过时资料标出一些已改废的政区,《大明官制》中的土、流注记也不尽确切,故此处统计只可展现总体状况。
④ 若再考虑《大明官制》对明中前期完成改土归流的政区已无特别记述的情况,则"人迹图"的漏标较实际更多。

分析。

如图4所示,"人迹图"(以王君甫图代用)上不甚完整的"土流"注记主要集中在广西西部及云南省东南端的连片区域中,此外仅云南南部与西北部、四川东南部、湖广西部有零星相关注记。

与《新图志》比较,这一连片分布的区域范围恰好同卫匡国归为"属安政区"的广西、云南境土高度吻合,对这种空间一致性仅有的合理解读是:卫匡国完全误读了"人迹图"上的"土流"注记,作出了风马牛不相及的阐发。对卫匡国误读的逻辑过程可作如下推测:

① 他很可能对改土归流、土流参治等制度全无确切知识,无法理解这些注记的真正含义。在《新图志》图说中卫匡国仅在一处明确言及土司,出现在云南省总序中,称此省有一些具备自治权力的"tuquon"(土官),却称中国其他省份无此制度,[①]可见他对土司制度缺乏准确了解。且在云南省章内也未能具体指出哪些地区由土官执掌,可知他关于云南土司的知识也仅限于皮毛。

② 依据"人迹图""土流"注记的分布情况,将上述连片区域直觉地认作一个特殊区域。且未认真地推敲这批注记间的表述差别,囫囵吞枣地以为它们有共同的表意。此外,由于"人迹图"上注记密集,卫匡国可能未注意到或忽略了逸出连片区域的少量零散注记。

③ 最关键的一环:卫匡国将此类注记中频频出现的"流"字误解为境土的流失。

④ 前述"人迹图"上思明府西平州、禄州旁的"近投入安南"注记,及对前引《广舆记》正文"建置沿革""形胜"门中一些文字的解读可能在卫匡国总体误解的形成中起到催化作用。

---

① 卫匡国:《中国新图志》,第155页。

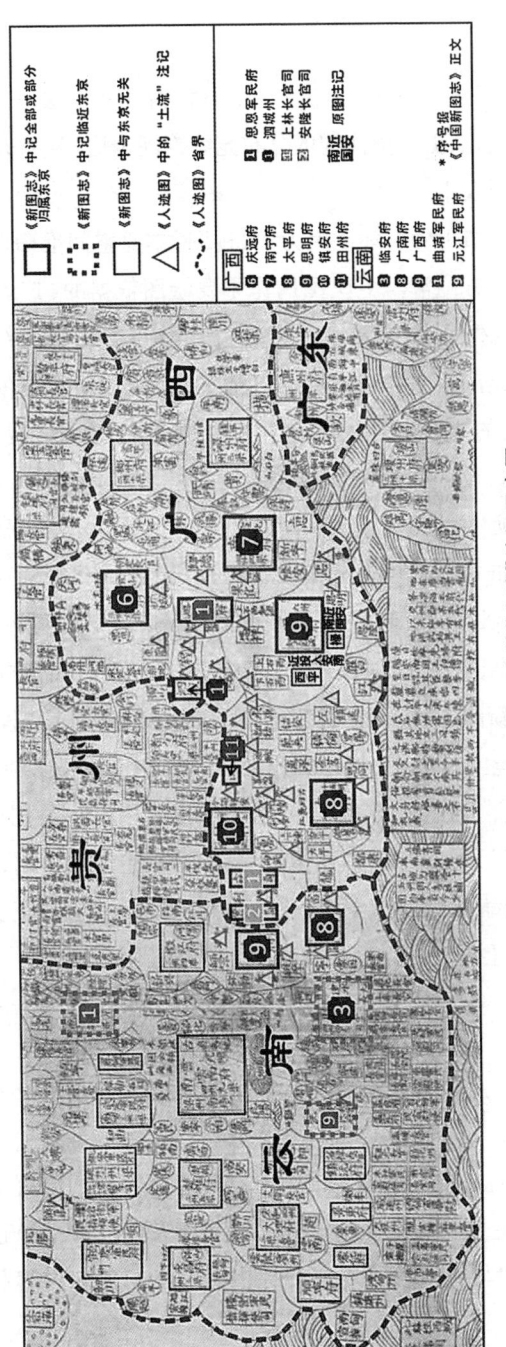

图 4 王君甫图上广西、云南的"土流"注记示意图

⑤"人迹图"上的不少"土流"注记原特指某些下层政区,但卫匡国将其所指泛化,据此类注记的分布笼统判断全府(直隶州)或半府整体性地归属安南。

还有一些细节可做补述。因为"人迹图"本身空间准确性较低,所绘政区间相对方位常与卫匡国用作主要绘图依据的《广舆记》地图矛盾,且如前述,卫匡国转绘时又对《广舆记》原图政区结构、名目、方位(尤其是广西西部)做出改订,所以在卫匡国将主要依据"人迹图"注记认定的"属安政区"范围落实到基于《广舆记》地图修订而成的《新图志》政区图上,及撰成《新图志》图说的过程中,需做较复杂的空间转换,由此也会产生一些《新图志》图、文与所据中文地图间的差异。如"人迹图"上云南曲靖军民府与"属安政区"广西府并不接壤,中隔澂江府,但《新图志》地图参照《广舆记》图,将曲靖府绘作南接广西府,据之,卫匡国才在《新图志》图说中称曲靖"临近安南国"。又如《新图志》图说称南宁府南半部沦陷,是依据"人迹图"上绘在南宁府境内的果化、归德二州的"土流"注记所做的判断,但《新图志》地图上,如前述,二州已因卫匡国参照《广舆记》图而改属虚构的"田州府",对南宁府图示上的"土流"表述已无作用,《新图志》地图上地域缩减后的南宁全府均在虚线安南一侧,与正文表述不符,是由于图上斜穿庆远府的虚线向下自然延伸造成的。

七、余　　论

本文指出卫匡国在《新图志》中对滇桂边界方位的误解主要是由对"人迹图"上"土流"注记的严重误读引起的,《广舆记》正文中的一些文字表述与"人迹图"上的个别其他注记可能对误解起催化作用。卫匡国并未阐明他做出判断的理据,本文经由对相关各类文献做文本细读及对多种相关地图做深入细节的比较地图学研究,钩沉索隐,揭示误解产生的原因。

回到孕育《新图志》的时代背景中,卫匡国的误解是一系列具体历史条件因缘际会的产物:第一,卫匡国在中国的有限游踪并未涉及滇桂。第二,他虽对中国地方行政制度有笼统了解,但对如土司制度等具体问题尚缺乏准确认知。第三,卫匡国对中文文献的择取及所依赖中文图志本身的缺陷均产生影响,他随身带回欧洲的《广舆记》图、文对"土流"动态无系统记述,同时代的《广舆图》《官制》等书有之,可惜卫匡国未曾参考,而卫匡国参用的"人迹图"恰对"土流"注记作了不完整却集中的标注,从而引发误解,设若"人迹图"的标注更加切实完整,遍布西南诸省更广阔范围,那么卫匡国的误解或可避免。第四,当时欧洲人对越南地理的了解并不充足,卫匡国也未对已有成果充分借鉴。截至17世纪中叶,欧洲人对越南最系统的描述见于耶稣会士罗历山(Alexandre de Rhodes)在1650、1653年出版的两种著作中,罗历山在17世纪前期多次进入安南的郑氏、阮氏控制区活动,并先后绘有两种越南地图,收于上述两书中,卫匡国在《新图志》前言的"安南王国"节中也提及罗历山著作,[1]但罗历山之图绘制简略,可见其人越南地理知识亦属有限,[2]且罗历山图将东京国北界定在22.5—23°N,而卫匡国图上"安南地域"的北端已达25°N,可知卫匡国应未参考罗历山图示。第五,耶稣会士卜弥

---

[1] 卫匡国:《中国新图志》,第25页。
[2] 对此图的研究可参考 Alexei Volkov, "On Two Maps of the Vietnam by Alexandre de Rhodes", Luís Saraiva and Catherine Jami ed. *Visual and Textual Representations in Exchanges between Europe and East Asia 16th–18th Centuries*, World Scientific, 2018, pp.99–118.

格(Michael Boym)曾在1650年入广西活动,1651年初返欧,但同年启程返欧的卫匡国直至1654年秋天才在罗马与卜弥格首次相遇,①即便此时得到关于广西的准确信息,因《新图志》已在阿姆斯特丹的布劳工厂完稿,也无暇再做修改。②

克服辉格史观的偏见,对古地图上的错讹展开专题研究,可为充分挖掘古地图的复杂性及探究古地图的绘制过程与历史语境提供绝佳的切入点,丁雁南曾对欧美学界近年来关于古地图上错讹问题的理论解释做过精到的总结,③笔者对卫匡国《新图志》的系列研究也可从中西地图交流史的角度为这一论题提供不少鲜活例证。《新图志》虽总体较此前西文中国地图有巨大进步,但细查可知,除本文所论滇桂边界的诡谲误解外,在关于中国的经纬度方位、政区、聚落、山川、风物等诸多方面,《新图志》图、文中还可发现大量错讹。经笔者研究,已可阐明多数错讹的由来,其中不少是由卫匡国对所据中文图志的误读、误用造成的,而根源则是卫匡国杰作的时代局限性:在直接地理知识严重欠缺的情况下,他在返欧途中制作《新图志》时只能仰赖所携带的中文图志资料,从中尽力挖掘信息,以敷制图之需,但所携中文资料毕竟十分有限、卫匡国对其结构与性质又缺乏足够的认识。

作者单位:上海师范大学人文学院

[原刊于《或問 WAKUMON》第43期(2023年),个别文字略有修改]

---

① Noël Golvers, "Michael Boym and Martino Martini: A Contrastive Portrait of Two China Missionaries and Mapmakers", *Monumenta Serica*, 59:1(2011), pp.259-271.
② 参见白佐良:《卫匡国生平及其著作》,载张西平等编:《把中国介绍给世界:卫匡国研究》,上海:华东师范大学出版社,2012年,第22—32页。
③ 关于国际地图史学界的相关观点参见丁雁南:《地图学史视角下的古地图错讹问题》,《安徽史学》2018年第3期。

从 QQ 到微信：个人视角下的中古史网络研学（2005—2020）

胡耀飞

网络研学①是互联网兴起之后颇为流行的学习方式，但如何定义和理解网络研学则是一个见仁见智的问题。很多人将网络研学视之为传统课堂学习的延展，即某一位传统课堂内的学生在教师的引导下，自行利用网络工具如教学网站、电子邮箱、通讯软件来进行课余的线上学习。也有人将网络研学视之为远程教育的另一种说法，即某一位教师在网上授课，或者在网上分享提前录播好的课，吸引校外学生在网上注册（或不注册）后进行付费（或免费）学习。不过这两种方式都有传统教学的影子，强调的是特定的老师（身份）对特定的学生（身份）的"教"，并没有完全体现网络本身的共享、平等、自由精神。在笔者看来，网络研学的本质在于"学"，无论是老师（身份）还是学生（身份），在网上一律平等。因此，无论是从谁哪里得到的，凡是有所得，就是"学"到了东西。也

---

① "网络研学"即利用网络进行研究和学习，一般而言学界"网络学习"用得多。但本文更偏重研究和学习的结合，故而用"网络研学"。

就是说,网络研学的意义在于无差别地从各种网络平台获取自己所需要的信息。为此,强调"学"的网络研学,就需要各种自由平等的平台来促进教师和学生之间的无差别交流,而不是延续传统课堂的授课模式。

中文网络使用最广的平台,无疑是QQ(OICQ)、微信(Wechat)这两款二十年来先后兴起的即时通讯软件。这两款软件早期主要流行于中国大陆地区的年轻人中间,但随着人群的扩散,广泛流行于海内外华人之间。并随着时间的推移,使用人群的年龄层在慢慢扩展。对于网络研学而言,由于"学"的主体多为中小学生和年轻大学生,故而利用在他们之间流行的QQ(包括QQ单线聊天功能和群聊功能)和微信(包括微信单聊、群聊功能和微信公众号),是十分普遍的。随着部分学生逐渐成为老师,更得以在师生之间得到广泛普及。① 对于历史领域的研学而言,也没有因为历史本身的古老而被年轻人抛弃,在中学历史教育中经常得到使用。② 本文即基于笔者十五年来对QQ、微信的使用,来梳理中古史领域基于"学"的网络研学历史,希望能够从中总结经验和教训。

---

① 郭杰文通过比较论坛、QQ群和博客在课程讨论方面的效果,认可了QQ群具有更好的交互讨论式学习功能,参见郭杰文:《基于网络的交互讨论式学习——比较BBS、QQ群和BLOG方式的讨论效果》,《中山大学学报论丛》2007年第11期。
② 周骥峰:《班级QQ群构建中考历史学系平台——以苏州地区初中历史课为例》,《中国教育技术装备》2014年第7期;陈彩红:《基于QQ群聊的高中历史网络小组主题探究学习》,《教育信息技术》2015年增刊,第83—85页;王洛华:《QQ群在高一历史教学中的应用》,《西部素质教育》2017年第4期;范江:《基于QQ群和问卷星的历史在线教学探索——以"中华人民共和国成立及向社会主义的过渡"为例》,《历史教学问题》2020年第3期。

一、近十五年中古史网络
交流平台演变概说

　　笔者2004年从江南小县城考入北京的中央民族大学,当时正是中国互联网蓬勃发展之时,各种门户网站、论坛(BBS,Bulletin Board System)、博客(Blog)站点等层出不穷,QQ、MSN等实时通讯工具也大行其道。在此种情况下,作为历史系学生,笔者在学习历史之余,也借助网络来查找资料,并与学校以外的师友交流。当时主要流行的网络沟通方式,除了QQ(及其办公型版本TM,亦可用QQ账号登录)、MSN外,更多借助电子邮箱(E-mail)和BBS论坛(包括论坛的站内信功能)。电子邮箱作为个人对个人的封闭沟通方式,一直以来是比较正式的手段,用以替代传统的纸质书信,至今仍然发挥其重要功能,主要用于事务的正式联络。不过邮箱并不具备两人以上的学术社交功能,除非群发通知,但也仅止于公务。更多的学术社交,以QQ群和BBS为主。

　　首先说一下已经不再流行的BBS,当时各门户网站、各个大学内部网络,几乎都有BBS论坛入口,也有专门的BBS网站。① 在这些论坛内,常年开设各类版块,其中就包括与专业交流有关的。当时在学术方面较为知名的有国内最大的BBS"天涯论坛"的"关天茶舍"版,其中的活跃者是日后图书市场的重

---

① 关于BBS历史研究,可参考BBS盛行时期的文章,比如王海明、韩瑞霞:《国内BBS研究现状述评》,《兰州石化职业技术学院学报》2004年第4期;以及近年的学术研究,比如李永智、耿绍宁:《建设高校网络新平台新高地——高校BBS二十年回顾》,《中国高等教育》2016年第19期;陈洁:《BBS与中国早期互联网技术文化研究(1991—2000)》,山东大学博士论文,2023年。

要作者。①"关天茶舍"的常客中,北大出身的部分历史学者,又更多活跃于北大自己架设的BBS"往复论坛"(2001—2014)。②"往复论坛"目前已经闭站,但在21世纪第一个十年里非常有人气,受到海内外人文社科学者瞩目。特别是常在其中发言的"云中君"(北京大学教授陆扬)、"将无同"(中国社会科学院研究员胡宝国)、"老冷"(北京大学教授罗新)、"杠头"(中国社会科学院研究员孟彦弘)、"光盘贩子"(中国社会科学院研究员陈爽)、"大慈善家"(中国人民大学王子今)等人,以他们的逻辑思辨和独到见解,一时成为学者、学生之间的风云人物。更为可贵的是,这是一个平等的交流平台,老师和学生的身份都隐藏在网名(论坛ID)之后,大家最初并不知道正在交流的对方是什么身份,也就提升了观点的自由表达。诚如论坛首页题词所说:"在往复,交流第一,真诚至上。"也正如论坛名称来源所示,"无平不陂,无往不复"(《易·泰》)。当然,在经过一段时间的熟悉之后,很多隐藏在网名背后的老师或学生的真实身份会很快被察觉并熟知,从而一定程度上限制了交流的自由度。另外,随着2010年左右另一个匿名平台微博的兴起,传统互联网的社交模式BBS论坛逐渐式微,往复论坛变成以转发学术信息为主的平台,成为论坛的鸡肋,直至2014年5月19日事实上闭站。

---

① 谢惠:《BBS时期活跃作者对图书出版的价值和影响分析——以关天茶舍为代表的天涯社区论坛为例》,《中国出版史研究》2022年第2期。
② 关于往复论坛的学术研究,由于网站已经关闭,相关研究较难展开。相关信息可以参见知乎网话题"往复是个怎样的网站?"网址:https://www.zhihu.com/question/39552772,浏览日期:2020年10月7日。有热心网友从archive.org恢复了部分往复论坛数据,建设了"往复遗址博物馆"(https://wangf.org/)网站,可资参考,2024年3月10日浏览。笔者曾在早期从往复论坛中下载过论坛自己整理的早年数据,并从中梳理了关于陈寅恪话题的内容加以研究,参见胡耀飞:《往复论坛早期陈寅恪话题帖子综述(2001—2004)》,陈春生主编:《陈寅恪家族研究论文集》,南昌:江西高校出版社,2021年,第151—166页。

在往复论坛兴盛的同时,QQ 群作为年轻学子之间的交流手段,日益成为各高校学生之间跨校交流的方式。就历史类而言,早期的 QQ 群有"天水一朝""青年史学联盟"等,都在 2006 年之后的数年内活跃。"天水一朝"由当时浙江大学宋史硕士生李海青(后为杭州某中学历史老师)、武汉大学宋史硕士生文琴燕(后为记者、编辑)等人发起,笔者有幸参与,担任过管理员之职。该群最初有每周定期的专题讨论,范围自然在宋史话题内,包括关于邓小南老师《祖宗之法:北宋前期政治述略》(三联书店,2006 年)一书,以及宋代后妃和外戚、文人与政治、唐宋变革论、宋代国家权力对农业的渗透、北宋灭亡等等话题的讨论。但由于群内成员大多为本科生和硕士生,在课余时间和精力有限,讨论水平未能提升的情况下,没能持续坚持下去。① "青年史学联盟"由当时上海师范大学唐史硕士生张熊(后为华东师范大学博士生,现就职于惠州学院)、厦门大学宋史硕士生杨辉建(后为中国人民大学博士生,现就职于重庆某高校)等人发起,笔者也有幸参与,担任过管理员之职。该群成员范围包括历史学各个方向的本科生和硕士生,主要以历史学习、历史类考研信息交流为主,不过由于没能形成自身的特色,成员之间各自方向差异较大,在大家或读博或工作之后,成员活跃程度也越来越弱。

以上这两个 QQ 群,笔者早已淡出,随着自身从本科到硕士再到博士的身份转变,倾向于更为专业的交流。因此,笔者在 2012 年上半年博一下学期,创建了"中国中古史"QQ 群;在 2013 年上半年博二下学期,又创建了"大宋史研究学者联盟"QQ 群。此外,又先后加入了河南大学宋史博士生刘本栋主持的"宋史研究资讯"、南京大学

---

① 早期"天水一朝"QQ 群的聊天记录,笔者已有一些备份,2008 年 3 月贴于豆瓣网上的"天水一朝"小组,参见网址:https://www.douban.com/group/81726/,2020 年 10 月 7 日浏览。

历史系博士生舒健(现为上海大学历史系副教授)主持的"蒙元史专业学者研究群"、北京大学辽史博士生陈晓伟(现为复旦大学历史学系副教授)主持的"松漠之间",以及与笔者家乡有关,更为地域性的湖州吴兴区水利局吴永祥主持的"湖州文史博(苕社)"等QQ群。在2015年工作之后,则先后加入了工作单位的工作交流QQ群、丝绸之路历史文化研究中心的"丝路与长安共同研究班"QQ群,以及旨在联络西安地区中古史青年同好的陕西师范大学中国西部边疆研究院尹波涛老师主持的"长安中国中古史沙龙"QQ群。

自从2012年微信兴起,发展日甚一日,笔者也耐不住他人的推荐和为了沟通的方便,从2014年底开始,注册了微信,开始取代QQ,作为日常沟通学术信息和交换学术资源的工具。微信与QQ同属于腾讯公司旗下的通讯工具,但各有侧重,QQ的功能更多,特别是一般的QQ群都有10 GB的文件夹可以保存文件,文件传输也不受限。因此,微信兴起之后,QQ也没有被大家忘却,继续发挥其社交功能,与微信互为补充。但相比而言,微信的即时通讯功能更便利,社交性更强,故而逐渐占据上风,成为工作沟通的主要工具;QQ则更受中学生、大学生的欢迎,QQ群也常常用于班级管理。笔者在使用微信之后,也逐渐加入一些微信群,并创建一些微信群,进行更为多元化的学术社交。

大体而言,笔者创建的微信群有:与"长安中国中古史沙龙"QQ群同步的同名微信群、与"湖州文史博(苕社)"QQ群同步的"湖州人文历史群(苕社)"、集合国内外越南史研究相关学者的"越南史研究"、集合国内外中古史相关学者的"中古史研究"(后更名为"中古史学术交流")、集合国内外中古史相关研究生的"中古史研究生学术交流"(别名灂社)、集合中国唐史学会会员的"中国唐史学会"、集合中国唐史学会理事的"中国唐史学会理事群"、集合国内各大出版社学术出版相关编辑的"梓行（学术出版交流）"（已转让群主权限给四川人民出版社编辑封龙）等。当 2018 年微信群设置管理员功能之后，笔者参与管理的微信群有：集合国内外宋辽金元史相关学者的"大宋史学术交流"、集合国内外五代十国考古与历史相关学者的"五代十国考古与历史"、集合港台地区人文学科相关学者的"港台人文学科博士学者联谊群"等。

笔者先后加入过的微信群则有：为微信公众号"先秦秦汉史"收集信息之用的"先秦秦汉史公众号编委会与顾问群"（姚磊主持）、集合中国魏晋南北朝史学会会员的"中国魏晋南北朝史学会"（戴卫红主持）、集合明清江南研究相关学者的"明清中国与江南研究"（冯贤亮主持）等断代史微信群，集合中国敦煌吐鲁番学会会员的"中国敦煌吐鲁番学会群"、集合中国中外关系史学会会员的"中国中外关系史学会"等学会微信群，集合国内图像史学相关学者的"早期中国图像史"和"左图右史"（这两个由练春海主持）、集合全国地方史和历史地理相关学者的"中国地名学与地域学"、集合国内外越南文学研究相关学者的"越南文学讨论群"、集合国内年轻水利史学者的"水利史小分队"（胡勇军主持）、集合中国边疆学研究相关学者的"新时代中国边疆研究"（李大龙主持，2020 年 6 月解散）、集合法律史学者的"法史网"（陈灵海主持）、集合北庭学研究者的"北庭学研究"、集合陈寅恪研究者的"终南山陈寅恪研究院"（曹印双主持）等专门微信群，以及集合西安地区日本研究和日语教学相关学者的"西安日本学研究会"、集合西安唐代文化史学会会员及相关学者的"西安唐代文化史学会"、集合湖州市民国史研究院及对湖州民国史相关内容有研究和兴趣的"湖州民国史研究院"、集合湖州市境内地方史学者和爱好者的"德清文献交流群""长兴文史之家""南浔地方文献征集"等地域性学术联谊微信群。至于因某一次学术会议而临时建立的群,也参加了许多,但多在开完会之后陆续退出。

以上是截至2019年上半年的各种微信群。2019年3月至2020年3月,笔者赴日本国学院大学访问一年。在此期间,又受邀加入了许多其他微信群,包括在日本访学期间加入的日本在住中国学者联谊用的"以文会微信群"(林少阳主持),我自己建立的日本在住中国籍历史学者、学生的"Chinese Historian in Japan"等。另外加入一些新建不久的微信群,集合西域研究爱好者的"西域文化学习群"(张安福主持)、集合物质文化研究者的"物质文化研究"(练春海主持)、集合数字人文学者的"数字人文1群"(朱本军主持)、集合川藏相关研究学者的"藏羌彝与南北丝绸之路研究"(王启涛主持)、集合医疗社会史研究者的"医疗社会史研究"、集合吴越国史研究者的"吴越国历史文化研究"(彭庭松主持)、集合佛教学者的"佛研资讯"(李周渊主持)、集合浙江文化研究者的"浙江文化研究"(赵红娟主持)等。我自己也主持了唐宋藩镇研究者交流用的"藩镇时代"等微信群。

与微信群交流同步进行的则是微信公众号。受河南大学历史文化学院副教授仝相卿博士创办的"宋史研究资讯"(songshiyanjiu)公众号的启发,在南京大学文学院教授童岭博士的建议下,笔者于2015年10月10日注册了"中古史研究资讯"(zhonggushi)公众号。创办以来,至2020年10月10日因精力不济正式停更,共计五年整,基本坚持每天一次推送,每次推送1—4条不等的中古史信息。① 目前,笔者仅简单更新私人公号"太史政"(部分代替"中古史研究资讯"的功能),以及负责指导陕西师范大学历史文化学院本科

---

① 关于停更具体原因,参见最后一次推送的太史政(胡耀飞):《"中古史研究资讯"五周年暨停更公告》,"中古史研究资讯"公众号,2020年10月10日。

生刊物《唐潮》杂志的公号"唐潮杂志"。

至于笔者一直关注的公众号,除了"宋史研究资讯"外,还有"先秦秦汉史"(姚磊主持)、"北朝考古"(安瑞军主持)、"唐史资讯"(师永涛主持)、"辽金西夏研究"(周峰主持)、"历史地理研究资讯""美术遗产""韩国学研究"等专门领域的公众号,"北京大学中国古代史研究中心""南开史学""陕西师范大学历史文化学院"、西北大学"史林新苗""复旦史地所""西北大学玄奘研究院"、四川大学"禹迹历史地理学社""川大老子研究院"、中央民族大学"民大史苑"、湖南大学"岳麓书院"、南京大学"南大元史"等各个高校历史专业的公众号,"中国魏晋南北朝史学会"等各个学会的公众号,"唐史论丛""文史哲杂志""社会科学战线"等各个学术刊物,以及其他各个图书馆、各个出版社的官方公众号和"辛德勇自述"等各种私人公众号。

二、当下 QQ、微信对中古史网络研学的作用

以上简单梳理了近十五年来基于 QQ 和微信的中古史网络生态,在此基础上,可进一步讨论发展至今的 QQ、微信对中古史网络研学的作用。由于笔者个人治学范围所限,只能从个人角度进行讨论和展望。

(一) QQ 群

由于 QQ 群的功能比微信群更为多样,故在微信群兴起之后,依然发挥其作用。以笔者于 2012 年 4 月 13 日创建的"中国中古史"

QQ群(在笔者2015年工作后,复名"潏社",因陕西师范大学新校区在潏水之畔故)为例,人数方面升级为上限2 000人的大群,最多时有1 500多人。成员以全国各高校历史系的本科生和研究生为主体,兼有许多已经成长为年轻学者的老成员。该群早期目的为交流中古史方面学术信息,并进行一些基于各自兴趣的话题讨论,比如笔者所从事的晚唐五代史内容,特别是关于藩镇问题的讨论。随着本科生、研究生的逐渐增加,也日益增加了本科生交流历史考研,研究生交流毕业找工作的话题。当然更多的信息交流是交换电子书资源,特别是在此前经常使用的国学数典、新浪共享等网站日益受到限制的情况下,分享各自的百度网盘资源链接,成为了群内学生和老师互相之间沟通信息的话题点。当然,中古史方向专业话题的讨论,依然时时出现。不过遗憾的是,当人数达到1 500多人之后,虽然坚持群成员实名入群,也时不时会有人虚构名字和学校,入群后专门挑起各种与群主题无关的话题,甚至一言不合对群成员进行人身攻击。因此,在经过数次类似事件之后,笔者不得不于2019年5月4日将存在了七年的该群解散。

在2012年创建"中国中古史"QQ群之后,基于笔者的学术兴趣,又于2013年4月11日新建一个QQ群,初名"宋辽金元(10—14世纪)",后更名"大宋史研究学者联盟"。该群与"中国中古史"QQ群性质类似,唯以大宋史(包括五代、辽、宋、金、元等)范围为基础,有别于一般而言的中古史(魏晋到隋唐)。该群得到了河北大学、河南大学等高校宋史专业硕博士生和老师的支持,目前有700多位成员。同时,另有作为"宋史研究资讯"微信公众号关注用户交流群的"宋史研究资讯"QQ群,其内成员与"大宋史研究学者联盟"QQ群颇有重复,但也大有不同,目前有500多位成员。这两个宋史群,目前也逐渐成为大宋史相关本科生、研究生和高校老师之间的学术信息、电子资源交流群。需要补充的是,在笔者解散了"中国中古史"QQ群之后,依然保留着"大宋史研究学者联盟",并将之改名为"3—14世纪研究学者联盟",即扩大时间段,用以兼顾"中国中古史"的范围。

以上这类大断代或小断代的QQ群,适合跨学校交流。还有一些地域性的如"湖州文史博(荅社)",局部性的如"长安中国中古史沙龙",专门性的如"丝路与长安共同研究班"等,相对局限于熟人之间。从历史研学角度来说,专门群不如断代群自由。更重要的是,若要从"研学"的角度来评价大小断代的QQ群,其意义在于给不同高校相同或相近专业的学生、老师提供了一个平等交流,迥异于课堂教学的开放式互动平台。有别于传统BBS,在QQ群和之后的微信群中,一大功能是可以备注姓名。因此,不同于早期互联网上遮遮掩掩的匿名交流,QQ群是实名的。笔者所参建的断代QQ群更坚持入群者必须实名。这一方面是为了规范群内发言的自律性,另一方面也有利于各个高校同仁之间的进一步交流。这样的实名,不但没有限制群内成员之间的交流之深入,反而更有助于成员之间互相学习各自所长,真正做到主动去跟不同高校的人、不同专业方向的人、不同学历身份的人学习。

不过正如早期"天水一朝"QQ群那样,后来的几个QQ群都未尝试过读书会的形式。这里的原因,可以归结于现代学术的不断分化和私密化。笔者在上述QQ群外,也曾短暂加入又退出过其他领域的QQ群,比如"谭史念地"。这也是一个四五百人的大群,但也没有实质性的讨论空间。正如其群主杨帆所说:"即便是同专业内,也存在'术业有专攻'的问题,研究领域的不同、研究时代的不同、研究标的不同,都会导致双方很难就一个具体专深的问题随时展开有效的讨论,何况业内师生,各自都有在学界学习和工作的压力,撇开个人时间不谈,仅为知识产权计,亦不可能令他们于网络之上公开讨论真正具有学术价值的东西。"①杨帆说的情况是2013、2014年的"谭史念地"QQ群,事实上这种情况在各类专业QQ群里普遍存在,并一直延续到微信群。

虽然QQ群并无多少实质的、持续的专业讨论,但还是零星有一些随着信息分享而产生的话题,比如某位成员转发了某一篇文章,一般而言其他成员看到后都会说几句与这文章有关的话,乃至产生一个暂时的讨论主题。这时候,群成员之间无论是上传者、分享者,还是下载者、浏览者,彼此之间并无线下老师、学生之类的身份区别,只有信息提供者和接收者的区别。信息提供者往往会得到信息接收者的赞扬,后者甚至用"某老师"来称呼信息提供者,即便对方其实是一名学生。在这一过程中,线下事实上的师生之间也不再是师生,反而身份互换了,从而也就达到了网络研学的"教"与"学"互动、互补的目的。

(二) 微信群

近五年来,比QQ群更为活跃的是微信群,其超越了年龄的界限,在中老年人群中广泛普及,而QQ群则似乎成为青少年的首选。微信群能够吸引更多此前从未使用过QQ之类即时通讯工具的基本已经功成名就的中老年学者,而正是这类学者,是目前大学院校和研究机构中的教学和科研之支柱力量。于是,在微信群逐渐发展过程中,出现了许多囊括不同年龄层,以中青年学者为主力的专业性较强的交流平台。笔者前文提及的许多颇具专业性的微信群,即此现象之体现。在这类微信群中,"中国魏晋南北朝史学会""中国唐

---

① 杨帆:《某的前半生》,上饶:自印本,2020年,第36页。

史学会""中国中外关系史学会""中国敦煌吐鲁番学会群",以及有前任、现任中国宋史研究会会长在群里的"大宋史学术研究"等非官方断代史群,基本都是相关学会的中青年会员交流的平台。平均年龄更高的"中国唐史学会理事群"也已经纳入了中国唐史学会共计52名理事中的48人。

基于年龄层的普遍抬升,微信群的学术交流功能和网络教学功能也日益凸显其重要性。比如笔者所创建的"中古史学术交流"微信群,本意在于促进笔者所结识的中古史年轻学者互相交流,就中古史方面的相关问题进行讨论,学术资讯进行交流。以此为平台,可以方便不同高校老师和学生之间的交流,若在交流过程中有更进一步的交流意愿,即可互加好友,私下联络。但与"中国中古史"QQ群有所不同的是,微信群的人数上限为500人,故当人数越来越多时,即不得不进行分流。因此,笔者将"中古史学术交流"微信群中的本科生、研究生转移至"中古史研究生学术交流"微信群。两个微信群的基本功能类似,但后者更多转发学生所关注的讲座、暑期班、论文征稿、求职等信息。遗憾的是,这两个群都已经基本满员,无法再容纳更多的学者与学生。特别是研究生群,只能在有人因毕业而退群的情况下添加新人入群。更重要的是,不同身份人群的分流,也制约了学生向老师请教的机会。好在目前两个群的成员基本固定,也不再有大规模的变更。特别是与QQ群一样坚持了实名制,很好地促进了成员之间的互相交流和学习。

又如笔者协助创建和管理的"大宋史学术交流"群,大约三四百年的宋元时代不如七八百年的中古时代时间长,故而"大宋史学术交流"群成员虽然也有500人,但也不再有大规模增长的可能性,也就没有再进行分流。因此之故,作为宋代研究领域唯一的老师和学生同处一群的微信群,其在"网络研学"上的功能也就日益凸显出来。虽然没有定期的讨论主题,大多数时间处于沉默状态。但与QQ群一样,也会因为文章链接等内容,触发一些暂时的话题。在此期间,本来互不认识的老师和老师,学生和学生,老师和学生之间会因为一个共同的兴趣点而产生交集,互相认识,直至私下添加对方为好友,进行直接交流。这样,也就并不存在谁教谁学的问题,而是进入互相学习的状态。网络本身的平等性,在线下的师生关系之外,开辟了另一条可供双方互相交流的道路。当然,很多时候,学生出于对老师的尊敬,依然以学生对老师的态度称呼老师,但老师们很多时候会把学生当作朋友来看待,不会给学生造成太大的压力,毕竟并非线下的师生,以及年轻老师和研究生之间的年龄差距其实也不大。

在以上微信群之外,笔者还参加过另一些微信群,从另一种模式上获得了巨大的发展,即已经形成系列微信群矩阵的太上系列学术网络社区。该系列的创立者李小平为山东某高校老师,他本业是音乐,但热衷于资料共享,并以此为基础结交了许多学者与学生,随后开始根据大家不同兴趣爱好,创建不同微信群,都冠以"太上"之名。此系列创始于2018年,笔者曾经参与其中的"太上家谱方志馆""太上古籍馆""太上藏书馆"等普通群,并受邀进入了"太上藏书馆核心资源组"和"太上学术网络社区综合管理群"等管理群,以及代为协助管理"中国宗教学论坛"等群。该网络社区坚持了互联网的共享、平等精神,只要有兴趣,皆可选择性加入各种主题的群,并且在一个群满员后再开2群、3群乃至10群。但由于没有实名制的硬性要求和入群审核,更多时候只是各类信息的转发平台,而无群内成员的学术交流。许多爱好者和学者、研究生之间,也并无一定的学术规范和持平的学术水准作为互相交流的基础,从而无法得到应有的研学效果。特别是当一些爱好者过于执着自己因偏见而抱持的一些学术陋见时,更难以得到专业学者的正视,从而无法形成教学互动。虽然笔者已经陆续退出这一系列微信群,但对其发展依旧报以乐观的心态。

(三) 微信公众号

在 QQ 群和微信群之外,还有微信公众号,这是与微信聊天软件相关联的产品,旨在进行内容的分享,类似于现在少有人使用的 QQ 空间、博客等。① 笔者在使用微信之前,经常使用的学术信息传播方式,是往复论坛、豆瓣网和百度空间。其中,往复论坛前文已经略述;百度空间则是一款已经消亡的百度出品的博客产品,笔者曾经开办"史学日志"(2007—2013)百度空间,转贴学界的学术史文章六七年;②豆瓣则依然具有很高的活跃度。③ 不过相对来说,微信公众号的功能更为完善,类似于不再流行的博客,未来十数年甚至数十年都会发挥其作用。但其缺点是只能在微信的手机端发布或评论推文,无法像博客那样在网页浏览器上实现作者和读者的互动。而且早期注册的微信公众号有留言功能,在公众号后台可以选择精选(公开)或不精选(公开),但近期注册的微信公众号已经取消了留言功能,代以无法公开的评论功能。

---

① 路学军:《分享、求真与话语扩张:微信学术社区的传播特征》,《出版广角》2017 年第 18 期。
② 百度的"百度空间"产品 2006 年 7 月 13 日上线,因博客时代的落幕而于 2015 年 4 月 7 日下线。笔者在 2007 年 1 月 15 日开始使用名为"史学日志"的百度空间,转贴各类学术史文章,至 2013 年 4 月 13 日停止转帖,共计转贴 569 篇文章。详参太史政(胡耀飞):《百度空间"史学日志"十周年祭》,"中古史研究资讯"公众号,2017 年 1 月 15 日。
③ 豆瓣网创始于 2005 年 3 月 6 日,是一个具备博客、论坛等功能,又有书、影、音评论功能的社区网络,其各种功能对用户来说可以各取所需,故而活跃至今。

随着微信公众号的增多，许多微信公众号运营者之间的业务交流也具备了基础。从而出现了"先秦秦汉史公众号编委会与顾问群"等单个公众号信息收集、运营人员交流的微信群，以及"历史学术类公众号编辑交流群"等不同公众号编辑互相交流的微信群。不过事实上交流非常少，各个公号运营者之间很少互动，这些群也趋于冷寂。

大部分时候，都是各自公众号的运营者各自为战，并在公众号形成一定规模后，召集一些热心的关注者，建立一个围绕该公众号的微信群。这类微信群的功能，往往类似于上述太上系列微信群，无法形成真正的互动。比如"北朝考古"公众号有"北朝考古公众群""北朝考古研学群"等微信群，成员大多数将群名片修改为"姓名（网名）+爱好者"。虽然很多学界内的老师和学生会自谦为"爱好者"，但大部分"爱好者"确实只是爱好者。在这两个群里，每天都有爱好者走访古迹遗址、参观博物馆后拍摄照片上传到群里，然后询问大家一些关于所摄内容的一些情况。但除非有专攻的学者偶尔看到会互动一下，大部分时候都是爱好者之间的交流。笔者在此并非轻视爱好者的学术水平，但大部分爱好者仅止于爱好，并无精力和心力进入专业研究领域，所以话题会很快切换，兴趣也经常转移。甚至个别爱好者会在文物古迹地点私自破坏文物，或者在微信群里剽窃抄袭学者的观点，乃至模仿冒充学者的身份招摇撞骗。基于此，笔者并不加入，也不主张公众号建立这类微信群，笔者自己的"中古史研究资讯"公众号就没有建这样的群，即使后台读者一直有这样的要求。

微信公众号作为信息输出平台，公众号关注用户能够通过浏览公众号推文而存在"学"的事实。在目前的中学历史课堂上，中学老师也往往将公众号上的推送内容运用到课堂上去，并成为他们撰写教育硕士论文的主题。① 公众号本身并不天然存在研学互动的功能，需要另外发掘。根据公众号种类的不同，可以通过不同的方式来开发。

比如私人公众号，以最知名的北京大学辛德勇先生每日发布自己学术信息的"辛德勇自述"为例，每篇推送下面的留言区就成为了关注者向辛老师"学"的平台，并根据留言内容得到了辛老师不同程度的回复，是为"教"。因为辛德勇老师并无自己公众号的微信群，他自己也不用朋友圈，不加微信群，故而只有留言平台适合互动。事实上，留言平台也确实可以达到一定的研学效果。

就机构公众号来说，虽然学术机构的官方账号并不一定适合建立研学模式，但一些学术机构内部的自主学习群组依然可以依托线下的活动组织，结合线上的公众号，得到互动研学效果。比如"浙大历史系出土文献读书班"有一个同名公众号，在秦桦林老师的指导下，读书班同学们将线下研读的成果定时公布在公众号，一方面记录讨论过程，另一方面也可以向学界求教。在 2019 年 12 月至 2020 年 1 月，该读书班即就新公布的《李训墓志》进行了研读，形成了四篇纪要，先后发布在公众号上。② 虽然关于该墓志书写者署名"日本国朝臣备书"是否为遣唐使吉备真备，学界尚有争议，但读书班的这些讨论，无疑给学界提供了自己的视角。这样的读书班公众号，其

---

① 李南宴：《微信公众平台中历史课程资源的开发与运用研究》，四川师范大学硕士论文，2018 年；陈颖倡：《中学历史教师专业发展中微信公众号的作用研究》，广西民族大学硕士论文，2019 年；康暄：《基于微信公众平台的初中历史教学资源开发与利用》，天津师范大学硕士论文，2019 年；王惠敏：《历史类微信公众号辅助初中历史教学研究》，扬州大学硕士论文，2022 年；刘通：《微信公众号在初中历史教学中的应用研究》，上海师范大学硕士论文，2022 年。

② 笔者已将此四篇纪要编入自己整理的《己亥腊月"李训墓志"讨论汇编》，PDF版，2020 年 1 月。

实是传统的读书班/读书会在自媒体时代的一种延展。早期的读书会若能坚持下来,再引入公众号,恐怕能够得到进一步发展。①

至于公益类公众号,由于公号本身即属于公益性质,限于主事者的时间和精力,一般很少有教学互动现象。当然也有一些例外,比如以推送近代法国在华唯一租借地广州湾的历史研究资讯为己任的"广州湾历史研究资讯",其主事者吴子祺即通过这一公众号联络起了湛江地区的地方文史学者,实现了线下的教学互动。在他们公众号开通五周年时,还开了一次五周年座谈会。不过,这类公众号的教学互动完全靠主事者个人的热情程度,大部分类似公众号并无类似动作。

结　语

以上,笔者一方面回顾了近十五年来基于笔者自身经历所呈现出来的网络研学平台变迁情况,另一方面也试图整理和反思网络研学事实。笔者所谓"网络研学",注重教与学的互动,特别是学的积极主动性。基本上,从QQ群、微信群到公众号,互动平台虽然一直在变,但网络研学的主旨未变。QQ群的匿名居多和微信群的实名居多,分别对实质性的学术讨论产生过影响,即学术性讨论的日渐消失。但公众号的出现,逐渐开始弥补QQ群和微信群的准入机制之不足,从另一角度成为学术信息的集散地。就研学而言,公众号

---

① 笔者十年前曾观摩过湖州师范学院周扬波老师组织学生成立的读书会创史社,但那时候尚无微信公众号,而创史社自从周老师调离之后也一直处于停顿状态。好在最近原来的创史社成员之一陈伟扬老师接手了创史社,开始了新的征程。关于周老师时期的创史社影响,参见周扬波:《将读书会引入历史学专业本科生培养的实践研究》,《中国大学教学》2011年第12期。

本身具备的私人、机构和公益的三种运营模式也产生了对应的三种研学模式。

作者单位：陕西师范大学唐文明研究院

附记：本文初稿草成于2021年初，故相关数据截止于2020年底。2022年，本文发表于董劭伟等主编《中华历史与传统文化论丛》第五辑。2024年3月，受许超雄先生信任，拟收入论文集，故在学术史方面稍作增补，但文中具体的数据并未更新。时过境迁，笔者已经于2022年6月重启"中古史研究资讯"微信公众号，更名为"中古史"，期待大家继续关注和支持。

中国传统文化典籍数字化整理队伍建设思考

秦 琼

摘 要：数字化古籍整理工作是当前古籍整理发展的方向之一。部分项目组织者突破了教学科研单位的束缚，以市场化方式运营大型项目，一定程度上回应时代需要，切实推进中国特色哲学社会科学工作。在兼顾经济效益与成果质量的过程中，可以考虑拆分工作环节，制定各环节工作标准，依据标准聘用工作人员，打造专职和兼职结合的人员队伍。其中兼职人员的招募、培养、使用是降低劳务支出，整体提升成果品质的重要方向。本文着重梳理了数字化古籍整理工作过程中可以拆分的工作环节，就兼职人员的招募、培养、使用等提出问题，并试图分析和解决。

关键词：古文献学　数字化古籍整理　数据库建设

卷帙浩繁的古代文献典籍是中国悠久历史的呈现，是中国传统文化传承的重要载体，是中华民族文化自信的重要源泉。习近平总书记强调："要运用现代科技手段加强古籍典藏的保护修复和综合利用,深入挖掘古籍蕴含的哲学思想、人文精神、价值理念、道德规范,推动中华优秀传统文化创造性转化、创新性发展。"数字化是古籍发展的重要方向,也是传承性保护的方式之一。[①] 数字化之后的古籍在保存、传递、阅读等方面带来极大便利,对于中国传统文化的传承也有一定价值。从 20 世纪开始,古籍数字化就一直关注扫描和文字识别(Optical Character Recognition 的相关技术运用)。直至今日,书影清晰呈现和文字准确释读一直是古文献学数字化的基本要求。古籍整理工作中,人工校对是关系到文字是否准确的重要环节。这是数字化古籍整理工作完成之后,成果是否得到认可和能否大规模推广的重要因素。OCR 技术的进步使得文字识别日渐容易,然就现阶段来看,该技术在古籍录文和校对环节,完全替代人工仍需时日。因此,一段时间内古籍数字化整理工作和数据库建设仍需要较大规模的人工校对。

图像扫描使得古籍阅读便利,使用范围拓展,而在此基础上的文字准确整理则是古籍全文检索和数据库建设的基础,是古籍数字化的发展方向。正因为我国古籍存世多,未来学术研究等需求日益增长,古籍数字化整理工作仍有很长的路要走,因此人工校对工作有需要,有市场。从人员配置角度来看,市场大,能做的工作多,需要数量颇为庞大的专业人员。[②] 从当下数字化古籍整理工作的发展趋势来看,古籍包含的内容非常丰富,而不同内容的古籍在使用上并不同步,因此,未来古籍数字化工作在内容上会越来越广泛,范围也就越来越大。这就使得古籍数字化的工作量不仅不会减少,而且在很长一段时间内会日渐增加。既然工作量越来越大,具体工作在

[①] 姚伯岳、周余姣、王莺嘉:《古籍传承性保护再认识》,《中国图书馆学报》2023 年第 1 期。
[②] 参见葛怀东:《古籍数字化的学科建设》,《中国科技信息》2012 年第 1 期。

短时间内又没有办法被计算机所取代,所以具备一定专业素养,符合工作要求,且数量不少的工作人员队伍建设就变成了一个有待解决的问题。

从经济和效率的角度来看,招募是可行的选择之一。招募的人员大体可分为两个类别,一是在校大学生,二是社会人员。这两类人员的划分依据是身份,而古籍数字化需要的是专业。换言之,这一工作所需人员的身份、职业、全职还是兼职等并不重要,重要的是专业素养。从当前古文献数字化发展的实际需要来看,降低劳务支出是组织者会重点考虑的问题。如此一来,全面地按照学术标准培养专业技术人员,并让其全职进行文字校对工作,周期长、成本高,并非恰当选择。整合现有资源,以合作的方式发掘和运用专业技术人员,让经济效率和专业水平处于一个较为平衡的状态,以较少的经济支出获得较为稳定且专业的工作团队,就成为具有可行性的发展路径。

一、拆分工作环节

在数字化古籍整理工作的不同阶段,对于工作人员的要求有一定差异。如古联(北京)数字传媒科技有限公司(以下简称古联)现阶段进行或已经完成的项目,都有分阶段区分人员工作的痕迹。简单来说,在录文的初级阶段,工作人员最主要的工作是认字。如果不认识,宁可直接截图保存,也不可随意取舍。在文字校对阶段,不仅要核对已经录出的文字,还要进一步解决遗留问题,准确地将文字确定下来,部分内容可能还要增加断句或注释。从对工作人员要求的角度来看,越靠后的环节越复杂,要求越高。最后的环节不仅要求准确识字、断句,还需要运用现代标点对句子成分进行分析。

从文本数字化整理质量角度来看，工作者最好能熟悉内容，毕竟熟悉内容能够有效辅助识别文字、断句、注释。从中不难看出，数字化古籍整理工作能够划分为不同环节，且不同环节有不同要求，越靠近最后完成的环节，对工作者要求越高。

市场经济之下，不同学历、不同能力的工作人员获得的劳动报酬应该有差异。一般来说，越容易的工作替代性越强，能够承担类似工作人员的可选择性大，基数足够多，组织则较为容易，劳动报酬也就比较低。相反，工作难度越大，对于工作人员的专业程度要求越高，则组织更困难，报酬也就比较高。如果没有区分地招募工作人员，并混同在一起进行工作，有诸多不利。其一，工作区分度低，很难有效地组织工作人员，进而导致工作速度慢、质量差等问题。其二，工作人员和具体工作匹配不恰当，不利于团队稳定，更谈不上发展。如专业素养高的人员进行初级的录文工作，没办法体现其价值，亦无法获得其应有的报酬，离职会变成常态，招募同类型的工作人员也会变得困难，最终导致难度较高的工作无人承担。其三，对于项目组织者而言，经济效益差。在没有区分工作难度和工作人员水平的条件下，大家的报酬都差不多。如果专业素养一般的人员干专业难度较高的工作，很容易产生质量问题。为了保证质量，就需要增加校对次数，经济效益自然会变低。值得注意的是，在校对人员专业素养不确定的情况下，校对质量并不一定会随着校对次数增加而变好。经常看到的是，前期录文者水平高，直接进行句读，在校对的过程中又改错了。

因此，同样的资金，区分度不同，最终的工作效果差异可能会很大。由此可以考虑将具体工作按照流程进行切割，不同阶段利用专业技术不同层次的工作人员，一方面降低劳动报酬支出，另一方面有针对性地提升重要环节的准确度。

二、分析人工差异

　　近年来一系列在线编辑平台问世,使得数字化古籍整理工作人员的覆盖面越来越宽。伴随数字化古籍整理工作的推进,很多平台已经多次更新,功能上日益丰富,运行上日渐稳定。这些都使得利用计算机和网络进行古籍整理变得越发容易。这在很大程度上打破了数字化古籍整理工作在时间和空间上的束缚。工作人员完全可以结合自己的生活工作情况,更加自由地安排工作时间。笔记本电脑、平板电脑、手机等可移动设备的推广,也使得工作地点更加随意。

　　时间和空间限制的弱化,带来了数字化古籍整理工作人员可选择范围的扩展。一方面,工作时间的高自由度,使得能够兼职从事数字化古籍整理工作的人数大大增加。另一方面,很多具有古籍整理专业知识的人员能够在本职工作之外,适当承担数字化古籍整理任务,可以大大提高工作人员的技术水平。因此,数字化古籍整理工作的人员基数变大,具备专业知识的高水平从业人员数量增加。

　　根据数字化古籍整理工作需要,对具体工作进行合理的拆分,能让数字化古籍整理工作"标准化",明确每一环节的具体任务、要求、质量标准等。在此基础上,根据不同环节的需要,匹配合适的工作人员,降低成本的同时,最大限度发掘古籍整理专业人员的价值,最终达到提升数字化古籍整理工作成果质量的目的。这可能是促进数字化古籍整理工作改革的一个方向。

　　从人员和工作匹配的角度来看,数字化古籍整理工作中可能有以下几个环节值得关注。

　　其一,古籍书影数字化,如拍照、扫描等。这一环节中最为重要的标准是图像完整、清晰,且拍摄过程中不损坏古籍。这是数字化古籍整理工作的基础。一般来说,传统古籍整理从业者并不熟悉拍照、扫描等设备的工作原理和维护,反而是专注于图像摄影、数字扫描的专业技术人员更为擅长。与此同时,古籍书影的数字化过程中,如果可以逐步摸索出一套行之有效的标准,则能进一步降低工作难度,节约成本。根据不同的文档制定不同的标准,如模糊不清的稿本,印章较多的刻本等可能需要更高的清晰度。标准确立之后,所有扫描工作便可以进一步规范化。这时候只需要一般工作人员按照流程进行处理,很少的专业技术人员提供比较简单的技术支持即可。

其二,根据图像进行录文。不同的文本在难度上有一定的差异。清晰度足够好的前提下,简体横排 OCR 的技术已经比较成熟,繁体竖排也有一些运用。整体看,OCR 效果越好,后期需要人工介入的程度越低。因此需要人工介入的部分往往是 OCR 效果差的文本。这个时候经常遇到的问题有异体字、缺字、缺笔、避讳等。现在建立数字文献数据库的方式比较多。从实用角度来看,保留图片,且精准录文的方式较为实用,也比较流行。这样做的好处是投放使用之后,用户和后期维护人员如果有疑问,可以直接核对原始图片。

此类数字化古籍整理工作在录文阶段,清晰可认的字直接输入,不清楚的文字可以不做处理,仅原图截出,标注清楚。这在最大程度上降低了错误率,保证了原文的准确输出。此类情况下,初步的录文环节并不复杂,难度也不高。在匹配工作人员时,只要能够看懂繁体字,了解一些基本的古籍阅读习惯和知识,熟练操作计算机的人员均能够胜任。这一环节可以广泛招募兼职人员,仅支出较低的劳动报酬便可完成,经济高效。

其三,录文之后的整理和校对。传统古籍整理和新闻出版工作中,整理和校对的次数越多,往往错误率越低,但数字化古籍整理工作却不一定如此。当下文字刊行大多实行三审三校,也有更多审次和校次的情况,确实在很大程度上降低了错误率。这是因为大多数的审校者都具有一定的专业素养,甚至是职业编辑,且编辑的文字在当下常用或常见。然而,古籍涉及中国古代多种刊印传统和阅读习惯。如果没有专业知识背景,整理校对古籍过程中很容易出现错误,而不自知,如没有区分原文和注文等。倘若整理和校对工作者的水平很一般,而工作人员变动又比较大,古籍整理后的文字很可能反复纠结于常见错误,甚至校对次数越多,错误越多。如第一次录文者水平较高,录文正确,后面校对者水平一般,遇到识别困难的文字时,很容易出现把前面好的录文再改错的情况。

因此,这一环节应该使用具有专业素养的工作人员,最好是有过专门训练,具有基础学养的古籍整理从业者。越是靠后的校对工作,越值得花大价钱请专业素养好的从业人员来做。如果每一次校对都保持较高的水平,且呈现逐步提升的趋势,至少有两方面优势,一方面可以解决前面环节中的遗留问题,另一方面可以在综合考量后,减少校对的总次数,从而减少不必要的开支。

古籍数字化开发者逐渐多元化,如图书馆、学术科研机构、出版社、数字公司、个人、联合体等。① 大型数字化古籍整理项目的组织者可能会发现,全国范围内专门的古籍整理工作者数量并不是特别多。他们往往隶属于大型图书馆、大学、科研机构等,有自己的专职工作,除了其所属单位组织外,很难长期、全职参与到某一部大型图书的数字化整理工作当中来。专门的古籍整理从业者所期望的报酬往往也会远高于前面几个环节工作者的一般水平。因此,为了高

---

① 王立清:《关于多元古籍数字化主体的探讨》,《图书馆学研究》2011年第7期。

质量成品,建议在这一环节投入更多的人员劳务支出,聘用那些专门的古籍整理从业人员,而且很可能是兼职身份居多。

三、增加选拔程序

既然数字化古籍整理工作能够拆分为不同环节,各个环节对于工作人员有不同要求,那么分别对应各环节和工序的需要,制定标准,选拔相应人才,可能更加经济高效。提高劳务支出区分度的目的在于,将有限的资金用在刀刃上,提高经济效益,有效提升古籍整理质量。因此,我们是否可以考虑在招募人员时就做一定区分,尽可能明确工作需要,并匹配录用相应人员。前面已经谈过,图像扫描环节和整理校注环节需要不同的专业技术人员。图像扫描环节当中,熟练的工作人员在保护古籍、降低设备损耗等层面有优势,尤其是操作规范制定以后,摄影、计算机等相关专业操作人员更有优势。这一部分人员选拔时,工作要求比较清晰,问题不大。在这里需要重点讨论的人员选拔主要是针对文字处理环节。

面向社会和学校招聘的工作人员在录文工作上有一定差异。先来谈大学生的兼职。从学历构成来看,在校学生有大专、本科、硕士、博士等,实际工作中也会涵盖一些博士后。他们基本可归在高校科研类当中。然而一般来说,大专的文献学基础知识可能会弱一些。从专业来看,中文、中国史、中国哲学、佛学等专业的学生可能在大学课程当中已经学习过相关的知识。因此,校园兼职者建议优先选用本科以上学历,文史哲等相关专业的学生。如果遇到特定内容的古籍文本,如中医药、法制史、天文、地理志等,还需进一步考虑找对应专业的学生更恰当。在校学生的验证方式可以借鉴苹果教育优惠的做法,请同学们用学校邮箱发送一张自己学生证的照片即可。校园邮箱和匹配的学生证能够在一定程度上确认学生身份和专业,又不会涉及过多的敏感个人信息。

社会招募的兼职人员在学历层次、专业背景等方面差异比较大。若有一定的选拔审核程序,则能在现有基础上筛选出专业水平相对高、更适合数字化古籍整理工作的人员。面对社会兼职人员,现行做法主要有两种,一种是基本上拒绝,另一种是关注社会兼职人员现在的工作,或查看其以往学习经历等。这两种均有一些不足,前者容易拒绝掉一些有空闲、有基础、热爱数字化古籍整理工作的人员;后者将工作水平与以往经历联系起来,容易出现"误差"。如以前是文史哲专业的学生,但毕业后从事了完全不相关的行业,甚至有假借他人经历、学历,填写了虚假信息等。这些情况的人员可能并不适合该项工作。与此同时,现在网络犯罪频现,保护个人信息安全至关重要,要求兼职人员提供过多的个人信息也并不妥当,又在一定程度上束缚了社会兼职人员的招募。

将测试环节引入人员招募的流程之中,是结合工作需要,精准录用工作人员的有效手段。设置招募测试在技术上并不困难,可以尝试建立一个考试资源库,适当选取一些古籍整理专业的基本知识,制作一些客观题,再从以往已经完成的古籍整理成果中选用一部分制作主观题。如提供原始图片,让应聘人员进行录文、校对,然后直接进行计算机比对,给出成绩。客观题和主观题有机结合组成完整的考试内容。主观题部分,至少有两点可以关注,其一,难度适中。不能选用已经点校出版的内容,在网络上很容易找到;也不建议选取通过电脑软件容易处理的内容。如果作弊变得很容易,那么将失去测试的意义。其二,关注古籍内容的差异。从内容上看,每次大规模录文对于人员专业知识的侧重可能会有所不同。如《中华大藏经》的录文以佛教文献、佛教史、佛学等专业背景的人员为佳；诗文典籍的录文时，古代文学、中国古代史等专业背景的人员会好一些；古代法律文书，比较适合法制史专业的人员；中医药内容的古籍，建议选用中医药专业的人员。诸如此类，不再赘述。

  网络考试可以结合现有较为成熟的模式和技术，如限定考试时间，规范考试环境，确认考试设备，认定考生身份等。将拟定的考试内容置于成熟的模板当中即可。一般来说，可以建立简单的工作人员库，根据考试成绩，工作成果简要梳理成员背景、擅长方向等。这样一来，通过考试筛选的人员下次进入工作时，不再二次考试认定，简化流程。在库人员会与组织者合作越来越紧密，工作越来越顺畅。

四、建设人才梯队

  网络时代信息和技术传播越来越快速高效，复制、仿造、抄袭也更加容易。完整的工作模式运行之后，容易被"惦记"。为了保证数字化古籍整理工作的持续进行，让最初投入者获得应有的回报，作为组织者应考虑关键环节的把控。整个数字化古籍整理工作的关键在人。建立一批培养点，持续性地为数字化古籍整理工作输送专业人才是数字化古籍整理工作持续发展的要点之一。

  数字化古籍整理工作人员的培养有诸多特点，尤其是基础文史素养的养成需要较长时间。大型数字化古籍整理项目的工作人员当然包含职业化的古籍整理工作人员，但并不限于此，甚至说重点不在此，更应该关注具有专业素养的兼职人员，即有自己的本职工作，利用业余时间，以兼职身份参与大型数字化古籍整理项目的人员。前面已经谈到过根据不同工作的要求，有区分度地招募工作人员。兼职人员不需要"五险一金"等常规保障，不需要组织者专门购买保险，甚至工作所使用的设备都不需要组织者出资。长时间稳定地运用好这一批人，是提升经济效益的关键。

从梯队建设的角度来看，兼职人员具有流行性大，难以长期维持的情况。这与数字化古籍整理工作的大规模推广不相适应。从以往经验来看，兼职从事数字化古籍整理工作的人员中除了供职于图书馆、教学科研单位的人员以外，有很大一部分学生。他们往往周末和寒暑假时间较多。尤其是古籍整理相关专业的高学历学生完成工作的效率高、质量好。然而他们总是会毕业，走向工作岗位，伴随日常工作和家庭事务的增加，慢慢会淡出这一兼职工作。

没有人永远年轻，却总有人正年轻。校企合作为解决这一问题提供了新的思路。如果长期从事数字化古籍整理工作的公司或者其他实体，能够与培养相关专业学生的教学科研单位进行合作，以实践课的形式，较大规模推动数字化古籍整理工作，可以做到合作共赢。对于数字化古籍整理工作的组织者来说，获得了稳定的兼职人员队伍，保证了梯队建设，为项目顺利完成打下了基础。对于学校而言，培养学生是其主要职能，但是学校更擅长理论教学，缺少学生实践机会，甚至为了培养学生实践能力，学校要花钱组建培训中心，资助培训项目等，几乎成为不必要的负担。在校大学生真正参与到数字化古籍整理工作当中来，有利于理论知识走向实践运用，让其真正掌握学校所学知识，并认识到这些知识的价值。

数字化古籍整理工作的人员培养往往依托于文史专业，特别是历史文献学和古典文献学。因此可以考虑优先选择有这两个专业的学校。全国高等院校古籍整理研究工作委员会于1983年成立，统筹全国高校古籍整理的学术研究和人才培养工作。这一时间前后，全国范围内陆续成立了多个古籍研究所。不少古籍所已经成为古委会直接联系单位,合作较为紧密。经过若干年的发展,高校的古籍研究所与历史文献学和古典文献学专业紧密结合。此基础之上,不少学校还专门设立文献学本科专业,如北京大学、浙江大学、陕西师范大学、南京师范大学、上海师范大学等。伴随高校教学改革的深入,不少师范类大学在原有师范班之外,又以其他形式设立非师范班。古文献基础往往也是这些非师范班级的重要学习内容。如果校企合作选择有古籍研究所,或者是全国高校古委会联系的教学单位进行合作,那么数字化古籍整理的人员培养将和古文献学专业硕博士的培养体系紧密结合在一起,质量上有较好的保证。

校企合作的数字化古籍整理工作有几点可以考虑。其一,学校和数字化古籍整理项目组织者建立较为长期的合作关系,围绕学生安全、利益保证等进行多方面的沟通、磋商,逐步形成一整套合作协议和办法。其二,学校教师以项目指导教师的身份参与到项目当中来,在项目推进过程中提供专业指导。其三,实践需要反馈教学。大规模的数字化古籍整理项目往往耗资较大,进行时间较长,需要筹划比较久的时间。这一过程中,项目组织者可以将计划先行反馈学校,教师在授课过程中可以结合项目需要,有重点地提前讲授相关知识或注意事项。其四,学校的对接应注意学术专长和地缘特点。虽然同为文献学专业,但不同学校所擅长的文献有所不同。如文学院设置的古籍所可能长于诗文集,历史学院设置的古籍所可能更适合历史性更强的古籍。地方方言或者地方民族类的数字化古籍整理工作,需要通晓对应区域的方言,或有当地生活经历的同学来工作。

简言之,校企合作框架下的数字化古籍整理人才培养可以惠及多方,学校方面为同学们争取到安全、有经济收益、有学术意义的实践机会;同学们得以学以致用,获得一定的劳动报酬;数字化古籍整理项目组织者会成为最大的受益者,逐步培养出一批兼职工作人员,并可以从中选拔长期工作者,逐步解决人员问题,将人员命脉较好地掌握在自己手中,在一定程度上保证自己的优势地位和收益权。

作者单位:福建师范大学文学院

中国古代砖刻资料数字化探究
——以数据库建设为中心

李忠民　张剑光

摘　要：中国古代烧结砖技术的不断成熟与文化烧结砖的普遍应用，使得现存以刻字砖和画像砖为主的砖刻资料蔚为大观。清末民国以来砖刻资料集中、广泛出土，以东汉刑徒葬砖、亳州东汉曹操宗族墓群砖、六朝墓砖、高昌墓表砖、北宋漏泽园砖为主体的砖刻资料渐成体系，同时相关的整理、保存成果相继涌现，《中国砖铭全集》《中国画像砖全集》《中国民间收藏汉画像砖石选集》代表了现阶段砖刻资料保存、整理的最高水平。受制于拓片印刷的局限，这类传统的纸质保存模式存在着较大弊端，无法系统反映砖刻资料的全貌。在数字化时代的今天，砖刻资料的整理与保存应当以数据库建设为中心，一方面全面、系统地收录砖刻资料并进行科学分类，立体地呈现砖刻资料的完整信息，另一方面密切追踪学术热点，不断维护、更新砖刻数据库，避免同质性的重复劳动，为学界相关研究提供完善的资料支撑。

关键词：砖刻　数字化　数据库　画像砖

砖，依据其制作方式，又被称为"烧结砖"，是古代工匠经过黏土洗练、捏合成型、开窑焙烧等一系列工艺生产流程制作形成的建筑用材，也是中国古代最为重要的建筑材料之一。而砖刻，是指刻写在砖体之上的文字、图案、符号等内容，根据砖体承载内容的不同，中国古代留存至今的砖刻资料可大致划分为铭文砖与画像砖两大类，前者承载的内容以铭文字符为主，后者则以刻画图案为主。

就现存的砖刻资料而言，铭文砖的数量占据绝大多数。① 铭文砖也被称为刻字砖、字砖，其所承载的文字内容也被称为砖文、砖铭、砖辞等。而与之相较，画像砖数量偏少，但由于图案内容具有较强的直观性，所承载的历史信息远较文字丰富全面，因此画像砖在某种程度上更能反映古代社会真实而复杂的历史情况，蕴含着更为丰富的历史信息。

一、中国古代砖刻资料的发展脉络及集中出土情况

作为中国古代最为重要的建筑材料，烧结砖的使用可上溯至远古时期，而根据相关考古资料显示，至迟到战国时期，载有特定文字

---

① 由《中国画像砖全集》编辑委员会编纂的《中国画像砖全集》收录中国古代画像砖五百六十五块，见《中国画像砖全集》编辑委员会：《中国美术分类全集·中国画像砖全集》全3册，成都：四川美术出版社，2005年；而由黎旭主编的《中国砖铭全集》收录中国古代字砖七千余块，见黎旭主编：《中国砖铭全集》全15册，上海：上海书画出版社，2020年。由于年代以及收录详略等各种因素的影响，两书所收录的画像砖、刻字砖数量虽不能准确反映两类砖刻资料的真实数量对比情况，但能大致反映两类砖刻资料的相对数量关系。

及刻画符号的烧结砖也已经出现并得到使用。① 进入两汉时期尤其是东汉时期,社会生产力得到迅速发展,烧结砖生产技术得到很大提高,再加上独尊儒术、以孝治天下、郡国举孝廉等国家政策的全面贯彻执行,养生送死的厚葬之风弥漫整个社会,在此基础上烧结砖由于其自身独特的建筑优势被大量用于建造墓志、碑铭、屋舍等,由此形成了砖刻大发展、大繁荣的第一个鼎盛时期,为魏晋南北朝砖刻的发展奠定了坚实基础。

进入魏晋南北朝时期,烧结砖的制作技术更加成熟与完善,制作成本不断降低,使得烧结砖的使用普及到社会各个阶层。此一时期,社会动荡不安,儒道佛各种思想交相辉映,社会经济、政治结构、文化思想与生活方式诸方面发生剧烈变革,在此基础之上,铭文砖和画像砖上承两汉遗荫,②取得了空前的发展成果,留下了诸多精美的砖刻艺术成就,这一时期也成为砖刻发展史上的又一繁荣时期。

隋唐宋元明清时期,随着丧葬习俗、生活方式及社会风气的改变,与两汉魏晋南北朝时期相较,砖刻的发展总体上呈现出逐渐衰落的趋势。唐代砖刻的出土虽遍及大江南北,除砖刻外还发现了一些官办窖仓铭文砖,总体来讲数量较少,与士人阶层逐渐脱离,艺术精品较少。宋元明清时期,除宋代的漏泽园砖记以及部分塔砖之外,砖刻资料的发现总体不多,艺术精品更不多见,影响力相对较小,逐渐淡出了知识阶层的视线。直到清代金石学,乃至于近代新史学与考古学的兴起,中国古代数量庞大的砖刻资料才以其独特的学术价值,重新回到知识界的视线之内。

---

① 胡海帆:《中国古代刻字砖综述》,胡海帆、汤燕编著:《中国古代砖刻铭文集》,北京:文物出版社,2008年,第374页。
② 黎旭:《中国砖铭综述》,《书法》2021年第9期。

如上所述,自战国一直到清末民国时期,刻有文字或图案的烧结砖一直在社会生活中广泛使用,相关的考古发掘实物亦层出不穷。但总体上而言,东汉时期与魏晋南北朝时期是古代砖刻发展史上的黄金时期,这一时期正处于中国古代社会发展变革的关键时期,社会生产力的发展、烧结砖制作技术的提高、儒家思想与佛道思想的交织影响、书法艺术文化的演变、北方诸游牧民族的融入、丧葬习俗的演变等诸多因素交织在一起,共同产生了数量繁多、质量上乘、内涵丰富的砖刻资料,如学界知名的"富贵昌"吉语铭文砖、"竹林七贤与荣启期"画像砖、"汉建平五年砖""熹平五年砖"等均出自这一时期,为后世历史学、文字学、美学、考古学等多学科的学术研究与发展提供了宝贵的历史资源。

就现存的砖刻资料而言,除散见于其他各朝代、各地区的零散砖刻资料及历代流传的拓本图片外,其中有相当一部分集中来自特定年代、特定地区的考古发掘,具有鲜明的地域特征和时代特征,对研究特定时期、特定地域的社会历史文化具有重要的学术价值。

首先,河南偃师地区两次发掘出土东汉刑徒砖。光绪末年,因修建陇海铁路,施工至河南偃师地界时集中出土了三百余块东汉时期的刑徒砖。中华人民共和国成立之后,1964年在河南偃师与洛阳交界地带,经过现代考古勘探,又集中发掘了东汉刑徒墓五百二十二座,出土刑徒砖八百二十二块,这是继清末以来东汉刑徒砖资料的又一次重大发现。① 结合前后所出,两次发掘共计得到东汉刑徒砖一千一百余块。刑徒砖大小不一,砖上铭文均为隶书、竖行自右向左刻画,详略不一地记录了刑徒的姓名、部属、无任或五任、郡县名、刑名、死亡日期等基本信息,②砖文书法规整流畅,是研究东汉社

---

① 中国科学院考古研究所洛阳工作队:《东汉洛阳城南郊的刑徒墓地》,《考古》1972年第4期。
② 张志亮:《洛阳东汉刑徒墓砖概说》,《东方艺术》2011年第12期。

会历史、刑徒遭遇、法律制度及书法艺术的重要资料。

其次,安徽亳州出土曹操宗族墓砖。现安徽亳州(县)古称谯郡,东汉属沛国,是汉末政治家曹操的宗族所在地。1974年以来,考古部门系统性地发掘清理了亳州南部的七座东汉时期曹操宗族墓葬群,出土砖刻资料四百余块,年代集中于东汉桓、灵时期。① 这批砖文数量较大、内容丰富,包含工匠记名、标记、记事、纪年、记曹氏宗族及其他官吏姓名和哀悼之辞,对了解曹氏宗族世系以及东汉末年的社会经济文化状况都有较高价值。

再次,新疆吐鲁番地区出土高昌墓表砖。清末民初之际,中国西北地区的历史文物屡遭国外考古探险队盗劫,其中就包括一定数量的已被发现的古砖刻资料。从这一时期开始,学界开始不断关注中国西北地区古砖刻资料的考古发掘情况。1930年,在中国考古学家黄文弼的率领下,"中国西北科学考察团"发掘了位于吐鲁番地区的高昌古国墓葬群,出土了一百余块墓表砖,这是民国时期对高昌墓表砖最为重要的一次考古发掘。1949年之后,国家文物工作队对新疆吐鲁番地区的古墓区进行了多次科学挖掘,出土墓表砖成果丰硕。综合来看,从1910年吐鲁番地区高昌墓表砖首次发现以来,到1996年中日合作发掘雅尔湖古墓区为止,共计发掘高昌墓表砖三百余方,年代跨度从455年一直持续到中唐建中二年(781),其中尤以高昌麴氏王朝时期居多。② 因此,这批高昌墓表砖就成为研究南北朝隋唐时期西北地区,尤其是高昌麴氏王朝的社会经济文化状况的宝贵历史资料。

最后,宋代漏泽园墓记砖。隋唐之后,砖刻发展逐渐呈现出衰落趋势,表现之一即是砖刻的使用逐渐与上层知识阶层脱离,更多

---

① 胡海帆:《中国古代刻字砖综述》,胡海帆、汤燕编著:《中国古代砖刻铭文集》,北京:文物出版社,2008年,第386页。
② 黎旭:《中国砖铭综述》,《书法》2021年第9期。

地出现在底层社会的生活实践之中。漏泽园是宋代官方设立的慈善救助机构之一,是用于安葬贫民、兵士、囚犯以及无主尸骸的义地。① 漏泽园制度作为一种官办公墓制度,②所收敛的尸体大多属于贫苦无依的社会底层民众,因此绝大多数都没有随葬品,一般用一两块造价低廉的烧结砖刻写编号、死者姓名、年龄、身份、埋葬日期等诸多方面的内容,而这正是数量较多的漏泽园砖刻资料的主要来源。迄今为止,考古发掘宋代漏泽园墓葬一千余座,发现砖刻资料四百余块,③地点遍及大河南北数省市,其中尤以三门峡上岭村的发掘最为著名。20世纪八九十年代,考古工作队分三次发掘了此处属于北宋陕州的漏泽园墓地,出土墓记砖三百七十二块,是迄今历史上漏泽园墓记砖出土最多的一次。④ 宋代漏泽园墓记砖的大量出土,对研究宋代的漏泽园制度、行政区划发展以及底层社会的生活情状,都有着重要的学术价值。

除了上述砖刻资料的集中出土之外,广东番禺地区于1988年集中出土了东汉前期的砖刻资料六百余块,南京地区于20世纪60年代以后不断出土了数百块东晋、南朝时期的墓志砖,浙江、陕西等地亦出土了一定数量的塔砖。这些集中出土的砖刻资料,与从古至今,尤其是近代以来陆续发现、零星出土的砖刻资料一道,共同构成了目前超过一万块的体量浩繁的砖刻资料体系。

---

① 王晓薇:《漏泽园砖铭所见北宋末年地方兵士和百姓生活研究》,《宋史研究论丛》2019年第2期。
② 张新宇:《试论宋代漏泽园公墓制度的形成原因和渊源》,《四川大学学报》(哲学社会科学版)2008年第5期。
③ 胡海帆:《中国古代刻字砖综述》,胡海帆、汤燕编著:《中国古代砖刻铭文集》,第387—388页。
④ 三门峡市文物工作队编著:《北宋陕州漏泽园》,北京:文物出版社,1999年,第57—58页。

二、现存砖刻资料的保存、整理现状

对砖刻资料的保存、整理、刊布与研究,始于宋代的金石学。宋代赵明诚《金石录》中所记述的"汉阳朔砖",被认为是中国古代关于砖刻资料的最早记载。此后洪适《隶续》《隶释》等金石学著作均在不同程度上记述了一定数量的古代砖刻资料。至清代,金石学大盛,学者们逐渐发现古砖刻对金石学研究具有重大价值,于是大力展开对古代砖刻资料的搜集、整理、著录工作,相关的研究著述日益增多,吴廷康《慕陶轩古砖图录》、张德容《二铭草堂金石聚》、严福基《严氏古砖存》、吕佺孙《百砖考》、陈璜《百甓斋古砖录》、宋经畬《砖文考略》、陆增祥《八琼室金石祛伪》、陆心源《千甓亭古砖图释》、吴隐《遯庵古砖存》、冯登府《浙江砖录》等著述均在一定程度上记录了古砖的录文、拓片等基本信息,考辨其中的文字、图案信息,是此一时期保存、整理砖刻资料的代表性成果。尤其是陆心源的《千甓亭古砖图释》,此书辑录了两汉至元代不同的古砖刻拓本一千三百余件,并且采用了当时较为先进的石印印刷技术,真实、形象地呈现了砖体之上的文字与图案。同时,陆书对每一种古砖拓本均标明尺寸、内容、出土地点等信息,并进行了细致的考订工作,是古砖刻资料保存、整理中里程碑式的著作。[①]

清末民国时期,随着考古学与现代新史学的兴起,古代砖刻的整理著述更加丰富,体例更加科学完备。清末光绪年间,因修筑陇海铁路而在河南偃师地区出土了三百余块东汉刑徒砖,其中的大部分流入晚清大臣端方手中。端方前后搜集砖刻资料,编成《陶斋藏

---

① 黎旭:《中国砖铭综述》,《书法》2021 年第 9 期。

甄记》，后又收入部分石刻资料，合刊为《陶斋藏石记》。此后，罗振玉亦以出土东汉刑徒砖为基础，编纂《恒农冢墓遗文》，纠正了《陶斋藏甄记》中的讹误之处。此外，罗振玉广泛搜集传统金石资料，先后编纂《恒农专录》《专志征存》《地券征存》《楚州城专录》等金石著述，罗氏所著是当时整理、保存、研究传统砖石资料的代表性成果。

1930年，黄文弼率团赶赴新疆吐鲁番发掘高昌古国墓葬群，出土了一百余块墓表砖，黄文弼以此为基础编纂《高昌》《高昌专集》二书出版，系统披露了高昌墓表砖的具体情况，使人们对高昌墓表砖的形制、内容、书法特色等有了较为全面的了解和认识。除此之外，清末民国时期整理研究古砖资料的著作还有高翰生《上陶室砖瓦文捃》、邹安《广仓砖录》、王树枏《汉魏六朝砖文》等。

1949年以来，在一代代考古工作者、文物工作者的不懈努力之下，大批量古代砖刻资料以论文、[1]考古发掘报告、[2]书籍[3]等诸多形式展现在学界面前，中国古代砖刻资料的体系因而大为丰富，砖刻资料的数量迅速上升，高质量的砖刻资料不断涌现，同时出现了地

---

[1] 如中国科学院考古研究所洛阳工作队：《东汉洛阳城南郊的刑徒墓地》，《考古》1972年第4期；罗宗真：《南京西善桥南朝墓及其砖刻壁画》，《文物》1960年Z1期；始皇陵秦俑坑考古发掘队：《秦始皇陵西侧赵背户村秦刑徒墓》，《文物》1982年第3期；南京博物院：《江苏丹阳胡桥南朝大墓及砖刻壁画》，《文物》1974年第2期；磁县文物保管所：《磁县发现北宋漏泽园丛葬地》，《文物春秋》1992年第2期等。

[2] 如洛阳市文物工作队：《洛阳含嘉仓1988年发掘简报》，《文物》1992年第3期；台州地区文管会、黄岩市博物馆：《浙江黄岩灵石寺塔文物清理报告》，《东南文化》1991年第5期；南阳地区文物研究所、淅川县博物馆：《河南淅川汉画像砖墓发掘报告》，《华夏考古》1994年第4期等。

[3] 陈从周编：《江浙砖刻选集》，北京：朝花美术出版社，1957年；郭翰编：《苏州砖刻》，上海：上海人民美术出版社，1963年；周到、吕品、汤文兴编：《河南汉代画像砖》，上海：上海人民美术出版社，1985年；殷光明：《敦煌画像砖》，北京：人民美术出版社，1990年；三门峡市文物工作队编著：《北宋陕州漏泽园》，北京：文物出版社，1999年等。

域性、专题性、基础性的砖刻整理著述，这些学术发展都使得编纂砖刻资料专题性全集的可能性和必要性大大提高。

1988年，由《中国美术全集》编辑委员会编纂的《中国美术全集·绘画编18·画像石画像砖》出版，①收录古代画像砖石二百六十二块，其中画像砖七十五块，收录内容以河南、四川两地汉代砖石为主，拓片下附带文字解释、年代及出土地点，收录内容虽相对有限，但在体例上为后来砖石全集的编纂奠定了基础。

1998年，殷荪编著的《中国砖铭》出版，②该书按年代编排次序，收录自东周至清末砖刻资料数千方，同时编著《中国砖铭文字征》，③对砖刻铭文形体演变等进行系统考证，为后来铭文砖全集的编纂奠定了坚实基础。

2005年，由《中国画像砖全集》编辑委员会编纂的《中国美术分类全集·中国画像砖全集》出版，④全书分三册，系统介绍了四川汉画像砖、河南画像砖以及全国其他地区画像砖的具体情况，拓片之下附带文字说明，同时各分册还分别载有各地区画像砖的综述概论。全书体例完备，图文并茂，收集画像砖五百六十五块，是当前画像砖专题整理全集的代表性著述。

2009年，由金维诺总主编、信立祥分卷主编的《中国美术全集·画像石画像砖》⑤出版，全书除开篇画像石画像砖概论之外，分三册

---

① 《中国美术全集》编辑委员会编：《中国美术全集·绘画编18·画像石画像砖》，上海：上海人民美术出版社，1988年。
② 殷荪编著：《中国砖铭》，南京：江苏美术出版社，1998年。
③ 殷荪编著：《中国砖铭文字征》，上海：上海书画出版社，1996年。
④ 《中国画像砖全集》编辑委员会编：《中国美术分类全集·中国画像砖全集》，成都：四川美术出版社，2005年。
⑤ 金维诺总主编、信立祥主编：《中国美术全集·画像石画像砖》，合肥：黄山书社，2009年。

收录自秦汉至宋明时期画像砖石七百二十九块,其中画像石五百六十九块,画像砖一百六十块,年代主要集中在东汉魏晋时期。该书在画像砖石拓片之下,详细记述了画像砖石的名称、年代、出土地、尺寸、图像解释以及现藏地等基本信息,体例周详完备,拓片清晰,图文并茂,是当代整理画像砖石资料的典范之作。2018 年,由孙晓主编的《中国民间书法全集·砖铭书法卷》①分两册出版,全书从砖铭书法艺术的角度着眼,收录自东周列国至南北朝时期铭文砖精品两百余件,是铭文砖选集系统整理的重要成果。

2020 年,由黎旭主编的《中国砖铭全集》出版,②全书分十五册,除第十五册为目录索引之外,其余部分按地域年代编排次序、系统收录了中国古代自战国至清末民国时期的古代铭文砖七千余件,砖文拓片之下详细标注砖刻名称、释文、年代、地区、尺寸制作方式、收藏地等基本信息,是目前学界有关铭文砖全集整理的集大成著述。

2021 年,由信立祥总主编的《中国民间收藏汉画像砖石选集》③分七种十六卷出版,该书收录了全国非官方收藏机构和近八十位收藏家收藏的汉画像砖石三千五百余件,按照"天上世界""仙人世界""人间世界""地下世界"四类分地域、年代编排,拓片分彩印、墨拓两种,在其之下附录名称、尺寸、英文翻译等基本信息,品类繁多、图文并茂,是我国第一部全面反映中国民间收藏汉画像砖石状况的文献选集,对于传统的古代砖石资料选集有着难以替代的补充作用,具有极高的文献价值与学术价值。

除此之外,还有两类砖刻资料的整理著述需要注意。第一,两汉魏晋南北朝隋唐时期,社会各阶层在不同程度上均会利用烧结砖

---

① 孙晓主编:《中国民间书法全集·砖铭书法卷》,天津:天津人民美术出版社,2018 年。
② 黎旭主编:《中国砖铭全集》,上海:上海书画出版社,2020 年。
③ 信立祥主编:《中国民间收藏汉画像砖石选集》,开封:河南大学出版社,2021 年。

拼接刻写墓志,如南京出土的一系列东晋、南朝墓志砖,①并且这种情况在中下层社会群体中表现得尤为明显。因此,部分墓志整理研究著作在一定程度上均保存了相当数量的古代砖刻资料,如罗新和叶炜《新出魏晋南北朝墓志疏证》,②周绍良和赵超《唐代墓志汇编》、③《唐代墓志汇编续集》、④赵超《汉魏南北朝墓志汇编》⑤等,这为编纂古代砖刻资料专题性全集提供了资料上的有力支撑。

第二,砖刻资料中有相当一部分铭文砖保存了古代书法的真迹,具有较高的艺术价值与史料价值,因此学界屡见砖铭书法的汇集整理著作。除上述《中国民间书法全集·砖铭书法卷》外,2005年,由张铭心编著的《高昌砖书法》⑥出版;2022年,在《中国砖铭全集》的基础上,由黎旭、王立翔主编的《砖铭书法大系·两汉三国砖铭书法》⑦与《砖铭书法大系·两晋至宋元砖铭书法》出版⑧;2023年,由赵冠群编著的《中国砖铭书法精粹》⑨出版,等等。以上书籍均是从书法艺术的角度搜集整理中国古代砖刻资料的代表性著述。

综合来讲,经过几十年来学界对中国古代砖刻资料的发掘、保存、整理与研究,砖刻资料专题性全集的编纂取得了丰硕成果,如上

---

① 从 20 世纪 60 年代开始,南京近郊连续出土多块砖质东晋、南朝高门贵族墓志,如《颜谦妇刘氏墓志》《高崧妻谢氏墓志》等。
② 罗新、叶炜:《新出魏晋南北朝墓志疏证》,北京:中华书局,2016 年。
③ 周绍良、赵超:《唐代墓志汇编》,上海:上海古籍出版社,1992 年。
④ 周绍良、赵超:《唐代墓志汇编续集》,上海:上海古籍出版社,2001 年。
⑤ 赵超:《汉魏南北朝墓志汇编》,天津:天津古籍出版社,2008 年。
⑥ 张铭心:《高昌砖书法》,桂林:广西师范大学出版社,1993 年。
⑦ 黎旭、王立翔编:《砖铭书法大系·两汉三国砖铭书法》,上海:上海书画出版社,2022 年。
⑧ 黎旭、王立翔编:《砖铭书法大系·两晋至宋元砖铭书法》,上海:上海书画出版社,2022 年。
⑨ 赵冠群编:《中国砖铭书法精粹》,济南:山东美术出版社,2023 年。

所述,无论是从书法艺术角度出发编纂的砖铭书法,还是从画像图案角度出发编纂的画像石画像砖全集,抑或是以砖体承载内容为区分标准而编纂的刻字砖、画像砖全集,都有代表性的成果问世。但是,由于考古发掘工作的不断展开以及私人收藏砖刻资料的逐渐刊布,新的砖刻资料势必不断涌现,再加上学术发展、技术进步等诸多因素的影响,现有的砖刻资料专题性全集必然逐渐落后于学术发展而面临着更新换代的境遇,而数量庞大的砖刻资料的保存、整理研究工作势必重新提上日程。在这种情况下,随着现代信息技术的发展,旧有的拓片印刷纸质保存模式的弊端将会不断放大,砖刻资料数字化的保存与整理将是未来工作的重点。

三、现存砖刻资料的数字化整理途径——以数据库建设为中心

经过1949年以来几十年的发展,就现存砖刻资料的保存与整理而言,无论是砖铭书法全集、画像砖画像石全集,抑或是画像砖、刻字砖全集,均有代表性的成果问世。这些砖刻资料专题性著述基本上囊括了目前学界公开披露的绝大部分砖刻资料,对砖刻资料的保存与整理作出了巨大贡献。但是,这一类传统的拓片印刷纸质保存模式存在着一些弊端,而随着学术的发展、技术的进步,这些弊端暴露得愈加明显。

一方面,这类传统著述更新频率较低,无法追踪学术热点,及时对自身进行修正与补充。一部画像砖石专题性全集的编纂往往需要耗费巨大的时间与精力,投入巨大的物质资源与人力资源,一旦编纂完成,其所囊括的内容便固定下来。而近年来,随着技术的发

展、学术的进步与考古发掘工作的顺利展开,大批量的新出砖刻资料不断涌现,同时,随着学术的发展,一些旧有的观点与结论势必要不断修正。在这种情况下,这类传统的整理著述从其编纂完成之日起,就已经在不断地落后于现代学术的发展,又因为其更新成本较高,导致更新频率较低,无法及时地补充与修订,因此在当今学术快速发展的时代背景之下,这类传统整理著述问世不久便可能因无法满足学界需求而惨遭淘汰。

另一方面,受到纸质排版印刷技术等多方面的限制,这类传统整理著述往往无法立体呈现砖刻资料的全貌。对于砖刻资料而言,学界最为看重的是砖体所承载的画像、铭文内容,因此最为常见的保存整理方式是拓片影印并附带相关基本信息说明,这样就使得现存砖刻资料的很多有价值的历史信息,如色彩、质地、尺寸、纹饰等,无法为学界掌握并充分利用。实践证明,除了砖体所承载的主体铭文、画像内容外,砖体色彩、材质、尺寸以及侧面刻画符等诸多内容,均承载着丰富的历史信息,具有重要的学术价值,①而这类传统整理著述往往由于各种条件的限制,如技术制约、学术限制等,会有意无意地遗漏掉这些重要的历史信息。

此外,在砖刻资料的整理类著述中,往往存在着出自不同学者的多种整理本,各种整理本在内容、体例与质量上虽有一定差别,但总体上存在着相当多的重复劳动,②这极大浪费了学术资源。同时,受到纸质印刷的限制,文本、图像、目录检索等多方面的功能操作,

---

① 如在对于未注明年号的砖刻资料进行断代的过程中,砖体表面的斜纹类型、色彩等信息便十分关键,而这一类重要的历史信息,往往为传统的整理著述所忽略。
② 如前所述,就画像砖专题性全集整理著述而言,就至少有《中国美术全集·绘画编18·画像石画像砖》《中国美术分类全集·中国画像砖全集》《中国美术全集·画像石画像砖》三种,三部著述收录内容虽有一定差别,彼此之间亦有着明显的学术发展关系,但仍然存在着大量的重复劳动。

在传统整理著述中无法实现。因此,在这种情况下,砖刻资料数字化的趋势已势在必行。

砖刻资料数字化整理的核心,即是专题数据库的建设。在这一方面,石刻资料专题数据库的建设已有相当体量与规模。例如,2022年由复旦大学仇鹿鸣教授主编的《历代石刻总目数据库》中的《唐五代墓志专目数据库》上线,收录了2020年之前公开发表的唐代墓志12 300余方,对2020年之前的唐代墓志做了系统考述与整理;同年,《历代石刻总目数据库》中的《汉魏六朝石刻专目数据库》上线,收录了2018年之前9 000余篇石刻文献相关信息,对2018年之前所有已知的汉魏六朝墓志进行了系统梳理与考述。除此之外,以《三晋石刻大全数据库》《汉魏六朝碑刻数据库》《历代石刻拓片汇编》《唐代墓志铭数据库》《宋代墓志铭数据库》等为主题内容的收录更全、体量更大、范围更广的《中华石刻数据库》也已经初具规模。而与之相较,数量庞大的画像砖、刻字砖亟待整理,以砖刻资料为主体的专题数据库建设尚处于拓荒阶段,这些石刻专题数据库建设与发展为砖刻资料数据库的建设提供了有益的经验鉴戒。

在以专题数据库建设为核心方式对数量庞大的砖刻资料进行数字化保存、整理的过程中,要特别注意几个方面:

首先,数据库收录内容应当全面、详细。一方面,应当竭泽而渔式地搜集所有学界披露过的砖刻资料,检索的范围应当包括期刊论文、发掘报告、专题图录、书籍著述以及馆藏目录等诸多方面,在考辨真伪的前提下,尽可能地保证收录的全面性。另一方面,对于所收砖刻资料,应当尽可能地呈现砖刻资料的全貌。对于只有拓本流传的砖刻资料,应当录入清晰的拓片信息、所收书籍、历代学者考证以及内容简介等应有信息;对于实物、拓本均有留存的砖刻资料,除了录入拓片等基本信息之外,更要以三维立体的形式,全方位呈现砖刻资料的色彩、尺寸、质地、侧面纹饰等重要信息,让学者能够身临其境地观察与把握砖刻资料所蕴含的丰富的历史信息。同时,对于所有收录的砖刻资料,均需录入标题、年代、内容介绍、铭文释读、收录地与馆藏地、历代考辨信息、颜色、尺寸等基本信息,真正做到集众家所长而荟萃一身。

其次,数据库的分类、检索功能应当全面、实用。对于整个砖刻资料体系而言,在画像砖、刻字砖两大范畴之外,应当以年代为标准进行分类排序,并制作清晰的标题条目界面以供整体浏览与把握。在这一整体的分类排序基础上,对于具体的砖刻资料,应当以其尺寸、主题、①收藏馆、出土地等为二级分类标准添加不同的标签,以供分类检索。在检索功能上,刻字砖的铭文、砖刻标题、主题内容、出土地、收藏馆等关键性的文字信息必须进行电子化处理,以便检索查询、分类对比研究。

最后,专题数据库必须要紧跟学术发展潮流,不断更新学界新披露的砖刻资料,在已有材料的基础之上不断完善。一方面避免重复的学术劳动,另一方面及时追踪学界发展热点,不断修正自身存在的弊端,真正为学界发展提供强有力的资料支持。

总的来说,经过1949年以来几十年的发展,学界砖刻资料无论从体量还是从质量上来说,都已经具备了建设专题数据库以更好地为学术发展提供资料支撑的必要,而目前学界已存在的各类画像砖、铭文砖全集,以及石刻资料数据库建设的宝贵经验,都为砖刻资料数据库的建设奠定了坚实基础。随着时代与学术的发展,砖刻资料势必不断涌现,在此情况下,以砖刻资料数据库的建

---

① 如前引《中国民间收藏汉画像砖石选集》,便按照"天上世界""仙人世界""人间世界""地下世界"四种主题类型编排分类,这一种二级分类标准对于特定专题的检索与研究,相当便利。

设为中心的砖刻资料数字化发展,在系统保存与整理学界砖刻资料、为学术发展提供强大的资料支撑、避免重复的学术劳动和学术无用功、填补相关的学术空白等诸多重要方面,都具有不可替代的重要作用。

作者单位:上海师范大学人文学院

论画像砖的数字化研究与数据库建设

朱慧宇　秦中亮

摘　要：近年来，随着数字人文的不断发展，越来越多的文献资料被数字化。与之相应，各研究机构也不再局限于传世文献的电子化，逐步致力于出土文献和考古材料的数据库建设，如中华石刻数据库、敦煌文献数字图书馆、中国文字智能检索网络数据库的推出，极大地便利了学者在研究中使用石刻文献、敦煌文书以及甲骨金文等常人难以触及的文献材料。然而，相较于文字类文献而言，图像类文献的数据库建设仍有较大的提升空间。以画像砖为例，画像砖是我国古代画像艺术的重要代表，但目前的数字化过程中面临着缺乏独立的数据库资源，检索功能有待完善，各数据库收录严重缺失等诸多问题。基于此，本文在借鉴目前较为成熟汉代画像石数据库的基础上，为画像砖数据库的建设提供一些关于数据库结构、信息分类和检索方式等方面的建议。

关键词：画像砖　数据库　数字人文

　　画像砖是一种通过模印或刻画的方式，在砖面上形成花纹或画像的图像砖。其作为中国古代画像艺术的重要代表,肇始战国,下达宋元,横跨了十五个世纪的历史长河。此外,对画像砖的研究也是形象史学的重要组成部分。画像砖承载了许多不见诸史册的历史信息,而这些历史信息往往直观地反映了当时历史环境下的社会面貌。因此,画像砖研究在史学领域中有着较大的学术价值和发展潜力。

数字资源是文献信息的表现方式之一。其主要指以数字形式存储在光、磁等非纸质载体中,通过网络通信、计算机或终端等再现出来的电子资源。① 近年来,数字人文得到不断发展,在经历了电子光盘制作和互联网数据库的时代后,当下已逐步进入关系性数据库的时代。② 与目前文字文献类数据库重复建设的情况相反,图像文献类数据库面临着严重不足的问题。因此,在一定程度上影响了相关学术研究的开展。本文在对国内外现有的画像类数据库介绍的基础上,进一步探讨目前画像类数据库已有的成绩与不足,以期能为画像砖数据库的建设提供一些可行建议。

一、图像类数据库的建设情况

目前国内外有多家高校、博物馆等研究机构已搭建起图像类文献数据库。部分数据库收录有画像砖的内容。总体而言,在中国所搭建的图像文献类数据库中,"中国汉代图像信息数据库"收录的画

---

① 王国强:《网洋撷英:数字资源与汉学研究》,南昌:江西高校出版社,2020年,第1页。
② 舒健:《拥抱"大数据"对历史研究的挑战》,收入氏编:《大数据时代的历史研究》,上海:上海译文出版社,2018年,第2—4页。

像砖块数最多,品类最全,分类方式也最合理。台北"中研院历史语言研究所"(下文简称"中研院"史语所)也收录了一定数量的画像砖,并将其电子化后制成数据库。国外以日本为代表的海外地区,画像砖收集和数据库建设相对较少,检索功能的作用也较小。本文以中国、中国台湾地区和日本为例,对海内外收录有画像砖的重要研究所和数据库进行介绍。

(一) 中国汉代图像信息数据库[①]

北京大学汉画研究所是进行汉画研究的专门机构,该所搭建的"中国汉代图像信息数据库"也是中国收录画像砖最多的线上数据库。数据库内共收录 5 350 件汉画文物,其中最为主要的是汉代画像石,也有部分壁画和画像砖。数据库内的每件汉画都采取三种形式记录:照相以存其貌,拓片以显其图,线描以辨其形,并在每块画像砖旁标注总编目号、尺寸、所属墓葬、征集地点和收藏地等信息。

在收录汉画的分类方面,该数据库有两种分类方式。一是按地域分类,二是按断代分类。从地域分类来看,该数据库中的画像被分为河南、安徽、山东、陕西和江苏等五大类,省内还有更具体的地点划分,如安徽省内又分萧县、淮北和宿州等三小类;按断代则分为西汉、新莽、东汉、三国、东晋等五个朝代,每个断代下也有更具体的年代划分,如东汉内又分永元二年、永元八年等。此外,该数据库提供数据检索服务,读者可根据总编目号、拓片号、所属墓葬、出土/征集地点、相关位置、收藏地、断代、文物鉴定意见和主体关键词等检索字段检索。

除图像数据库外,北大汉画研究所官网内还有古文献数据库和

[①] 中国汉代图像信息数据库网站: http://art.han-art.net/main.asp?lang=。

研究文献数据库,二者均为图像数据库的补充资源。古文献数据库中收录有《全汉文》《全后汉文》《全三国文》《全晋文》等与汉画像内容相关的古文献资源。研究文献数据库可用于对现有汉画研究成果的查询,主要有题目、作者、出处、出版者、年代、关键词和内容提要等八个检索字段。读者在利用某一检索字段查询到相关著作后,数据库也会提供其他的著作信息,如输入"六朝画像砖"这一关键词后,会告知目前的相关研究有武翔的《江苏六朝画像砖研究》一文,该文收录于1997年的《东南文化》72—96页的信息。这一功能便于迅速了解某一类画像研究的学术动态,掌握相关的学术史信息。

(二)汉代石刻画像拓本数据库[①]

中国台湾地区所藏的画像砖主要来自"中研院"史语所的傅斯年图书馆,馆内藏有来自山东、河南、四川、江苏等地的汉代石刻画像拓本。这些拓本主要是民国时期傅斯年、徐中舒、董作宾和劳榦等学者,通过赠送、交换、购买和田野考察得来,拓本多为其他地区难得一见的精拓,故史料价值极高。[②] 2002—2006年间,史语所将该所典藏的文献资料分成考古、拓片、善本数据、少数民族和内阁大库档案等五项,进行数据库建设。目前已建成汉代石刻画像拓本数据库,该数据库内收录有1 551件珍贵的汉代画像文物,其中最主要的是汉代画像石,也有部分的画像砖。

该数据库为每一件汉画文物都提供了拓片、原石、题记、丛拓和影像资料等信息。以题名为"杨子山二号墓"的画像砖为例,"拓片资料"除提供拓片图像外,还有登录号、其他题名、高广、装潢、拓印

---

① 汉代石刻画像拓本网站:https://ihparchive.ihp.sinica.edu.tw/ihpkmc/ihpkm_op?@@0.7907683386349553。
② 引自"汉代石刻画像拓本网站"的收藏介绍。

范围、内容说明、收藏著录、典藏位置和版权所有等信息，便于读者的查询和研究。"原石资料"主要介绍原石出土的考古信息，如年代、材质、出土时间、功能、出土地点等。"题记资料"指的是出土后收藏者做过的题记，如"伯希手拓""奚成所得"等。此外，丛拓资料和影像资料作为补充信息也有利于丰富读者对画像砖的认知。

该数据库也为读者提供了检索功能。检索字段有登录号、题名、原件年代、出土地点、位置浏览、画像主题、画像内容、铭刻文字、题记/印记、功能、原石收藏地点和书目等。此外，该数据库虽然没有单独设置分类，但检索功能中的出土地点、位置浏览、画像主题和画像功能等可被视为数据库建设者对这批画像在不同层面的分类，如画像主题下细分为星辰天象、神怪、祥瑞辟邪、帝王将相等类别，读者可根据相关提示信息查询到所需的画像内容。

（三）京都大学人文科学研究所所藏石刻拓片资料[①]

日本的京都大学人文科学研究所是日本最为著名的汉学研究机构之一，收藏了部分石刻拓本资料。这些拓本资料被分为画像石（砖）拓本和文字拓本两类，画像石（砖）拓本主要源于山东、江苏、河南、山西、陕西和四川等地，相较于国内收录的拓本而言，数量略少，但多有其他地方难得一见的精拓。目前，该所已将所藏的石刻拓片电子化，并制成名为"京都大学人文科学研究所所藏石刻拓片资料"的线上数据库。

相对于国内的数据库而言，该数据库提供的信息较少。如该数据库虽然对京大人文研所藏的画像提供了拓片，并在拓片旁标有标

---

① 京大人文研所藏石刻拓本资料网站：http://kanji.zinbun.kyoto-u.ac.jp/db-machine/imgsrv/takuhon/。

题、年代、尺寸、出土地、原石所在地和备考文献等信息,但部分拓片残泐不清,出土地和备考文献也缺而不论,这使得画像内容的介绍相对粗泛。

该数据库建设者对所藏画像拓本的分类方式隐含在数据库的目录当中。该数据库有两级目录,一级目录按地域划分,分为山东一、山东二、江苏、河南、山西、陕西和四川七种。在一级目录下数据库建设者根据画像的实际情况灵活分类二级目录,如"山东一"下既有按地域分类的"曲阜画像石"类,也有按人物划分的"朱鲔画像石"类,还有一些不便分类的笼统归入"山东画像石"中去。该数据库目前并未建设检索系统,但是库内收藏的画像砖总数较少,主要出自河南郑州和四川等地,通过二级目录可以一览库内收藏画像砖的总体面貌。

二、当前数据库建设的成就与不足

根据笔者上文的介绍,可以看出目前的画像类数据库建设已取得一定的成就,这主要体现在电子化的画像展示、画像信息介绍、分类方式、检索字段、繁简转化、与其他文献库的关联等方面。这也为研究者在研究过程中快速搜索、量化分析和生动直观了解画像内容等提供了一定的便利。但另一方面,当代的图像类数据库建设中仍有一定不足,笔者兹一一阐释。

首先,目前已有的画像类数据库都以画像石为主体,画像砖收录块数较少。这一方面是因为画像砖的总体数量本就少于画像石,但另一方面也受数据库建设者将画像砖材料视为画像石的补充、将画像砖材料的断代限于两汉等主观因素的影响。实际上,虽然部分画像石的题材在画像砖中也会出现,但两类画像在材质、图像要素构成、使用人群、分布地域和使用年代方面都有一定的差异。以年代为例,画像石艺术的黄金时代无疑是在东汉中后期,三国以后趋于衰落。但画像砖艺术的盛行时期却主要在六朝,乃至宋元以后仍有以"二十四孝"故事为题材的画像砖材料出土。因此将画像砖材料作为画像石的附属,且年代局限于汉代的收录方式,一定程度上影响了对六朝出土的江南画像砖研究,故值得商榷。

其次,目前尚未见到任一数据库的检索系统能将当下已出土的全部画像砖材料收集齐全。大多数研究机构搭建的数据库都是基于本所的收藏。因此,"中研院"史语所、京大人文研搭建的画像类数据库中画像砖数量很少。此外,北大汉画研究所虽然联合了多家国内外博物馆和高校等研究单位,但主要的收集对象仍然是画像石,且有未尽之处,更不必说画像砖。

再次,目前数据库的检索字段也有一定的问题。每家机构都有自己的编号系统和编码规则。如"中研院"史语所的"新津宝子山画像砖",其标号为"fsnrb27003",而京大人文研的"四川宴饮画像砖"编号为"G01-01"。这降低了编号检索的价值,也在一定程度上对外来研究者造成了困扰。此外,目前的检索系统中尚未有统一类型的命名方式,也不能进行同义词检索和模糊检索。这造成了大量的同砖异名和检索精度不高的问题。

最后,研究文献数据库和古文献数据库的收录范围需要适当扩展。研究文献数据库中可以查到的多为期刊论文,对于研究专著的收录较少。以上文提到的"六朝画像砖"为例,研究文献数据库仅查到武翔于1997年《东南文化》发表的《江苏六朝画像砖研究》一文。但实际上对于六朝画像砖的研究还有很多,如姚义斌曾于2010年出版《六朝画像砖研究》一书。① 此外,古文献数据库的收录范围也需适当扩展,如在北大汉画研究所的古文献数据中,仅收录有《全汉文》《全后汉文》《全三国文》《全晋文》等文献内容,但实际上画像砖中还有许多相关的历史故事也可纳入古文献数据库的收录范围内。

三、对画像砖数据库建设的建议

根据上文对目前已有的画像类数据库成绩与不足的分析来看,虽然当下的画像类数据库建设已取得一定的成绩,但也存在一些需要改进之处。此外,对于专门的画像砖数据库而言,笔者寓目所及,尚未之见,故应尽快建立起体系健全、结构合理、内容齐全的画像砖数据库,以满足当下学术研究的需要。下文是笔者为画像砖数据库建设提供的一些个人建议。

(一)拓展画像砖的收集渠道

加强高校、博物馆等研究单位的合作,并积极联系民间收藏家,尽力解决版权和产权问题,拓展画像砖图像的收集渠道。目前画像砖数据库遇到的最大问题在于图像信息收集不全。而图像信息收集不全的背后,既有产权和版权的问题,也有各单位间沟通与合作的问题。相较于中国台湾及日本而言,中国大陆地区在这一问题的解决上有着一定的优势。一是因为画像砖的出土地点主要位于中国大陆地区,未来补充的画像砖也主要是来自新考古发现,故中国

---

① 姚义斌:《六朝画像砖研究》,镇江:江苏大学出版社,2010年。

搭建的数据库可以更为及时地反映新出考古成果。二是中国大陆地区收集的画像砖总数最多,且多为公共事业单位收藏。这一条件为各研究单位间的合作提供了一定的便利。此外,许多画像砖目前被民间收藏家收藏,这使得很多重要的画像信息难以被录入到数据库中,所以也需要积极加强和民间收藏家的沟通,拓展画像砖的收集渠道。

对于部分因特殊情况无法在数据库中著录的画像砖,数据库建设者也应对其可提供的信息加以说明,并通过 GIS 系统制成该类画像砖的出土情况和收集地点分布图。这便于研究者对某一类画像砖的总体把握。对于绝大多数的研究者而言,收录齐全某一主题下全部画像砖的信息是一项成本极高、成功率较低且意义不大的事情,甚至很多时候,连存世的总数都无从知晓。但研究者又往往需要在同一主题下,不同断代或不同地域的图像要素变化中发现问题。因此,纵使有部分的收藏品无法提供图像内容,也应尽可能告知其存世情况和收藏地点等基本信息。

(二) 改进画像砖数据库的分类与检索

目前画像石数据库的分类已相对健全,对于画像砖的分类也有许多专文探讨。[①] 但在数据库建设方面,笔者认为可以从多个角度改进画像砖的分类标准。首先,从一级分类上,可以划分为断代分类、地域分类、主题分类、雕刻技法分类和画像功能分类等五个大类。以画像功能(如墓室、棺椁、祠堂和墓门等)分类为例,以往的数据库中少有注意这一点,但若能充分重视这一分类标准,将利于考

---

① 如蒋英炬、杨爱国根据题材内容将画像砖分为"社会生活""历史故事""神龟祥瑞""花纹图案"四类。参考《汉代画像石与画像砖》,北京:文物出版社,2003 年,第 187—189 页。

古工作者对不同墓葬中同一位置画像砖的横向对比，促进画像砖考古价值的进一步阐发。其次是对不同分类标准下进一步的细分，如雕刻技法下可以进一步细分出阴刻勾画、压印和翻倒脱模三种，三种雕刻技法对应的流行年代、画像砖主题和用途都有差异，故进一步细分有助于研究者从不同层面更深入地了解各时期的画像砖。

对于画像砖检索方面的改进，除吸收目前已较为成熟的编目号、题名、年代、出土地点、画像主题、画像内容、铭刻文字、题记/印记、功能、收藏地点和书目等检索方式外，还可以增加图像要素检索功能。以"弓箭"这一图像要素为例，输入"弓箭"以后，检索出的画像不仅有画面主题为"弓箭"的画像砖，也有画像中含有"弓箭"这一图像要素的画像砖，如南朝出土的"西壁骑马武士画像砖"。这就要求数据库的建设者在录入电子化的画像信息时，要进一步拆分图像要素，并对个别有争议的图像要素广泛采纳各方意见后录入。

同义词检索功能的补充也有利于检索系统的完善，如"颜回"和"颜渊"是一个人，检索时虽然输入"颜渊"，但在检索结果中也应出现题有"颜回"字样的画像砖。此外，应该为每一块画像砖提供不同层次的题名，如"扬子山十号墓画像砖二"，这个题名主要是考古方面的，但从画面主题的角度来看，称之为"车马画像砖"或"轺车画像砖"也并无不妥。

（三）补充与画像砖相关的其他信息

加强与画像砖相关的其他信息补充，完善数据库建设的结构。北大汉画研究所在搭建中国汉代图像信息数据库时，为其匹配了古文献数据库和研究文献数据库。这两个数据库虽然是图像信息数据库的补充，却因受到建库软件平台结构的限制和经费等问题，导致无法与图像信息数据库关联,①这在一定程度上降低了数据库的学术价值。此外,对于画像砖的研究,不同学科有不同的研究角度,故应注重从不同层面介绍画像砖的内容和位置。如从考古学的角度来看,不仅某一画像砖所处的墓室位置极为重要,该画像砖在这一位置上的排列方式也不容忽视。所以画像砖数据库在搭建过程中,应尽可能还原某砖原处某一部位的具体位置信息,而非仅仅告知该砖出自祠堂或西壁这样的模糊位置。

除上述情况外,与画像砖相关的其他信息也可以制成关联数据库,如与画像砖具有相同主题的画像(画像石和壁画等)、著录文献来源、论文(包括国内外的硕博士毕业论文、期刊论文、会议论文和论文集论文等)、专著书籍、学界前人介绍、相关链接(如会议信息等)、研究论坛、专业术语辞典、同类画像砖 GIS 分布图和其他信息(影像资料等)等。这些信息可以作为画像砖图像的补充,列于每一块画像砖的最后。这既能推动交叉学科的建设发展,又可以帮助读者迅速掌握相关材料和研究动态。

(四)注意数据库建成后的维护和管理

已有研究者指出数据库建成后长期维护与管理的重要性,②笔者现根据画像砖数据库的特殊性加以完善和补充。笔者认为画像砖数据库的长期维持至少需要两方面的基础保障,一是充足的资金,二是高水平的建设和管理团队。前期建设过程中,固然需要一

---

① 占春红、袁庆东:《如何提高自建数据库的独创性——以中国汉画像石(砖)数据库与北京大学汉画研究所汉画相关数据库为例》,《图书馆理论与实践》2018 年第 1 期。
② 郭向平:《汉代砖石画像计算机处理与农史信息研究》,西北农林科技大学,硕士学位论文,2003 年。

支有专业素养的研究者进行数据库构建,但后期运营的过程中也不能忽视管理者在画像砖研究领域专业的重要性。这主要有三方面原因,一是未来数据库可能需要及时补入新的考古发现和研究成果,如果后期的管理者缺乏专业素养,会降低数据库的学术价值。二是数据库运行过程中难免会出现一些故障问题,这些问题的解决需要有一定的资金和人才保证。三是数据库要始终秉持着方便研究者使用的原则,不断与时俱进,积极借鉴国内外优秀数据库的设计和画像砖研究的最新成果,优化数据库的内部结构和使用方式。因此,数据库建成后维护和管理的重要性不亚于数据库建设本身。

(五)小结

综上,笔者认为画像砖数据库的建设和运营中,至少需要考虑四个层面的问题。各研究机构的合作与未收录画像信息的补录,使得数据库具有"内容齐全"的特点。数据库检索与分类系统的进一步完善,使得数据库具有"使用方便"的特点。与画像砖相关的其他信息补充,使得数据库具有"学术价值高"的特点。建成后的长期维护与更新管理,使得数据库具有"与时俱进"的特点。

四、画像砖数据库的价值与意义

近四十年来人文学科电子化的发展已充分展示出数字资源对于人文学科建设的巨大潜力。一般而言,数字资源具有储存空间大、数据流通与共享程度高、检索迅速便捷、不受时空局限、便于量化分析、成本低廉等传统纸质文献难以具备的优势,故文献资源的电子化应是未来文献研究的重要发展方向。笔者试从不同学科的角度,举例论证画像砖数据库建成后的价值意义。

从历史学的角度来看,画像砖较"雅正之言"的传世古籍而言,更贴近基层社会的实际生活,是不同时代在思想文化、神话传说、历史故事等方面的图像反映。画像砖数据库建成后既能够更广泛地收录来自官方和民间的各类画像砖内容,并提供相应的古文献、研究文献和其他相同主题画像的历史信息,又可以帮助研究者利用数据库为每一块画像砖匹配的GIS分布图,从时间、空间和主题三个维度上进行横纵对比,进而发现问题,寻找到一定的历史规律,促进画像砖方面的历史研究进一步完善。

从考古学的角度来看,当代画像砖研究不同于传统的金石学鉴赏,更为关注画像砖所处的位置及与周边环境的关系探讨。但是,绝大多数的考古研究者难以及时接触到新出的全部考古数据,而仅凭考古简报又往往无法完全满足实际的研究需求。因此,数据库中某画像砖的尺寸、所处的位置信息及在该位置上的排列顺序,可以有效弥补考古报告出版缓慢的缺点,促进画像砖方面考古学的发展。

从艺术学的角度来看,画像砖在作为考古成果和研究史料之前,首先是以艺术品的形式存在,故其艺术价值应该是第一价值。除花纹类画像砖外,每一块画像砖都由不同的图像要素构成,不同图像要素之间的组合关系、排列顺序往往背后有着不同的艺术价值。数据库中图像要素检索方式的构建,需要站在艺术学的角度对画面的每一图像要素拆分,探讨其对整体画面构成的贡献与价值。此外,画像砖雕刻技法的分类也反映了战国以来民间艺术的发展历程,在艺术史方面有一定的价值。

综上,画像砖数据库的建成对历史学、考古学和艺术学等相关学科都有一定的研究价值。虽然有部分学者认为数字资源的电子化会带来相应问题,使得研究者缺少对文献脉络的整体感受。① 但笔者认为画像类数据库不同于传统的文字类文献数据库,只要数据库建设的分类和检索方式足够合理,能够呈现读者所需要的全部画像内容,那缺乏整体感受的问题完全可以解决,数据库的优势将得到更好的彰显。

结　　语

　　人文学科的电子化研究与数据库建设已是大势所趋。但当下的数据库建设中,人们还是更多关注于文字类文献,如经典古籍、地方志、民国报刊,出土石刻乃至甲骨文等,对于图像类文献的关注仍有待提高。虽然目前已出现一些图像类文献数据库,如中国汉代图像信息数据库、汉代石刻画像拓本数据库等,但在图像收集、检索方式、分类方式、数据库关联和其他相关信息的补充等诸多方面仍有待进一步完善。至于专门的画像砖数据库的构建,目前尚未见到成果,更多的只是将其作为汉代画像石数据库的补充材料。这从时间和类别等层面极大地影响了画像砖的学术研究,因此有必要在充分借鉴已有画像类数据库的基础上,建设一个品类齐全、分类合理、结构完善的画像砖数据库,以此适应近年来砖质材料研究的需求,更好地推动历史学、考古学和艺术学等相关学科的发展。

作者单位:上海师范大学人文学院

---

① 王汎森:《数位人文学之可能性及限制》,项洁编:《数位人文研究与技艺》,台北:台大出版中心,2014年,第11页。

砖刻文献及其数字人文研究

张行洋

摘　要：中国古代的砖刻文献，同传统史料相比，具有一定的补缺优势。而砖刻文献研究，相关成果集中在砖刻文献自身研究这一层面，大型的刻字砖全集的编纂，画像砖图录的收集整理，以及兼具地域和时代要素的特色砖刻的研究，凸显砖刻文献在研究过程中的主体方向。近年来数字人文的兴起，为人文学科的转型发展增添活力。作为中国古代的砖刻，同样亟须进行数字化的整理研究。要之，在数字人文加持下，砖刻文献在数字化层面应与文献自身研究同步并进，借助光学字符识别、文本标注、GIS地理信息系统等技术手段，建设较为完备的砖刻文献数据库，实现砖刻文献的数据化资源的开发，以传统与科技的结合，最大限度挖掘砖刻文献的价值。

关键词：砖刻文献　数字人文　数据库建设

砖的古字为"甓""壁""瓴""塼"，城砖可称"墼"，井砖可称"瓮"等。砖文，也叫砖铭，是指模印、刻画、书写在砖上的文字。同时模印、刻画、书写是砖文形成的三种基本形式。砖刻大体包含两个方面,一为刻字砖,一为画像砖。囿于字砖的大小,字砖上的文字数量不多,从一个字到几十个字不等,内容主要包括记名、标记、吉语、纪年、记事、墓志、地券等。砖文同甲骨文、金文、碑文一样,都属于一手材料,可靠性强,除了具有史料、书法价值以外,还有极高的文字学价值。对砖刻文献的整理研究,伴随收藏古代文物的兴起,20世纪以来砖刻才越来越倍加重视。① 近年来,数字人文及数据库的发展与建设日益兴盛,作为保留中国古代历史信息的砖刻文献,同样也需要紧随数字化发展的浪潮,对砖刻文献进行必要的数字化建设和研究,让砖刻文献的价值得到进一步的利用。

一、砖刻及砖刻文献研究

对砖刻文献研究的相关成果进行梳理,将从砖刻文献的辑录、画像砖、相关学术研究论文三个方面,以期看到砖刻文献研究的发展状况。

(一) 砖刻文献辑录的研究

这里对于砖刻文献辑录的研究,主要涉及的是刻字砖部分。对于刻字砖文献辑录工作的研究,主要有以下两个方面:

1. 《全集》性质的文献辑录研究

殷荪编《中国砖铭》②包括文字分册与图版册两部分,辑录了中国古代砖铭3 226种,时间断代上起东周下至清代,论述各断代砖刻

---

① 具体参见胡海帆:《中国古代刻字砖综述》,胡海帆、汤燕编著:《中国古代砖刻铭文集》,北京:文物出版社,2008年,第373—394页。
② 殷荪编著:《中国砖铭》,南京:江苏美术出版社,1998年。

的特点,同时图版按照时代、专题较为清晰地展现原砖的原貌,可谓当时砖铭研究的集大成。

胡海帆、汤燕编著《中国古代砖刻铭文集》,①分上、下两册,该文集将砖刻分为干刻、湿刻两种,集中收录战国至清代砖刻图文2 005种,其中汉代、唐、宋时期的砖刻图文占据多数。同时每种砖文均配有拓片图版与文字说明,详细介绍该砖的名称、尺寸、年代、出土地、流传和现存情况、著录的释文等。此外文集最后配有砖名索引和出土地索引,为我们了解21世纪初的砖刻文献研究提供重要的参考价值。因此,该书可谓当时砖刻文献研究的集大成者。

黎旭《中国砖铭全集》②(全十五册),收集整理我国各地具有代表性的古代砖铭约七千件,全书按地域朝代编排,历史跨度由战国至民国,分为战国砖铭、秦砖铭、西汉新莽砖铭、东汉砖铭、洛阳东汉刑徒葬砖铭等历代砖铭。该书传达了不同地域、朝代砖铭艺术的流变与特色,具有较高的学术价值和文献价值,系现今为止收录古代砖铭较为系统全面的一部砖铭资料性研究图书。部分拓片与实物对照,并逐条著录信息,包括名称、释文、年代、地区、尺寸、备注。在辑录前人砖铭图版时,对著名金石学者如陈介祺、陆心源、罗振玉等人的跋文以及砖铭收藏印章予以保留。同时图片包含局部放大细节,并附150余页的索引,单独成册,为研究者提供便利。

《中国砖铭》(1998年)、《中国古代砖刻铭文集》(2008年)、《中国砖铭全集》(2020年)三部有关砖刻文献的整理收集与研究,呈现出递进态势,在不断发现、收集过程,使得收录的砖刻数量日益增多,砖刻全集文献的整理成果也渐趋庞大。

---

① 胡海帆、汤燕编著:《中国古代砖刻铭文集》。
② 黎旭:《中国砖铭全集》,上海:上海书画出版社,2020年。

2. 特色砖刻文献辑录研究

刘涛《东汉刑徒墓砖集释与研究》[①]共四卷,全面搜集整理了现存1 400余块东汉刑徒墓砖资料,采用考古学理论与方法,以考古出土刑徒墓砖为基础,综合采用拓片、照片等多种方式对其进行著录,并逐一予以史实考据与铭文释读,是迄今为止东汉刑徒墓砖集释与研究的集大成者。东汉刑徒墓砖记录了刑徒这一特殊社会群体的部属、狱所名称、刑名、姓名和死亡日期等重要信息。对揭示东汉刑徒的征发、输送、管理、殡葬等制度具有重要价值,有助于推进秦汉考古、法制史、历史地理、社会史等研究的深入。本书所录墓砖铭文采用隶书镌刻,也是研究古代书法艺术的珍贵史料。

李灿《亳州曹操宗族墓字砖图录文释》,[②]收录亳州曹操宗族墓群和夏侯氏墓群共10座的墓字砖画像砖等共计559块。所录字砖的图片经过等比例放缩刊印书中,并于图片下添加文字性说明,主要包括名称、砖型、文字所处位置、行数字数以及释文,同时添加该砖研究发表的情况,这是对亳州曹操宗族墓字砖的集中性著录、研究。

林昌丈著《汉魏六朝墓砖铭文辑录校释(一)》,[③]其墓砖录文与考释部分以省份为纲、按照时间先后排序,无纪年的铭文砖放于各省的末尾。每则铭文,先拟定标题,次著录铭文,次对墓砖的出土地、尺寸和形制加以交代,次简要介绍墓砖所出的墓葬相关信息和随葬器物,最后进行铭文的相关内容考释,并附上铭文的拓片图影。若墓砖拥有纪年,以纪年作为标题;若无纪年,则根据铭文内容酌情拟定。在整理地域方面,该书收录南方地区江苏(包括苏北)、安

---

① 刘涛编著:《东汉刑徒墓砖集释与研究》,南京:南京师范大学出版社,2020年。
② 李灿:《亳州曹操宗族墓字砖图录文释》,北京:中华书局,2015年。
③ 林昌丈:《汉魏六朝墓砖铭文辑录校释(一)》,厦门:厦门大学出版社,2020年。

徽（包括皖北）、福建、江西、广东、广西、湖北（包括鄂北）、湖南、四川、重庆和云南等省市的墓砖铭文，包括传世、流传的砖文和经过科学发掘的墓葬所刊布的砖文。在整理范围方面，为避免与他书重复，对《中国古代砖刻铭文集》《汉魏南北朝墓志汇编》等书已收录的砖墓志，该书一律不收。

侯灿、吴美琳著《吐鲁番出土砖志集注》[①]一书，共收录新疆吐鲁番地区出土、刊布汉文砖志328块，主要涉及大凉政权出土砖志、高昌国出土砖志、唐西州出土砖志三个部分，其中以高昌国、唐西州出土砖志为主。该书对每块砖志的整理，主要从四个方面进行，一是对砖志定名，二是收录该砖志原始图版，三是对砖志释文进行录入，四是对释文结合传统典籍资料进行解释考证说明。另外，对该砖志本身也加以说明，如出土地，规格大小、刻字形式（阴刻、阳刻）等，对砖志本身存在争议问题等方面加以展开；考证中所用资料来源也一并附于每块砖志最后，同时制成砖志检索表。该书较为系统地收录新疆吐鲁番地区的砖志，对了解该地砖志出土情况、学术研究具有一定参考价值。

整体上，特色砖刻专著在收集特色砖刻的同时，也兼顾地域性质，能够比较全面展示特色砖刻在地域上的分布。在内容上，特色砖刻辑录工作做得相当仔细，几乎包含了某一砖刻的基本信息，以及与该砖有关的研究问题，渐有精细化、纵深化研究的态势。

（二）画像砖的相关性研究

作为砖刻中最具特色的画像砖，其研究一直以来备受关注。对画像砖的研究，主要是从画像砖全集编纂，以及画像砖研究的相关

[①] 侯灿、吴美琳：《吐鲁番出土砖志集注》，成都：巴蜀书社，2003年。

学术著作加以论述。

1. 全集编纂

《中国美术全集·绘画编 18·画像石画像砖》[①]集中收录了汉代的画像石画像砖 362 方,主要收录四川与河南两地的画像砖,旁涉其他地区如山西、浙江、江苏、陕西等地,数量相对较少。书中所录画像石、砖,于最后添加图版说明,详细说明年代、规格、出土地及时间、收藏地;其中添加对该石、砖所刻内容的解读,尤为注意的是对该石、砖的雕刻技法予以说明。

《中国画像砖全集》[②]三卷本,分别收录至编书时四川地区、河南地区以及其他地区发现的画像砖。该全集的编撰体例包括三个部分,第一部分从画像砖的分期、分区和产生、发展的时代背景,题材内容,制作工艺及艺术成就三个方面,对画像砖的基本情况进行介绍。第二部分,对四川汉画像砖、河南画像砖、全国其他地区画像砖大致内容、研究状况加以分析。第三部分展示该区域画像砖的图版内容。每图注明名称、年代,书后附详细图版说明。《中国画像砖全集》基本反映了我国古代画像砖艺术的历史发展和整体面貌。

《中国美术全集:画像石画像砖》[③]三卷本收录从秦至明时期的画像石与画像砖。该集所收的画像石画像砖除涉及国内各大博物馆博物院、考古研究所、院校科研机构的藏品外,对于海外收藏机构如美国波士顿美术馆、加拿大多伦多市皇家安大略博物馆、日本滋贺县 MIHO 博物馆等所收藏的画像石画像砖也加以录入。该集同样

---

① 常任侠主编:《中国美术全集·绘画编 18·画像石画像砖》,上海:上海人民美术出版社,1988 年。
② 《中国画像砖全集》编辑委员会编:《中国画像砖全集》,成都:四川美术出版社,2005 年。
③ 金维诺主编,信立祥分编:《中国美术全集:画像石画像砖》,合肥:黄山书社,2009 年。

从分期、分区及其产生、发展背景,题材内容、制作工艺及艺术价值等方面对画像石画像砖进行介绍。该书图版部分的介绍极为详尽,从年代、名称、出土地、规格、题材大致内容,对现藏地所录图像加以展示。该集所收画像石画像砖均为存世的代表作品,具有极高的艺术价值和资料价值。

2. 画像砖相关研究著作

王明发《画像砖》①介绍了画像砖的起源、发展、形制、表现手法、题材内容和各地画像砖的艺术特点,此外还包括画像砖的鉴别与收藏。

蒋英炬、杨爱国《汉代画像石与画像砖》②一书对有关汉代的画像石与画像砖进行细致分析。一是对汉代画像石的发现、分布、历史背景、雕刻技法、题材内容进行综合论述;二是分区域对各地区的画像石加以讨论,将其分为山东、苏北、皖北、豫东区等六大分区;三是对画像砖进行专题研究,即从分布状况、制作工艺、发展演变以及题材内容等方面进行专门讨论。涉及面较为宽广,内容丰富,基本涵盖画像砖的内容。

深圳博物馆编《中国汉代画像石画像砖文献目录》③收录20世纪初至1999年发表的汉代画像石、画像砖的资料和相关图书,按省级行政区划进行排列,涉及考古文物资料、综论、社会、科学技术、文化、美术、其他、图书等方面,较为详细展现该时段有关汉代画像石、画像砖的研究状况。

---

① 王明发:《画像砖》,沈阳:辽宁画报出版社,2001年。
② 蒋英炬、杨爱国:《汉代画像石与画像砖》,北京:文物出版社,2001年(2003年重印)。
③ 深圳博物馆编:《中国汉代画像石画像砖文献目录》,北京:文物出版社,1995年。

张秀清等著《郑州汉画像砖》,①以郑州一地的汉代画像砖为主要研究对象,为我们展现该地汉代画像砖的状况。通过图像的展示来对汉代画像砖内容题材进行集中整理,内容包括对现实生活的描写,对建筑、神话故事、历史故事的刻画,以及对辟邪祥瑞、装饰图案的展现。黄雅峰《汉画像石画像砖艺术研究》②对汉代画像石画像砖从艺术角度进行研究。从艺术渊源、本土艺术特征与分区、画像石与画像砖的处理中的平面形式以及形象特征、画像石砖在图像选择时的传统、艺术影响等方面加以讨论。信立祥《汉代画像石综合研究》③从画像石的发现、区域分布、艺术表现手法对汉代画像石基本概况进行论述。其主要从墓地中的画像石入手,对墓地祠堂画像石、地下墓室画像石、石阙画像等之间的关系加以讨论,探究石与人的互动。王莉娜、邓攀《汉画像石(砖)与汉代河南社会》④从汉画像石(砖)产生的背景着手,对河南汉画像石(砖)做系统全面的调查研究,从而阐释画像石(砖)反映的汉代河南地区的社会生活及社会制度和思潮,系统全面地研究河南汉画像石(砖)。殷光明编著《敦煌画像砖》⑤将敦煌地区画像砖题材的类型共分为十三种,并对每种题材的画像砖加以举例,同时又将敦煌上万余块的花纹砖分为四十一种类型,较为全面地描述敦煌画像砖的著作。

姚义斌《六朝画像砖研究》⑥对六朝时期画像砖的历史溯源、分布和分期、艺术特色等方面进行研究,其中又讨论了六朝画像砖与

---

① 张秀清、张松林、周到:《郑州汉画像砖》,郑州:河南美术出版社,1988年。
② 黄雅峰:《汉画像石画像砖艺术研究》,北京:中国社会科学出版社,2011年。
③ 信立祥:《汉代画像石综合研究》,北京:文物出版社,2000年。
④ 王莉娜、邓攀:《汉画像石(砖)与汉代河南社会》,郑州:郑州大学出版社,2021年。
⑤ 殷光明编著:《敦煌画像砖》,北京:人民美术出版社,1990年。
⑥ 姚义斌:《六朝画像砖研究》,镇江:江苏大学出版社,2010年。

宗教、儒家思想之间的关系及相互影响。其关于"竹林七贤和荣启期"画像砖的图像研究专门辟出一节对"竹子"问题进行分析,进而揭示六朝山水画初期形态和性质,为六朝美术史研究找到了一条新的门径。

邢义田《画为心声:画像石、画像砖与壁画》①共收录了17篇研究汉画的文章,按主题大致可以分为四个部分:汉画研究及方法反思、中西文化交流研究、资料整理报告和书评。他的研究中贯彻了榜题、格套的图像分析法,对汉画像石中出现的几个图像进行了解读,如"七女为父报仇"汉画、"射爵射侯图""捞鼎图"等,从政治史、图像史、艺术史等相结合研究汉代文化的整体面貌。

（三）砖刻文献相关学术论文研究

砖刻文献的相关学术论文,成果较为丰富,选择代表性的学术论文显得至关重要。本文该部分从东汉刑徒砖、曹操宗室墓砖、吐鲁番出土砖志、画像砖四个方面进行梳理。

一是有关刑徒砖研究。中国科学院考古研究所洛阳工作队《东汉洛阳南郊的刑徒墓地》②一文,对该墓地的具体情况、刑徒砖铭格式,以及刑徒砖相关问题进行初步考察和研究。吴荣曾《汉刑徒砖志杂释》③对1964年洛阳东郊出土的数量相当的东汉刑徒砖志,结合相关著录的刑徒砖,以砖铭和传统文献相结合的方式加以考辨相关刑名、刑狱官员等问题。张志亮《洛阳东汉刑徒墓砖概说》④图文

---

① 邢义田:《画为心声:画像石、画像砖与壁画》,北京:中华书局,2011年。
② 中国科学院考古研究所洛阳工作队:《东汉洛阳南郊的刑徒墓地》,《考古》1972年第4期。
③ 吴荣曾:《汉刑徒砖志杂释》,《考古》1977年第3期。
④ 张志亮:《洛阳东汉刑徒墓砖概说》,《东方艺术》,2011年第12期。

结合对洛阳东汉刑徒砖进行相关的概念讨论。李永增《东汉刑徒砖相关问题研究》①从刑徒砖相关概念、砖铭内容、刑徒砖所见的郡国分布以及刑徒数量的差异、刑徒砖中相关刑名和所展示的劳役结构这四个方面加以论述，是对东汉刑徒砖较为集中的研究。邱亮、毛远明《东汉"宣晓"刑徒砖真伪考辨》②对"宣晓"刑徒砖的两方藏家的藏品，即端方藏砖与黄永玉藏砖进行论证，认为黄"砖"乃是以端方的藏砖为模板仿刻而成，文字错讹较多，手段拙劣，实为伪砖。此外，《浅析汉代砖文书法——以刑徒砖为例》③《东汉刑徒砖铭文书法及其成因》④对刑徒砖书画、文字进行专门的研究。

二是有关曹操墓砖研究。李灿《亳县曹操宗族墓葬》⑤对元宝坑一号墓、董园村一号墓、董元村二号墓、袁牌坊村二号墓的墓葬基本形态以及随葬品进行分类论述，也关注到墓葬中出土的刻字砖与较少的画像砖，对曹氏家族、墓葬反映的社会现象也有一定的讨论。田昌五《读曹操宗族墓砖刻辞》⑥结合曹操宗族墓出土墓砖上的刻辞，对曹操宗族的家世和东汉末年的社会状况进行一系列的分析。殷涤非《对曹操宗族墓砖铭的一点看法》⑦一文，结合砖刻文字对元宝坑墓主是曹褒、董元一号墓主是曹腾等观点，及相关砖刻铭文解读加以考证。田昌五《读〈对曹操宗族墓砖铭的一点看法〉有感》⑧一文，则重申《读曹操宗族墓砖刻辞》一文的观点，与殷文进行学术

---

① 李永增：《东汉刑徒砖相关问题研究》，硕士学位论文，华东政法大学，2014 年。
② 邱亮、毛远明：《东汉"宣晓"刑徒砖真伪考辨》，《古籍整理研究学刊》2015 年第 6 期。
③ 张铜伟：《浅析汉代砖文书法——以刑徒砖为例》，《大众文艺》2020 年第 9 期。
④ 李豪东、张方《东汉刑徒砖铭文书法及其成因》，《大众书法》2023 年第 2 期。
⑤ 李灿：《亳县曹操宗族墓葬》，《文物》1978 年第 2 期。
⑥ 田昌五：《读曹操宗族墓砖刻辞》，《文物》1978 年第 8 期。
⑦ 殷涤非：《对曹操宗族墓砖铭的一点看法》，《文物》1980 年第 7 期。
⑧ 田昌五：《读〈对曹操宗族墓砖铭的一点看法〉有感》，《文物》1981 年第 12 期。

探讨，在交流中推动曹操宗族墓砖相关研究的进展。曹操宗族墓砖刻文字的书法研究则有王远《曹操宗族墓书法研究》①对墓砖字体的用笔、线条、结体、章法等做了细致的分析；此外还有《亳州曹操宗族墓群砖铭书法演变考》②《书体演变的鲜活标本——对亳州曹操宗族墓群出土字砖的书法思考》③等均从不同的角度对曹操宗族墓砖刻书法进行研究。

三是有关吐鲁番出土砖志研究。上文介绍了侯灿、吴美琳著《吐鲁番出土砖志集注》一书。自该书出版后不断有人对其进行注释商榷、释文校考，如肖瑜《〈吐鲁番出土砖志集注〉札记一则》④《〈吐鲁番出土砖志集注〉释文商榷三则》，⑤周阿根、叶云露《〈吐鲁番出土砖志集注〉注释商榷》，⑥赵晨霞《〈吐鲁番出土砖志集注〉释文校考》⑦等都对该书中的相关内容进行重新注释解读。孟宪实《唐统一后西州人故乡观念的转变——以吐鲁番出土墓砖资料为中心》⑧指出唐朝统一高昌后，高昌人立改过去的习惯，很快都指高昌为故乡，此外也有人仍然注写移民高昌以前的故乡。王杰《高昌平灭前后的汉族移民及其郡望观念研究——以吐鲁番出土砖志为例证》⑨一文从高

---

① 王远：《曹操宗族墓书法研究》，《美术研究》1993年第4期。
② 吴磊：《亳州曹操宗族墓群砖铭书法演变考》，《中国书法》2022年第5期。
③ 王健：《书体演变的鲜活标本——对亳州曹操宗族墓群出土字砖的书法思考》，《中国书法》2022年第5期。
④ 肖瑜：《〈吐鲁番出土砖志集注〉札记一则》，《古汉语研究》2007年第1期。
⑤ 肖瑜：《〈吐鲁番出土砖志集注〉释文商榷三则》，《广西大学学报》（哲学社会科学版）2007年第6期。
⑥ 周阿根、叶云露：《〈吐鲁番出土砖志集注〉注释商榷》，《江海学刊》2018年第2期。
⑦ 赵晨霞：《〈吐鲁番出土砖志集注〉释文校考》，《中国文字研究》2018年第1期。
⑧ 孟宪实：《唐统一后西州人故乡观念的转变——以吐鲁番出土墓砖资料为中心》，《新疆师范大学学报》（哲学社会科学版）1994年第2期。
⑨ 王杰：《高昌平灭前后的汉族移民及其郡望观念研究——以吐鲁番出土砖志为例证》，硕士学位论文，西南民族大学，2017年。

昌砖志书写格式的变化入手,认为在麹氏高昌时期,高昌汉人移民同中原社会通过墓志中表现出的顽强的故土情结联系在一起。裴成国《故国与新邦——以贞观十四年以后唐西州的砖志书写为中心》①通过对贞观十四年以后唐西州砖志书写的变化的研究,认为砖志书写的变化反映出高昌遗民接受汉文化是一个动态的过程,同时其也加强了对唐中央王朝的国家认同。裴成国《高昌国末年以降砖志书写中的"高昌人"》②一文,同样也是以砖志为研究对象,认为高昌的高昌人认同在早期已经出现,随着高昌国势式微,其"高昌人"认同因无法得到强化而逐渐消失。王卓英《唐代西州女性家庭生活探微——以吐鲁番砖志为中心》③以吐鲁番地区出土的唐西州女性墓志为中心进行研究,认为唐代西州女性墓志所呈现的女性观,并没有超出传统儒家基本理论和观念的框架。赵晓芳、郭振《唐前期西州邻保组织与基层社会研究——以吐鲁番出土文书与砖志为中心》④对出土唐西州砖志中涉及邻里关系的砖志,结合出土文书与史籍进行研究,认为地方政府利用亲属和邻里之间的信息优势,施行了一种有效的社会治理。对于吐鲁番地区出土的砖刻,其文字书迹也有一些研究成果,如张同印、崔树强《高昌墓砖书法》⑤,吴成君《高昌国时期高昌墓砖书迹研究》⑥,王延川《隋代高昌墓砖书法艺

---

① 裴成国:《故国与新邦——以贞观十四年以后唐西州的砖志书写为中心》,《历史研究》2012年第5期。
② 裴成国:《高昌国末年以降砖志书写中的"高昌人"》,《中国边疆史地研究》2020年第1期。
③ 王卓英:《唐代西州女性家庭生活探微——以吐鲁番砖志为中心》,《黑龙江史志》2013年第21期。
④ 赵晓芳、郭振:《唐前期西州邻保组织与基层社会研究——以吐鲁番出土文书与砖志为中心》,《敦煌学辑刊》2020年第2期。
⑤ 张同印、崔树强:《高昌墓砖书法》,《中国书法》1994年第4期。
⑥ 吴成君:《高昌国时期高昌墓砖书迹研究》,硕士学位论文,中国艺术研究院,2019年。

术研究》。①

四是有关画像砖研究。对于画像砖石的研究,学界成果较为丰富,涉及整体画像砖石与区域画像砖石,同时对一些特殊的画像砖石进行了专门探讨,鉴于成果的丰富性,本文仅选择部分文章加以阐述。霍巍、齐广《四川地区汉代画像砖的排列、组合与意义》②对四川汉代画像砖的使用方式、图像组合与排列关系进行研究,发现大部分画像砖图像都有方向,同一墓葬出土画像砖的朝向相同,从而形成一个单向序列;认为画像砖在序列中形成车马、门阙、神话、宴饮、财富等组合,组合间又有一定的排列关系,体现了这一地区特殊的墓葬图像使用传统与西王母升仙信仰的流行。沈辰、徐婵菲《河南长葛出土汉代"文山"画像砖及其相关问题》③通过对出土于河南许昌长葛的画像砖资料的研究,确定了"文山"画像砖的出土地点,同时对骑马射鸟画像和榜题的内容、意义进行深入探究,认为骑者所射之鸟是妖鸟,为代表妨碍墓主升仙的不祥之物,骑马射鸟画像兼具升仙和驱凶辟邪双重意义。刘海宇《汉代画像砖中的西王母持纴器图考》④对西王母所持纴器的不同形状应是绕线过程中线在纴器之形的分解图的分析,认为西王母持纴器图与汉代社会强调妇女应遵循以织纴为业的女德有关,具有善以示后的教育意义。胡军《汉画像砖石中"树"图像特征研究》⑤指出在出土的两汉画像砖石中有大量树木图像,这些图像从早期三角形示意性演变为中期图案

---

① 王延川:《隋代高昌墓砖书法艺术研究》,硕士学位论文,新疆艺术研究院,2022年。
② 霍巍、齐广:《四川地区汉代画像砖的排列、组合与意义》,《考古》2022年第4期。
③ 沈辰、徐婵菲:《河南长葛出土汉代"文山"画像砖及其相关问题》,《故宫博物院院刊》2021年第1期。
④ 刘海宇:《汉代画像砖中的西王母持纴器图考》,《清华大学学报》(哲学社会科学版)2018年第1期。
⑤ 胡军:《汉画像砖石中"树"图像特征研究》,《中华文化论坛》2015年第2期。

化的装饰性再到晚期装饰性与写实性共存,经历了一个漫长而复杂的变化过程,可反映出两汉时期绘画写实能力已经发展到了一个较高的水平。李立、史培争《汉画的叙述:四川汉代性题材画像研究》[1]认为四川汉代性题材画像在构图上存在一种"程式化"的艺术表现形式,这里称之为图像的程式化叙述。

上述针对砖刻文献的研究,可大致分为三类,一是对相关砖刻图像的辑录。如编著砖刻全集,结合图像进行砖刻铭文的释读,著录,解释等。二是对砖刻文献所蕴含社会信息结合相关典籍进行历史分析、解释。三是针对某一刻字砖、画像砖进行专门学术研究,突出艺术史、图像史的研究方面。而有关砖刻文献的数字化还没有较好的研究成果。

二、数字人文与砖刻文献数字化

数字人文的发展是伴随计算机技术的成长一路发展而来,20世纪40年代布萨及其团队与IBM合作,为意大利神学家阿奎那的著作编制索引《托马斯著作索引》,将文本与计算机进行结合,开启数字人文的新起点,其后有关数字人文的研究在1968年开始萌芽,先后经历了1992—2007年的探索阶段、2008—2012年的快速发展阶段、2013年以后的繁荣阶段。[2] 数字人文是数字技术与人文学科发展融合的结果,具有相当的开放性、协同性、实验性和多样化的特点。

朱本军和聂华通过对全球"数字人文"项目实践的梳理与归纳,

---

[1] 李立、史培争:《汉画的叙述:四川汉代性题材画像研究》,《江西社会科学》2010年第9期。
[2] 周晨:《国际数字人文研究特征与知识结构》,《图书馆论坛》2017年第4期。

认为"数字人文"的内容主要集中在四个层次：①一是人文数据库或数据集的建设，突出非数字的文字资料转向数字化内容，以及对非结构化的数字文本内容按照某种使用目的进行规范化标注著录的数据集（Dataset）建设。二是人文数字工具的开发使用，工具使用主要是处理查找、文本对比、标记等重复性质的劳动；另外，对使用数字工具来分析和理解数据集。三是创新人文研究方法和研究范式，定性研究与定量研究相结合的方式。四是人文领域的创造性破坏与建设，主要是借助新技术、新手段传播人类文化。

中国的数字人文研究从2010年之后开始变得火热，最近几年数字人文的相关研究层出不穷。2017年北京大学举办"数字人文工作坊"，又于当年5月举办"互动与共生：数字人文与史学研究"数字人文论坛。2017年7月1—2日在南京大学举办"数字人文：大数据时代学术前沿与探索"学术研讨会。在数字人文发展中，中国传统古籍数据库的建设取得相当程度上的发展。② "籍合网"作为国内首款古籍整理与数字化综合服务平台，由中华书局下属古联（北京）数字传媒科技有限公司负责建设和运营。"籍合网"旗下整合了多种古籍类数字产品，提供统一的用户管理和在线选购服务。如"中华经典古籍库""中华文史学术论著库""中华古籍书目数据库""中华石刻数据库""海外中医古籍数据库""中华文史工具书数据库"等，此外，爱如生系列的古籍文献数据库同样也是作为中国数字古籍文献的代表数据库。

---

① 朱本军、聂华：《跨界与融合：全球视野下的数字人文——首届北京大学"数字人文论坛"会议综述》，《大学图书馆学报》2016年第5期。
② 对于中国古籍数字化的讨论，参见史睿：《论中国古籍的数字化与人文学术研究》，《北京图书馆刊》1999年第2期；葛怀东：《古籍数字化的学科建设》，《中国科技信息》2012年第1期。

通过梳理，可知铭文砖存世量大、覆盖面广、历史跨度长，东汉以降几乎每个历史年代的铭文砖都有实物存世，而且砖铭内容资料丰富，书法风格面貌齐全。对于数字化时代的今天，如何在"数字人文"的视角下，开展砖刻文献的研究，将砖刻文献数字化，建设砖刻文献的数据库，对于更好保存和利用砖刻文献就显得至关重要。

一是砖刻数据库的建设。中国古代砖刻的拓片、砖铭的释读已经较为全面地整理出来，具体可见上述相关砖刻全集的编撰。在数据库建设的环节，主要是要将非数字化的砖铭资料转为数字化内容。对于文本转为数字化较为成熟的当属 OCR（optical character recognition）字符识别技术，也叫光学字符识别。利用光学技术和计算机技术通过检测字符每个像素的暗、亮模式确定其形状，然后用字符识别方法将形状翻译成计算机文字的过程。① 通过扫描砖铭或已解读的录文，快速将其转化为数字化文本内容，这对数量较大的砖刻文献批量转化为数字化文本具有重要的意义，该过程奠定砖刻文献数据化的建设相关数据基础。其次将已转化的数字文本按照某种目的进行规范化标注著录。这里可供参考的当属哈佛大学与北京大学历史系、"中研院"合作建立的"中国历代人物传记资料库"（China Biography Database，简称：CBDB），是目前世界最大的中国历史人物传记资料分析数据库。CBDB 收录了传记史料中经常出现的各类人物的生平信息，如姓名、籍贯、生卒年、入仕途径、职官、亲属关系、社会关系、平生著述。为了便于查询，CBDB 在对这些传记资料进行编码后将其存储于数据表中。② 参照 CBDB 的经验，对于砖刻文献中

---

① 张婷婷、马明栋、王得玉：《OCR 文字识别技术的研究》，《计算机技术与发展》2020年第4期。
② 包弼德、王宏苏、傅君劢等：《"中国历代人物传记资料库"（CBDB）的历史、方法与未来》，《数字人文研究》2021年第1期。

的名称、释文、年代、地区、尺寸、备注等相关信息我们即可收录于数据中,有助于研究者进行文献检索和分类。

二是使用人文数字工具解放劳动力。文本标注是个相当复杂的过程,从数据采集开始,采集图片、文本等多种类型的数据,然后对采集的数据进行预处理,以获得高质量数据,清洗不合格的数据,减少无意义的标注工作,提高标注效率。随后制定标注目标,选择标注工具和标注方式,对清洗后的数据进行标注。如数字人文工具Markus 的应用。MARKUS 是数字人文浪潮下的一款具有很强应用性、普适性的古籍标注工具,其正式名称为"古籍半自动标记平台",由荷兰莱顿大学魏希德(Hilde De Weerdt)教授与何浩洋博士开发设计。MARKUS 通过关联多个权威语料库实现古籍中历史人名、地名、官名与时间等实体的自动标注,也为研究者提供通过定义关键词列表、上下文中的关键词、正则表达式等进行半自动标注的方式,且支持以 txt、excel、html 格式输出标注结果,以便做进一步分析。[①]在建立砖刻文献数据库的同时,也可尝试对其进行数字人文工具的开发与使用。

三是砖刻文献出土地的数据化。借助并结合 GIS(Geographic Information System,地理信息系统)技术,将相关砖刻文献的出土地和出土发现时间加以数字化,将出土地可视化呈现出来,形成地图网格,地图的数据化为我们展示相关地区砖刻文献的出土情况,对相关可视化数据加以分析,为研究砖刻文献提供地理学的视角。针对单个砖刻文献的相关学术研究,如学术论文、资料汇编、著作等,凡是与该砖刻文献相关的内容,可以在单个砖刻文献的数据中,添

---

① 于亚秀、李欣:《数字人文视域中的古籍文本标注方法研究——以 Markus 为例》,《大数据》2022 年第 6 期。

加相关研究索引一栏,或提供相关研究的原始文档链接,可进行在线观看或下载,同时随时更新添加最新研究成果。在查阅该砖刻文献的同时,对学界的相关研究也能进行及时的了解,这是砖刻文献数字化研究的又一重要途径。

有关砖刻文献数字化建设的开发,北京大学汉画研究所做得较为出色,该所是中国研究汉画的专门机构,①研究所目前正在对全国2万多件汉画遗物进行测绘、摄制、分类、整理和索引(已经完成陕北、南阳、安徽、山东部分地区和徐州部分地区),同时正在编辑出版科学性的汉代图像著录《汉画总录》50卷。其中研究所官网下设三个数据库:《中国汉画古文献数据库》《中国汉画研究文献数据库》《中国汉代图像信息数据库》。

《中国汉画古文献数据库》收录《全汉文》《全后汉文》《全三国文》《全晋文》,其中《全汉文》《全后汉文》有繁简两种版本,可从标题与内容两个方面进行关键字检索。《中国汉画研究文献数据库》将关于汉画研究的相关成果加以录入。汉画研究文献目录分为两种,一种是直接关于汉画的研究,另一种是与汉画相关的汉代图像、器物、建筑、文献和历史、理论问题的研究。使用者可从题目、出处、索引、出版者、年代、主题关键词、内容提要等进行检索,同时也可以任意搜索。《中国汉代图像信息数据库》汉画数据库将存世汉画逐个著录、整理、储存数据,传布网上。这些数据的图像用三种方式记录:照相以存其貌,拓片以显其图,线描以辨其形。各项基本信息揭示原始记载和原画的位置关系,对图像的描述尽量吸收到目前为止的研究成果,文献均示出处。

数据库是北京大学汉画研究所与各收藏、保管单位的合作项

---

① 北京大学汉画研究所:http://www.han-art.net/view.asp?id=6。

目。研究所正逐步建设中国国家图像数据库,分步展开,根据版权规定次序发表。该研究所数据库还处于建设时期,相关检索功能还待进一步完善。①

结　　语

砖刻文献的重要性在于它们提供了珍贵的历史资料。通过研究砖刻文献,我们可以了解古代社会的政治制度、行政管理、社会经济以及文化习俗等方面的信息。它们可以为历史学、建筑学和考古学等学科的研究提供重要线索,对于了解古代社会和文化具有重要意义。然而,砖刻文献的保存和保护是一项具有挑战性的任务。

砖刻文献的研究,既需要传统研究的中坚性支持,如砖铭辑录、释读,探讨文字、图像所蕴含的社会现象等,这是传统史学、文学、艺术学等工作者研究者的基础性工作。但在数字化时代快速发展的今天,我们须与科学技术进行结合,进行跨学科研究,加快砖刻文献数字化进程,同时也是对数字人文学科发展的一个有力推动。此外,从数字人文的视角,研究砖刻文献可以帮助我们更全面、深入地理解古代社会和文化。通过数字化和大数据分析的方法,可以从砖刻文献中挖掘出更多的信息和知识,为文化研究和历史研究提供新的视角和方法。

作者单位:上海师范大学人文学院

---

① 占春红、袁庆东:《如何提高自建数据库的独创性——以中国汉画像石(砖)数据库与北京大学汉画研究所汉画相关数据库为例》,《图书馆理论与实践》2018 年第 11 期。